杜|金|龍|半|世|紀

選股聖經

臺股大師 杜金龍 著

〔作者序〕

一張月 K 線圖定乾坤

　　一張月 K 線圖，能提供完整的個股走勢，個股的高低檔及高低成交量，能讓投資人按圖找出轉折點，以供研判多空。一張財報和一張月 K 線圖，為投資兩大利器，本書完整收集國內股市五十八年的價量資料，建立長期的月 K 線，提供投資人簡潔易懂的參考。

　　在我完成前作《臺灣證券史》後，我按各年度從（編按：本書一律以民國記，後文省略不再贅述）民國 51 年至 108 年各年度，分別敘述當年度的成交金額及成交股數前五名的個股，將臺股的起落分為七大股市循環周期，並標示每次股市循環周期的股王，但至此僅有七檔股王有長期月 K 線圖。

　　為了收集臺股個股的價、量資料，我從上市公司近 1,000 檔個股，從中找出約 300 檔個股，選擇值得一生投資的長線個股建檔，盡量找出上市超過十年以上的績優股，建立長期月 K 線圖。

　　我收集了五十八年的個股行情表，有價格：包括開盤價、最高價、最低價、收盤價與成交量張數的日 K 線圖與月 K 線資料，搭配聯合報、精誠資訊、臺灣經濟新報（TEJ）等報章媒體和電腦軟體，進行資料整合，完整建立 300 多檔的長期月 K 線圖，將本書呈現在投資人的眼前。

　　本書分為四大篇章：

- **Part1 你一定要認識的資深臺股**
  歷經臺灣股市七次大循環周期的股王，最早掛牌的 16 家上市公司，各類股第一檔股票分析，為投資人找出歷久不衰、不被歷史打敗的經典好股。

- **Part2 強勢領軍的各大集團股**

  在大者恆大的資本市場中，集團股就像一支有富爸爸領軍的家族團隊，到底哪些個股應該注意觀察，哪些股票值得長期持有，就從月K線圖中看出端倪。

- **Par3 題材加持熱度的各種概念股**

  從早期的蘋概三劍客、被動元件（MLCC）股，到近期火熱的物聯網（IoT）、機器人（AI）、比特幣、5G 等概念股，甚至是防疫概念股。不要只聽新聞就買股，用圖表為你精準選股，找出進場的好時機。

- **Part4 涵蓋所有生活面向的產業股**

  有人說買股就從日常生活中買起，買你知道的股票最安心。本章將水泥、食品、塑化、紡織、家電、電線電纜、化學、陶瓷、造紙、鋼鐵、橡膠、汽車、電子、營建、航運、觀光飯店、金融、百貨⋯⋯一網打盡，教你判讀好股票。

■ 投資人的第一課：從判讀資料開始

有了這麼多資料，到底該如何應用，對於許多投資人來講可能還是有些疑惑。

在我看來，無論何時買股，都要從上而下思考，也就是先確認大環境（市場現況），再看各類股的趨勢，再從類股中挑選個股，檢視基本面和走勢，找出適合進場的轉折點。

•檢視當前環境

以大環境而言，目前是臺股第七大股市循環周期的高點，也是七大循環周期中最長的一個周期，預估接下來會有一波修正，而對於投資人而

言，修正時的低點，也正是買進績優股的好時機。

回顧臺灣股市七次大循環，第一次大循環周期，主流為食品股；第二、三次大循環周期中，主流股以塑膠股與紡織股為主；第四次大循環周期因為證管會開放投信，股市熱錢湧入，主流股轉為金融股與資產股。

從第五次大循環周期開始，因為政府鼓勵電子產業，主流股轉為電子股與傳產股。一直到第七次大循環，電子股仍是主流股。

• 選股原則

長期投資人在選股的時候，除了可以看當下的主流股外，也建議盡量選權值高的權值股，如：塑化、水泥、紡織、鋼鐵、航運等。

臺灣股市指數稱作「臺灣加權股價指數」，因為我們是用各個上市公司的市值來計算權重，再乘以基準指數算出來的，權值越重的公司股票，代表市值占市場價值的比重越大，也因此權值重的股票漲跌會影響市場的漲跌，故被稱作「權值股」。

一家公司的市值＝股價（每股市價）× 股本（公開發行的股數）

因類股時有輪動，所以本書涵蓋了 33 大類股，並從中挑選個股分析，透過長線月 K 線圖，投資人可以看到該股從掛牌到近期的全貌。

• 進場時機

在看股票是否該買進時，一定要檢視三個點：量、價、時機。

所以在本書的長期月 K 線圖中，每張都會有最高量多少股的數字可以參考。

在股市分析中，有一句箴言：「有量才有價」——意味著有成交量才有後續的價格。也就是說，市場必須要有新的動能（也就是資金），對於股價的推升才有幫助。所以，盡量挑成交量多的股票，成交量低的冷門股票，也意味著風險高。

而股價，對於投資人而言可從長期月 K 線圖中最高點和最低點和走

勢，判斷個股的轉折點，並從圖下方簡表的 EPS 和股利中推算本益比和殖利率，以推算當前股價是便宜還是貴，獲利情況如何。將這兩項核對到當前的價量，想必是否是進場時機，已經心中有數了。

■ 如何使用本書圖表

臺灣水泥（1101）月 K 線走勢圖

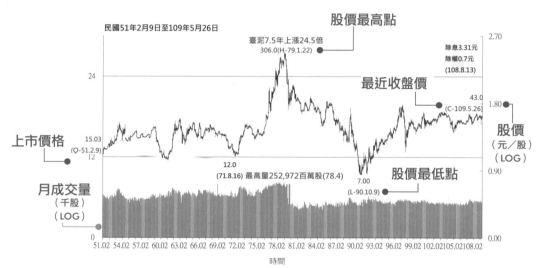

EPS	股利	上市表現	近期股利發放	資本額變動
50 年 3.83 元 51 年 3.42 元	50 年 現金 2.50 元	51 年臺泥成交數量占整體總量 24.74%，排名第 2	108 年 現金 3.1 元， 股票 0.7 元	51 年 4.0 億元
108 年 4.27 元	51 年 現金 2.30 元	51 年臺泥成交金額占整體總金額 42.09%，排名第 1	109 年 現金 2.5 元， 股票 0.5 元	108 年 566.56 億元

上市初期股利

上市到近期 EPS

是否為成交量位居年度前五名，或上市櫃異動。

註：圖中兩邊數值標記（LOG），意指十對數，長期月 K 線圖因為用實數計算看不出長期股價起伏，例如：
聯發科 500 元漲 5% = 25 元；亞泥 50 元漲 5% = 2.5 元，兩者都是漲 5%，不能用實數的 25 元 > 2.5 元看待，因此用十對數標示。
LOG 計算簡述如下：
10 = 10¹；100 = 10×10 = 10² 二次方；1000 = 10×10×10 =四次方
圖表數值 LOG10 = 1；LOG100 = 2；LOG1,000 = 3；LOG10,000 = 4

〔作者序〕一張月 K 線圖定乾坤 002

Part 1 你一定要認識的資深臺股

01 「耕者有其田，公地放領」原來是股市推手 014

02 最早上市的四大公司 018

臺灣水泥（1101）022　　　　　　農林（2913）024
臺紙（1902）023　　　　　　　　工礦（9901）025

03 最早掛牌的 16 家上市公司分析 030

味全（1201）034　　　　　　　　臺肥（1722）040
臺灣糖業（優先股）（1200）035　中興紙業（優先）（1901）041
臺灣機械（1501）036　　　　　　彰銀（2801）042
大同（2371）或（1502）037　　　一銀（2802）或第一金（2892）043
臺電（或優先）（1500）038　　　華南金銀（2880）或華銀（2803）044
中化（1701）039　　　　　　　　開發金（2883）與開發（2804）045

04 臺股 20 大類股龍頭解析 046

臺塑（1301）050　　　　　　　　光寶科（源興）（2301）057
中纖（1718）或（1401）051　　　國建（2501）058
臺灣日光燈（1601）052　　　　　益航（2601）059
新竹玻璃（1801）053　　　　　　萬企（2701）060
臺灣煉鐵（2001）054　　　　　　欣欣大眾（2901）061
南港（2101）055　　　　　　　　中國力霸（9801）或（1105）062
裕隆汽車（2201）056

05 臺灣股市七次大循環周期的股王 063

臺灣股市第一次大循環周期中的股王 066
臺灣股市第二次大循環周期中的股王 070
臺灣股市第三次大循環周期中的股王 074
臺灣股市第四次大循環周期中的股王 078
臺灣股市第五次大循環周期中的股王 082
臺灣股市第六次大循環周期中的股王 086
臺灣股市第七次大循環周期中的股王 090

Part ② 強勢領軍的各大集團股

06 中信（和信）集團 098

中信銀（2815）或中信金（2891） *100*　　中壽（2823） *102*
中橡（2104） *101*　　中租控股（5871） *103*

07 臺塑集團 104

南亞（1303） *112*　　臺塑化（6505） *114*
臺化（1326） *113*　　南亞科（2408） *115*

08 亞東集團 116

亞洲水泥（1102） *118*　　裕民（2606） *121*
遠東新（1402） *119*　　遠百（2903） *122*
東聯（1710） *120*

09 統一集團 123

統一（1216） *124*　　統一實（9907） *127*
統一超（2912） *125*　　統一證（2855） *128*
神隆公司（1789） *126*

10 鴻海集團 129

鴻海（2317） *132*　　臺揚（2314） *136*
鴻準（或華升）（2354） *133*　　廣宇（2328） *137*
正崴（2392） *134*　　建漢（3062） *138*
群創（3481）或奇美電（3009） *135*　　帆宣（6196） *139*

11 華新集團 140

華新（1605） *142*　　瀚宇博（5469） *145*
華邦電（2344） *143*　　彩晶（6116） *146*
華新科（2492） *144*

12 裕隆集團 vs. 長榮集團 147

中華車（2204） *148*　　長榮海運（2603） *151*
裕融企業（9941） *149*　　榮運（2607） *152*
嘉裕（1417） *150*　　長榮航（2618） *153*

Part **3** 題材加持熱度的各種概念股

13 晶圓代工 ————————————————————156

臺積電（2330） *160*　　聯詠（3034） *163*
聯電（2303） *161*　　智原（3035） *164*
創意（3443） *162*
• 報酬與風險的實際計算方法 *165*

14 DRAM 股與面板股 ————————————170

茂矽（2342） *173*　　友達（2409）或（達碁） *175*
旺宏（2337） *174*　　群創（3481）或奇美電（3009） *176*

15 一代股王的興衰史——宏達電 vs. 威盛 ——177

宏達電（2498） *180*
威盛（2388） *181*

16 蘋概三劍客 VS 電子五哥 ——————————182

大立光（3008） *188*　　緯創（3231） *193*
仁寶（2324） *189*　　佳世達（或明基電通）（2352） *194*
英業達（2356） *190*　　華碩（2357） *195*
廣達（2382） *191*　　和碩（4938） *196*
宏碁科技（2353）或宏碁電腦（2306） *192*

17 封裝測試與 PCB ————————————————197

日月光投控（3711）或日月光（2311） *198*
華泰（2329） *199*　　楠梓電（2316） *203*
超豐（2441） *200*　　耀華（2367） *204*
力成（6239） *201*　　臺光電（2383） *205*
華通（2313） *202*　　欣興（3037） *206*

18 被動元件（MLCC） ————————————————207

國巨（2327） *208*　　凱美（或智寶）（2375） *211*
禾伸堂（3026） *209*　　日電貿（3090） *212*
奇力新（2456） *210*

19 細說 5G 概念股 ————————————————————213

聯發科（2454） *220*　　臺郡（6269） *232*
京元電（2449） *221*　　智邦（2345） *233*
瑞昱（2379） *222*　　中磊（5388） *234*

致茂（2360）*223*　　啟碁（6285）*235*
凌華（6166）*224*　　友訊（2332）*236*
研華（2395）*225*　　合勤投控（3704）與合勤科技（2391）*237*
牧德（3563）*226*　　智易（3596）*238*
超眾（6230）*227*　　明泰（3380）*239*
全新（2455）*228*　　正文（4906）*240*
矽創（8016）*229*　　中華電信（2412）*241*
聯茂（6213）*230*　　臺灣大哥大（3045）*242*
臻鼎 -KY（4958）*231*　　遠傳電信（4904）*243*

20 防疫概念股　*244*

康那香（9919）*245*　　毛寶（1732）*250*
新麗（9944）*246*　　杏輝（1734）*251*
恆大（1325）*247*　　中化生（1762）*252*
和桐（1714）*248*　　亞諾法（4133）*253*
花仙子（1730）*249*

21 綠能概念股　*254*

和大（1536）*255*　　中釉（1809）*261*
康舒（6282）*256*　　世紀鋼（9958）*262*
臺達電（2308）*257*　　新光鋼（2031）*263*
東元（1504）*258*　　臺船（2208）*264*
長興（1717）*259*　　中鼎（9933）*265*
臺玻（1802）*260*

22 物聯網（IoT）、機器人（AI）、比特幣概念股　*266*

技嘉（2376）*267*　　盛群（6202）*270*
微星（2377）*268*　　偉詮電（2436）*271*
承啟（2425）*269*　　光群電（2461）*272*

23 生技化工概念股　*273*

葡萄王（1707）*274*　　佳醫（或東貿國際）（4104）*278*
東鹼（1708）*275*　　旭富（4119）*279*
永光（1711）*276*　　國光（4142）*280*
五鼎生技（1733）*277*　　信昌化（4725）*281*

24 官股概念股　*282*

中鋼（2002）*284*　　華航（2610）*287*
臺鹽（1737）*285*　　兆豐金（2886 或 2824）與中國商銀（2806）*288*
陽明（2609）*286*

25 資產概念股 ⋯⋯⋯ *289*

士電（1503） *291*　　　　　新紡（1409） *293*
士紙（1903） *292*　　　　　泰豐（2102） *294*

Part ④ 涵蓋所有生活面向的產業股

26 造紙股與橡膠股 ⋯⋯⋯ *296*

正隆（1904） *299*　　　　　正新（2105） *304*
華紙（1905） *300*　　　　　建大（2106） *305*
永豐餘（1907） *301*　　　　厚生（2107） *306*
榮成（1909） *302*　　　　　南帝（2108） *307*
臺橡（2103） *303*

27 家電電纜股 ⋯⋯⋯ *308*

永大（1507） *310*　　　　　廣隆（1537） *315*
力山（1515） *311*　　　　　中砂（1560） *316*
華城（1519） *312*　　　　　聲寶（1604） *317*
日馳（1526） *313*　　　　　瑞智（4532） *318*
鑽全（1527） *314*　　　　　華榮電（1608） *319*

28 汽車股與航運股 ⋯⋯⋯ *320*

和泰車（2207） *321*　　　　江申（1525） *328*
裕日車（2227） *322*　　　　車王電（1533） *329*
為升（2231） *323*　　　　　帝寶（6605） *330*
東陽（1319） *324*　　　　　新興航運（2605） *331*
大億（1521） *325*　　　　　嘉里大榮（2608） *332*
堤維西（1522） *326*　　　　臺航（2617） *333*
耿鼎（1524） *327*

29 水泥股與陶瓷股 ⋯⋯⋯ *334*

嘉泥（1103） *336*　　　　　東泥（1110） *339*
環泥（1104） *337*　　　　　冠軍（或信益）（1806） *340*
信大（1109） *338*　　　　　和成（1808） *341*

30 鋼鐵股 ⋯⋯⋯ *342*

東鋼（2006） *343*　　　　　大成鋼（2027） *347*
中鋼構（2013） *344*　　　　允強（2034） *348*

中鴻（或燁隆）（2014）*345*　　豐達科（或宏達科）（3004）*349*
豐興（2015）*346*

31 營建股 ⋯⋯⋯⋯⋯⋯⋯⋯⋯⋯⋯⋯⋯⋯⋯⋯⋯⋯⋯ *350*

國產實業（2504）*353*　　根基（2546）*359*
太設（2506）*354*　　日勝生（2547）*360*
太子建設（2511）*355*　　華固（2548）*361*
冠德（2520）*356*　　潤弘（2597）*362*
興富發（2542）*357*　　潤隆（或國賓陶瓷）（1808）*363*
皇翔（2545）*358*　　長虹（5534）*364*

32 食品股 ⋯⋯⋯⋯⋯⋯⋯⋯⋯⋯⋯⋯⋯⋯⋯⋯⋯⋯⋯⋯ *365*

味王（或中國醱酵）（1203）*367*　　聯華食（1231）*373*
大成長城（1210）*368*　　大統益（1232）*374*
卜蜂（1215）*369*　　天仁（1233）*375*
愛之味（1217）*370*　　黑松（1234）*376*
佳格（1227）*371*　　南僑（1702）*377*
聯華實業投控（1229）或聯華實業（1703）*372*

33 觀光飯店股 ⋯⋯⋯⋯⋯⋯⋯⋯⋯⋯⋯⋯⋯⋯⋯⋯⋯⋯ *378*

華園（2702）*379*　　晶華酒店（2707）*383*
國賓（2704）*380*　　美食（2723）*384*
六福（2705）*381*　　鳳凰（5706）*385*
第一華僑大飯店（2706）*382*　　好樂迪（9943）*386*

33 百貨股 ⋯⋯⋯⋯⋯⋯⋯⋯⋯⋯⋯⋯⋯⋯⋯⋯⋯⋯⋯⋯ *387*

東森國際（或遠東倉儲）（2614）*388*　　統領（2910）*392*
三商行投控（2905）*389*　　麗嬰房（2911）*393*
高林（2906）*390*　　潤泰全（2915）或潤泰紡織（1420）*394*
特力（2908）*391*

34 塑膠股與油電燃氣股 ⋯⋯⋯⋯⋯⋯⋯⋯⋯⋯⋯⋯⋯⋯ *395*

臺聚（1304）*399*　　中石化（1314）*406*
華夏（1305）*400*　　達新（1315）*407*
亞聚（1308）*401*　　大洋塑膠（1321）*408*
臺達化（1309）*402*　　臺汽電（8926）*409*
臺苯（1310）*403*　　大臺北瓦斯（9908）*410*
國喬（1312）*404*　　全國加油站（9937）*411*
聯成（1313）*405*

35 紡織股 ·· 412

新纖（1409） 414　　　　　佳和（1449） 422

南染（1410） 415　　　　　年興（1451） 423

廣豐（1416） 416　　　　　宏益（1452） 424

利華羊毛（1423） 417　　　宜進（1457） 425

福懋（1434） 418　　　　　儒鴻（1476） 426

中和羊毛（1439） 419　　　聚陽（1477） 427

南紡（1440） 420

力鵬（1447） 421

36 金融股 ·· 428

富邦銀（2842）或富邦金（2881） 431　　臺企銀（2834） 441

國壽（2805）與國泰金（2882） 432　　　中壽（2823） 442

玉山金（2884）或玉山銀（2840） 433　　群益金鼎證（6005） 443

元大金（2885）或復華證金（2821） 434　群益期（6024） 444

兆豐金（2886 或 2824）與中國商銀 435

臺新金（2887）或臺新銀（2844） 436

新光金（2888）或新壽（2818） 437

國票金（2889）或國票（2813） 438

永豐金（2890）與臺北企銀（2808） 439

合庫金（5880）或合作金庫（5884） 440

37 休閒類股 ·· 445

美利達（9914） 446　　　　豐泰（9910） 450

巨大（9921） 447　　　　　百和（9938） 451

利奇（1517） 448　　　　　喬山（1736） 452

寶成（9904） 449

38 其他電子類股 ·· 453

精誠（6214）與精業（2343） 456　　　神基（3005） 463

神達投控（3706）與神達電腦（2315） 457　美律（2439） 464

玉晶光（3406） 458　　　　聯強（2347） 465

可成（2474） 459　　　　　信邦（3023） 466

矽統（2363） 460　　　　　崇越（5434） 467

中環（2323） 461　　　　　宸鴻（TPK-KY）（3673） 468

義隆電（2458） 462

Part 1

你一定要認識的
資深臺股

從最早掛牌的 16 家上市公司，各類股第一檔股票
分析，歷經臺灣股市七次大循環周期的股王……為
投資人找出歷久不衰、不被歷史打敗的經典好股。

01 「耕者有其田,公地放領」 原來是股市推手

　　光復初期,臺灣民間並無大規模民營企業機構,極少利用公開發行股票籌措創立及擴充資金,只有部分公營事業有少數民間股份的股票。

　　中央政府遷臺後,由於財政收支困難,政府於 39 年 5 月至 42 年 2 月發行「38 年愛國公債」,為光復後證券交易的開始。

　　但因愛國公債期限長達十五年,且利率只有 4%,認購意願不高,只好採募集方式進行,但過程並不順利,此後十年間政府未再發行任何公債。

臺灣證券發展小記

　　42 年政府為推行耕者有其田政策,發行土地實物債券,並公布「公營事業移轉民營條例」後,自 43 年起將臺泥、臺紙、農林、工礦等四大公營事業公司股票發給民間,代價補償收購土地,並非公開發行,因此臺灣證券市場可以說開始於 42 年 1 月 26 日。

　　當時政府為實施耕者有其田政策,徵收地主土地,轉放現耕農承領。當時徵收耕地地價是依照各等則耕地主要作物正產品全年收穫量之 2.5 倍

計算，三成配發股票，由政府發放臺泥、臺紙、工礦和農林等四大省營事業開放民營的股票；另外七成搭配實物土地債券，兩者價值約新臺幣 20 億元。

因為對於此類商號缺乏具體管理辦法，政府為使地主持有債券股票能迅速變現，引導資金流向，加速經濟發展，於 43 年 2 月 29 日公布「臺灣省證券商管理辦法」，由財政廳主責，讓證券商管理有所依據。

該法規定，證券商應專設代表人負責證券交易業務，資本額 10 萬元以上要辦理公司登記，經申請核准繳納保證金後始得營業。

因在管理辦法公布之前，各地商號常以紅紙招貼「買賣證券」從事交易，甚至有個人各自從事單幫式行商活動，逕向地主收購，轉售給中間商圖利，經營證券業者數以千計，情況混亂，必須要有制度，加以整理。

後來行政院於 44 年 7 月 23 日修正「臺灣省證券商管理辦法」，放寬證券商代表人資格，取消分區規定，改以自由申請制度，不再限制證券商家數。規定證券商本身不得買賣政府所發行之債券外，得自由買賣股票，並將證券商向買賣雙方收取的佣金，從成交價格 1% 降低為 0.5% 以下。

由政府主導的計畫經濟，42 年開始實施，每期四年 1 次共 6 期，64 年完成。證券市場是讓國民儲蓄與生產資金相互結合的樞紐，政府為配合加速經濟發展，早在 48 年 12 月在「19 點財經改革措施」中，列有建立證券市場專款。

48 年 12 月 5 日行政院美援運用委員會根據美國駐華安全署長郝樂遜 8 點建議修正而成，提出「19 點財經改革措施」，其中包括建立健全的資本市場。政府為配合經建計畫的需要，原則上決定成立證券交易所，曾派出有關官員及專家前往美國、日本考察。

經濟部據此方案於 49 年 3 月 16 日成立「建立證券市場研究小組」，積極展開籌設工作。49 年 9 月 1 日經濟部正式成立證券管理委員會（現稱證期局）。50 年 10 月 23 日臺灣證券交易所成立，於 51 年 2 月 9 日正式營業。

臺灣證券交易所集中證券交易，為政府債券、公司股票、公司債券及其他經核准買賣的有價證券等 4 類。經由經濟部證券管理委員會 51 年 2 月 9 日核定准予試行上市者，計有臺泥、臺紙、臺灣工礦、臺肥、農林、中興紙業、臺糖、臺電、一銀、華銀、彰銀、大同、味全、中華開發信託、中化等股票 15 種，若包括臺灣機械（51 年 8 月 24 日才有交易）為 16 種；債券則有 49 年及 50 年短期公債、復興儲蓄債，愛國公債、煉鐵公司債、塑膠公司債、元山公司債以及大同公司債等 7 種。

證交所董事長辜振甫表示，希望能誘使國人將儲蓄轉為投資，納入生產。當時證交所交易分為前後兩市，前市為 9 時 30 分至 11 時 30 分，後市則是 1 時至 3 時。

臺灣證券交易所於 51 年 2 月 9 日 10 點正式開業，下午 1 點正式開出紅盤交易，2 小時內漲多跌少，交易量約 1 千餘萬元。截至 51 年底，臺灣省依法登記成立之公司計有 7,339 家，登記資本總額為新臺幣 138.70 億元，較 50 年登記家數 5,760 家，增加 1,579 家，增加 27.41%，較 50 年登記資本額 123.70 億元，增加 15.0 億元，增幅 12.12%，以股份有限公司 5,141 家占總數之 70.05% 為最多；資本總額 129.79 億元，占總數 93.58% 為最大。

■ 臺灣證券進化論

50 年代，國內股市在當時因上市公司家數少，資本額小，股市籌碼

有限，股市暴漲暴跌，使投資人飽受驚嚇，市場發展受到限制。

60 年代，國內經濟快速發展，出口鉅幅成長，上市公司獲利提高，股市交易熱絡，但當時的股市尚未達到大眾化的地步，尚處於幼兒期。

70 年代，股市成為全民運動，國內股市進入快速成長，性格狂野的青少年時期，經過一場大多頭行情和大空頭行情，讓不少投資人從痛苦的經驗中，逐漸學會了正確的投資觀念。

80 年代因投信公司、自營商、外資、政府穩定基金等機構進入，使投資人比重提高。

90 年代國內股市逐漸進入成熟但又有活力的青年期，也逐漸脫離個人時代，而進入理性投資、注重基本面分析及國際化的機構投資人時代。

100 年代（100 年至 109 年）國內股市逐漸成熟理性，法人機構主導，金融商品多樣化，與國際股市連動性高，也更加健全。

02 最早上市的四大公司

43 年 3 月 1 日臺泥、臺紙、臺灣工礦、臺灣農林等四家公司正式發行股票。土銀開始實施「耕者有其田」換發四家公營事業移轉民營之正式股票;撥配率為臺泥公司股票 37%、臺紙公司股票 33%、工礦公司股票 17%、農林公司股票 13%。

51 年 2 月 9 日臺股正式開市,僅四家上市公司:臺泥、工礦、農林、臺機有交易。臺股因國際糖價大漲緣故從 23.52 點,上漲至 53 年 8 月 17

表 2-1　四大公司股票成交金額統計表　（成交金額前 5 名者）

循環周期	成交金額前 5 名者	全年度成交金額（百萬元）	成交金額（1）	占比	成交金額（2）	占比
第一大循環	51 年度	446.548	臺泥（1101）	49.16%	臺紙（1902）	16.60%
第一大循環	52 年度	9,901.645	臺糖（優先股）	78.78%	臺紙（1902）	7.33%
第一大循環	53 年度	35,501.012	臺糖（優先股）	43.11%	臺紙（1902）	13.35%
第一大循環	55 年度	4,562.927	津津（1204）	40.58%	味新（1203）	13.03%
第一大循環	57 年度	7,669.937	國建（2501）	32.87%	工礦（9901）	24.15%
第一大循環	58 年度	4,213.763	國建（2501）	25.63%	臺泥（1101）	11.93%
第三大循環	68 年度	205,488.181	和信興（1208）	7.64%	臺灣煉鐵（2001）	5.55%
第三大循環	69 年度	162,112.707	臺灣煉鐵（2001）	4.99%	國建（2501）	4.75%
第四大循環	78 年度	25,407,963	中華開發（2804）	2.46%	中紡（1408）	1.88%

日高點 210.92 點，漲幅 7.96 倍，之後十年未能再創新高，直到 82 年。

當時股市交易清淡，只有臺泥、臺紙交易較活絡，因為初期國人對於證券投資缺乏認識與興趣，且政府成立證券市場初期，採取嚴格管理，但股票私人讓受頻繁，場外交易未能杜絕。此外，由於公營事業上市股票多由政府及金融機構所握存，市場上流通籌碼多屬民營企業公司的股票，因此交易甚為清淡。

51 年股票成交量值：成交股數以臺紙、臺泥最活絡，成交金額以臺泥、臺紙最大。到 51 年底，上市股票雖達 25 種之多，但有成交紀錄之股票僅有 22 種。

51 年全年股票成交值，分述如下：

（1）51 年成交股數以臺紙股數為最多，共計 14,530.462 千股，占股票全年成交總股數 24.90%。其次則為臺泥公司股票，共計成交 14,435.902 千股，占全年成交總股數 24.74%。第三為農林公司股占 11.88%。第四為

成交金額（3）	占比	成交金額（4）	占比	成交金額（5）	占比
中興（優先股）	9.06%	農林（1202）	7.12%	味全（1201）	4.36%
臺泥（1101）	3.84%	中興紙業（優先股）	2.38%	亞泥（1102）	2.01%
臺泥（1101）	9.46%	味全（1201）	6.73%	亞泥（1102）	4.33%
臺紙（1902）	10.28%	臺塑（1301）	4.81%	太電（1602）	4.71%
中纖（1401）	8.37%	南亞（1303）	7.58%	津津（1204）	4.11%
工礦（9901）	9.28%	中纖（1401）	8.03%	亞泥（1102）	7.52%
新玻（1801）	4.00%	臺紙（1902）	3.59%	華新（1605）	3.14%
和信興（1208）	3.86%	正隆（1904）	3.30%	農林（2913）	3.26%
太電（1602）	1.82%	力霸（1105）	1.81%	農林（1202）	1.71%

中興紙業（優先股）公司股占 8.61%。第五為工礦公司股占 3.60%。最少者為臺肥公司股票，全年僅成交 1 股。

（2）51 年全年股票成交金額，如表 2-1 四大公司股票成交量值統計表所示，以臺泥成交新臺幣 21，953.19 萬元居首位，占全年成交的金額 49.16%。臺紙成交 7，411.84 萬元次之。占全年成交總金額 16.59%。

51 年臺泥股票價格平均上漲 24% 左右，而臺紙股票平均價格則低於面額 47% 左右。臺紙成交股數雖超過臺泥，但成交金額較臺泥相去甚遠。第三為中興（優先）占 9.06%。第四為農林占 7.12%。第五為味全占 4.36%。

如表 2-1 四大公司股票成交金額統計表（成交金額前 5 名者）所示，共有九個年度，四大公司分居前 5 名：

01. 民國 51 年，臺泥全年股票成交金額居首位，占全年成交的金額 49.16%。臺紙公司占 16.60%。第四為農林公司股占 7.12%。
02. 52 年全年股票成交金額中，臺紙股票成交 7.30 億元，占 7.33%；第三為臺泥股票成交 3.83 億元，占 3.84%。
03. 53 年全年股票成交金額中，臺紙居第二位，成交 47.44 億元，占 13.35%；臺泥成交 33.61 億元，占 9.46%，居第三位。
04. 55 年全年股票成交金額中，第三為臺紙公司股占 10.28%。
05. 57 年全年股票成交金額中，第二為工礦，成交 18.63 億元，占 24.15%。
06. 58 年全年股票成交金額中，第二為臺泥，成交 5.20 億元，占 11.93%；此外以工礦成交 4.04 億元居第三，占 9.28%。
07. 68 年全年股票成交金額中，第四為臺紙，成交 74.33 億元，占 3.59%。
08. 69 年全年股票成交金額中，第五為農林，成交 53.25 億元，占 3.26% 為多數。

09. 78 年全年股票成交金額中,第五為農林,成交 4,332.50 億元,占 1.71% 為多數。

四大公司長期月 K 線走勢圖如後圖所示。

> 臺股大師分析

有土地最重要,四大公司以臺泥(1101)為值得長期持股。
也可從 26 頁的表 2-2 臺泥(1101)公司的本益比(PER)、
殖利率(Yield)及股價淨值比(PBR)分析表,相互印證。

臺灣水泥（1101）月 K 線走勢圖

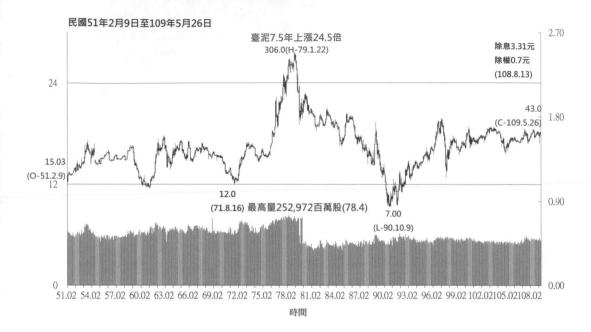

民國51年2月9日至109年5月26日

臺泥7.5年上漲24.5倍
306.0(H-79.1.22)

除息3.31元
除權0.7元
(108.8.13)

43.0
(C-109.5.26)

15.03
(O-51.2.9)

12.0
(71.8.16) 最高量252,972百萬股(78.4)

7.00
(L-90.10.9)

時間

EPS	股利	上市表現	近期股利發放	資本額變動
50 年 3.83 元 51 年 3.42 元	50 年 現金 2.50 元	51 年臺泥成交數量占整體總量 24.74%，排名第 2	108 年 現金 3.1 元， 股票 0.7 元	51 年 4.0 億元
108 年 4.27 元	51 年 現金 2.30 元	51 年臺泥成交金額占整體總金額 42.09%，排名第 1	109 年 現金 2.5 元， 股票 0.5 元	108 年 566.56 億元

臺紙（1902）月 K 線走勢圖

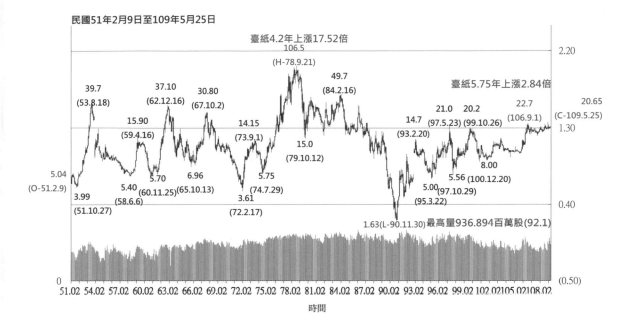

民國51年2月9日至109年5月25日

臺紙4.2年上漲17.52倍
106.5

(H-78.9.21)

臺紙5.75年上漲2.84倍

39.7
(53.8.18)

49.7
(84.2.16)

37.10
(62.12.16)

30.80
(67.10.2)

22.7
(106.9.1)

20.65
(C-109.5.25)

15.90
(59.4.16)

14.15
(73.9.1)

14.7
(93.2.20)

21.0
(97.5.23)

20.2
(99.10.26)

15.0
(79.10.12)

5.04
(O-51.2.9)

5.70
(60.11.25)

6.96
(65.10.13)

5.75
(74.7.29)

8.00

5.56
(100.12.20)

3.99
(51.10.27)

5.40
(58.6.6)

3.61
(72.2.17)

5.00
(97.10.29)

(95.3.22)

1.63(L-90.11.30)　最高量936.894百萬股(92.1)

2.20

1.30

0.40

(0.50)

0

51.02 54.02 57.02 60.02 63.02 66.02 69.02 72.02 75.02 78.02 81.02 84.02 87.02 90.02 93.02 96.02 99.02 102.02 105. 02 108.02

時間

EPS	股利	上市表現	近期股利發放	資本額變動
50 年 -0.28 元 51 年 0.20 元	50 年 現金 0 元	51 年成交數量占整體總量 24.91%，排名第 1	107 年 現金 0.33 元	51 年 1.50 億元
107 年 1.03 元 108 年 0.93 元	51 年 現金 0 元	109 年 5 月 26 日起，臺紙停止買賣，6 月 1 日下市	108 年 現金 0.35 元	107 年 40.20 億元

農林（2913）或（1202）月 K 線走勢圖

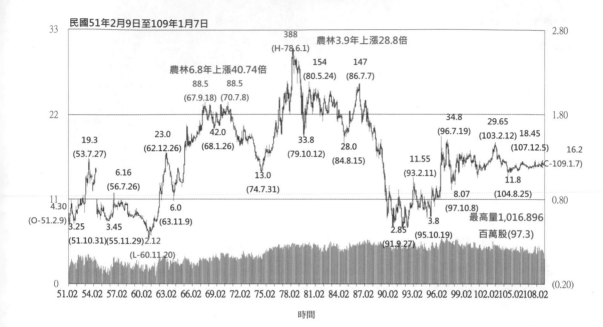

民國51年2月9日至109年1月7日

農林6.8年上漲40.74倍

農林3.9年上漲28.8倍

388
(H-78.6.1)

154
(80.5.24)

147
(86.7.7)

88.5
(67.9.18)

88.5
(70.7.8)

34.8
(96.7.19)

29.65
(103.2.12)

18.45
(107.12.5)

16.2
(C-109.1.7)

23.0
(62.12.26)

42.0
(68.1.26)

33.8
(79.10.12)

28.0
(84.8.15)

11.55
(93.2.11)

11.8
(104.8.25)

19.3
(53.7.27)

13.0
(74.7.31)

6.16
(56.7.26)

8.07
(97.10.8)

6.0
(63.11.9)

3.8
(95.10.19)

最高量1,016.896
百萬股(97.3)

4.30
(O-51.2.9)

3.25
(51.10.31)

3.45
(55.11.29)

2.12
(L-60.11.20)

2.85
(91.9.27)

時間

51.02 54.02 57.02 60.02 63.02 66.02 69.02 72.02 75.02 78.02 81.02 84.02 87.02 90.02 93.02 96.02 99.02 102.02 105.02 108.02

EPS	股利	上市表現	近期股利發放	資本額變動
50 年 0.02 元 51 年 0.10 元	50 年現金 0 元	51 年農林成交數量占整體總量 11.876%，排名第 3	107 年現金 0.49 元	51 年 0.83 億元
107 年 -0.05 元	51 年現金 0 元	51 年農林成交金額占整體總金額 7.12%，排名第 4	108 年現金 0.30 元	107 年 79.00 億元

工礦（9901）月 K 線走勢圖

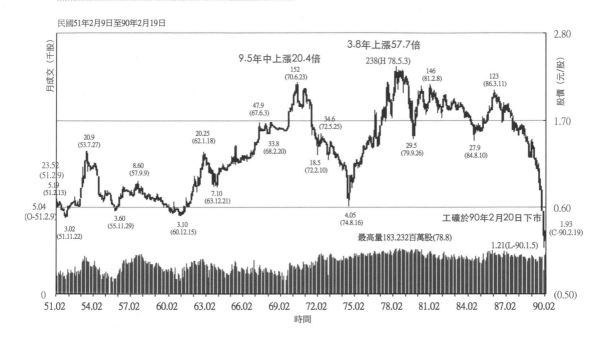

民國51年2月9日至90年2月19日

	EPS	股利	上市表現	近期股利發放	資本額變動
	50 年 -3.03 元 51 年 0.94 元	50 年 現金 0 元	51 年工礦成交數量占整體總量 3.60%，排名第 5 53 年占 11.55%，排名第 3	88 年 現金 0 元	51 年 1.0 億元
	89 年 -10.983 元	51 年 現金 0 元	56 年占 4.12%，排名第 4 57 年占 37.51%，排名第 1 工礦於 90 年 2 月 20 日下市	89 年 現金 0 元	89 年 13.21 億元

表 2-2　臺泥（1101）公司的本益比（PER）、殖利率（Yield）及股價淨值比

年　度	收盤價（P）（元 / 股）	資本額（百萬元）	年底總市值（百萬元）	年底總市值（％）	每股盈餘（EPS）	本益比（PER）（倍）	現金股利（元 / 股）
51 年初	12.45	400	4,980				
51 年	17.75	400	7,100	42.57%	3.42	5.19	
52 年	20.10	500	10,050	41.55%	2.84	7.07	1.900
53 年	26.35	500	13,175	31.09%	2.94	8.97	2.000
54 年	20.60	500	10,300	-21.82%	3.10	6.65	2.200
55 年	25.90	500	12,950	25.73%	3.85	6.73	1.500
56 年	24.10	600	14,460	11.66%	3.50	6.88	2.400
57 年	23.85	600	14,310	-1.04%	3.73	6.39	2.700
58 年	29.50	600	17,700	23.69%	3.93	7.50	1.450
59 年	14.30	800	11,440	-35.37%	1.72	8.30	1.350
60 年	12.20	800	9,760	-14.69%	1.57	7.78	1.200
61 年	24.30	800	19,440	99.18%	2.49	9.74	1.000
62 年	37.30	900	33,570	72.69%	3.07	12.15	1.200
63 年	19.95	1,000	19,950	-40.57%	3.26	6.12	1.250
64 年	31.60	1,251	39,519	98.09%	3.78	8.37	1.300
65 年	28.75	1,500	43,125	9.12%	3.67	7.83	1.500
66 年	27.85	2,000	55,700	29.16%	2.64	10.54	1.500
67 年	28.00	2,300	64,400	15.62%	2.79	10.03	1.500
68 年	24.90	2,645	65,861	2.27%	3.18	7.83	1.700
69 年	24.30	3,000	72,900	10.69%	3.07	7.90	1.200
70 年	16.40	3,480	57,072	-21.71%	1.22	13.41	1.000
71 年	13.80	4,000	55,200	-3.28%	0.77	17.96	0.600
72 年	26.70	4,240	113,208	105.09%	2.42	11.02	1.500
73 年	30.00	4,749	142,464	25.84%	2.44	12.28	1.800
74 年	26.90	4,939	132,852	-6.75%	2.01	13.35	1.300
75 年	27.00	4,939	133,346	0.37%	1.69	15.93	1.500
76 年	50.00	4,939	246,938	85.19%	3.05	16.39	2.000

（PBR）分析表

現金股利 殖利率	盈餘轉 增資股利	殖利率 （Yield）	證券投資 年報酬率	一年期 定存利率	殖利率差	均價	每股淨值	股價淨值比 （PBR）
	（百萬元）	（%）	（%）	（%）	（%）	（元／股）	（元／股）	（倍）
							17.02	
0.00%	2.300	12.96%	19.250%	13.320%	-5.930%	15.21	17.66	0.861
9.45%		9.45%	14.151%	12.000%	-2.151%	19.07	14.67	1.300
7.59%		7.59%	11.149%	10.800%	-0.349%	28.09	16.46	1.707
10.68%		10.68%	15.035%	10.800%	-4.235%	23.18	16.91	1.371
5.79%	1.000	9.65%	14.870%	10.080%	-4.790%	23.07	18.77	1.229
9.96%		9.96%	14.528%	9.720%	-4.808%	23.55	16.31	1.444
11.32%		11.32%	15.654%	9.720%	-5.934%	23.00	19.23	1.196
4.92%	1.450	9.83%	13.330%	9.720%	-3.610%	26.61	21.18	1.256
9.44%		9.44%	12.052%	9.720%	-2.332%	21.29	15.99	1.331
9.84%		9.84%	12.860%	9.250%	-3.610%	12.82	16.12	0.795
4.12%	0.900	7.82%	10.263%	8.750%	-1.513%	16.95	17.30	0.980
3.22%	1.110	6.19%	8.231%	11.000%	2.769%	29.66	17.13	1.731
6.27%	1.250	12.53%	16.345%	13.500%	-2.845%	25.63	21.36	1.200
4.11%	2.000	10.44%	11.950%	12.000%	0.050%	27.21	25.24	1.078
5.22%	1.330	9.84%	12.774%	10.750%	-2.024%	28.62	23.17	1.235
5.39%		5.39%	9.490%	9.500%	0.010%	26.99	18.44	1.464
5.36%	1.000	8.93%	9.975%	9.500%	-0.475%	30.20	17.22	1.754
6.83%	1.000	10.84%	12.765%	12.500%	-0.265%	27.04	16.34	1.655
4.94%	1.200	9.88%	12.654%	12.500%	-0.154%	24.58	16.16	1.521
6.10%		6.10%	7.456%	13.000%	5.544%	18.94	17.71	1.069
4.35%		4.35%	5.569%	9.000%	3.431%	15.59	16.22	0.961
5.62%	0.400	7.12%	9.072%	8.500%	-0.572%	21.73	15.90	1.367
6.00%		6.00%	8.145%	8.000%	-0.145%	30.94	14.50	2.134
4.83%		4.83%	7.488%	6.250%	-1.238%	25.10	15.98	1.571
5.56%		5.56%	6.276%	6.250%	-0.026%	25.57	16.21	1.577
4.00%		4.00%	6.102%	6.250%	0.148%	53.16	17.55	3.029

	收盤價（P）	資本額	年底總市值	年底總市值（%）	每股盈餘（EPS）	本益比（PER）	現金股利
77 年	113.00	5,186	585,983	137.30%	3.51	32.23	2.500
78 年	235.00	5,445	1,279,569	118.36%	6.01	39.10	1.500
79 年	78.50	6,534	512,917	-59.91%	3.13	25.08	1.600
80 年	69.00	8,000	552,000	7.62%	3.60	19.14	1.500
81 年	50.50	9,200	464,600	-15.83%	3.26	15.48	2.000
82 年	73.50	10,120	743,820	60.10%	3.68	19.96	2.000
83 年	52.50	11,436	600,369	-19.29%	2.08	25.30	1.000
84 年	37.00	12,808	473,891	-21.07%	1.76	21.00	0.500
85 年	60.00	14,089	845,320	78.38%	1.16	51.90	0.200
86 年	38.60	16,500	636,900	-24.66%	1.13	34.15	0.500
87 年	27.80	18,150	504,570	-20.78%	1.58	17.59	0.200
88 年	32.50	21,965	713,863	41.48%	1.12	29.02	0.200
89 年	15.30	23,722	362,947	-49.16%	0.46	33.26	
90 年	8.55	26,074	222,933	-38.58%	0.07	122.14	
91 年	10.45	26,563	277,583	24.51%	0.11	95.00	0.100
92 年	16.70	27,104	452,636	63.06%	0.65	25.69	0.350
93 年	20.90	28,098	587,248	29.74%	1.57	13.31	0.700
94 年	23.45	29,919	701,601	19.47%	1.91	12.28	1.406
95 年	29.45	31,416	925,205	31.87%	2.19	13.45	1.700
96 年	45.00	32,486	1,461,887	58.01%	2.54	17.71	1.900
97 年	26.95	32,922	887,241	-39.31%	1.75	15.40	1.320
98 年	34.00	32,922	1,119,348	26.16%	2.26	15.04	1.800
99 年	32.80	36,922	1,211,034	8.19%	2.18	15.05	2.000
100 年	35.00	36,922	1,292,262	6.71%	2.33	15.02	1.900
101 年	38.90	36,922	1,436,256	11.14%	2.09	18.61	1.900
102 年	46.25	36,922	1,707,629	18.89%	2.72	17.00	2.300
103 年	43.40	36,922	1,602,402	-6.16%	2.93	14.81	2.490
104 年	27.30	36,921	1,007,943	-37.10%	1.56	17.50	1.330
105 年	35.15	36,922	1,297,800	28.76%	1.72	20.44	1.450
106 年	36.45	42,465	1,547,849	19.27%	1.79	20.36	1.500
107 年	35.60	53,081	1,889,669	22.08%	3.99	8.92	3.310
108 年	43.70	56,656	2,475,867	31.02%	4.27	10.23	2.500

現金股利 殖利率	盈餘轉 增資股利	殖利率 （Yield）	證券投資 年報酬率	一年期 定存利率	殖利率差	均價	每股淨值	股價淨值比 （PBR）
2.21%	0.200	2.39%	3.103%	6.250%	3.147%	116.04	17.79	6.523
0.64%	2.000	1.49%	2.558%	8.050%	5.492%	204.98	20.10	10.198
2.04%	1.000	3.31%	3.988%	9.500%	5.512%	142.53	18.07	7.888
2.17%	1.100	3.77%	5.225%	9.210%	3.985%	88.24	20.42	4.321
3.96%		3.96%	6.461%	7.810%	1.349%	60.72	19.29	3.148
2.72%	0.300	3.13%	5.009%	7.770%	2.761%	60.52	19.00	3.185
1.90%	1.200	4.19%	3.953%	7.300%	3.347%	61.60	16.72	3.684
1.35%	0.700	3.24%	4.761%	7.020%	2.259%	46.07	15.60	2.953
0.33%	0.400	1.00%	1.927%	6.400%	4.473%	53.51	14.74	3.630
1.30%	0.400	2.33%	2.928%	5.960%	3.032%	49.08	20.08	2.444
0.72%	0.200	1.44%	5.683%	6.258%	0.575%	32.51	18.78	1.731
0.62%	0.500	2.15%	3.446%	5.025%	1.579%	25.43	18.29	1.390
0.00%	0.000	0.00%	3.007%	4.98%	1.98%	32.92	16.82	1.957
0.00%	0.000	0.00%	0.819%	3.77%	2.95%	11.36	16.93	0.671
0.96%	0.200	2.87%	1.053%	2.16%	1.11%	10.60	18.09	0.586
2.10%	0.350	4.19%	3.892%	1.48%	-2.42%	14.00	18.04	0.776
3.35%	0.500	5.74%	7.512%	1.42%	-6.09%	18.20	18.54	0.982
6.00%	0.156	6.66%	8.145%	1.72%	-6.42%	20.10	18.86	1.066
5.77%	0.100	6.11%	7.433%	2.05%	-5.38%	25.30	21.34	1.186
4.22%	0.100	4.44%	5.647%	2.36%	-3.29%	40.64	25.50	1.594
4.90%	0.000	4.90%	6.494%	2.49%	-4.00%	37.58	21.88	1.718
5.29%	0.000	5.29%	6.647%	1.07%	-5.58%	31.85	24.03	1.325
6.10%	0.000	6.10%	6.646%	1.50%	-5.15%	30.56	25.71	1.189
5.43%	0.000	5.43%	6.657%	1.28%	-5.38%	37.12	26.21	1.416
4.88%	0.000	4.88%	5.373%	1.35%	-4.03%	35.90	27.03	1.328
4.97%	0.000	4.97%	5.881%	1.35%	-4.54%	39.90	30.63	1.303
5.74%	0.000	5.74%	6.751%	1.35%	-5.41%	45.49	31.95	1.424
4.87%	0.000	4.87%	5.714%	1.32%	-4.40%	37.80	29.26	1.292
4.13%	0.000	4.13%	4.893%	1.11%	-3.78%	32.81	28.92	1.135
4.12%	1.000	6.86%	4.911%	1.07%	-3.85%	35.27	32.11	1.098
9.30%	0.700	11.26%	11.208%	1.07%	-10.14%	39.85	34.20	1.165
5.72%	0.500	6.86%	9.77%	1.07%	-8.7%	41.26	34.23	1.205

03 最早掛牌的 16 家上市公司分析

51 年 2 月 9 月，證交所於臺北市懷寧街工礦大樓正式開業。

臺泥等 16 家發行公司股票隨同上市，24 種股票（含優先股）交易。當時上市股票共為 244,205,607 股，面值總額為新臺幣 5,309,316,070 元，總市值 70.89 億元。

到 51 年年底，上市股票之發行公司計 18 家，股票 25 種，全部股票面額總值為新臺幣 54.89 億元，總市值 68.40 億元。

臺灣證券交易所與臺灣證券發展息息相關，51 年 2 月 9 日開業時，證交所資本額僅新臺幣 1,000 萬元，而上市公司僅 16 家，資本額 53.09 億元，總市值 70.89 億元，規模極為有限。

經過五十七年的發展，截至 107 年 12 月底止，上市公司家數已成長至 928 家，938 種股票交易，資本額 7.077 兆元，總市值 29.31 兆元，為開業時的 4,486.32 倍。全部股票面額總值為新臺幣 53.09 億元，總市值 68.40 億元，分別資本額增加了 1,268.79 倍，平均每年成長 13.36%；總市值增加 4,486.32 倍，平均每年成長 15.80%。

51年2月9日上市16家公司如表3-2所示，16家公司股票有5檔以下市收場，占31.25%。

表 3-1　民國 107 年底股票市場概況表

年度／項目	51 年 （51年2月9日）	105 年	106 年	107 年
上市公司家數（家）	16	892	907	928
上市公司種類（種）	25	895	913	938
上市公司股數（百萬股）	244	693,698	705,576	707,785
上市股份面值總額（百萬元）	5,309.32	6,936,979	7,055,765	7,077,846
上市公司資本總額（百萬元）		7,021,699	7,136,195	7,158,890
上市股份市值總額（百萬元）	7,089.79	27,247,913	31,831,936	29,318,455
上市股份平均市價（元／股）	13.35	38.81	44.61	40.95
成交總股數（百萬股）		438,312	593,663	588,973
成交總金額（百萬元）		16,771,139	23,972,239	29,608,866

> **臺股大師分析**

民國 51 年掛牌的 16 家上市公司以臺泥（1101）為第一檔股票龍頭，為臺灣證券市場代表。其餘以臺肥（1722）、彰銀（2801）、一銀（2802 或 2892 第一金）、與華銀（2803 或 2880 華南金）等個股最佳，值得長期投資。

表 3-2 民國 51 年 2 月 9 日 16 家公司分析

類股	代號	公司名稱	資本額（百萬元）	收盤價（元／股）108 年 7 月 30 日	51 年底資本額（百萬元）
水泥股	1101	臺泥	53,080.60	44.70	400.00
食品股	1201	味全	5,060.63	29.95	80.00
食品股	1202	農林	7,900.00	16.25	53.00
食品股	1200	臺糖			1,920.00
家電股	1501	臺灣機械			35.00
家電股	1502	大同	23,395.37	20.20	70.00
家電股	1500	臺電			2,727.00
生技股	1701	中化	2,980.81	18.50	35.00
化學股	1722	臺肥	9,800.00	48.00	341.00
造紙股	1901	中興紙業			150.00
造紙股	1902	臺紙	4,020.01	18.85	150.00
金融股	2801	彰銀	97,895.21	21.80	62.40
金融股	2802	一銀	123,385.57	23.40	62.40
金融股	2803	華銀	115,436.13	21.95	30.00
金融股	2804	開發	149,659.82	9.28	100.00
其他股	9901	工礦			100.00

上市價格（元）	上市面額（元）	下市日期	下市價格（元）	轉為其他類股	新代號
15.03	10				
134.00	100				
4.30	10			百貨業	2913
67.00	50	54 年 6 月 25 日	211.00		
10.00	10	85 年 2 月 28 日	11.00		
15.32	10			電子業、家電業	2371
46.30	50	54 年 10 日 19 月	212.00		
115.00	100			生技醫療業	
15.00	10	61 年 4 月 5 日	10.40		87 年 3 月 24 日再上市
5.14	10	70 年 5 月 23 日	11.20		
5.04	10	109 年 6 月 1 日	20.65		
210.00	4				
175.00	100			第一金控	2892
173.00	5			華南金控	2880
1,000.00	1,000			開發金控	2883
5.04	10	90 年 2 月 19 日	1.93	百貨業	

味全（1201）月 K 線走勢圖

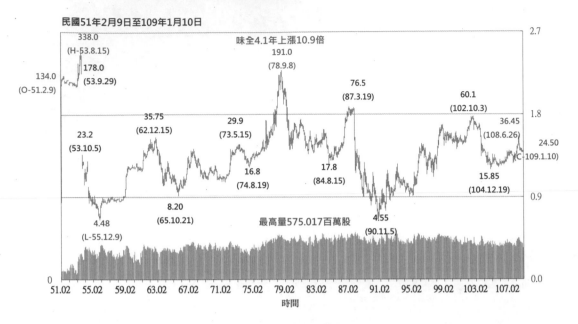

民國51年2月9日至109年1月10日

味全4.1年上漲10.9倍

338.0
(H-53.8.15)
178.0
(53.9.29)
134.0
(O-51.2.9)

191.0
(78.9.8)

76.5
(87.3.19)

60.1
(102.10.3)

35.75
(62.12.15)
29.9
(73.5.15)
36.45
(108.6.26)
23.2
(53.10.5)
24.50
C-109.1.10

16.8
(74.8.19)
17.8
(84.8.15)
15.85
(104.12.19)

8.20
(65.10.21)
4.48
(L-55.12.9)
最高量575.017百萬股
4.55
(90.11.5)

時間

EPS	股利	上市表現	近期股利發放	資本額變動
50 年 2.49 元 51 年 2.59 元	50 年現金 2.50 元	51 年味全成交數量占整體總量 4.36%，排名第 5 53 年占 6.73%，排名第 4	107 年 現金 0 元， 股票 0 元	51 年 0.8 億元（面額 100 元） 53 年 10 月 1 日起，面額變為 10 元
107 年 1.94 元	51 年現金 2.30 元	56 年占 11.60%，排名第 2 59 年占 9.14%，排名第 4	108 年 現金 0.80 元， 股票 0 元	107 年 50.61 億元（面額 10 元）

臺灣糖業（優先股）（1200）月 K 線走勢圖

民國51年2月9日至54年6月25日

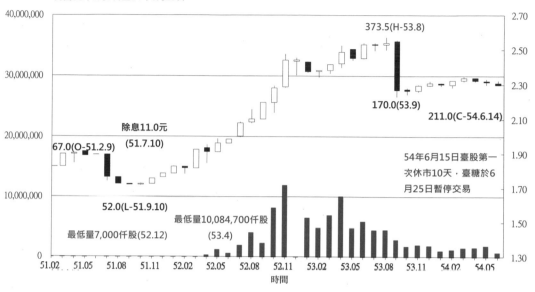

EPS	優先股股利	上市表現	近期股利發放	資本額變動
51 年 3.41 元 52 年 48.28 元	50 年現金 11.0 元 51 年現金 3.0 元	臺股第一支股王， 2 年上漲 7.18 倍	無	普通股資本額 19.2 億元 （臺糖面額每 股 50 元） 優先股資本額 5,440 萬元
53 年 33.41 元 54 年 3.1 元	52 年股票 33.3 元 53 年 19.54 元 54 年現金 10.8 元	股王的條件 （1）國家主要產業 （2）高獲利、高配股 （3）股本小	無	

臺灣機械（1501）月 K 線走勢圖

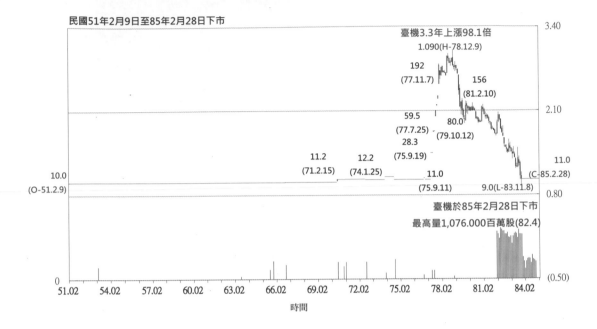

民國51年2月9日至85年2月28日下市

臺機3.3年上漲98.1倍
1.090(H-78.12.9)

192
(77.11.7)

156
(81.2.10)

59.5
(77.7.25)

80.0
(79.10.12)

28.3
(75.9.19)

11.2
(71.2.15)

12.2
(74.1.25)

11.0
(75.9.11)

9.0(L-83.11.8)

(C-85.2.28)

10.0
(O-51.2.9)

臺機於85年2月28日下市
最高量1,076.000百萬股(82.4)

時間

EPS	股利	上市表現	近期股利發放	資本額變動
50 年 0.26 元 51 年 0.13 元	50 年現金 0.207 元	51 年 2 月 9 日掛牌後。遲至 51 年 8 月 25 日，才成交第一筆 50 股，單價 10 元	83 年現金 0 元	51 年 0.35 億元
83 年 -3.09 元	51 年現金 0.103 元	臺灣機械公司上市是官股失敗例子，於 85 年 2 月 28 日下市	84 年現金 0 元	84 年 64.17 億元

大同（2371）或（1502）月 K 線走勢圖

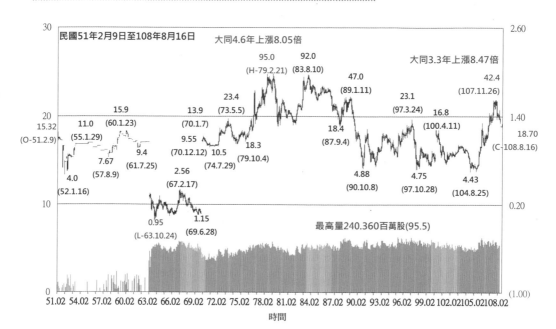

民國51年2月9日至108年8月16日　　大同4.6年上漲8.05倍　　大同3.3年上漲8.47倍

EPS	股利	上市表現	近期股利發放	資本額變動
50 年 0.23 元 51 年 0.18 元	50 年現金 0.22 元	59 年大同成交數量占整體總量 5.69%，排名第 5 67 年占 3.47%，排名第 3	107 年 現金 0 元， 股票 0 元	51 年 0.7 億元 （面額 10 元，或 1 元） 63 年 2 月 15 起面額 10 元變 1 元。 69 年 10 月起，面額回復 10 元
107 年 -4.55 元	51 年現金 0.22 元	73 年占 3.66%，排名第 5 74 年占 3.28%，排名第 4	108 年 現金 0 元， 股票 0 元	107 年 233.95 億元 （面額 10 元）

臺電（或優先）（1500）月 K 線走勢圖

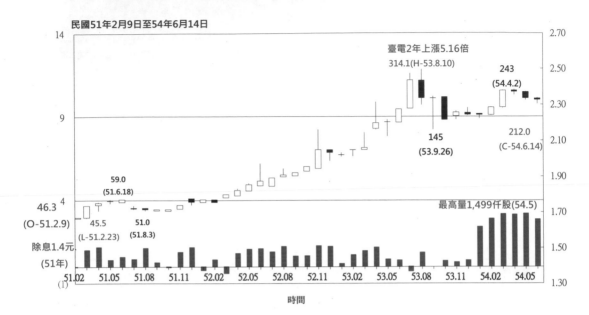

民國51年2月9日至54年6月14日

臺電2年上漲5.16倍
314.1(H-53.8.10)

243
(54.4.2)

145
(53.9.26)

212.0
(C-54.6.14)

59.0
(51.6.18)

46.3
(O-51.2.9)

45.5
(L-51.2.23)

51.0
(51.8.3)

除息1.4元
(51年)

最高量1,499仟股(54.5)

時間

EPS	股利	上市表現	近期股利發放	資本額變動
50 年 6.90 元（面額 50 元）51 年 7.65 元 54 年 2.94 元	50 年現金 11.0 元（面額 50 元）	54 年臺電成交金額占整體總金額 11.62%，排名第 2	52 年現金 7.74 元	普通股 51 年資本額 27.27 億元（面額每股 50 元）（51 年到 52 年為優先股價）
107 年 -4.55 元	51 年現金 1.40 元	54 年 6 月 15 日至 6 月 24 日，股市停止交易 10 天，臺電 54 年 10 月 9 日停止上市	53 年現金 8.50 元	54 年 39.89 億元（53 到 54 年為普通股價）

中化（1701）月 K 線走勢圖

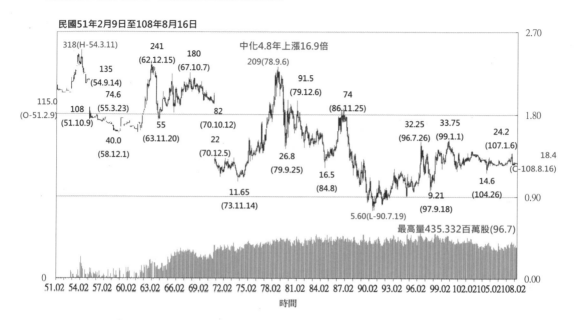

民國51年2月9日至108年8月16日

中化4.8年上漲16.9倍

318(H-54.3.11)
135 (54.9.14)
74.6 (55.3.23)
108 (51.10.9)
241 (62.12.15)
180 (67.10.7)
209(78.9.6)
91.5 (79.12.6)
74 (86.11.25)
32.25 (96.7.26)
33.75 (99.1.1)
24.2 (107.1.6)
55 (63.11.20)
82 (70.10.12)
40.0 (58.12.1)
22 (70.12.5)
26.8 (79.9.25)
16.5 (84.8)
9.21 (97.9.18)
14.6 (104.26)
11.65 (73.11.14)
5.60(L-90.7.19)
最高量435.332百萬股(96.7)

115.0 (O-51.2.9)
2.70
1.80
0.90
18.4 (C-108.8.16)
0.00
0

51.02 54.02 57.02 60.02 63.02 66.02 69.02 72.02 75.02 78.02 81.02 84.02 87.02 90.02 93.02 96.02 99.02 102.02 105.02 108.02

時間

EPS	股利	上市表現	近期股利發放	資本額變動
50 年 8.83 元 51 年 11.38 元 （面額 100 元）	50 年現金 7.50 元		107 年 現金 0.6 元	51 年 0.35 億元 （面額 100 元） 55 年 3 月 23 日， 面額從 100 元變更為 50 元 70 年 11 月，面額從 50 元 變更為 10 元
107 年 1.24 元	51 年 現金 7.30 元		108 年 現金 0.8 元	107 年 29.81 億元 （面額 10 元）

臺肥（1722）月 K 線走勢圖

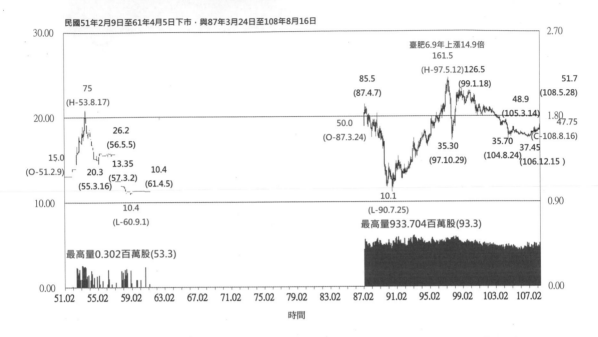

民國51年2月9日至61年4月5日下市，與87年3月24日至108年8月16日

臺肥6.9年上漲14.9倍
161.5
(H-97.5.12)126.5
85.5
(87.4.7)
99.1.18
75
(H-53.8.17)
26.2
(56.5.5)
50.0
(O-87.3.24)
48.9
(105.3.14)
51.7
(108.5.28)
47.75
13.35
(57.3.2)
10.4
(61.4.5)
35.30
(97.10.29)
35.70
(104.8.24)
37.45
(106.12.15)
(C-108.8.16)
15.0
(O-51.2.9)
20.3
(55.3.16)
10.1
(L-90.7.25)
10.4
(L-60.9.1)
最高量933.704百萬股(93.3)
最高量0.302百萬股(53.3)

EPS	股利	上市表現	近期股利發放	資本額變動
50 年 1.83 元 51 年 4.28 元 60 年 0.01 元	50 年 現金 1.627 元 51 年 現金 3.683 元	51 年 4 月 18 日才 成交 1 張 15.0 元 61 年 3 月 28 日最 後交易 10.4 元。 61 年 4 月 5 日停止 上市	86 年 現金 0 元 87 年 現金 0 元	51 年 3.41 億元 61 年 15.0 億元
86 年 1.43 元 87 年 6.98 元 107 年 2.33 元	59 年 現金 0.077 元 60 年 現金 0.0 元	87 年 3 月 24 日 再度上市	107 年 現金 2.1 元 108 年 現金 2.2 元	87 年 70 億元 107 年 98.0 億元

中興紙業（優先）（1901）月 K 線走勢圖

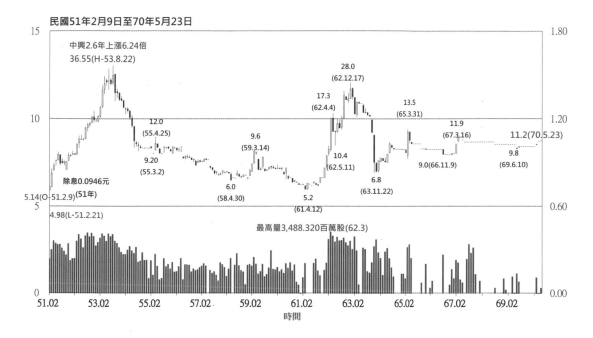

民國51年2月9日至70年5月23日

中興2.6年上漲6.24倍
36.55(H-53.8.22)

28.0
(62.12.17)

17.3
(62.4.4)

13.5
(65.3.31)

12.0
(55.4.25)

11.9
(67.3.16)

11.2(70.5.23)

9.6
(59.3.14)

9.20
(55.3.2)

10.4
(62.5.11)

9.0(66.11.9)

9.8
(69.6.10)

除息0.0946元

6.0
(58.4.30)

5.2
(61.4.12)

6.8
(63.11.22)

5.14(O-51.2.9)(51年)

4.98(L-51.2.21)

最高量3,488.320百萬股(62.3)

51.02   53.02   55.02   57.02   59.02   61.02   63.02   65.02   67.02   69.02

時間

EPS	股利	上市表現	近期股利發放	資本額變動
50 年 0.30 元 51 年 0.85 元	50 年 現金 0.0946 元		68 年 現金 0.0 元	51 年 1.50 億元 51 至 63 年為中興優先股
69 年 0.63 元	51 年 現金 0.5968 元	70 年 5 月 23 日， 最後交易收盤 11.2 元	69 年 現金 0.0 元	70 年 12.8 億元

彰銀（2801）月 K 線走勢圖

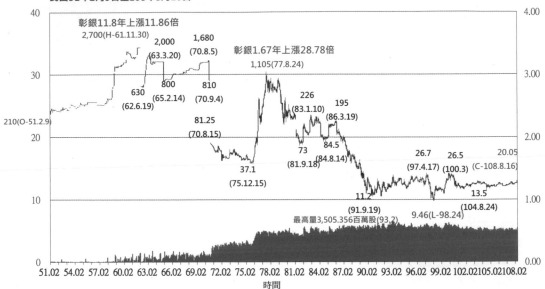

民國51年2月9日至108年8月16日

彰銀11.8年上漲11.86倍
2,700(H-61.11.30)
2,000 (63.3.20)
1,680 (70.8.5)
彰銀1.67年上漲28.78倍
1,105(77.8.24)
630 (62.6.19)
800 (65.2.14)
810 (70.9.4)
226 (83.1.10)
195 (86.3.19)
210(O-51.2.9)
81.25 (70.8.15)
73 (81.9.18)
84.5 (84.8.14)
26.7 (97.4.17)
26.5 (100.3)
20.05 (C-108.8.16)
37.1 (75.12.15)
11.2 (91.9.19)
13.5
9.46(L-98.24)
(104.8.24)
最高量3,505.356百萬股(93.2)
時間

EPS	股利	上市表現	近期股利發放	資本額變動
50 年 119.59 元 51 年 22.13 元 （面額 4 元）	50 年 現金 16.0 元	77 年彰銀成交數量占整體總金額 4.71%，排名第 1 82 年彰銀成交金額占整體總金額 1.93%，排名第 5	107 年 現金 0.45 元，股票 0.40 元	51 年 0.624 億元 （面額 4 元、100 元） 53 年 10 月 29 日，面額從 4 元變更為 100 元 70 年 8 月 15 日，面額從 100 元變更為 10 元
107 年 1.29 元	51 年除息現金股利 18.1 元 62 年 2 月 28 日除權股票股利 56.0 元	彰銀從 75 年飆漲 1.67 年，上漲 28.78 倍，以下降三角形形成頭部，再修正 31 年	108 年除息現金股利 0.64 元，除權股票股利 0.20 元	107 年 978.95 億元 （面額 10 元）

一銀（2802）或第一金（2892）月 K 線走勢圖

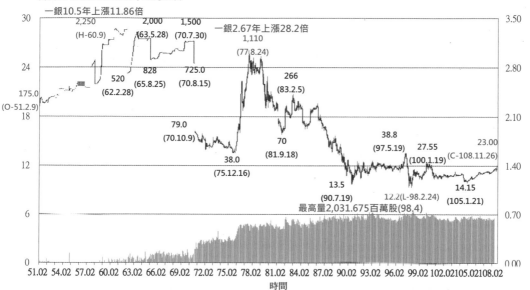

民國51年2月9日至108年11月26日

EPS	股利	上市表現	近期股利發放	資本額變動
50 年 1.71 元 51 年 2.24 元	50 年現金 1.78 元 51 年除息 2.20 元	77 年一銀成交數量占整體總量 3.68%，排名第 2 82 年一銀成交金額占整體總金額 2.62%，排名第 3	107 年 現金 0.9 元， 股票 0.1 元	51 年 0.64 億元 （面額 100 元） 70 年 8 月 15 日面額 100 元變更為 10 元
107 年 1.40 元	62 年 2 月 28 日，除息 3.05 元，除 35.55 元	一銀（2802）與第一金公司（2892），從民國 77 年飆漲 2.67 年，上漲 28.2 倍，以下降三角形形成頭部，再修正 31 年	108 年 8 月 12 日，除息 0.9 元，發放現金 1.0 元，除權 0.1 元，發放股票 0.10 元	107 年 1,233.86 億元 （面額 10 元）

華南金（2880）或華銀（2803）月 K 線走勢圖

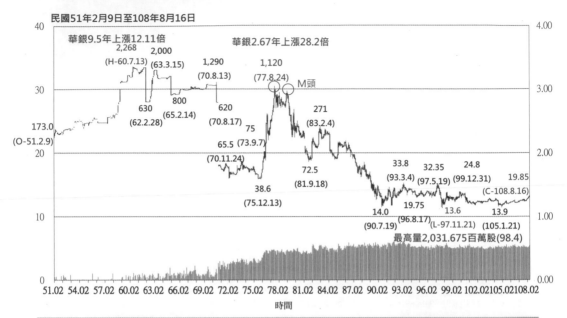

民國51年2月9日至108年8月16日

華銀9.5年上漲12.11倍

華銀2.67年上漲28.2倍

EPS	股利	上市表現	近期股利發放	資本額變動
50 年 18.08 元 51 年 23.08 元 （面額 5 元）	50 年現金 16.0 元 51 年現金 20.0 元 （面額 5 元）	77 年華銀成交 數量占整體總量 3.62%，排名第 3 82 年華銀成交金 額占整體總金額 2.68%，排名第 2	107 年 現金0.50 元， 股票 0.45 元	51 年 0.30 億元 （面額 5 元，100 元） 53 年 7 月 15 日，面額 從 4 元變更為 100 元 70 年 8 月 17 日，面額 從 100 元變更為 10 元
107 年 1.27 元	62 年 2 月 28 日除 權，發放股票股利 56.0 元	從 77 年起，飆漲 了 2.67 年，上漲 28.2 倍，以 M 頭 形成頭部，後修 正 31 年	108 年 現金 0.55 元， 股票 0.55 元	107 年 1,1154.36 億元 （面額 10 元）

開發金（2883）與開發（2804）月 K 線走勢圖

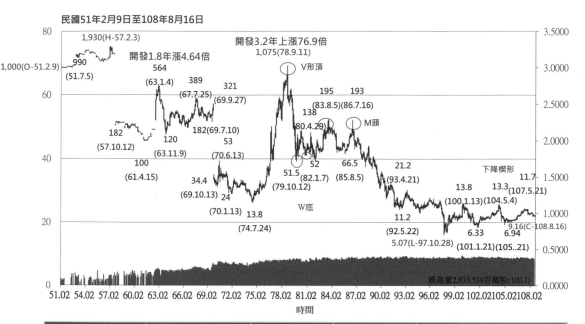

民國51年2月9日至108年8月16日

EPS	股利	上市表現	近期股利發放	資本額變動
50 年 217.15 元 51 年 236.2 元 （面額 1,000 元）	50 年 股票 120 元	78 年開發成 交數量占整體 總量 2.53%， 排名第 1	107 年 現金 0.60 元	51 年 1.00 億元 （面額 1,000 元，100 元） 57 年 9 月 25 日面額 1,000 元變更為 100 元 69 年 9 月 20 日面額 100 元變更為 10 元
107 年 0.52 元	51 年 股票 120 元 （面額 1,000 元）	79 年開發占 2.53%，排名 第 1	108 年 現金 0.30 元	107 年 1,496.34 億元 （面額 10 元）

➤ 臺股大師分析

股票型態學就是透過價格走勢圖形，推測未來的股價走勢，頭部是賣出訊號；底部是買進訊號。圖中的 M 頭容易發生在股價波段的高檔，是由兩個高點與一個低點組成，代表走勢即將下跌。把 M 頭翻過來，變成一個 W，W 底易發生在股價波段的低檔，由兩個低點與一個高點組成，代表走勢即將反轉上揚。觀察線圖中的轉折點，在操作上更得心應手。

04 臺股 20 大類股龍頭解析

臺灣證券交易所分類指數變遷

因為於各業上市公司股票日漸增多，因應投資大眾及股市研究分析人士所需，自 66 年起特增編分類股價指數。

分類指數公式：沿用原編發行量加權股價指數公式，通稱「柏謝加權算式」。

$$指數 = \Sigma PtQt / \Sigma PoQt \times 100$$

• 分類採樣方式

自 66 年起，採樣股票以當時上市股票選採 57 種，後來依市場情況增加採樣，初期歸納為水泥窯製類、食品類、紡織纖維類、造紙類、塑膠化工類及機電類等六大類。

自 70 年 1 月起，增編營造建材類，共七大類。76 年起再增第八類金融保險類，共八大類。而後自 84 年 8 月 1 日起增編了水泥類、塑膠類、電機機械類、電器電纜類、化學工業類、玻璃陶瓷類、鋼鐵類、橡膠類、汽車類、電子類、運輸類、觀光類、百貨貿易類及其他類等 14 種，並追溯自 84 年 1 月 5 日起計算每日收盤指數。

因產業結構變遷快速,證交所在96年7月2日針對上市公司產業進行重新分類,從二十類增加至二十九類,其中電子從一類變成八類。

96年7月2日臺灣證券交易所自本日起上市公司產業類別改為二十九類,除新增「油電燃氣業」「綜合企業」及區分「化學工業」「生技醫療業」外,電子工業已細分為八大類,但目前「綜合企業」類尚無上市公司。

電子工業類股分為半導體、電腦及周邊設備、光電、通信網路、電子零組件、電子通路、資訊服務、其他電子等八個產業。化學生技醫療業分為化學工業及生技醫療業。增加油電燃氣業。至此共有三十三種產業分類股價指數。

• 基期

原以65年終日(12月30日)為基期,自76年1月6日起,水泥窯製類、食品類、紡織纖維類、造紙類、塑膠化工類、機電類、營造建材類及金融保險類等8種,改採75年終日(12月29日)為基期。

電子工業類股分為半導體、電腦及周邊設備、光電、通信網路、電子零組件、電子通路、資訊服務、其他電子等8個產業。化學生技醫療業分為化學工業及生技醫療業,和油電燃氣業等11種,以民國96年6月29日為基期。

其餘84年起所增編產業分類股價指數,以83年12月31日為基期。所有產業分類股價之基期皆設定為100%。

• 價格計算基準

與發行量加權股價指數採價相同，即以每營業日收盤價為準，如股票當日無成交，採其最近一日之收盤價為計算標準。

• 調整固定除數

在分類股價指數編算期中，常因某種因子（如增資發行新股，新增或剔除採樣股票等）變動而影響分類股價指數之中準性和連續性，故必須調整固定除數（即公式中的分母數值），藉以修正各該類指數偏差，調整方法援用發行量加權股價指數之固定除數調整法。

• 指數發布

除水泥窯製等六種分類股價指數，自 66 年起編算，自 68 年 2 月 1 日起公布外，其餘營造建材等 27 種分類指數均自編算日起發布，並與證交所原編之發行量加權股價指數同時逐日公開發布。

表 4-1　各類股第一檔股票分析

類股	代號	公司	資本額（百萬元）	收盤價 1080730	上市日期	上市價格	上市面額	下市日期	下市價格	轉為其他
水泥股	1101	臺泥	53,080.60	44.70	51.02.09	15.03	10			
食品股	1201	味全	5,060.63	29.95	51.02.09	134.00	100			
塑膠股	1301	臺塑	63,657.41	100.50	53.07.27	961.50	100			
紡織股	1401	中纖	15,224.11	9.39	52.12.02	134.00	100			化學工業股
家電股	1501	臺灣機械			51.02.09	10.00	10	85.02.28	11.00	
電纜股	1601	臺灣日光燈			52.06.24	315.00	100	86.10.15	2.98	
化學股	1701	中化	2,980.81	18.50	51.02.09	115.00	100			生技醫療業股
陶玻股	1801	新竹玻璃			51.08.01	1,920.00	1,000	84.07.07	2.98	
造紙股	1901	中興紙			51.02.09	5.14	10	70.05.23	11.20	

類股	代號	公司	資本額（百萬元）	收盤價 1080730	上市日期	上市價格	上市面額	下市日期	下市價格	轉為其他
鋼鐵股	2001	臺灣煉鐵			53.01.06	50.00	50	81.01.04	8.50	
橡膠股	2101	南港	8,339.35	37.40	52.11.01	115.00	100			
汽車股	2201	裕隆	15,729.20	24.00	65.07.08	11.50	10			
電子股	2301	光寶科	23,508.67	44.30	72.01.26	13.30	10	91.11.04		與2346源興合併源興改名光寶科
營建股	2501	國建	11,595.61	21.85	54.03.05	17.20	10			
航運股	2601	益航	6,308.83	10.25	54.03.11	12.80	100			百貨股
飯店股	2701	萬企	4,499.68	13.45	54.03.22	11.90	10			
金融股	2801	彰銀	97,895.21	21.80	51.02.09	210.00	4			
百貨股	2901	欣欣	730.43	23.85	65.05.07	10.50	100			
綜合股	9801	中國力霸			62.10.16	10.50	10	96.01.04	4.52	水泥類，營建類新代號1106
其它股	9901	工礦			51.02.09	5.04	10	90.02.19	1.93	百貨類

➤ 臺股大師分析

如表 4-1 各類股第一檔股票分析表所示，20 大類股的第一檔股票有 7 檔以下市收場占 35%。各公司的長期月 K 線走勢圖，如後圖所示。以臺塑（1301）、臺泥（1101）、光寶科（2301）與彰銀（2801）等個股最佳，值得長期投資。
臺灣水泥（1101）見 22 頁、臺紙（1902）請見 23 頁、農林（2913）或（1202）見 24 頁、工礦（9901）見 25 頁。

臺塑（1301）月 K 線走勢圖

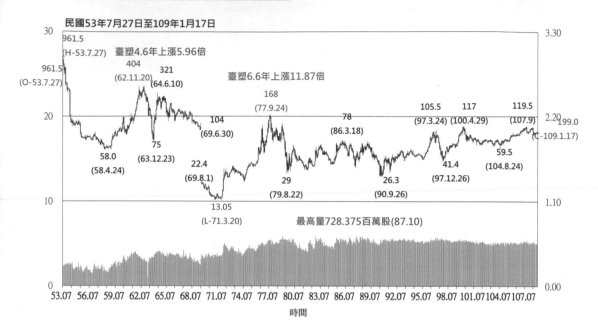

民國53年7月27日至109年1月17日

EPS	股利	上市表現	近期股利發放	資本額變動
52 年 27.15 元 53 年 28.86 元 （面額 100 元）	52 年 現金 27.5 元	54 年成交金額占整體總金額 7.86%，排名第 5 55 年占 4.81%，排名第 4 60 年占 7.64%，排名第 2	107 年 現金 5.70 元	53 年 1.0 億元 （面額 100 元） 54 年 5 月 4 日，面額 100 元變更為 50 元 69 年 7 月 31 日面額 50 元變更為 10 元
107 年 7.78 元	53 年 現金 25.0 元	61 年占 19.58%，排名第 2 65 年占 9.43%，排名第 2	108 年 股票 5.80 元	107 年 636.57 億元

中纖（1718）（或 1401）月 K 線走勢圖

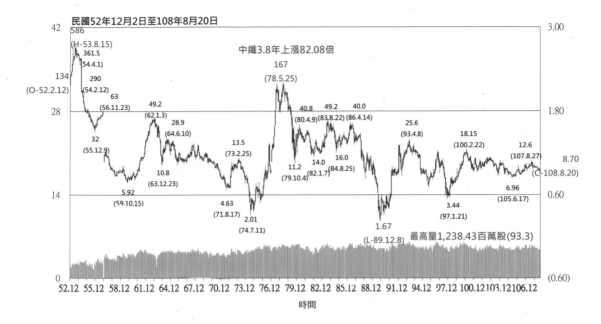

民國52年12月2日至108年8月20日

中纖3.8年上漲82.08倍

EPS	股利	上市表現	近期股利發放	資本額變動
51 年 10.29 元 （面額 100 元） 52 年 10.24 元	51 年 現金 8.0 元 （面額 100 元）	54 年中纖成交量占整體金額8.44%，排名第 4 56 年占 7.86%，排名第 4	107 年 現金 0.1 元，股票 0.65 元	51 年 1.89 億元 （面額 100 元、50 元） 54 年 4 月 3 日起，面額 100 元變為 50 元 57 年 1 月 8 日起，面額 50 元變為 10 元
107 年 0.90 元	52 年 現金 9.21 元	57 年占 8.37%，排名第 3 58 年占 8.03%，排名第 4	108 年 現金 0.1 元，股票 0.65 元	107 年 152.24 億元 （面額 10 元）

臺灣日光燈（1601）月 K 線走勢圖

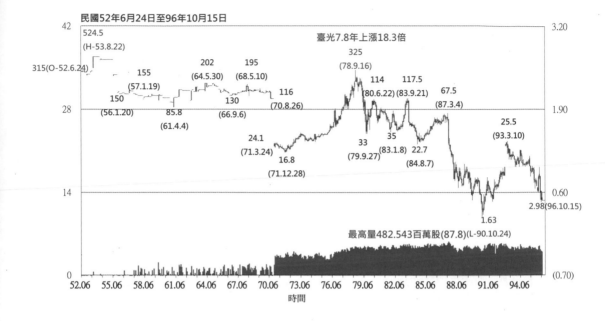

民國52年6月24日至96年10月15日

EPS	股利	上市表現	近期股利發放	資本額變動
51 年 57.36 元 52 年 42.58 元 （面額 100 元）	51 年 現金 40.0 元		94 年 現金 0.0 元， 股票 0.0 元	52 年 0.26 億元 （面額 100 元，50 元） 55 年 12 月 30 日起，面額從 100 元改為 50 元 70 年 12 月 9 日，面額從 50 元改為 10 元
95 年 -7.54 元	52 年現金 30.0 元 （面額 100 元）	96 年 7 月 9 日交易收盤 2.98 元	95 年 現金 0.0 元， 股票 0.0 元	96 年 13.78 億元 （面額 10 元）

新竹玻璃（1801）月 K 線走勢圖

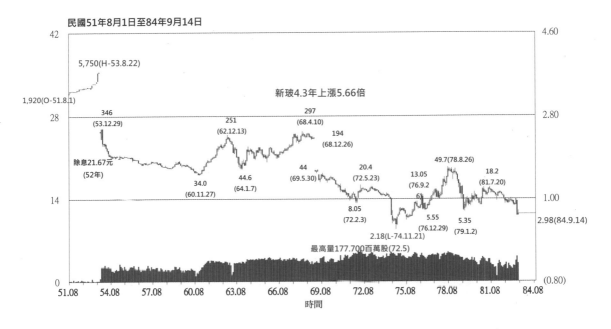

民國51年8月1日至84年9月14日

	EPS	股利	上市表現	近期股利發放	資本額變動
	51 年 23.93 元 52 年 16.06 元 （面額 1,000 元）	51 年 現金 21.67 元		83 年 現金 0.0 元， 股票 0.0 元	52 年 0.75 億元 （面額 1,000 元、50元） 53 年 11 月 14 日起，面額 1,000 元改為 50 元 69 月 2 月 21 日起，面額 50 元改為 10 元
	84 年 3.07 元	52 年 現金 12.0 元 （面額 1,000 元）	84 年 7 月 7 日最後 交易收盤 2.98 元	84 年 現金 0.0 元， 股票 0.0 元	84 年 4.50 億元 （面額 10 元）

臺灣煉鐵（2001）月 K 線走勢圖

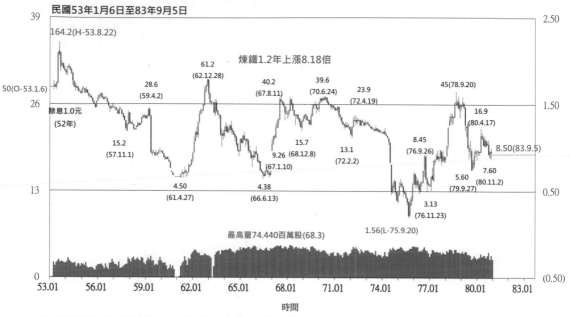

民國53年1月6日至83年9月5日

164.2(H-53.8.22)

50(O-53.1.6)

除息1.0元
(52年)

煉鐵1.2年上漲8.18倍

28.6
(59.4.2)

61.2
(62.12.28)

40.2
(67.8.11)

39.6
(70.6.24)

23.9
(72.4.19)

45(78.9.20)

16.9
(80.4.17)

8.50(83.9.5)

15.2
(57.11.1)

15.7
(68.12.8)

13.1
(72.2.2)

8.45
(76.9.26)

9.26
(67.1.10)

5.60
(79.9.27)

7.60
(80.11.2)

4.50
(61.4.27)

4.38
(66.6.13)

3.13
(76.11.23)

最高量74.440百萬股(68.3)

1.56(L-75.9.20)

時間

EPS	股利	上市表現	近期股利發放	資本額變動
52 年 5.21 元 53 年 6.29 元 （面額 50 元）	52 年 現金 1.0 元		81 年 現金 0.0 元， 股票 0.0 元	53 年 1.00 億元 （面額 50 元） 59 年 5 月 26 日減資後， 面額從 50 元改為 10 元
82 年 -1.74 元	53 年現金 5.0 元 （面額 50 元）	81 年 1 月 4 日 最後交易收盤 8.50 元	82 年 現金 0.0 元， 股票 0.0 元	83 年 3.0 億元 （面額 10 元）

南港（2101）月 K 線走勢圖

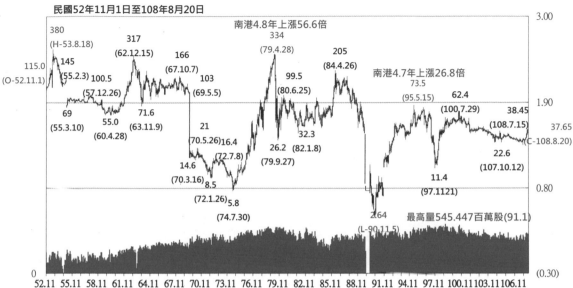

民國52年11月1日至108年8月20日

南港4.8年上漲56.6倍

南港4.7年上漲26.8倍

最高量545.447百萬股(91.1)

時間

EPS	股利	上市表現	近期股利發放	資本額變動
51 年 29.79 元 52 年 16.90 元 （面額 100 元）	51 年 現金 5 元， 股票 17.5 元		107 年 現金 0.7068 元	52 年 0.675 億元 （面額 100 元，50） 55 年 3 月 10 日起，面額 100 元變為 50 元且除息。 69 年 6 月 13 日起，面額 50 元變為 10 元且除權。
107 年 0.22 元	52 年 現金 5 元， 股票 12.5 元	89 年 8 月 29 日， 證券市場爆發國豐集 團的旗下的國豐、南 港、楊鐵股票客戶鉅 額違約交割，總金額達 3.75 億元。這是民國 87 年底國內爆發上市 公司財務危機以來， 單一事件最大的違約 案。證交所「兵分十 路」，到申報違約的證 券商及國豐集團公司 實地查核進行了解。	108 年現金 0.2001+0.5 元 （除息兩次： 108 年 5 月 31 日 0.2001 元， 108 年 8 月 22 日 0.5 元）	107 年 83.33 億元 （面額 10 元）

裕隆汽車（2201）月 K 線走勢圖

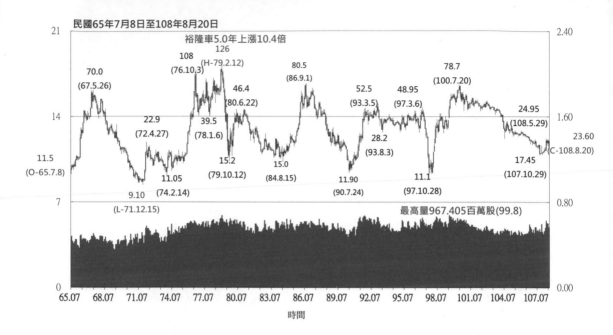

民國65年7月8日至108年8月20日

裕隆車5.0年上漲10.4倍

126
(H-79.2.12)

108
(76.10.3)

70.0
(67.5.26)

80.5
(86.9.1)

78.7
(100.7.20)

46.4
(80.6.22)

52.5
(93.3.5)

48.95
(97.3.6)

22.9
(72.4.27)

39.5
(78.1.6)

24.95
(108.5.29)

28.2
(93.8.3)

23.60
(C-108.8.20)

11.5
(O-65.7.8)

15.2
(79.10.12)

15.0
(84.8.15)

11.90
(90.7.24)

11.1
(97.10.28)

17.45
(107.10.29)

11.05
(74.2.14)

9.10
(L-71.12.15)

最高量967.405百萬股(99.8)

時間

EPS	股利	上市表現	近期股利發放	資本額變動
64 年 1.25 元 65 年 1.89 元	64 年 現金 1.0 元， 股票 4.5 元		107 年現金 0.58 元	65 年 9.5 億元
107 年 1.30 元	65 年 現金 0.5 元， 股票 1.5 元		108 年現金 0.67 元	107 年 157.29 億元

光寶科（源興）（2301）月 K 線走勢圖

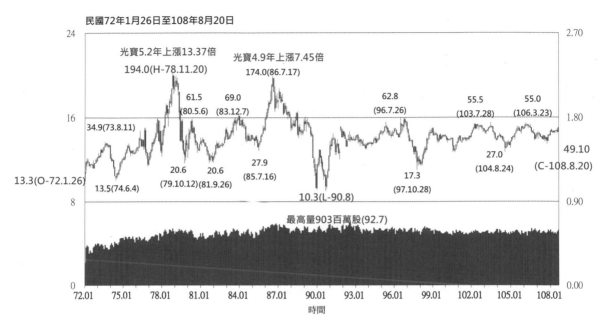

民國72年1月26日至108年8月20日

EPS	股利	上市表現	近期股利發放	資本額變動
72 年 2.01 元	72 年 現金 0.8 元， 股票 1.0 元	91 年 11 月 4 日， 新光寶四合一（光寶、旭麗、源興與致福），以源興為存續公司，但更名為光寶科技	107 年 現金 2.92 元	72 年 2.44 億元
107 年 3.38 元			108 年 現金 2.92 元	108 年 205.09 億元

國建（2501）月 K 線走勢圖

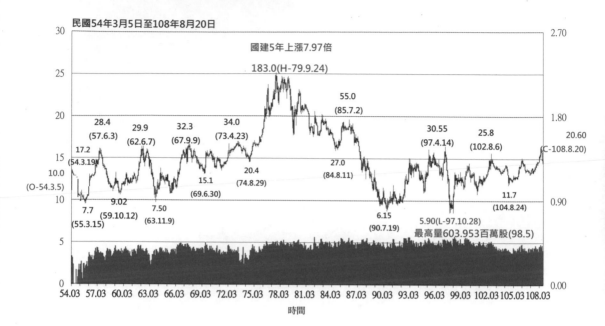

民國54年3月5日至108年8月20日

國建5年上漲7.97倍
183.0(H-79.9.24)

55.0
(85.7.2)

28.4   29.9   32.3   34.0   30.55   25.8
(57.6.3)   (62.6.7)   (67.9.9)   (73.4.23)   (97.4.14)   (102.8.6)

17.2   20.4   27.0
(54.3.19)   15.1   (74.8.29)   (84.8.11)
                            (69.6.30)   11.7
(O-54.3.5)   (104.8.24)

                9.02
7.7   (59.10.12)   7.50   6.15
(55.3.15)   (63.11.9)   (90.7.19)
                                                                    5.90(L-97.10.28)
                                                                    最高量603.953百萬股(98.5)

時間

54.03 57.03 60.03 63.03 66.03 69.03 72.03 75.03 78.03 81.03 84.03 87.03 90.03 93.03 96.03 99.03 102.03 105.03 108.03

EPS	股利	上市表現	近期股利發放	資本額變動
53 年 0.36 元 54 年 0.72 元	53 年 現金 0.30 元	56 年國建成交金額占整體金額 7.28%，排名第 5 57 年占 32.87%，排名第 1 58 年占 25.63%，排名第 1	107 年 現金 1.20 元	54 年 1.0 億元
107 年 3.11 元	54 年 現金 1.0 元	59 年占 15.81%，排名第 1 60 年占 6.71%，排名第 4 61 年占 4.56%，排名第 5 62 年占 5.37%，排名第 4 70 年占 2.68%，排名第 3	108 年 現金 2.1 元	107 年 115.96 億元

益航（2601）月 K 線走勢

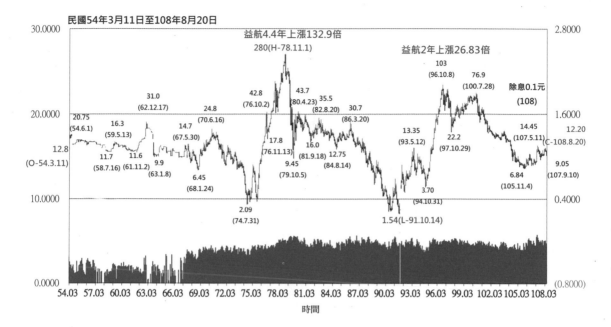

民國54年3月11日至108年8月20日

EPS	股利	上市表現	近期股利發放	資本額變動
53 年 3.0 元 54 年 1.29 元	53 年 現金 0.74 元		107 年 現金 0 元	54 年 0.50 億元
107 年 0.01 元	54 年 現金 1.30 元	107 年 5 月，最高量 為 604.052 百萬股	108 年 現金 0.10 元	107 年 63.09 億元

萬企（2701）月 K 線走勢圖

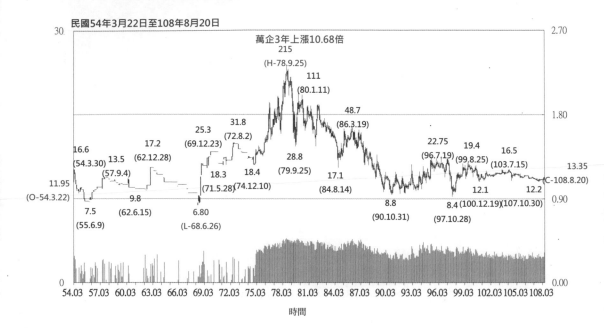

民國54年3月22日至108年8月20日

萬企3年上漲10.68倍
215
(H-78.9.25)

111
(80.1.11)

48.7
(86.3.19)

25.3
(69.12.23)

31.8
(72.8.2)

17.2
(62.12.28)

16.6
(54.3.30)

13.5
(57.9.4)

22.75
(96.7.19)

19.4
(99.8.25)

16.5
(103.7.15)

28.8
(79.9.25)

18.3
(71.5.28)

18.4
(74.12.10)

17.1
(84.8.14)

11.95
(O-54.3.22)

9.8

12.1

12.2

13.35
(C-108.8.20)

7.5
(55.6.9)

9.8
(62.6.15)

6.80
(L-68.6.26)

8.8
(90.10.31)

8.4
(100.12.19)

12.2
(107.10.30)

時間

EPS	股利	上市表現	近期股利發放	資本額變動
53 年 0.71 元 54 年 0.55 元	53 年 現金 0.625 元	萬企於 75 年 2 月才有成 交量，屬於極端冷門股	107 年 現金 0.25 元， 股票 0.26 元	54 年 0.75 億元
107 年 0.73 元	54 年 現金 0.42 元	最高量為 78 年 8 月 194.895 百萬股	108 年 現金 0.4 元	107 年 45.00 億元

欣欣大眾（2901）月 K 線走勢圖

民國65年5月7日至109年1月7日

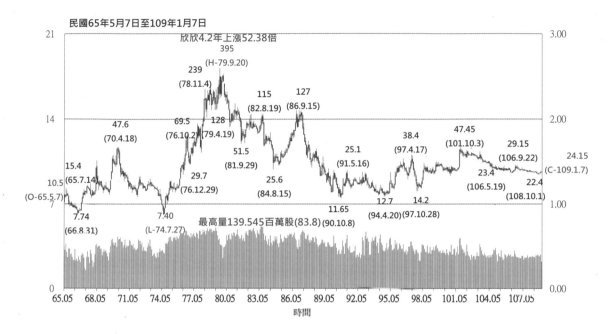

EPS	股利	上市表現	近期股利發放	資本額變動
64 年 0.38 元 65 年 0.50 元	64 年現金 0.3 元		107 年現金 0.41 元	65 年 1.0 億元
107 年 0.43 元	65 年現金 0.35 元		108 年現金 0.39 元	107 年 7.30 億元

中國力霸（9801）（或 1105）月 K 線走勢圖

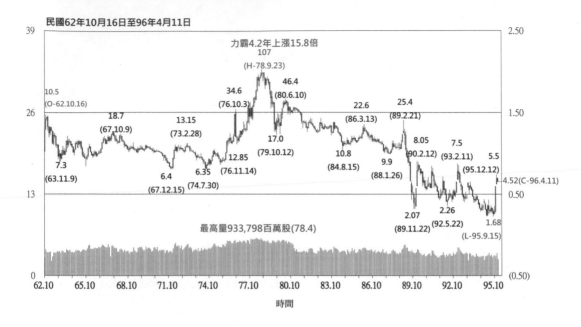

民國62年10月16日至96年4月11日

力霸4.2年上漲15.8倍
107
(H-78.9.23)

10.5
(O-62.10.16)

18.7
(67.10.9)

13.15
(73.2.28)

34.6
(76.10.3)

46.4
(80.6.10)

22.6
(86.3.13)

25.4
(89.2.21)

7.3
(63.11.9)

6.4
(67.12.15)

6.35
(74.7.30)

12.85
(76.11.14)

17.0
(79.10.12)

10.8
(84.8.15)

9.9
(88.1.26)

8.05
(90.2.12)

7.5
(93.2.11)

5.5
(95.12.12)

4.52(C-96.4.11)

2.07
(89.11.22)

2.26
(92.5.22)

1.68
(L-95.9.15)

最高量933,798百萬股(78.4)

時間

EPS	股利	上市表現	近期股利發放	資本額變動
61 年 1.37 元 62 年 0.25 元	61 年股票 1.20 元		94 年現金 0.0 元	62 年資本額 13.00 億元
94 年 -0.34 元	62 年現金 0.15 元， 股票 1.0 元	96 年 1 月 4 日最後交 易收盤 4.52 元	95 年現金 0.0 元	96 年資本額 39.58 億元

臺灣股市七次大循環周期的股王

一路整理臺股五十八年來的數據可以發現，臺灣股市自 51 年 2 月 9 日開市以來，常以 89 個月或 104 個月的股市大循環周期運轉。

■ 七次股市大循環周期

國內股市自 51 年至 109 年止計五十八年期間，可分為七個大循環周期，如表 5-1 股市波段漲跌幅周期循環平均時間長度，及圖 5-1 國內股市五十八年大循環周期圖所示。

圖 5-1　國內股市五十八年大循環周期圖

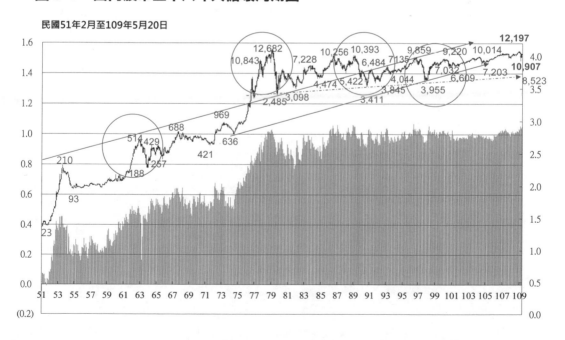

民國51年2月至109年5月20日

從 51 年 2 月 9 日至 58 年 6 月 4 日止，計 7.33 年。由 51 年 2 月 9 日低點 23.52 點，大漲至 53 年 8 月 17 日高點 210.92 點，上漲 7.96 倍，再大回檔至 54 年 12 月 18 日低點 88.30 點，大回檔跌幅 58.13％，此波段時間周期為 47 個月。

再由 54 年 12 月 18 日低點 88.30 點，小漲至 57 年 3 月 18 日高點 111.75 點，上漲 26.56％，再回檔至 58 年 6 月 4 日低點 93.97 點，小回檔跌幅 15.91％，此波段時間周期為 41 個月，合計整個第一次大循環時間周期為 88 個月。

表 5-1　股市波段漲跌幅周期循環平均時間長度 （更新至 109 年 5 月 20 日）

周期循環	經濟平均年成長率	多頭行情	起漲低點日期	點數	波段高點	點數	漲幅（倍）	波段漲幅時間（月）
一	9.87%	大 漲	51.02.09	23.52	53.08.17	210.92	7.96 倍	31
	9.57%	小 漲	54.12.18	88.30	57.03.18	111.75	26.56%	27
二	12.12%	大 漲	58.06.04	93.97	62.12.12	514.85	4.47 倍	⑤⑤
	6.45%	中 漲	63.12.21	188.74	65.04.03	417.00	1.21 倍	15
三	11.23%	中 漲	65.10.21	257.55	67.10.06	688.52	1.67 倍	23
	7.72%	中 漲	71.08.16	421.43	73.05.15	969.25	1.29 倍	21
四	9.00%	大 漲	74.07.30	636.02	79.02.10	12,495.34	18.64 倍	⑤⑤
	8.41%	中 漲	79.10.01	2,560.47	80.05.09	6,305.22	1.46 倍	7
五	6.22%	中 漲	82.01.07	3,135.56	86.08.26	10,116.84	2.22 倍	㊶
	5.67%	中 漲	88.02.05	5,474.79	89.02.17	10,202.20	1.86 倍	12
六	4.19%	中 漲	90.10.03	3,446.26	95.05.08	7,474.05	116.87%	⑤⑤
	5.14%	中 漲	95.07.17	6,257.80	96.10.30	9,859.65	57.56%	15
七	3.66%	中 漲	97.11.21	3,955.43	100.02.08	9,220.69	133.11%	26
	3.02%	中 漲	100.12.19	6,609.11	104.04.28	10,014.28	51.52%	41
	1.62%	中 漲	104.08.24	7,203.05	107.01.23	11,270.18	56.46%	29
	1.82%	中 漲	108.01.04	9,319.28	109.01.03	12,197.64	30.89%	15
小循環		平 均						30.20
大循環		總平均						60.40

臺灣股市五十八年來有臺泥、臺糖、南亞、中華開發、國壽、聯電、宏達電、臺積電等公司，分別為當年度的股王。當年度的熱門股則有臺紙、津津、大同、中紡、華隆、中鋼、聯電、華映、友達、群創等公司。讓我們從七大循環周期中，看臺股的演化和轉變吧。

回檔低點日期	點數	跌幅(%)	波段跌幅時間(月)	空頭行情	波段跌幅時間(月)	大循環時間	經濟平均年成長率%
54.12.18	88.30	-58.13%	16	人回檔	47		10.86%
58.06.04	93.97	-15.91%	14	小回檔	41	88	9.61%
63.12.21	188.74	-63.34%	12	大回檔	67		1.21%
65.10.21	257.55	-38.24%	7	中回檔	22	89	13.01%
71.08.16	421.43	-38.79%	47	中回檔	70		6.62%
74.07.30	636.02	-34.38%	14	中回檔	35	105	7.31%
79.10.01	2,560.47	-79.51%	8	大回檔	63		4.81%
82.01.07	3,135.56	-50.27%	19	中回檔	26	89	6.73%
88.02.05	5,474.79	-45.88%	17	中回檔	73		5.04%
90.10.03	3,446.26	-66.22%	19	大回檔	31	104	2.56%
95.07.17	6,257.80	-16.29%	3	小回檔	58		4.57%
97.11.21	3,955.43	-59.88%	13	大回檔	28	86	1.52%
100.12.19	6,609.11	-28.32%	10	中回檔	36		3.91%
104.08.24	7,203.07	-13.00%	4	小回檔	45		2.35%
108.01.04	9,319.28	-17.31%	11	小回檔	40		2.65%
109.03.19	8,523.63	-30.12%	2		17	138	
			17.30		47.50		
63.58%(約2/3)			36.42%(約1/3)		100.00%		
			34.60		95.00		

臺灣股市第一次大循環周期中的股王

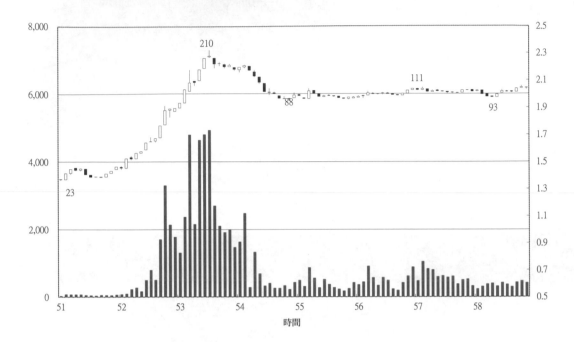

　　臺灣股市第一次大循環周期，時值國際糖價大漲，股市剛開放，主力作手操作，主流為食品股，如：臺糖和味全，四大公司則為臺紙、臺泥、農林、工礦。

　　51 年度開盤價 23.52 點，最高點 210.92 點，最低點 23.12 點，收盤 110.07 點，比 51 年度初開盤價 23.52 點，上漲 86.55 點，上漲幅度 367.98％，平均八年來每年上漲幅度 35.87％。其間以民國 52 年漲幅 186.14% 最大，53 年漲幅 110.16% 次之，54 年跌幅 43.88% 最大。

　　51 到 58 年度平均收盤價為 92.56 點。51 至 58 年度最高成交量 38,351.3 萬元，最低成交量 13.8 萬元。

51 至 58 年度合計成交量 786.85 億元，八年平均年成交量 98.35 億元，八年平均交易天數 290 日，平均日均量 3,396.0 萬元。

- 51 年與 53 年以四大公司的臺紙、臺泥、農林、工礦為主。
- 52 年、53 年、54 年、55 年與 56 年以食品類股：臺糖（優先股）、津津、味新、味全與工礦、亞泥為主。
- 57 年與 58 年以營造類股國建、資產股工礦、電機機械股大同（優先股）及紡纖股中纖為主
- 51 年全年股票成交金額以臺泥股票成交金額居首位，占全年成交的金額 49.16%。臺紙占 16.60%。第三為中興（優先）公司股占 9.05%。
- 51 年全年股票成交股數以臺紙成交股數為最多，占股票全年成交總股數 24.90%。其次則為臺泥公司股占 24.74%。第三為農林公司股占 11.87%。

臺灣股市第一次大循環周期中，臺糖公司為 53 至 54 年的股王，為臺灣股市五十八年來第一支股王。

54 年 6 月 20 日臺糖股票暫停交易，臺糖股票自 52 年 5 月以來，成交量值劇增，交易量於 52 年夏間起日益增加，而以 52 年 11 月及 53 年 4 月及 8 月最為突出，尤以臺糖股成交之金額，52 年占全年股票成交總金額 78.78%，53 年占 43.11%，久居股市領導地位，比重之大，當可想見。

自 54 年 6 月 20 日臺糖暫停交易以後，股票成交量值顯著減退。

第一大循環周期全年股票成交股數與成交金額前 5 名個股變動情形

循環周期	成交金額前 5 名者	全年度成交金額（百萬元）	1	占比	2	
第一大循環	51 年度	446.548	臺泥（1101）	49.16%	臺紙（1902）	
第一大循環	52 年度	9,901.645	臺糖（優先股）	78.78%	臺紙（1902）	
第一大循環	53 年度	35,501.012	臺糖（優先股）	43.11%	臺紙（1902）	
第一大循環	54 年度	10,960.461	臺糖（優先股）	14.88%	臺電（普通股）	
第一大循環	55 年度	4,562.927	津津（1204）	40.58%	味新（1203）	
第一大循環	56 年度	5,429.000	津津（1204）	31.21%	味全（1201）	
第一大循環	57 年度	7,669.937	國建（2501）	32.87%	工礦（9901）	
第一大循環	58 年度	4,213.763	國建（2501）	25.63%	臺泥（1101）	

循環周期	成交股數前 5 名者	全年度成交股數（百萬股）	1	占比	2	
第一大循環	51 年度	58.34	臺紙（1902）	24.91%	臺泥（1101）	
第一大循環	52 年度	241.24	臺紙（1902）	38.51%	臺糖（優先股）	
第一大循環	53 年度	712.57	臺紙（1902）	27.41%	臺泥（1101）	
第一大循環	54 年度	477.25	津津（1204）	33.80%	味新（1203）	
第一大循環	55 年度	664.35	津津（1204）	56.92%	味新（1203）	
第一大循環	56 年度	797.02	津津（1204）	50.09%	味全（1201）	
第一大循環	57 年度	667.08	工礦（9901）	37.51%	國建（2501）	
第一大循環	58 年度	442.45	大同（優先股）（1502）	15.98%	國建（2501）	

占比	3	占比	4	占比	5	占比
16.60%	中興（優先股）	9.06%	農林（1202）	7.12%	味全（1201）	4.36%
7.33%	臺泥（1101）	3.84%	中興紙業（優先股）	2.38%	亞泥（1102）	2.01%
13.35%	臺泥（1101）	9.46%	味全（1201）	6.73%	亞泥（1102）	4.33%
11.62%	津津（1204）	10.64%	中纖（1401）	8.44%	臺塑（1301）	7.86%
13.03%	臺紙（1902）	10.28%	臺塑（1301）	4.81%	太電（1602）	4.71%
11.60%	臺紙（1902）	11.01%	中纖（1401）	7.86%	國建（2501）	7.28%
24.15%	中纖（1401）	8.37%	南亞（1303）	7.58%	津津（1204）	4.11%
11.93%	工礦（9901）	9.28%	中纖（1401）	8.03%	亞泥（1102）	7.52%

占比	3	占比	4	占比	5	占比
24.75%	農林（2913）	11.88%	中興紙業（優先股）	8.61%	工礦（9901）	3.60%
16.22%	農林（2913）	14.58%	中興紙業（優先股）	7.17%	亞泥（1102）	6.68%
16.80%	工礦（9901）	11.55%	亞泥（1102）	9.12%	臺糖（優先股）	7.86%
17.39%	味全（1201）	13.72%	臺紙（1902）	4.26%	亞泥（1202）	4.09%
18.81%	臺紙（1902）	6.54%	味全（1201）	3.21%	臺泥（1101）	0.99%
10.26%	臺紙（1902）	7.54%	工礦（9901）	4.12%	國建（2501）	3.03%
16.54%	津津（1204）	13.05%	中纖（1401）	6.15%	味全（1201）	3.25%
15.10%	工礦（9901）	11.56%	中纖（1401）	6.84%		

臺灣股市第二次大循環周期中的股王

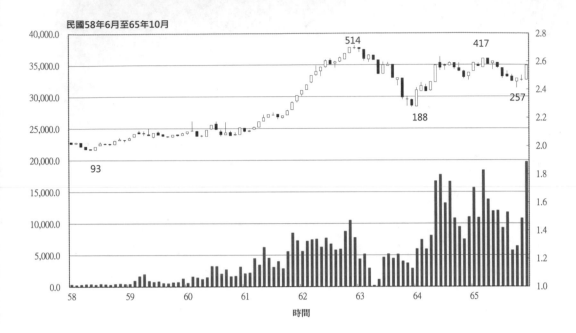

民國58年6月至65年10月

　　臺灣股市第二次大循環周期中，經濟快速成長，生產增加，外銷拓展順利，國民所得提高，貨幣供給額增加，也正面臨第一次石油危機，當時的主流股為塑膠股與紡織股。

　　59到65年全年股票成交股數與成交金額前5名中，59年與65年以塑膠股的南亞、臺塑紡織股的中纖、機電股的大同、太電及營造股的國建為主。60年、61年、62年、63年與65年以塑膠類股南亞（1303）及臺塑為主。

　　臺灣股市第二次大循環周期中，59年度開盤價110.64點，最高點498.23點，最低點110.05點，收盤價372.20點，比58年度底收盤價110.30點，上漲261.90點，上漲幅度237.44％，平均7年來每年上漲幅度32.87％。

其間以 62 年漲幅 117.27% 最大，64 年漲幅 70.97% 次之，63 年跌幅 61.03% 最大。

平均收盤價為 257.16 點，最高成交量 12.71 億元，最低成交量 41.8 萬元，合計成交量 4,954.70 億元，七年平均年成交量 707.81 億元，七年平均交易天數 292 日，平均日均量 2.42 億元。

南亞公司（1303）為臺灣股市 58 年來第二支股王，在 56 年 11 月至 62 年 4 月的 5.4 年間上漲 4.9 倍。

60 年南亞股成交金額，占當年全年股票成交總金額 49.53%，62 年占 36.68%，居股市領導地位，比重之大，當可想見。

第二大循環周期股票成交股數成交金額前 5 名個股變動情形

循環周期	成交金額前 5 名者	全年度成交金額（百萬元）	1	占比	2	
第二大循環	59 年度	10,865.996	國建（2501）	15.81%	臺紙（1902）	
第二大循環	60 年度	23,598.238	南亞（1303）	49.53%	臺塑（1301）	
第二大循環	61 年度	54,050.945	南亞（1303）	36.68%	臺塑（1301）	
第二大循環	62 年度	87,909.966	南亞（1303）	13.33%	臺塑（1301）	
第二大循環	63 年度	43,586.454	南亞（1303）	10.02%	太電（1602）	
第二大循環	64 年度	130,336.597	臺塑（1301）	18.07%	南亞（1303）	
第二大循環	65 年度	145,941.088	南亞（1303）	12.71%	臺塑（1301）	

循環周期	成交股數前 5 名者	全年度成交股數（百萬股）	1	占比	2	占比
第二大循環	59 年度	1350.4	大同（優先股）（1502）	44.88%	國建（2501）	10.64%
第二大循環	60 年度	1275.5	大同（優先股）（1502）	35.32%	華電（1603）	10.17%
第二大循環	61 年度	1896.9	中纖（1401）	22.76%	大同（優先股）（1502）	9.56%
第二大循環	62 年度	3997.8	大同（特別股）（1502）	42.92%	亞泥（1102）	5.61%
第二大循環	63 年度	2798.4	大同（1502）	28.70%	大同（特別股）（1502）	3.26%
第二大循環	64 年度	6645.6	大同（1502）	34.00%	大明纖維（1405）	4.00%
第二大循環	65 年度	7251.6	大同（1502）	14.47%	新纖（1409）	5.48%

占比	3	占比	4	占比	5	占比
10.20%	南亞（1303）	9.31%	味全（1201）	9.14%	大同優（1502）	8.61%
7.64%	華電（1603）	7.41%	國建（2501）	6.71%	太電（1602）	6.32%
19.58%	中纖（1401）	12.39%	太電（1602）	4.82%	國建（2501）	4.56%
9.11%	中纖（1401）	6.40%	國建（2501）	5.37%	亞泥（1102）	4.89%
7.00%	臺塑（1301）	5.90%	中纖（1401）	5.70%	聯合耐隆（1404）	4.50%
18.00%	太電（1602）	7.22%	中纖（1401）	5.70%	聯合耐隆（1404）	5.16%
9.43%	國華化工（1406）	9.19%	太電（1602）	8.02%	聯合耐隆（1404）	7.43%

3	占比	4	占比	5	占比
津津（1204）	8.53%	臺紙（1902）	6.43%	中纖（1401）	6.04%
國建（2501）	9.03%	中纖（1401）	8.13%	南亞（1303）	5.51%
大同（特別股）（1502）	9.20%	國建（2501）	7.86%	津津（1204）	7.05%
津津（1204）	5.30%	國建（2501）	4.71%	中纖（1401）	3.91%
津津（1204）	3.10%	中纖（1401）	2.67%	臺紙（1902）	2.44%
新纖（1409）	3.30%	國塑（1302）	3.23%	亞泥（1102）	3.20%
大明纖維（1405）	5.17%	裕和纖維（1411）	4.60%	臺灣煉鐵（2001）	4.58%

臺灣股市第三次大循環周期中的股王

民國65年10月至74年7月

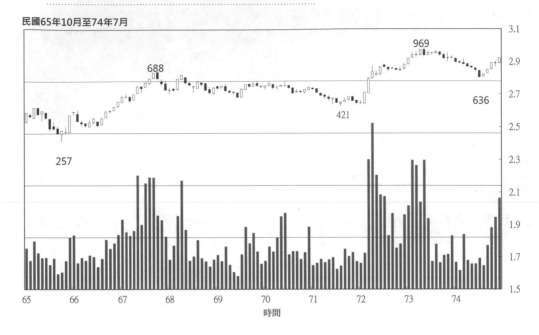

臺灣股市第三次大循環周期（66至74年），時值十大建設陸續完成，蔣經國當選總統及第二次石油危機，因此主流股仍以塑膠股與紡織股為主。

66年度開盤價389.46點，最高點969.25點，最低點313.92點，收盤價835.12點，比65年度底收盤價372.20點，上漲462.92點，上漲幅度124.37％，平均九年來，每年上漲幅度11.63％。

其間以72年漲幅71.77%最大，66年漲幅21.02%次之，71年跌幅19.50%最大。66至74年度平均收盤價為591.99點。

66到74年度最高成交量34.86億元，最低成交量0.64億元，66至74年度合計成交21,330.63億元，九年平均年成交量2,370.07億元，九

年平均交易天數 291 日，平均日均量 8.15 億元。

66 年、67 年、72 年與 73 年以塑膠類股南亞（1303）、臺塑（1301）及營造股的國建（2501）為主。72 年、73 年與 73 年以紡纖股的中紡（1408）及華隆（1407）為主。

臺灣股市第三次大循環周期中，南亞公司（**1303**）延續第二次大循環周期，仍為 **66 到 74 年的股王**，在 **71 年 12 月**至 **77 年 4 月**的 **5.8 年**間上漲 **10.41 倍**。

在第三次大循環周期中，南亞成交金額在 66 年占 9.59%，67 年占 3.76%，72 年占 5.19%，73 年占 5.03%，有四次居股市領導地位。

第三大循環周期股票成交股數與成交金額前 5 名個股變動情形

第幾大循環周期	成交金額前 5 名者	全年度成交金額（百萬元）	1	占比	2	占比
第三大循環	66 年度	172,177.280	南亞（1303）	9.59%	太電（1602）	6.87%
第三大循環	67 年度	361,644.902	南亞（1303）	3.76%	國建（2501）	3.67%
第三大循環	68 年度	205,488.181	和信興（1208）	7.64%	臺灣煉鐵（2001）	5.55%
第三大循環	69 年度	162,112.707	臺灣煉鐵（2001）	4.99%	國建（2501）	4.75%
第三大循環	70 年度	209,216.704	泰豐輪胎（2102）	3.31%	正隆（1904）	2.71%
第三大循環	71 年度	133,875.416	國產（2504）	3.27%	鴻通工業（1427）	2.69%
第三大循環	72 年度	363,844.957	南亞（1303）	5.19%	臺塑（1301）	3.35%
第三大循環	73 年度	324,475.192	中紡（1408）	6.42%	南亞（1303）	5.03%
第三大循環	74 年度	195,227.690	華隆（1407）	5.69%	中紡（1408）	5.43%

循環周期	成交股數前 5 名者	全年度成交股數（百萬股）	1	占比	2	占比
第三大循環	66 年度	10499	大同（1502）	13.14%	華隆（1407）	5.32%
第三大循環	67 年度	24119	大同（1502）	23.66%	新纖（1409）	4.62%
第三大循環	68 年度	13037	大同（1502）	16.28%	和信興（1208）	5.28%
第三大循環	69 年度	11495	大同（1502）	9.45%	和信興（1208）	3.96%
第三大循環	70 年度	13198	新纖（1409）	4.22%	大明纖維（1405）	3.95%
第三大循環	71 年度	10244	鴻通工業（1427）	2.65%	寶隆紙業（1906）	2.58%
第三大循環	72 年度	23869	華隆（1407）	4.43%	中紡（1408）	3.34%
第三大循環	73 年度	18164	中紡（1408）	5.89%	華隆（1407）	4.89%
第三大循環	74 年度	14534	中紡（1408）	7.09%	華隆（1407）	6.84%

3	占比	4	占比	5	占比
聯合耐隆（1404）	6.52%	臺塑（1301）	6.44%	國建（2501）	5.10%
大同（1502）	3.47%	新纖（1409）	2.87%	和信興（1208）	2.85%
新玻（1801）	4.00%	臺紙（1902）	3.59%	華新（1605）	3.14%
和信興（1208）	3.86%	正隆（1904）	3.30%	農林（2913）	3.26%
國建（2501）	2.68%	復木（2503）	2.63%	國豐（2508）	2.14%
新燕（1431）	2.36%	南染（1410）	2.36%	泰豐輪胎（2102）	2.34%
亞泥（1102）	2.85%	新玻（1801）	2.76%	中紡（1408）	2.66%
遠紡（1402）	3.95%	華隆（1407）	3.76%	大同（1502）	3.66%
裕隆汽車（2201）	4.83%	大同（1502）	3.28%	華夏（1305）	2.93%

3	占比	4	占比	5	占比
國建（2501）	4.25%	新纖（1409）	3.46%	國塑（1302）	3.42%
津津（1204）	4.01%	太平洋實業（1415）	3.66%	裕和纖維（1411）	3.33%
華隆（1407）	3.63%	大明纖維（1405）	2.98%	臺灣煉鐵（2001）	2.95%
大明纖維（1405）	3.35%	國建（2501）	2.80%	臺灣煉鐵（2001）	2.56%
裕和纖維（1411）	2.65%	華隆（1407）	2.46%	泰豐輪胎（2102）	2.02%
永康工業（1106）	2.41%	國產（2504）	2.38%	華成工業（2507）	2.29%
南亞（1303）	3.05%	新玻（1801）	2.84%	國塑（1302）	2.44%
大同（1502）	3.48%	遠紡（1402）	2.85%	南亞（1303）	2.72%
裕隆汽車（2201）	3.85%	大同（1502）	3.43%	中纖（1401）	2.99%

臺灣股市第四次大循環周期中的股王

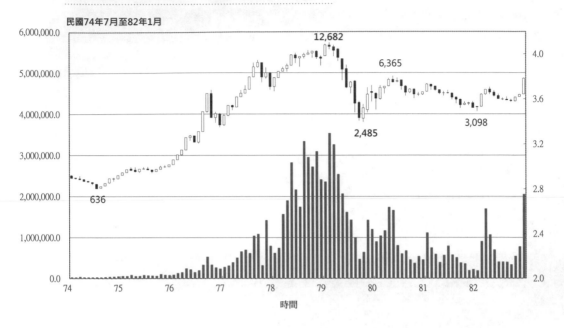

民國74年7月至82年1月

臺灣股市第四次大循環周期（75 至 81 年），時空背景為全球正值第一次波斯灣戰爭，國內政壇國民黨主流與非主流政爭相持不下，因為證管會開放投信，股市熱錢湧入，主流股轉為金融股與資產股。

75 年度開盤價 839.73 點（75 年 1 月 4 日），最高點 12,682.41 點（79 年 2 月 12 日），最低點 839.73 點（75 年 1 月 4 日）（第四次大循環起漲點為 74 年 7 月 30 日低點 636.02 點），收盤價 3,377.06 點（81 年 12 月 29 日），比 74 年度底收盤價 835.12 點，上漲 2,541.94 點，上漲幅度 304.38%，平均七年來每年上漲幅度 39.77%。

以 76 年漲幅 125.18% 最大，77 年漲幅 118.78% 次之，79 年跌幅 -52.93% 最大，81 年跌幅 -26.60% 次之。75 至 81 年度平均收盤價為 4,707.93 點。75 至 81 年度最高成交量 2,162.02 億元（79 年 3 月 16 日），

最低成交量 1.33 億元（77 年 10 月 1 日）。

75 至 81 年度合計成交量 749,168.22 億元，七年平均年成交量 1,070.24 億元，七年平均交易天數 286 日，平均日均量 374.58 億元。

臺灣股市第四次大循環周期中，78 年、79 年、80 年與 81 年以金融類股國壽（2805）、中華開發（2804）、彰銀（2801）及塑膠股的臺塑（1301）為主。75 年、76 年與 80 年以紡織股的中紡（1408）及華隆（1407）為主。

國壽（2805）與國泰金公司（2882）為第四次大循環周期的股王，為 79 到 80 年的股王。國壽與國泰金公司為臺灣證券史上一頁金融類股滄桑史，國壽與國泰金公司潛伏了 16.7 年。又在民國 69 年至 78 年期間，10.5 年內飆漲 46 倍，以頭肩頂形成頭部，再修正 25.5 年。

在第四次大循環周期中，國壽股成交金額，在 79 年占 2.03%（排名第 2），80 年占 1.72%（排名第 4），有二次居股市領導地位。

其次中華開發也是金融股的熱門股，中華開發股成交金額，在 79 年占 2.46%（排名第 1），79 年占 2.53%（排名第 1），81 年占 2.22%（排名第 4），有三次居股市領導地位。

第四大循環周期股票成交股數與成交金額前 5 名個股變動情形

循環周期	成交金額 前 5 名者	全年度 成交金額 （百萬元）	1	占比	2	占比	
第四大循環	75 年度	675,656.357	中紡（1408）	6.28%	廣豐（1416）	4.37%	
第四大循環	76 年度	2,668,633	華隆（1407）	5.80%	中紡（1408）	4.96%	
第四大循環	77 年度	7,868,024	彰銀（2801）	4.71%	一銀（2802）	3.68%	
第四大循環	78 年度	25,407,963	中華開發（2804）	2.46%	中紡（1408）	1.88%	
第四大循環	79 年度	19,031,288	中華開發（2804）	2.53%	國壽（2805）	2.03%	
第四大循環	80 年度	9,682,738	華隆（1407）	4.05%	彰銀（2801）	1.94%	
第四大循環	81 年度	5,917,079	泰豐輪胎（2102）	3.90%	厚生（2107）	2.57%	

循環周期	成交股數 前 5 名者	全年度 成交股數 （百萬股）	1	占比	2	占比	
第四大循環	75 年度	39041	中紡（1408）	8.63%	華隆（1407）	5.46%	
第四大循環	76 年度	76857	中紡（1408）	8.29%	華隆（1407）	8.17%	
第四大循環	77 年度	101350	士電（增）(1503)	4.62%	中紡（1408）	4.29%	
第四大循環	78 年度	220558	中紡（1408）	5.31%	華隆（1407）	3.49%	
第四大循環	79 年度	232307	中紡（1408）	3.09%	華隆（1407）	2.54%	
第四大循環	80 年度	175941	華隆（1407）	4.80%	中紡（1408）	3.51%	
第四大循環	81 年度	107593	華隆（1407）	2.22%	泰豐輪胎（2102）	1.88%	

3	占比	4	占比	5	占比
臺橡（2103）	4.03%	華隆（1407）	3.53%	遠紡（1402）	3.01%
裕隆汽車（2201）	4.39%	南亞（1303）	3.03%	太設（2506）	2.56%
華銀（2803）	3.62%	士電（增）（1503）	3.25%	臺塑（1301）	2.91%
太電（1602）	1.82%	力霸（1105）	1.81%	農林（1202）	1.71%
彰銀（2801）	1.93%	國票（2813）	1.77%	臺塑（1301）	1.43%
國票（2813）	1.85%	國壽（2805）	1.72%	民紡（1422）	1.72%
中和羊毛（1439）	2.30%	中華開發（2804）	2.22%	利華羊毛（1423）	1.40%

3	占比	4	占比	5	占比
廣豐（1416）	3.32%	東和（1414）	3.29%	中纖（1401）	3.12%
力霸（1105）	3.82%	中纖（1401）	3.33%	裕隆汽車（2201）	3.21%
力霸（1105）	3.83%	華隆（1407）	3.71%	南亞（1303）	2.47%
力霸（1105）	3.07%	新纖（1409）	2.04%	嘉麵（1207）	1.70%
裕隆汽車（2201）	1.80%	臺塑（1301）	1.61%	中纖（1401）	1.39%
新纖（1409）	2.25%	力霸（1105）	1.67%	裕隆汽車（2201）	1.54%
嘉麵（1207）	1.72%	中紡（1408）	1.44%	中華開發（2804）	1.38%

臺灣股市第五次大循環周期中的股王

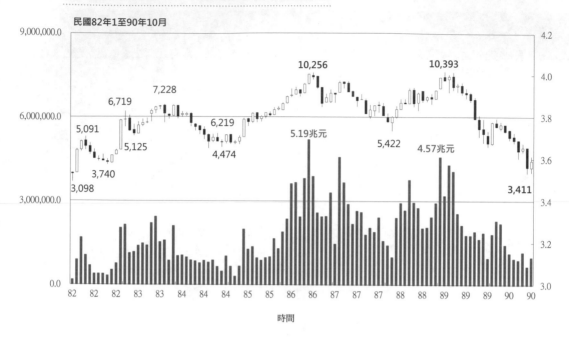

民國82年1至90年10月

臺股股市第五次大循環周期，時值股市開放外資與國際資金流入，美國經濟成長，政府鼓勵電子產業，此時的主流股為電子股與傳產股。

在此次周期中，臺灣股市也面臨了網路泡沫化、亞洲金融風暴、政黨輪替和美國911攻擊事件。據臺灣交易所加權股價指數年均價與年均值分析表可知，臺灣股市第五次大循環周期中（82至90年），82年度開盤價3,408.10點（82年1月5日），最高點10,393.59點（89年2月18日），最低點3,098.33點（82年1月8日）（第五次大循環起漲點），收盤價5,551.24點（90年12月31日），比81年度底收盤價3,377.06點，上漲2,174.18點，上漲幅度為64.38％，平均九年來每年上漲幅度為11.68％。

其間以79年漲幅79.76%最大，85年漲幅34.02%次之，89年跌幅43.91%最大，84年跌幅27.38%次之。平均收盤價為6,481.86點。最高成

交量為 3,256.01 億元（89 年 1 月 11 日），最低成交量 64.07 億元（82 年 1 月 12 日），82 至 90 年度合計成交量 1,962,057.89 億元，九年平均年成交量 218,006.43 億元，九年平均交易天數 276 日，平均日均量 788.61 億元。

84 年、86 年、88 年與 89 年以電子類股中的聯電（2303）、臺積電（2330）、宏碁（2306）及金融股的國壽（2805）與開發金（2804）為主。

82 年、83 年與 85 年則以紡織股的華隆（1407），塑膠股中石化（1314）及鋼鐵股中鋼（2002）為主。

臺灣股市第五次大循環周期中，聯電公司為第五次大循環周期的股王，開啟臺灣證券史的電子類股變遷史，聯電（2303）月 K 線走勢圖中有兩次大行情，74 年至 77 年期間 4.1 年上漲 14.60 倍，及 79 年至 83 年期間 4.0 年上漲 7.32 倍。

在第五次大循環周期中，聯電成交金額在 84、86、88 及 89 年四次皆排名第 1，85 及 87 年二次排名第 2，90 年排名第 3，九年中有七次居股市領導地位。

國壽也是金融股的熱門股，在 82、83 及 85 年分別為排名第 1、2、1。其次，資產股的泰豐輪胎（2102）在 81 年排名第 1。中石化（1314）是塑膠股的景氣循環股兼資產股，於 82、83、84 及 85 年有四次成交股數名列前五名。

第五次大循環全年股票成交股數與成交金額前 5 名個股變動情形

循環周期	成交金額前 5 名者	全年度成交金額（百萬元）	1	占比	2	占比
第五大循環	82 年度	9,056,717	國壽（2805）	4.03%	華銀（2803）	2.68%
第五大循環	83 年度	18,812,112	中華開發（2804）	3.93%	國壽（2805）	3.42%
第五大循環	84 年度	10,151,536	聯電（2303）	2.90%	華隆（1407）	2.80%
第五大循環	85 年度	12,907,561	國壽（2805）	3.13%	聯電（2303）	1.87%
第五大循環	86 年度	37,241,150	聯電（2303）	4.73%	臺積電（2330）	4.46%
第五大循環	87 年度	29,618,970	臺積電（2330）	3.16%	聯電（2303）	2.55%
第五大循環	88 年度	29,291,529	聯電（2303）	5.33%	臺積電（2330）	3.93%
第五大循環	89 年度	30,526,566	聯電（2303）	4.71%	茂矽（2342）	3.87%
第五大循環	90 年度	18,354,936	威盛（2388）	5.01%	臺積電（2330）	3.73%

循環周期	成交股數前 5 名者	全年度成交股數（百萬股）	1	占比	2	占比
第五大循環	82 年度	204678	中鋼（2002）	3.82%	華隆（1407）	3.10%
第五大循環	83 年度	351240	中鋼（2002）	3.83%	華隆（1407）	3.03%
第五大循環	84 年度	267298	華隆（1407）	3.78%	中鋼（2002）	3.07%
第五大循環	85 年度	350739	華隆（1407）	2.74%	中鋼（2002）	2.41%
第五大循環	86 年度	654201	聯電（2303）	3.18%	臺積電（2330）	2.11%
第五大循環	87 年度	612010	聯電（2303）	2.16%	宏碁（2306）	1.97%
第五大循環	88 年度	678064	聯電（2303）	3.39%	茂矽（2342）	3.08%
第五大循環	89 年度	630868	茂矽（2342）	3.28%	聯電（2303）	2.65%
第五大循環	90 年度	606420	華邦（2344）	2.97%	茂矽（2342）	2.52%

3	占比	4	占比	5	占比
一銀（2802）	2.62%	中華開發（2804）	2.53%	彰銀（2801）	1.93%
華銀（2803）	2.47%	彰銀（2801）	2.33%	華國飯店（2703）	2.29%
新纖（1409）	2.32%	宏碁（2306）	2.13%	中鋼（2002）	2.11%
中華開發（2804）	1.85%	華隆（1407）	1.71%	中鋼（2002）	1.70%
日月光（2311）	2.89%	宏碁（2306）	2.39%	中華開發（2804）	2.16%
日月光（2311）	2.38%	華碩（2357）	2.24%	鴻海（2317）	2.23%
宏碁（2306）	3.70%	中環（2323）	3.16%	華邦（2344）	3.12%
威盛（2388）	3.84%	華邦（2344）	3.68%	臺積電（2330）	3.62%
聯電（2303）	3.55%	旺宏（2337）	2.52%	矽統（2363）	2.45%

3	占比	4	占比	5	占比
中紡（1408）	1.67%	中石化（1314）	1.57%	中華開發（2804）	1.33%
中石化（1314）	2.66%	中紡（1408）	2.19%	新纖（1409）	2.02%
新纖（1409）	2.55%	中石化（1314）	1.66%	中紡（1408）	1.60%
中石化（1314）	1.76%	聯電（2303）	1.48%	新纖（1409）	1.25%
中鋼（2002）	2.11%	華隆（1407）	2.07%	宏碁（2306）	1.89%
華邦（2344）	1.87%	茂矽（2342）	1.60%	臺積電（2330）	1.41%
華邦（2344）	2.81%	宏碁（2306）	2.64%	旺宏（2337）	2.16%
華邦（2344）	2.60%	旺宏（2337）	2.34%	太電（1602）	2.05%
聯電（2303）	2.42%	旺宏（2337）	2.14%	國巨（2327）	1.91%

▪️ 臺灣股市第六次大循環周期中的股王

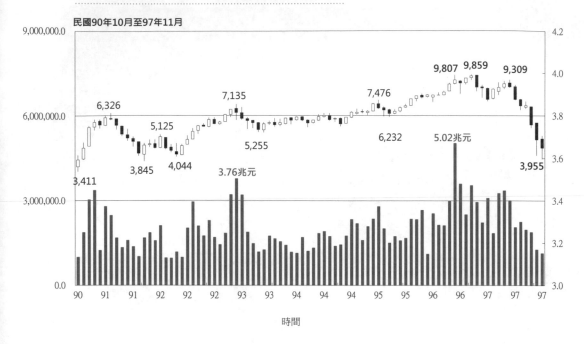

民國90年10月至97年11月

臺灣股市第六次大循環周期中，時值國際美元走弱，國際熱錢進駐亞洲新興市場，人民幣帶動亞洲貨幣上揚，中國經濟大幅成長也帶動臺灣的中概股，當時的主流股為中概股、電子股、能源股與傳產股。

與此同時，臺灣股市也同時面臨美國次級房貸風暴和雷曼兄弟事件的影響，國內政黨也再次輪替。

91年度開盤價5,575.34點（91年1月2日），最高點9,859.65點（96年10月30日），最低點3,955.43點（97年11月21日）（第七次大循環起漲點），收盤價4,591.22點（97年12月31日），比90年度底收盤價5,551.24點，下跌960.02點，下跌幅度17.29％，平均七年，每年上漲幅度0.80％。

其間以92年漲幅32.30%最大，95年漲幅19.48%次之，97年跌幅46.03%最大，91年跌幅19.79%次之。91至97年度平均收盤價為6,410.83點。

91 至 97 年度最高成交量 3,215.59 億元（96 年 7 月 26 日），最低成交量 237.55 億元（97 年 12 月 29 日），91 至 97 年度合計成交量 1,679,610.74 億元，七年平均年成交量 239,944.39 億元，七年平均交易天數 248 日，平均日均量 966.40 億元。

　　94 年、95 年、96 年與 97 年以電子類股中的手機股王宏達電（2489），及 91 年、94 年、95 年、96 年與 97 年 IC 設計類聯發科（2454）為主。面板股的友達（2409）、奇美電（3009），晶圓代工的臺積電（2330），及電子類其他類的鴻海（2317）也相當活躍。金融股則以元大金（2885）與中信金（2891）為主。

　　臺灣股市第六次大循環周期中，宏達電（2489）為第六次大循環周期的股王，宏達電月 K 線走勢圖中有兩次大行情，92 年至 95 年期間 3.1 年上漲 11.45 倍，及 99 年至 100 年期間 1.2 年上漲 3.68 倍。在第六次大循環周期中，宏達電股成交金額，在 94、95 及 97 年三次皆排名第 1，96 年排名第 2，七年中有四次居股市領導地位。

　　臺灣股市第六次大循環周期中，聯發科（2454）為第六次大循環周期的股后，有三次大行情，90 年至 91 年期間 0.5 年上漲 2.58 倍，94 年至 96 年期間 2.7 年上漲 2.84 倍，及 100 年至 103 年期間 2.9 年上漲 1.47 倍。

　　在第六次大循環周期中，聯發科股成交金額，在 91、94、95、96 及 97 年五次分別排名第 5、4、2、3、4 名，七年中有五次居股市領導地位。

　　其次臺積電（2330）也是電子股的領導績優股，在 91、92、93、94、95、96 及 97 年分別為排名第 1、3、3、2、3、5、3 名，七年中有七次居股市前五名。其次，友達（2409）也是電子股的成交金額與成交股數兩項的熱門股，在 91、92、93、94、95、96 及 97 年分別為排名第 2、1、1、3、5、5、5 名，七年中有七次居股市前五名。

第六次大循環周期股票成交股數與成交金額前 5 名個股變動情形

循環周期	成交金額前 5 名者	全年度成交金額（百萬元）	1	占比	2	占比
第六大循環	91 年度	21,873,951	臺積電（2330）	3.52%	友達（2409）	3.41%
第六大循環	92 年度	20,333,237	友達（2409）	3.88%	聯電（2303）	3.11%
第六大循環	93 年度	23,875,366	友達（2409）	4.77%	奇美電（3009）	3.40%
第六大循環	94 年度	18,818,902	宏達電（2498）	4.16%	臺積電（2330）	3.76%
第六大循環	95 年度	23,900,362	宏達電（2498）	5.64%	聯發科（2454）	2.84%
第六大循環	96 年度	33,043,848	臺積電（2330）	3.06%	宏達電（2498）	3.05%
第六大循環	97 年度	26,115,408	宏達電（2498）	4.11%	鴻海（2317）	3.95%

循環周期	成交股數前 5 名者	全年度成交股數（百萬股）	1	占比	2	占比
第六大循環	91 年度	856190	友達（2409）	2.59%	華邦（2344）	2.35%
第六大循環	92 年度	917579	聯電（2303）	2.71%	友達（2409）	2.57%
第六大循環	93 年度	987574	華映（2475）	2.94%	廣輝（3012）	2.38%
第六大循環	94 年度	663512	聯電（2303）	3.16%	華映（2475）	2.27%
第六大循環	95 年度	732510	聯電（2303）	2.27%	友達（2409）	1.59%
第六大循環	96 年度	887186	華映（2475）	2.72%	臺積電（2330）	1.75%
第六大循環	97 年度	778910	友達（2409）	2.24%	臺積電（2330）	2.09%

3	占比	4	占比	5	占比
聯電（2303）	2.98%	南亞科（2408）	2.69%	聯發科（2454）	2.56%
臺積電（2330）	3.05%	中鋼（2002）	2.17%	奇美電（3009）	1.93%
臺積電（2330）	2.77%	聯電（2303）	2.44%	華映（2475）	2.31%
友達（2409）	3.53%	聯發科（2454）	3.16%	奇美電（3009）	2.60%
臺積電（2330）	2.66%	鴻海（2317）	2.62%	友達（2409）	2.36%
聯發科（2454）	2.95%	鴻海（2317）	2.84%	友達（2409）	2.03%
臺積電（2330）	3.53%	聯發科（2454）	3.28%	友達（2409）	2.99%

3	占比	4	占比	5	占比
聯電（2303）	2.04%	南亞科（2408）	1.94%	華映（2475）	1.86%
中鋼（2002）	1.97%	華映（2475）	1.96%	兆豐金（2886）	1.50%
友達（2409）	2.24%	聯電（2303）	2.22%	彰銀（2801）	1.77%
友達（2409）	2.11%	臺積電（2330）	1.93%	彩晶（6116）	1.91%
大同（2371）	1.46%	華映（2475）	1.45%	臺積電（2330）	1.41%
彩晶（6116）	1.57%	奇美電（3009）	1.53%	聯電（2303）	1.41%
元大金（2885）	1.92%	中信金（2891）	1.82%	奇美電（3009）	1.61%

臺灣股市第七次大循環周期中的股王

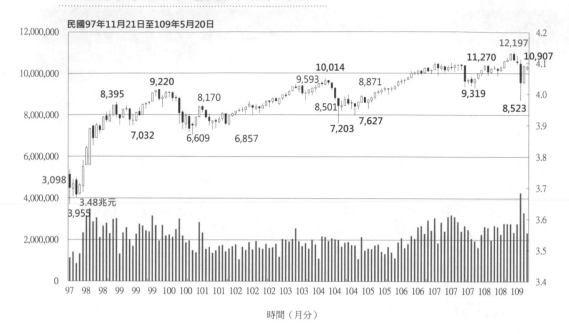

民國97年11月21日至109年5月20日

時間（月分）

　　臺灣股市第七次大循環周期，初期時值政府鼓勵生技、**LED**、太陽光電、文創產業，主流股為中概股、生技股、電子股與傳產股。

　　在政黨輪替後，大陸與臺灣兩岸關係轉佳，也有了後來馬習會，國際間則有日本福島核災、歐債美債危機、美國 QE 退場和 Fed 升息、希臘公投、陸股重挫、人民幣貶值、中美貿易戰和新型冠狀病毒等事件。

　　國內法令也有針對股市做的修正，包括：開徵證所稅、提振股市方案、自然人免徵證所稅、漲跌幅 7% 變為 10%、廢止證所稅。

也將近五年重要的國內外政經變化簡附如下：

105 年	106 年	107 年	108 年	109 年
105 年 1 月 16 日，民進黨蔡英文當選總統，立委過半。	106 年 4 月 28 日，現股當沖證交稅減半。	107 年 3 月 21 日、5 月 13 日、9 月 26 日、12 月 19 日，Fed 調高利率一碼。	108 年 1 月 11 日，賴清德辭職，蘇貞昌 1 月 14 日接閣揆。	民進黨蔡英文總統連任，立委 61 席過半。
105 年 6 月 24 日，英國脫歐。	106 年 6 月 15 日 Fed 調高利率一碼。	107 年 7 月 6 日中美貿易戰爭開打。12 月 2 日延後 90 天談判。	108 年 5 月 10 日，美國調升 2 千億美元商品關稅至 25%。	中美簽署第一階段貿易協定。
105 年 10 月 3 日，金管會主委丁克華辭職。	106 年 9 月 5 日，林全辭職，賴清德接閣揆。	107 年 11 月 24 日，九合一選舉國民黨大勝。	108 月 5 月 14 日，中國採取反制措施，對 600 美元商品加稅至 25%。	1 月 30 日大陸武漢爆發肺炎疫情，臺股跌 696 點，跌幅 5.75%。2 月 3 日臺股下探低點 11,138。
105 年 11 月 9 日，川普當選第 45 任美國總統。	106 年 12 月 14 日，Fed 調高利率一碼。	107 年 3 月 21 日、5 月 13 日、9 月 26 日、12 月 19 日，Fed 調高利率一碼。		3 月 19 日受疫情影響，下探低點 8,523.63 點

　　臺灣股市第七次大循環周期，於 98 年度開盤價 4,725.26 點（98 年 1 月 5 日），最高點 11,270.18 點（107 年 1 月 23 日），最低點 4,164.19 點（98 年 1 月 21 日）（第七次大循環起漲點為 97 年 11 月 21 日的最低點 3,955.43 點），收盤價 9,727.41 點（107 年 12 月 28 日），比 97 年度底收盤價 4,591.22 點，上漲 5,136.19 點，上漲幅度達 111.87％。

　　以平均十年計算，每年上漲幅度 10.25％。其間以 98 年漲幅 78.34% 最大，106 年漲幅 15.01% 次之，100 年跌幅 21.18% 最大，104 年跌幅 10.41% 次之。

98 至 107 年度平均收盤價為 8,561.46 點，最高成交量 2,438.10 億元（98 年 5 月 7 日），最低成交量 301.40 億元（105 年 6 月 4 日），合計成交量 2,357,179.21 億元，十年平均年成交量 235,718 億元，十年平均交易天數 247 日，平均日均量 952.78 億元。

99 至 100 年以電子類股中的手機類宏達電（2489）為主，101 至 107 年則是電子類股中晶圓代工的臺積電（2330）引領風潮，104 至 107 年以蘋概股的大立光（3008）表現最好。

另外面板股的友達（2409）、群創（3481），玉晶光（3406），聯發科（2454），可成（2474），MLCC 的國巨（2327），及電子類其他類的鴻海（2317）都是熱門股。

金融股則以開發金（2883）與中信金（2891）為主。

臺灣股市第七次大循環周期中，臺積電（**2330**）為第七次大循環周期的股王，為 **102 至 107** 年的股王。

臺積電（2330）外資持股高達七成以上，占總市值 17%，臺積電月 K 線走勢圖的兩次大行情，99 年至 107 年期間 10.8 年上漲 6.34 倍，及 87 年至 89 年期間 1.5 年上漲 2.93 倍。在第七次大循環周期中，臺積電股成交金額，在 102 至 107 年六次皆排名第 1，100 年排名第 2，十年中有七次居股市領導地位。

臺灣股市第七次大循環周期中，大立光（**3008**）為第七次大循環周期的最高價股，為 **104 至 107** 年的高價股蘋概股代表，大立光於 103 年 4 月 28 日以每股 1,990 元、大漲 115 元收盤，創臺股新高價，改寫國泰金控（前身為國泰人壽）於 1989 年締造 1,975 元最高價的紀錄。且於 103 年 5 月 6 日，大立光盤中最高價每股 2,050 元，終場以每股 2,000 元、上

漲 20 元收盤，成為臺股第一檔 2 字頭的千元股王。

104 年 4 月 21 日，大立光盤中攻上 3,010 元，終場以 2,945 元收盤，創收盤價新高價。104 年 4 月 22 日，大立光以 3,065 元收盤，創新高；漢民微測科技（3658）以 2,020 元收盤，也創新高，臺股歷來首次同時出現股價 3,000 元與 2,000 元的個股。

106 年 4 月 26 日，股王大立光盤中升到 5,010 元，終場以 5,000 元收盤，創臺股個股新高價。又於 106 年 8 月 25 日創下高價 6,075 元，是臺股五十八年來天價。

大立光（3008）有三次大行情，民國 97 年至 100 年期間 2.6 年上漲 5.01 倍，101 年至 104 年期間 3.3 年上漲 7.24 倍，及 105 年至 106 年期間 1.6 年上漲 2.38 倍。三次合計由 97 年至 106 年期間 8.8 年上漲 35.38 倍。

在第七次大循環周期中，大立光股票成交金額，在 104、105、106 及 107 年有四次分別排名第 4、3、4、5 名，十年中有四次居股市領導地位。

其次鴻海（2317）也是電子股的領導績優股，在 98 至 107 年分別排列在前五名，十年中有十次居股市前五名。其次，友達（2409）、群創（3481）及聯電（2330）也是電子股的成交金額與成交股數兩項的熱門股，分別為排列五名，十年中分別有九次、七次及七次居股市前五名。

第七次大循環周期股票成交股數與成交金額前 5 名個股變動情形

循環周期	成交金額前 5 名者	全年度成交金額（百萬元）	1	占比	2	占比
第七大循環	98 年度	29,680,471	鴻海（2317）	3.32%	聯發科（2454）	3.09%
第七大循環	99 年度	28,218,676	宏達電（2498）	3.42%	鴻海（2317）	3.19%
第七大循環	100 年度	26,197,408	宏達電（2498）	5.85%	臺積電（2330）	3.50%
第七大循環	101 年度	20,238,166	宏達電（2498）	5.96%	鴻海（2317）	4.76%
第七大循環	102 年度	18,940,933	臺積電（2330）	4.69%	宏達電（2498）	3.85%
第七大循環	103 年度	21,898,537	臺積電（2330）	5.04%	鴻海（2317）	3.48%
第七大循環	104 年度	20,191,486	臺積電（2330）	6.76%	鴻海（2317）	3.81%
第七大循環	105 年度	16,771,139	臺積電（2330）	7.80%	鴻海（2317）	4.02%
第七大循環	106 年度	23,972,239	臺積電（2330）	5.83%	鴻海（2317）	4.28%
第七大循環	107 年度	29,608,866	臺積電（2330）	6.92%	國巨（2327）	6.27%
第七大循環	108 年度	26,464,628	臺積電（2330）	7.88%	玉晶光（3406）	3.86%

循環周期	成交股數前 5 名者	全年度成交股數（百萬股）	1	占比	2	占比
第七大循環	98 年度	1E+06	華映（2475）	2.45%	聯電（2303）	1.99%
第七大循環	99 年度	817567	聯電（2303）	1.65%	友達（2409）	1.53%
第七大循環	100 年度	650941	臺積電（2330）	1.96%	友達（2409）	1.90%
第七大循環	101 年度	530706	友達（2409）	3.67%	奇美電（3481）	2.85%
第七大循環	102 年度	543162	友達（2409）	3.70%	群創光電（3481）	3.36%
第七大循環	103 年度	566992	群創光電（3481）	3.66%	友達（2409）	3.26%
第七大循環	104 年度	511248	友達（2409）	3.63%	群創光電（3481）	3.53%
第七大循環	105 年度	438312	友達（2409）	3.73%	群創光電（3481）	3.07%
第七大循環	106 年度	593663	群創光電（3481）	3.83%	友達（2409）	3.41%
第七大循環	107 年度	588973	聯電（2303）	2.36%	群創光電（3481）	2.30%
第七大循環	108 年度	520,272	群創光電（3481）	3.60%	旺宏（2337）	2.51%

3	占比	4	占比	5	占比
臺積電（2330）	3.04%	宏達電（2498）	2.60%	國泰金（2882）	1.97%
聯發科（2454）	3.17%	臺積電（2330）	2.66%	勝華（2384）	1.69%
聯發科（2454）	3.01%	鴻海（2317）	2.98%	可成（2474）	2.58%
臺積電（2330）	4.17%	聯發科（2454）	3.70%	可成（2474）	3.41%
鴻海（2317）	3.68%	聯發科（2454）	3.30%	F-TPK（3673）	3.01%
聯發科（2454）	3.45%	華亞科（3474）	3.22%	F-TPK（3673）	2.44%
聯發科（2454）	3.67%	大立光（3008）	3.26%	可成（2474）	2.42%
大立光（3008）	3.47%	宏達電（2498）	2.50%	可成（2474）	2.40%
玉晶光（3406）	3.08%	大立光（3008）	2.45%	業成（F-GIS）（6456）	2.39%
華新科（2492）	4.23%	鴻海（2317）	2.80%	大立光（3008）	2.60%
鴻海（2317）	2.78%	大立光（3008）	2.73%	國巨（2327）	2.64%

3	占比	4	占比	5	占比
中信金（2891）	1.82%	奇美電（3009）	1.68%	中鋼（2002）	1.61%
勝華（2384）	1.48%	臺積電（2330）	1.47%	新光金（2888）	1.35%
勝華（2384）	1.83%	聯電（2303）	1.67%	中信金（2891）	1.63%
鴻海（2317）	1.96%	臺積電（2330）	1.90%	開發金（2883）	1.88%
聯電（2303）	2.69%	開發金（2883）	2.03%	中信金（2891）	1.78%
華亞科（3474）	2.86%	聯電（2303）	2.41%	臺積電（2330）	1.60%
華亞科（3474）	3.09%	聯電（2303）	2.37%	中信金（2891）	2.03%
中信金（2891）	2.28%	鴻海（2317）	1.89%	彩晶（6116）	1.86%
華邦電（2344）	2.67%	彩晶（6116）	2.66%	聯電（2303）	2.19%
友達（2409）	2.08%	新光金（2888）	2.02%	中環（2323）	1.98%
友達（2409）	2.41%	聯電（2303）	2.05%	新光金（2888）	2.01%

2

強勢領軍的
各大集團股

在大者恆大的資本市場中,集團股就
像一支有富爸爸領軍的家族團隊,到
底哪些應該注意觀察,哪些值得長期
持有,就從月K線圖中看出端倪。

06 中信（和信）集團

　　國內股市每逢季底常有集團股作帳行情，中信（和信）集團背後的辜家為臺灣五大家族之一，產業跨越傳產股與金融股。

　　本文挑選集團中的：臺泥（1101）、中信金（2815）、中橡（2104）、中壽（2823）、開發金（2883）、中租（5871）等 6 家公司分析，其中臺泥（1101）更是臺灣股市第一檔績優藍籌股。

　　51 年至 108 年中，集團 6 家上市公司股票成交金額在股市交易，成交量有 4 個年度分居全年股票成交金額的前五名，如表 6-1 所示。

01. 51 年全年股票成交金額，以臺泥股票成交新臺幣 21,953.19 萬元居首位，占全年成交的金額 49.16%。
02. 52 年全年股票成交金額中，第三為臺泥股票成交 3.83 億元，占 3.84%。

表 6-1　中信集團 6 家上市公司股票成交量值統計表

（成交金額前 5 名者）單位：百萬元

循環周期	成交金額前 5 名者	全年度成交金額（百萬元）	成交金額（1）	占比	成交金額（2）
第一大循環	51 年度	446.548	臺泥（1101）	49.16%	臺紙（1902）
第一大循環	52 年度	9,901.645	臺糖（優先股）	78.78%	臺紙（1902）
第一大循環	53 年度	35,501.012	臺糖（優先股）	43.11%	臺紙（1902）
第一大循環	58 年度	4,213.763	國建（2501）	25.63%	臺泥（1101）

03. 53 年全年股票成交金額中，第三為臺泥成交 33.61 億元，占 9.46%。

04. 58 年全年股票成交額中，第二為臺泥，成交 5.20 億元，占 11.93%。

> ➤ 臺股大師分析

中信集團 6 家上市公司的長期月 K 線走勢圖如下所示。其中臺灣水泥（1101）見 22 頁、開發金（2883）與開發（2804）見 45 頁。

這六家中信集團中以臺泥（1101）、中橡（2104）、中信金（2891）、KY- 中租控股（5871），最值得長期持股。

占比	成交金額（3）	占比	成交金額（4）	占比	成交金額（5）	占比
16.60%	中興（優先股）	9.06%	農林（1202）	7.12%	味全（1201）	4.36%
7.33%	臺泥（1101）	3.84%	中興（優先股）	2.38%	亞泥（1102）	2.01%
13.35%	臺泥（1101）	9.46%	味全（1201）	6.73%	亞泥（1102）	4.33%
11.93%	工礦（9901）	9.28%	中纖（1401）	8.03%	亞泥（1102）	7.52%

中信銀（2815）或中信金（2891）月 K 線走勢圖

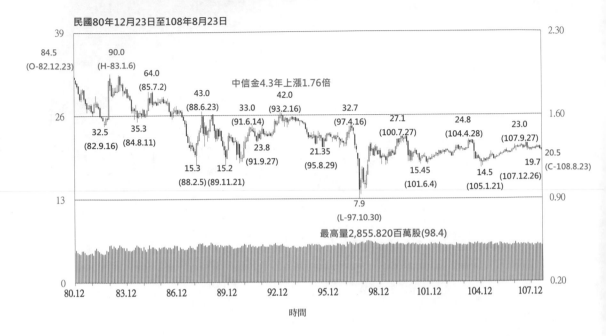

民國80年12月23日至108年8月23日

中信金4.3年上漲1.76倍

最高量2,855.820百萬股(98.4)

84.5
(O-82.12.23)

90.0
(H-83.1.6)

64.0
(85.7.2)

43.0
(88.6.23)

33.0
(91.6.14)

42.0
(93.2.16)

32.7
(97.4.16)

27.1
(100.7.27)

24.8
(104.4.28)

23.0
(107.9.27)

32.5
(82.9.16)

35.3
(84.8.11)

23.8
(91.9.27)

21.35
(95.8.29)

15.45
(101.6.4)

14.5
(105.1.21)

19.7
(107.12.26)

15.3
(88.2.5)

15.2
(89.11.21)

7.9
(L-97.10.30)

時間

EPS	股利	上市表現	近期股利發放	資本額變動
79 年 3.02 元 80 年 3.33 元	79 年 現金 0.5 元		107 年現金 1.08 元	80 年 105.3 億元
107 年 1.82 元	80 年 現金 1.00 元， 股票 0.30 元		108 年現金 1.00 元	107 年 1,983.03 億元

中橡（2104）月 K 線走勢圖

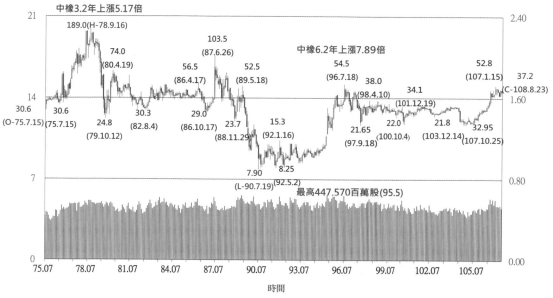

民國75年7月15日至108年8月23日
中橡3.2年上漲5.17倍
中橡6.2年上漲7.89倍

189.0(H-78.9.16)
74.0 (80.4.19)
103.5 (87.6.26)
56.5 (86.4.17)
52.5 (89.5.18)
54.5 (96.7.18)
52.8 (107.1.15)
38.0 (98.4.10)
34.1 (101.12.19)
37.2 (C-108.8.23)
30.6 (75.7.15)
30.6 (O-75.7.15)
30.3 (82.8.4)
29.0 (86.10.17)
23.7 (88.11.29)
15.3 (92.1.16)
24.8 (79.10.12)
21.65 (97.9.18)
22.0 (100.10.4)
21.8 (103.12.14)
32.95 (107.10.25)
7.90 (L-90.7.19)
8.25 (92.5.2)
最高447.570百萬股(95.5)

時間

75.07 78.07 81.07 84.07 87.07 90.07 93.07 96.07 99.07 102.07 105.07

EPS	股利	上市表現	近期股利發放	資本額變動
75 年 4.64 元 76 年 3.24 元	75 年 股票 3.0 元， 股票 0.17 元		107 年現金 1.8 元， 股票 1.0 元	76 年 29.0 億元
107 年 3.44 元	76 年現金 3.0 元		108 年現金 1.5 元， 股票 1.3 元	107 年 87.14 億元

中壽（2823）月 K 線走勢

民國84年2月8日至108年8月23日

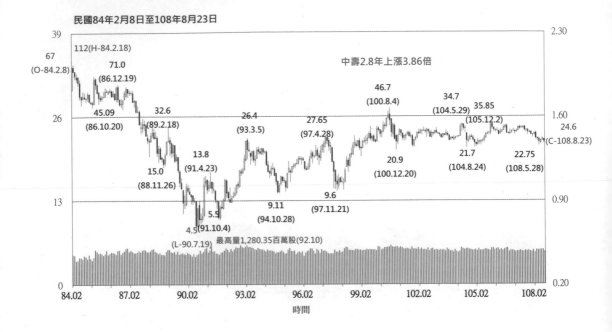

中壽2.8年上漲3.86倍

時間

EPS	股利	上市表現	近期股利發放	資本額變動
83 年 3.11 元 84 年 3.23 元	82 年 12 月 17 日， 除權 0.35 元。 83 年現金 0.5 元，股票 2.5 元		107 年 現金 0.8 元， 股票 0.6 元	83 年 21.29 億元
107 年 2.54 元	84 年現金 0.6 元， 股票 1.4 元		108 年 現金 0 元	107 年 401.36 億元

中租控股（5871）月 K 線走勢圖

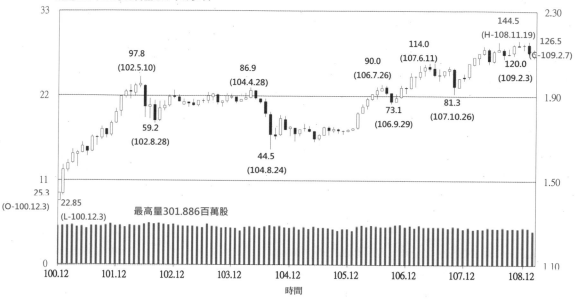

民國100年12月13日至109年2月7日

EPS	股利	上市表現	近期股利發放	資本額變動
99 年 3.08 元 100 年 3.12 元	99 年現金 0 元 100 年現金 2.30 元		107 年 現金 3.8 元， 股票 0.2 元	100 年 78.53 億元
107 年 10.37 元	101 年 5 月 2 日， 除息 2.30 元		108 年 現金 4.2 元， 股票 0.3 元	107 年 128.95 億元

　　國內股市每逢季底，常有集團股作帳行情，臺塑集團背後為經營之神王永慶家更是其中常客，本文挑選臺塑集團：臺塑（1301）、南亞（1303）、臺化（1326）、臺塑化（6505）、南亞科（2408）等 5 家公司分析，其中南亞是臺灣股市第二次及第三次循環周期的股王。

　　51 年至 108 年，臺塑集團 5 家上市公司股票成交金額在股市交易，其成交量有 18 個年度分居全年股票成交金額的前五名，如下所示。

01. 54 年全年股票成交額中，第五為臺塑，成交 8.62 億元。

02. 55 年全年股票成交額中，第四為臺塑，成交 2.22 億元，占 4.81% 元。

03. 57 年全年股票成交額中，第三為南亞，成交 5.85 億元，占 7.58%。

04. 59 年全年股票成交額中，第三為南亞，成交 10.17 億元，占 9.31%。

05. 60 年全年股票成交額中，南亞股票，成交 117.16 億元，占全年成交總金額 49.53%，居首位；臺塑次之，成交 18.04 億元，占 7.64%。

06. 61 年全年股票成交額中，南亞股票，成交 198.80 億元，占全年成交總金額 36.68%，居首位；臺塑次之，成交 106.16 億元，占 19.58%。

07. 62 年全年股票成交額中，南亞股票，成交 116.28 億元，占全年成交總金額 13.33%，居首位；臺塑次之，成交 79.52 億元，占 9.11%。

08. 63 年全年股票成交額中，南亞股票，成交 45.23 億元，占全年成交總金額 10.02%，居首位；第三為臺塑成交 26.62 億元，占 5.90%。

09. 64 年全年股票成交額中，臺塑股票，成交 238.14 億元，占全年成交總金額 18.07%，居首位；南亞次之，成交 233.96 億元，占 18.00%。

10. 65 年全年股票成交額中，南亞股票，成交 186.84 億元，占全年成交總金額 12.71%，居首位；臺塑次之，成交 138.66 億元，占 9.43%。

11. 66 年全年股票成交額中，南亞成交 166.01 億元，占全年成交總金額 9.59%，居首位；第四為臺塑，成交 111.53 億元，占 6.44%。

12. 67 年全年股票成交額中，南亞成交 136.26 億元，占全年成交總金額 3.76%，居首位。

13. 72 年全年股票成交額中，南亞成交 188.98 億元，占全年成交總金額 5.19%，居首位；臺塑次之，成交 121.83 億元，占 3.35%。

14. 73 年全年股票成交金額中，第二為南亞，成交 163.18 億元，占 5.03%。

15. 76 年全年股票成交額中，第四為南亞，成交 807.40 億元，占 3.03%。

16. 77 年全年股票成交額中，第五為臺塑，成交 2,288.06 億元，占 2.91%。

17. 79 年全年股票成交額中，第五為臺塑，成交 2,714.69 億元，占 1.43% 為多數。

18. 91 年全年股票成交金額中，第四為南亞科，成交 5,892.19 億元，占 2.69%。

➢ 臺股大師分析

臺塑集團各公司的長期月 K 線走勢圖如下所示。臺塑（1301）月 K 線走勢圖請見 50 頁。其中以臺塑（1301）、南亞（1303）、臺化（1326）、臺塑化（6505），值得長期持股。

南亞（1303）的長期投資分析，也可從表 7-2 南亞（1303）公司的本益比（PER）、殖利率（Yield）及股價淨值比（PBR）分析表，相互印證。

表 7-1 臺塑集團 5 家上市公司股票成交量值統計表

（成交金額前 5 名者）單位：百萬元

循環周期	成交金額前 5 名者	全年度成交金額（百萬元）	成交金額（1）	占比	成交金額（2）
第一大循環	54 年度	10,960.461	臺糖（優先股）	14.88%	臺電（普通股）
第一大循環	55 年度	4,562.927	津津（1204）	40.58%	味新（1203）
第一大循環	57 年度	7,669.937	國建（2501）	32.87%	工礦（9901）
第二大循環	59 年度	10,865.996	國建（2501）	15.81%	臺紙（1902）
第二大循環	60 年度	23,598.238	南亞（1303）	49.53%	臺塑（1301）
第二大循環	61 年度	54,050.945	南亞（1303）	36.68%	臺塑（1301）
第二大循環	62 年度	87,909.966	南亞（1303）	13.33%	臺塑（1301）
第二大循環	63 年度	43,586.454	南亞（1303）	10.02%	太電（1602）
第二大循環	64 年度	130,336.597	臺塑（1301）	18.07%	南亞（1303）
第二大循環	65 年度	145,941.088	南亞（1303）	12.71%	臺塑（1301）
第三大循環	66 年度	172,177.280	南亞（1303）	9.59%	太電（1602）
第三大循環	67 年度	361,644.902	南亞（1303）	3.76%	國建（2501）
第三大循環	72 年度	363,844.957	南亞（1303）	5.19%	臺塑（1301）
第三大循環	73 年度	324,475.192	中紡（1408）	6.42%	南亞（1303）
第四大循環	76 年度	2,668,633	華隆（1407）	5.80%	中紡（1408）
第四大循環	77 年度	7,868,024	彰銀（2801）	4.71%	一銀（2802）
第四大循環	79 年度	19,031,288	中華開發（2804）	2.53%	國壽（2805）
第六大循環	91 年度	21,873,951	臺積電（2330）	3.52%	友達（2409）

占比 2	成交金額 （3）	占比 3	成交金額 （4）	占比 4	成交金額 （5）	占比 5
11.62%	津津（1204）	10.64%	中纖（1401）	8.44%	臺塑（1301）	7.86%
13.03%	臺紙（1902）	10.28%	臺塑（1301）	4.81%	太電（1602）	4.71%
24.15%	中纖（1401）	8.37%	南亞（1303）	7.58%	津津（1204）	4.11%
10.20%	南亞（1303）	9.31%	味全（1201）	9.14%	大同優（1502）	8.61%
7.64%	華電（1603）	7.41%	國建（2501）	6.71%	太電（1602）	6.32%
19.58%	中纖（1401）	12.39%	太電（1602）	4.82%	國建（2501）	4.56%
9.11%	中纖（1401）	6.40%	國建（2501）	5.37%	亞泥（1102）	4.89%
7.00%	臺塑（1301）	5.90%	中纖（1401）	5.70%	聯合耐隆（1404）	4.50%
18.00%	太電（1602）	7.22%	中纖（1401）	5.70%	聯合耐隆（1404）	5.16%
9.43%	國華化工（1406）	9.19%	太電（1602）	8.02%	聯合耐隆（1404）	7.43%
6.87%	聯合耐隆（1404）	6.52%	臺塑（1301）	6.44%	國建（2501）	5.10%
3.67%	大同（1502）	3.47%	新纖（1409）	2.87%	和信興（1208）	2.85%
3.35%	亞泥（1102）	2.85%	新玻（1801）	2.76%	中紡（1408）	2.66%
5.03%	遠紡（1402）	3.95%	華隆（1407）	3.76%	大同（1502）	3.66%
4.96%	裕隆汽車（2201）	4.39%	南亞（1303）	3.03%	太設（2506）	2.56%
3.68%	華銀（2803）	3.62%	士電（增）（1503）	3.25%	臺塑（1301）	2.91%
2.03%	彰銀（2801）	1.93%	國票（2813）	1.77%	臺塑（1301）	1.43%
3.41%	聯電（2303）	2.98%	南亞科（2408）	2.69%	聯發科（2454）	2.56%

表 7-2　南亞（1303）的本益比（PER）、殖利率（Yield）及股價淨值比（PBR）分析表

年 度	收盤價	資本額	年底總市值	年底總市值占比	每股盈餘（EPS）	本益比（PER）	現金股利	現金股利殖利率
56 年初	16.06	140.000	2,248.40					
56 年	18.36	260.000	4,773.60	112.31%	3.74	4.91	1.800	9.80%
57 年	18.44	390.000	7,191.60	50.65%	3.06	6.04	1.500	8.13%
58 年	18.64	435.988	8,126.82	13.00%	4.18	4.46	1.700	9.12%
59 年	23.06	505.745	11,662.48	43.51%	4.19	5.51	1.600	6.94%
60 年	35.84	686.665	24,610.07	111.02%	5.50	6.52	2.400	6.70%
61 年	50.00	851.464	42,573.20	72.99%	5.62	8.90	1.900	3.80%
62 年	62.80	1,098.389	68,978.83	62.02%	6.18	10.16	2.000	3.18%
63 年	15.56	1,449.873	22,560.02	-67.29%	3.40	4.57	1.500	9.64%
64 年	31.30	1,667.354	52,188.18	131.33%	1.23	25.50	0.800	2.56%
65 年	34.00	1,944.802	66,123.27	26.70%	1.71	19.90	0.800	2.35%
66 年	28.00	2,314.314	64,800.79	-2.00%	1.85	15.15	0.800	2.86%
67 年	24.30	2,730.891	66,360.65	2.41%	2.78	8.73	1.200	4.94%
68 年	21.80	3,222.451	70,249.43	5.86%	3.04	7.18	1.300	5.96%
69 年	15.10	3,641.370	54,984.69	-21.73%	1.99	7.60	0.900	5.96%
70 年	15.00	4,151.000	62,265.00	13.24%	1.75	8.58	0.800	5.33%
71 年	12.20	4,649.000	56,717.80	-8.91%	1.59	7.70	0.700	5.74%
72 年	29.70	5,161.000	153,281.70	170.25%	2.70	11.02	1.000	3.37%
73 年	30.40	5,986.000	181,974.40	18.72%	3.58	8.50	1.300	4.28%
74 年	31.10	6,884.000	214,092.40	17.65%	2.57	12.12	1.200	3.86%
75 年	35.30	7,711.000	272,198.30	27.14%	3.00	11.78	0.900	2.55%
76 年	49.00	9,028.000	442,372.00	62.52%	3.42	14.33	1.000	2.04%
77 年	72.50	10,653.000	772,342.50	74.59%	3.62	20.01	1.000	1.38%
78 年	73.00	12,570.000	917,610.00	18.81%	2.80	26.05	1.100	1.51%
79 年	38.60	14,205.000	548,313.00	-40.25%	2.88	13.42	1.100	2.85%
80 年	44.60	15,909.000	709,541.40	29.40%	3.17	14.08	1.100	2.47%
81 年	35.80	17,818.000	637,884.40	-10.10%	2.81	12.76	1.100	3.07%

盈餘轉增資股利	殖利率（Yield）	證券投資年報酬率	一年期定存利率	殖利率差	均價	每股淨值	股價淨值比（PBR）（均價）	股價淨值比（PBR）（收盤價）
						15.03		
1.500	17.97%	20.36%	9.720%	-10.64%	16.94	12.66	1.338	1.450
1.500	16.27%	16.57%	9.720%	-6.85%	18.25	12.64	1.443	1.458
1.600	17.70%	22.40%	9.720%	-12.68%	18.39	13.23	1.390	1.408
1.600	13.88%	18.16%	9.720%	-8.44%	21.39	13.44	1.591	1.715
2.400	13.39%	15.33%	9.250%	-6.08%	30.80	14.65	2.102	2.446
2.900	9.60%	11.23%	8.750%	-2.48%	57.66	15.46	3.731	3.235
3.200	8.28%	9.84%	11.000%	1.16%	58.09	16.07	3.615	3.908
1.500	19.28%	21.86%	13.500%	-8.36%	34.18	14.04	2.435	1.108
0.800	5.11%	3.92%	12.000%	8.08%	33.82	17.52	1.930	1.786
0.800	4.71%	5.03%	10.750%	5.72%	31.58	16.00	1.974	2.126
0.800	5.71%	6.60%	9.500%	2.90%	28.79	14.50	1.985	1.931
1.200	9.88%	11.46%	9.500%	-1.96%	28.37	13.85	2.049	1.755
1.300	11.93%	13.93%	12.500%	-1.43%	24.98	13.49	1.852	1.616
0.900	11.92%	13.16%	12.500%	-0.66%	18.34	14.42	1.272	1.047
0.700	10.00%	11.66%	13.000%	1.34%	15.54	13.69	1.135	1.096
0.700	11.48%	12.99%	9.000%	-3.99%	13.68	13.09	1.045	0.932
1.000	6.73%	9.07%	8.500%	-0.57%	25.99	15.30	1.699	1.941
1.200	8.22%	11.77%	8.000%	-3.77%	33.07	16.70	1.980	1.820
1.100	7.40%	8.25%	6.250%	-2.00%	28.43	15.90	1.788	1.956
1.600	7.08%	8.49%	6.250%	-2.24%	35.70	16.07	2.222	2.197
1.700	5.51%	6.98%	6.250%	-0.73%	60.65	16.44	3.689	2.981
1.300	3.17%	5.00%	6.250%	1.25%	90.57	16.54	5.476	4.383
1.200	3.15%	3.84%	8.050%	4.21%	85.09	15.91	5.348	4.588
1.200	5.96%	7.45%	9.500%	2.05%	64.08	16.10	3.980	2.398
1.200	5.16%	7.10%	9.210%	2.11%	51.93	16.43	3.161	2.715
1.100	6.15%	7.84%	7.810%	-0.03%	43.69	16.45	2.656	2.176

年 度	收盤價	資本額	年底總市值	年底總市值占比	每股盈餘（EPS）	本益比（PER）	現金股利	現金股利殖利率
82 年	67.00	19,778.000	1,325,126.00	107.74%	2.89	23.19	1.050	1.57%
83 年	64.00	21,855.000	1,398,720.00	5.55%	3.19	20.04	1.150	1.80%
84 年	41.40	24,368.000	1,008,835.20	-27.87%	3.29	12.58	1.150	2.78%
85 年	65.50	27,171.000	1,779,700.50	76.41%	2.86	22.88	1.100	1.68%
86 年	56.50	31,086.000	1,756,359.00	-1.31%	2.22	25.49		0.00%
87 年	41.50	36,406.000	1,510,849.00	-13.98%	3.02	13.74	0.600	1.45%
88 年	61.00	46,047.000	2,808,867.00	85.91%	2.60	23.46	1.000	1.64%
89 年	37.20	52,323.000	1,946,415.60	-30.70%	4.02	9.25	1.100	2.96%
90 年	26.80	58,079.250	1,556,523.90	-20.03%	1.35	19.85	0.700	2.61%
91 年	30.00	62,144.800	1,864,344.00	19.78%	2.22	13.51	1.200	4.00%
92 年	49.00	65,873.480	3,227,800.52	73.13%	2.61	18.79	1.800	3.67%
93 年	48.60	69,825.890	3,393,538.25	5.13%	6.23	7.80	3.600	7.41%
94 年	45.20	74,015.446	3,345,498.16	-1.42%	5.40	8.37	3.700	8.19%
95 年	54.30	76,235.909	4,139,609.86	23.74%	6.23	8.72	5.000	9.21%
96 年	86.00	76,235.909	6,556,288.17	58.38%	7.75	11.10	6.700	7.79%
97 年	35.30	76,235.909	2,691,127.59	-58.95%	1.23	28.70	0.800	2.27%
98 年	58.30	78,522.986	4,577,890.08	70.11%	2.09	27.89	1.900	3.26%
99 年	72.70	78,522.986	5,708,621.08	24.70%	5.22	13.93	4.700	6.46%
100 年	60.10	78,522.986	4,719,231.46	-17.33%	2.95	20.37	2.100	3.49%
101 年	56.00	78,522.986	4,397,287.22	-6.82%	0.54	104.28	0.300	0.54%
102 年	68.90	79,308.220	5,464,336.36	24.27%	3.19	21.60	1.900	2.76%
103 年	65.50	79,308.220	5,194,688.41	-4.93%	4.01	16.33	2.300	3.51%
104 年	61.00	79,308.220	4,837,801.42	-6.87%	4.50	13.56	3.300	5.41%
105 年	71.20	79,308.220	5,646,745.26	16.72%	6.16	11.56	4.500	6.32%
106 年	77.90	79,308.220	6,178,110.34	9.41%	6.87	11.34	5.100	6.55%
107 年	75.50	79,308.220	5,987,770.61	-3.08%	6.65	11.35	5.000	6.62%
平均	45.02				3.49	15.68	1.848	4.31%

一年期定存利率為一銀一年期定存利率。

盈餘轉增資股利	殖利率（Yield）	證券投資年報酬率	一年期定存利率	殖利率差	均價	每股淨值	股價淨值比（PBR）（均價）	股價淨值比（PBR）（收盤價）
1.050	3.13%	4.31%	7.770%	3.46%	48.56	17.09	2.841	3.920
1.150	3.59%	4.99%	7.300%	2.31%	61.20	17.68	3.462	3.620
1.150	5.56%	7.95%	7.020%	-0.93%	50.18	18.28	2.745	2.265
1.100	3.36%	4.37%	6.400%	2.03%	55.91	18.24	3.065	3.591
1.700	3.01%	3.92%	5.960%	2.04%	69.95	19.77	3.538	2.858
0.600	2.89%	7.28%	6.258%	-1.02%	47.56	19.92	2.388	2.083
0.600	2.62%	4.26%	5.025%	0.76%	51.85	23.48	2.208	2.598
0.800	5.11%	10.81%	4.893%	-5.92%	62.66	23.95	2.616	1.553
0.300	3.73%	5.04%	3.767%	-1.27%	28.59	22.20	1.288	1.207
0.200	4.67%	7.40%	2.158%	-5.24%	32.46	22.30	1.456	1.345
0.000	3.67%	5.32%	1.475%	-3.85%	39.13	22.65	1.728	2.163
0.000	7.41%	12.82%	1.417%	-11.40%	46.46	25.55	1.818	1.902
0.000	8.19%	11.95%	1.723%	-10.22%	43.92	26.40	1.664	1.712
0.000	9.21%	11.47%	2.050%	-9.42%	47.40	32.53	1.457	1.669
0.000	7.79%	9.01%	2.358%	-6.65%	73.64	37.84	1.946	2.273
0.300	3.12%	3.48%	2.493%	-0.99%	62.96	27.01	2.331	1.307
0.000	3.26%	3.58%	1.069%	-2.52%	45.55	31.91	1.427	1.827
0.000	6.46%	7.18%	1.050%	-6.13%	62.36	36.05	1.730	2.017
0.000	3.49%	4.91%	1.282%	-3.63%	75.21	33.70	2.232	1.783
0.100	0.71%	0.96%	1.345%	0.39%	58.24	31.40	1.855	1.783
0.000	2.76%	4.63%	1.345%	-3.28%	60.80	35.62	1.707	1.934
0.000	3.51%	6.12%	1.345%	-4.78%	66.17	40.28	1.643	1.626
0.000	5.41%	7.38%	1.316%	-6.06%	65.87	40.89	1.611	1.492
0.000	6.32%	8.65%	1.112%	-7.54%	63.29	42.68	1.483	1.668
0.000	6.55%	8.82%	1.065%	-7.75%	74.01	44.84	1.651	1.737
0.000	6.62%	8.81%	1.065%	-7.74%	81.69	47.37	1.725	1.594
0.866	7.07%	8.96%	6.27%	-2.68%	47.03	22.12	2.240	2.110

（以收盤價取代）

南亞（1303）月 K 線走勢圖

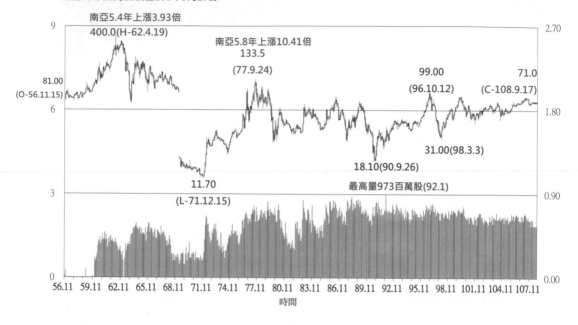

民國56年11月15日至108年9月17日

EPS	股利	上市表現	近期股利發放	資本額變動
56 年 3.74 元	56 年 現金 2.30 元， 股票 1.5 元	66 年南亞交金額占整體總金額 9.59%，排名第 1 67 年南亞成交金額占整體總金額 3.76%，排名第 1	107 年 現金 5.10 元	56 年 1.4 億元 69 年 4 月，面額從 50 元變更為 10 元
107 年 6.65 元		72 年南亞成交金額占整體總金額 5.19%，排名第 1 73 年南亞成交金額占整體總金額 5.03%，排名第 2	108 年 股票 5.00 元	107 年 793.08 億元

臺化（1326）月 K 線走勢圖

民國73年12月20日至109年1月3日

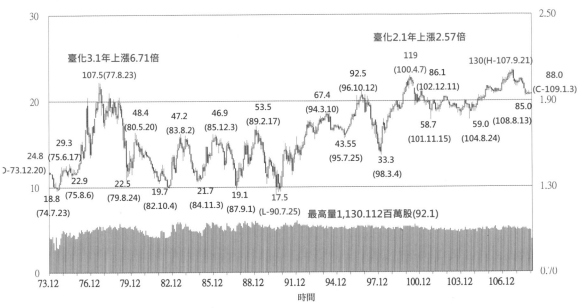

EPS	股利	上市表現	近期股利發放	資本額變動
72 年 -2.14 元 73 年 -2.21 元	72 年股票 2.4 元		107 年現金 7.0 元	73 年 89.96 億元
107 年 8.32 元	73 年現金 1.0 元， 股票 1.1 元		108 年現金 6.2 元	107 年 586.12 億元

臺塑化（6505）月 K 線走勢圖

民國92年12月26日至108年9月17日

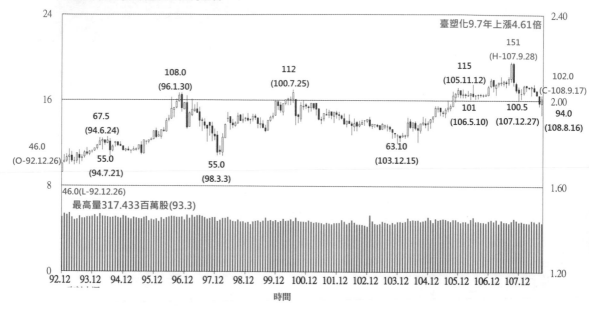

EPS	股利	上市表現	近期股利發放	資本額變動
91 年 1.63 元 92 年 2.42 元	91 年現金 1.2 元， 股票 1.2 元		107 年現金 6.3 元	92 年 784.0 億元
107 年 6.31 元	92 年現金 0.8 元， 股票 0.6 元		108 年現金 4.8 元	107 年 952.6 億元

南亞科（2408）月 K 線走勢圖

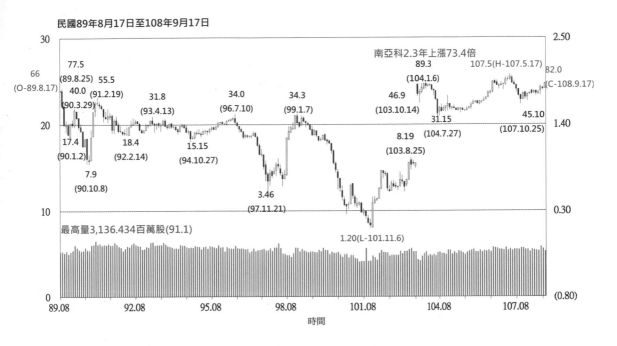

民國89年8月17日至108年9月17日

南亞科2.3年上漲73.4倍

EPS	股利	上市表現	近期股利發放	資本額變動
88年0.56元 89年0.68元	88年現金0元， 股票0元		107年 現金0元	89年225.00億元， 103年8月25日減 資2,156.49億元， 減幅89.99%
107年12.68元	89年現金0元， 股票0元		108年 現金7.11元	107年 310.39億元

08 亞東集團

國內股市每逢季底常有集團股作帳行情，其中亞東集團更是交叉持股作帳之高手，本文挑選亞東集團中的亞泥（1102）、遠東新（1402）、東聯（1710）、裕民（2606）、遠百（2903）等5家公司分析，其中亞泥與遠東新是亞東集團的主流股。

51年至108年亞東集團5家上市公司股票成交金額在股市交易，成交量有7個年度分居全年股票成交金額的前五名，如下所示。

表 8-1　亞東集團上市公司股票成交量值統計表　（成交金額前5名者）單位：百萬元

第幾大循環周期	成交金額前5名者	全年度成交金額（百萬元）	成交金額（1）	占比	成交金額（2）	
第一大循環	52年度	9,901.645	臺糖（優先股）	78.78%	臺紙（1902）	
第一大循環	53年度	35,501.012	臺糖（優先股）	43.11%	臺紙（1902）	
第一大循環	58年度	4,213.763	國建（2501）	25.63%	臺泥（1101）	
第二大循環	62年度	87,909.966	南亞（1303）	13.33%	臺塑（1301）	
第三大循環	72年度	363,844.957	南亞（1303）	5.19%	臺塑（1301）	
第三大循環	73年度	324,475.192	中紡（1408）	6.42%	南亞（1303）	
第四大循環	75年度	675,656.357	中紡（1408）	6.28%	廣豐（1416）	

01. 52年全年股票成交金額中，第五為亞泥，占2.01%。
02. 53年全年股票成交金額中，第五為亞泥，成交15.37億元，占4.33%。
03. 58年全年股票成交金額中，第五為亞泥，成交3.28億元，占7.52%。
04. 62年全年股票成交金額中，第五為亞泥，成交42.72億元，占4.89%。

05. 72 年全年股票成交金額中，第三為亞泥，成交 103.61 億元，占 2.85%。

06. 73 年全年股票成交金額中，第三為遠紡，成交 128.21 億元，占 3.95%。

07. 75 年全年股票成交金額中，第五為遠紡，成交 203.38 億元，占 3.01%。

占比	成交金額（3）	占比	成交金額（4）	占比	成交金額（5）	占比
7.33%	臺泥（1101）	3.84%	中興紙業（優先股）	2.38%	亞泥（1102）	2.01%
13.35%	臺泥（1101）	9.46%	味全（1201）	6.73%	亞泥（1102）	4.33%
11.93%	工礦（9901）	9.28%	中纖（1401）	8.03%	亞泥（1102）	7.52%
9.11%	中纖（1401）	6.40%	國建（2501）	5.37%	亞泥（1102）	4.89%
3.35%	亞泥（1102）	2.85%	新玻（1801）	2.76%	中紡（1408）	2.66%
5.03%	遠紡（1402）	3.95%	華隆（1407）	3.76%	大同（1502）	3.66%
4.37%	臺橡（2103）	4.03%	華隆（1407）	3.53%	遠紡（1402）	3.01%

➢ 臺股大師分析

亞東集團 5 家上市公司的長期月 K 線走勢圖如下所示。其中以亞泥（1102）與遠東新（1402）值得長期持股。

亞洲水泥（1102）月 K 線走勢圖

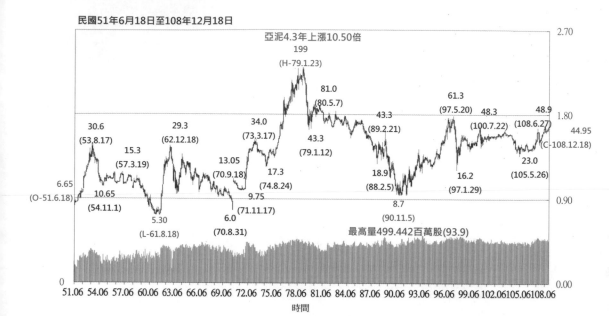

民國51年6月18日至108年12月18日

亞泥4.3年上漲10.50倍
199
(H-79.1.23)

81.0
(80.5.7)

61.3
(97.5.20)

48.3
(100.7.22)

48.9
(108.6.27)

44.95
(C-108.12.18)

30.6
(53.8.17)

34.0
(73.3.17)

43.3
(89.2.21)

29.3
(62.12.18)

43.3
(79.1.12)

15.3
(57.3.19)

13.05
(70.9.18)

17.3
(74.8.24)

18.9
(88.2.5)

16.2
(97.1.29)

23.0
(105.5.26)

6.65
(O-51.6.18)

10.65
(54.11.1)

9.75
(71.11.17)

8.7

5.30
(L-61.8.18)

6.0
(70.8.31)

最高量499.442百萬股(93.9)

2.70

1.80

0.90

0.00

51.06 54.06 57.06 60.06 63.06 66.06 69.06 72.06 75.06 78.06 81.06 84.06 87.06 90.06 93.06 96.06 99.06 102.06 105.06 108.06

時間

EPS	股利	上市表現	近期股利發放	資本額變動
50 年 1.78 元 51 年 3.08 元	50 年現金 0.50 元	52 年亞泥成交金額占整體總金額 2.01%，排名第 5 53 年占 4.33%，排第 5	107 年 現金 1.20 元	51 年 0.75 億元（面額 5 元） 70 年 9 月 5 日，面額由 5 元變為 10 元
107 年 3.31 元	51 年現金 1.73 元	58 年占 7.52%，排第 5 62 年占 4.89%，排第 5	108 年 現金 2.80 元	107 年 336.14 億元（面額 10 元）

遠東新（1402）月 K 線走勢圖

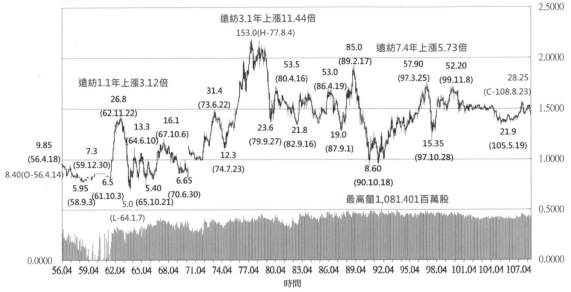

民國56年4月14日至108年8月23日

遠紡3.1上漲11.44倍
153.0(H-77.8.4)

85.0　遠紡7.4年上漲5.73倍
(89.2.17)

53.5
(80.4.16)

53.0
(86.4.19)

57.90
(97.3.25)

52.20
(99.11.8)

28.25
(C-108.8.23)

遠紡1.1年上漲3.12倍

26.8
(62.11.22)

31.4
(73.6.22)

13.3
(64.6.10)

16.1
(67.10.6)

23.6
(79.9.27)

21.8
(82.9.16)

19.0
(87.9.1)

21.9
(105.5.19)

9.85
(56.4.18)

7.3
(59.12.30)

12.3
(74.7.23)

15.35
(97.10.28)

8.40(O-56.4.14)

5.95
(58.9.3)

6.5

5.0(65.10.21)

5.40

6.65
(70.6.30)

8.60
(90.10.18)

6.5
(61.10.3)

最高量1,081.401百萬股

(L-64.1.7)

時間

EPS	股利	上市表現	近期股利發放	資本額變動
55 年 0.26 元 56 年 0.40 元	55 年 現金 0.50 元	73 年遠紡成交金額占整體金額 3.95%，排名第 3	107 年 現金 1.20 元	56 年 2.25 億元 （面額 5 元） 70 年 7 月，面額由 5 元變更為 10 元
107 年 2.25 元	56 年 現金 0.6 元	75 年占 3.01%，排名第 5 89 年更名為遠東新世紀股份有限公司，也稱遠東新、遠紡	108 年 現金 1.80 元	107 年 535.29 億元 （面額 10 元）

東聯（1710）月K線走勢圖

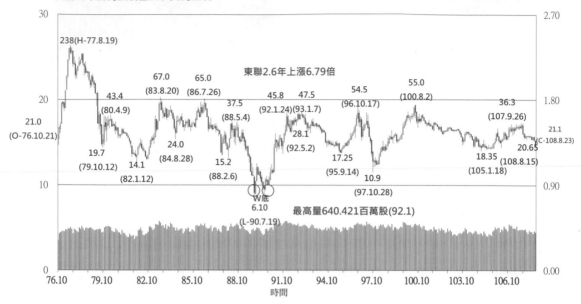

民國76年10月21日至108年8月23日

EPS	股利	上市表現	近期股利發放	資本額變動
75年1.29元 76年0.71元	75年股票0.5元		107年 現金1.75元	76年16.47億元
107年1.98元	76年股票1.6元		108年 現金1.75元	107年88.57億元

> ➤ 臺股大師分析

圖中的「W底」是指股價在建立第一次低點之後，再於第一次低點附近，建立第二個低點，中間則有一個反彈的高點，這樣就形成了W字的形狀，一旦向上突破頸線，將正式由空轉多，是重要的買進訊號。

裕民（2606）月 K 線走勢圖

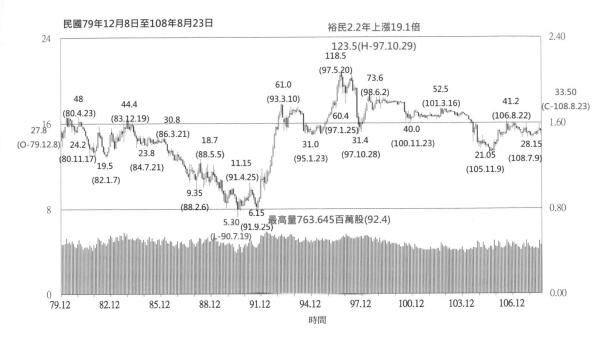

民國79年12月8日至108年8月23日　　　　　　　　　　　裕民2.2年上漲19.1倍

EPS	股利	上市表現	近期股利發放	資本額變動
78 年 8.44 元 79 年 1.94 元	78 年股票 4.0 元 79 年現金 1.0 元， 股票 1.0 元		107 年現金 1.2 元	79 年 33.15 億元
107 年 1.97 元	80 年 5 月 30 日 除息 1.0 元， 除權 1.0 元		108 年現金 1.8 元	107 年 84.51 億元

遠百（2903）月 K 線走勢圖

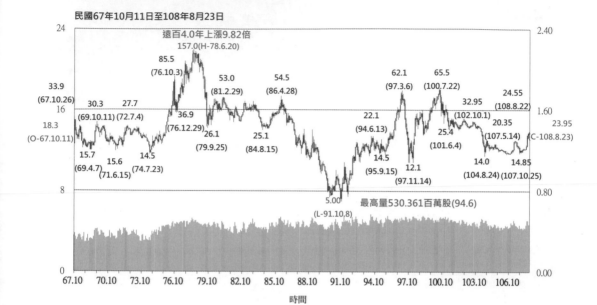

民國67年10月11日至108年8月23日

遠百4.0年上漲9.82倍
157.0(H-78.6.20)

85.5
(76.10.3)

33.9
(67.10.26)
30.3
(69.10.11)
27.7
(72.7.4)
36.9
(76.12.29)
53.0
(81.2.29)
54.5
(86.4.28)
62.1
(97.3.6)
65.5
(100.7.22)
32.95
(102.10.1)
24.55
(108.8.22)

18.3
(O-67.10.11)
26.1
(79.9.25)
22.1
(94.6.13)
25.4
(101.6.4)
20.35
(107.5.14)
23.95
(C-108.8.23)

15.7
(69.4.7)
15.6
(71.6.15)
14.5
(74.7.23)
25.1
(84.8.15)
14.5
(95.9.15)
12.1
(97.11.14)
14.0
(104.8.24)
14.85
(107.10.25)

5.00
(L-91.10,8)
最高量530.361百萬股(94.6)

時間

EPS	股利	上市表現	近期股利發放	資本額變動
66 年 3.22 元 67 年 2.94 元	66 年 現金 0.77 元， 股票 1.43 元		107 年現金 1.00 元	67 年資本額 4.0 億元
107 年 0.93 元	67 年 現金 1.25 元， 股票 1.25 元		108 年現金 0.85 元	107 年資本額 141.69 億元

09 統一集團

國內股市每逢季底常有集團股作帳行情，統一集團是較少作帳的公司，但統一集團在通路著墨甚深，在中國的轉投資也甚多。以下挑選統一集團中的統一（1216）、統一超（2912）、神隆（1789）、統一實（9907）、統一證（2855）等 5 家公司分析，其中統一與統一超是統一集團中的主流股。

51 年至 108 年統一集團 5 家上市公司股票成交金額在股市交易，成交量沒有任何年度居全年股票成交金額的前五名。

> ➤ 臺股大師分析

統一集團 5 家上市公司的長期月 K 線走勢圖如後所示。以統一（1216）與統一超（2912）值得長期持股。

統一（1216）月 K 線走勢圖

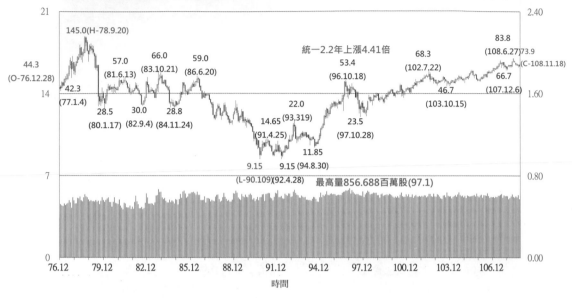

民國76年12月28日至108年11月18日

EPS	股利	上市表現	近期股利發放	資本額變動
75 年 2.23 元 76 年 4.01 元	75 年 股票 1.7 元		107 年 現金 5.5 元	76 年 29.0 億元
107 年 3.07 元	76 年 現金 1.1 元 股票 2.0 元		108 年 現金 2.5 元	107 年 568.20 億元

統一超（2912）月 K 線走勢圖

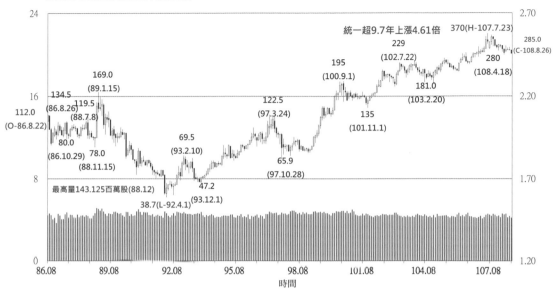

民國86年8月22日至108年8月26日

統一超9.7年上漲4.61倍

EPS	股利	上市表現	近期股利發放	資本額變動
85 年 4.74 元 86 年 4.28 元	85 年 現金 0.65 元， 股票 2.60 元		107 年現金 25 元	86 年 35.41 億元
107 年 9.82 元	86 年 現金 0.59 元， 股票 2.36 元		108 年現金 8.8 元	107 年 103.96 億元

神隆（1789）月 K 線走勢圖

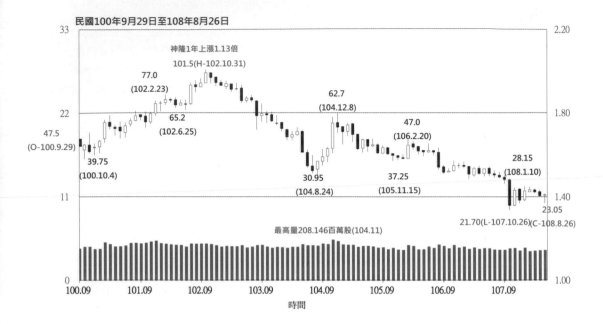

民國100年9月29日至108年8月26日

神隆1年上漲1.13倍

101.5(H-102.10.31)

77.0
(102.2.23)

65.2
(102.6.25)

62.7
(104.12.8)

47.0
(106.2.20)

47.5
(O-100.9.29)

39.75
(100.10.4)

30.95
(104.8.24)

37.25
(105.11.15)

28.15
(108.1.10)

23.05

21.70(L-107.10.26)(C-108.8.26)

最高量208.146百萬股(104.11)

時間

EPS	股利	上市表現	近期股利發放	資本額變動
99 年 1.70 元 100 年 1.52 元	99 年 現金 0.10 元		107 年 現金 0.48 元	100 年 63.10 億元
107 年 0.56 元	100 年 現金 1.00 元， 股票 0.30 元		108 年 現金 0.49 元	107 年 79.07 億元

統一實（9907）月 K 線走勢圖

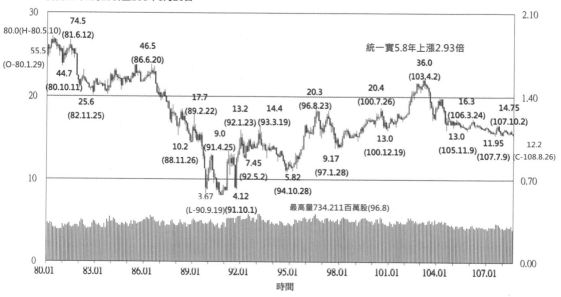

民國80年1月29日至108年8月26日

EPS	股利	上市表現	近期股利發放	資本額變動
79 年 2.28 元 80 年 1.90 元	79 年 股票 3.40 元		107 年 現金 0.05 元	80 年 19.90 億元
107 年 0.94 元	80 年 股票 3.0 元		108 年 現金 0.47 元	107 年 157.91 億元

統一證（2855）月 K 線走勢圖

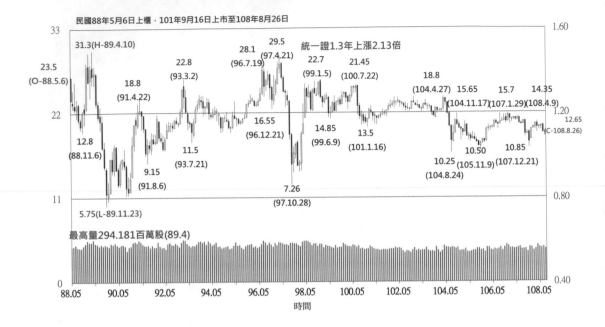

民國88年5月6日上櫃，101年9月16日上市至108年8月26日

統一證1.3年上漲2.13倍

23.5(O-88.5.6)
31.3(H-89.4.10)
28.1(96.7.19)
29.5(97.4.21)
22.8(93.3.2)
22.7(99.1.5)
21.45(100.7.22)
18.8(91.4.22)
18.8(104.4.27)
15.65(104.11.17)
15.7(107.1.29)
14.35(108.4.9)
12.65(C-108.8.26)
16.55(96.12.21)
14.85(99.6.9)
13.5(101.1.16)
12.8(88.11.6)
11.5(93.7.21)
9.15(91.8.6)
10.25(104.8.24)
10.50(105.11.9)
10.85(107.12.21)
7.26(97.10.28)
5.75(L-89.11.23)

最高量294.181百萬股(89.4)

時間

EPS	股利	上市表現	近期股利發放	資本額變動
87 年 0.38 元 88 年 0.31 元	87 年 股票 1.35 元		107 年現金 1.20 元	88 年資本額 140.09 億元
107 年 0.87 元	88 年 現金 0.26 元， 股票 0.74 元		108 年現金 0.70 元	107 年資本額 139.04 億元

10 鴻海集團

　　國內股市每逢季底常有集團股作帳行情，其中鴻海集團營收最高、轉投資公司最多，以下挑選鴻海集團轉投資公司中的：鴻海（2317）、正崴（2392）、鴻準（2354）、群創（3481）、臺揚（2314）、廣宇（2328）、建漢（3062）、帆宣（6196）等 8 家公司分析，其中鴻海、鴻準與正崴為集團的主流股。

　　51 年至 108 鴻海集團的 8 家上市公司股票成交金額在股市交易，成交量有 14 個年度分居全年股票成交金額的前五名，如下所示：

01. 87 年全年股票成交金額中，第五為鴻海，成交 6,623.47 億元，占 2.23%。

02. 95 年全年股票成交金額中，第四為鴻海，成交 6,262.82 億元，占 2.62%。

03. 96 年全年股票成交金額中，第四為鴻海，成交 9,372.97 億元，占 2.84%。

04. 97 年全年股票成交金額中，第二為鴻海，成交 10,319.22 億元，占 3.95%。

05. 98 年全年股票成交金額中，鴻海股票居首位，成交 9,862.75 億元，占全年成交總金額 3.32%。

06. 99 年股票成交金額中，第二為鴻海，成交 9,009.82 億元，占 3.19%。

07. 100 年全年股票成交金額中，第四為鴻海，成交 7,784.79 億元，占 2.98%。

08. 101 年全年股票成交金額中，第二為鴻海，成交 9,635.62 億元，占 4.76%。

表 10-1　鴻海集團上市公司股票成交量值統計表

（成交金額前 5 名者）單位：百萬元

循環周期	成交金額前 5 名者	全年度成交金額（百萬元）	成交金額（1）	占比	成交金額（2）	占比
第五大循環	87 年度	29,618,970	臺積電（2330）	3.16%	聯電（2303）	2.55%
第六大循環	95 年度	23,900,362	宏達電（2498）	5.64%	聯發科（2454）	2.84%
第六大循環	96 年度	33,043,848	臺積電（2330）	3.06%	宏達電（2498）	3.05%
第六大循環	97 年度	26,115,408	宏達電（2498）	4.11%	鴻海（2317）	3.95%
第七大循環	98 年度	29,680,471	鴻海（2317）	3.32%	聯發科（2454）	3.09%
第七大循環	99 年度	28,218,676	宏達電（2498）	3.42%	鴻海（2317）	3.19%
第七大循環	100 年度	26,197,408	宏達電（2498）	5.85%	臺積電（2330）	3.50%
第七大循環	101 年度	20,238,166	宏達電（2498）	5.96%	鴻海（2317）	4.76%
第七大循環	102 年度	18,940,933	臺積電（2330）	4.69%	宏達電（2498）	3.85%
第七大循環	103 年度	21,898,537	臺積電（2330）	5.04%	鴻海（2317）	3.48%
第七大循環	104 年度	20,191,486	臺積電（2330）	6.76%	鴻海（2317）	3.81%
第七大循環	105 年度	16,771,139	臺積電（2330）	7.80%	鴻海（2317）	4.02%
第七大循環	106 年度	23,972,239	臺積電（2330）	5.83%	鴻海（2317）	4.28%
第七大循環	107 年度	29,608,866	臺積電（2330）	6.92%	國巨（2327）	6.27%

09. 102 年全年股票成交金額中，第三為鴻海，成交 6,976.43 億元，占 3.68%。

10. 103 年全年股票成交金額中，第二為鴻海，成交 7,611.59 億元，占 3.48%。

11. 104 年全年股票成交金額中，第二為鴻海，成交 7,697.29 億元，占 3.81%。

12. 105 年全年股票成交金額中，第二為鴻海，成交 6,739.54 億元，占 4.02%。

13. 06 年全年股票成交金額中，第二為鴻海，成交 10,268 億元，占 4.28%。

成交金額（3）	占比	成交金額（4）	占比	成交金額（5）	占比
日月光（2311）	2.38%	華碩（2357）	2.24%	鴻海（2317）	2.23%
臺積電（2330）	2.66%	鴻海（2317）	2.62%	友達（2409）	2.36%
聯發科（2454）	2.95%	鴻海（2317）	2.84%	友達（2409）	2.03%
臺積電（2330）	3.53%	聯發科（2454）	3.28%	友達（2409）	2.99%
臺積電（2330）	3.04%	宏達電（2498）	2.60%	國泰金（2882）	1.97%
聯發科（2454）	3.17%	臺積電（2330）	2.66%	勝華（2384）	1.69%
聯發科（2454）	3.01%	鴻海（2317）	2.98%	可成（2474）	2.58%
臺積電（2330）	4.17%	聯發科（2454）	3.70%	可成（2474）	3.41%
鴻海（2317）	3.68%	聯發科（2454）	3.30%	F-TPK（3673）	3.01%
聯發科（2454）	3.45%	華亞科（3474）	3.22%	F-TPK（3673）	2.44%
聯發科（2454）	3.67%	大立光（3008）	3.26%	可成（2474）	2.42%
大立光（3008）	3.47%	宏達電（2498）	2.50%	可成（2474）	2.40%
玉晶光（3406）	3.08%	大立光（3008）	2.45%	業成（F-GIS）（6456）	2.39%
華新科（2492）	4.23%	鴻海（2317）	2.80%	大立光（3008）	2.60%

14. 107 年全年股票成交金額中，第四為鴻海，成交 8,281.71 億元，占 2.80%。

> 臺股大師分析

鴻海集團 8 家上市公司的長期月 K 線走勢圖如下所示。以鴻海（2317）、鴻準（2354）、正崴（2392）為值得注意個股。

鴻海（2317）月 K 線走勢圖

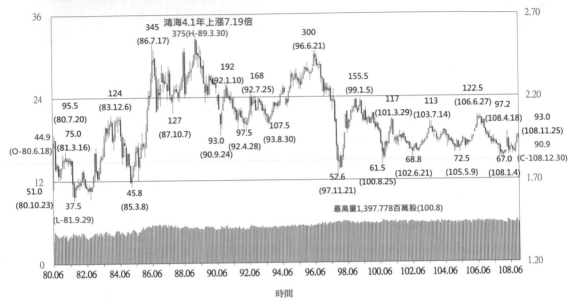

民國80年6月18日至108年12月30日

鴻海4.1年上漲7.19倍

345 (86.7.17)
375(H-89.3.30)
300 (96.6.21)
192 (92.1.10)
168 (92.7.25)
155.5 (99.1.5)
122.5 (106.6.27)
124 (83.12.6)
117 (101.3.29)
113 (103.7.14)
97.2 (108.4.18)
93.0 (108.11.25)
95.5 (80.7.20)
127 (87.10.7)
97.5 (92.4.28)
107.5 (93.8.30)
90.9 (C-108.12.30)
75.0 (81.3.16)
93.0 (90.9.24)
68.8 (102.6.21)
72.5 (105.5.9)
67.0 (108.1.4)
44.9 (O-80.6.18)
61.5 (100.8.25)
52.6 (97.11.21)
51.0 (80.10.23)
45.8 (85.3.8)
37.5 (L-81.9.29)

最高量1,397.778百萬股(100.8)

時間

EPS	股利	上市表現	近期股利發放	資本額變動
79 年 2.06 元 80 年 2.51 元	79 年股票 1.50 元		107 年 現金 2.0 元	80 年 8.03 億元
107 年 9.31 元	80 年股票 2.0 元 除權 1.5 元 （80 年 8 月 31 日）		108 年 現金 4.0 元 除息 4.0 元 （108 年 7 月 25 日）	107 年 1,386.30 億元 107 年 10 月 26 日 減資 346.57 億元 減幅 20%

鴻準（或華升）（2354）月 K 線走勢圖

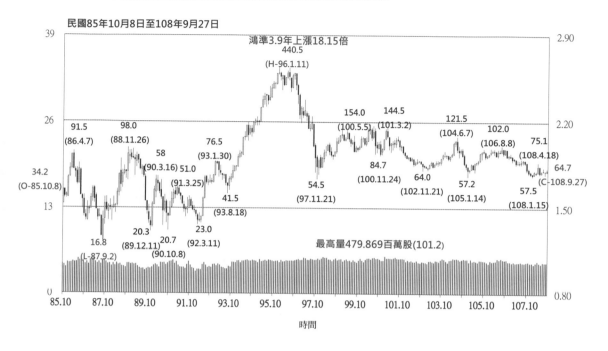

民國85年10月8日至108年9月27日

鴻準3.9年上漲18.15倍
440.5
(H-96.1.11)

91.5
(86.4.7)
98.0
(88.11.26)
76.5
(93.1.30)
154.0
(100.5.5)
144.5
(101.3.2)
121.5
(104.6.7)
102.0
(106.8.8)
75.1
(108.4.18)

58
(90.3.16)
51.0
(91.3.25)
84.7
(100.11.24)
64.0
(102.11.21)
57.2
(105.1.14)
64.7
(C-108.9.27)

34.2
(O-85.10.8)
41.5
(93.8.18)
54.5
(97.11.21)
57.5
108.1.15)

16.8
(L-87.9.2)
20.3
(89.12.11)
20.7
(90.10.8)
23.0
(92.3.11)

最高量479.869百萬股(101.2)

85.10 87.10 89.10 91.10 93.10 95.10 97.10 99.10 101.10 103.10 105.10 107.10

時間

EPS	股利	上市表現	近期股利發放	資本額變動
84 年 3.07 元 85 年 2.53 元	84 年 股票 3.6 元		107 年 現金 3.60 元	85 年 5.97 億元
107 年 6.47 元	85 年 股票 1.7 元 除權 1.7 元		108 年 現金 3.20 元	107 年 141.45 億元

正崴（2392）月 K 線走勢圖

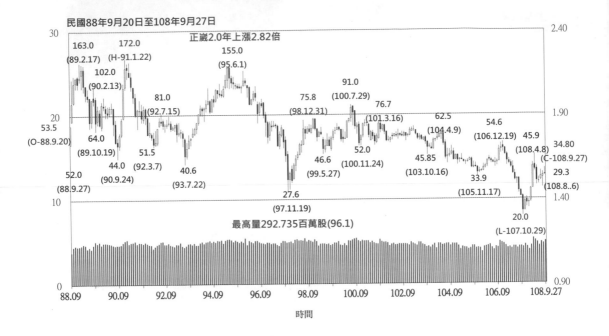

民國88年9月20日至108年9月27日

正崴2.0年上漲2.82倍

163.0 (89.2.17)
172.0 (H-91.1.22)
102.0 (90.2.13)
155.0 (95.6.1)
81.0 (92.7.15)
91.0 (100.7.29)
75.8 (98.12.31)
76.7 (101.3.16)
62.5 (104.4.9)
54.6 (106.12.19)
45.9 (108.4.8)
53.5 (O-88.9.20)
64.0 (89.10.19)
51.5 (92.3.7)
52.0 (100.11.24)
46.6 (99.5.27)
45.85 (103.10.16)
33.9 (105.11.17)
44.0 (90.9.24)
40.6 (93.7.22)
52.0 (88.9.27)
27.6 (97.11.19)
20.0 (L-107.10.29)

34.80 (C-108.9.27)
29.3 (108.8..6)

最高量292.735百萬股(96.1)

時間

EPS	股利	上市表現	近期股利發放	資本額變動
87 年 1.94 元 88 年 2.58 元	87 年 現金股票 1.26 元		107 年 現金 2.0 元	88 年 8.18 億元
107 年 1.19 元	88 年股票 1.5 元		108 年 現金 1.5 元	107 年 51.23 億元

群創（3481）或奇美電（3009）月 K 線走勢圖

民國91年8月26日至108年11月25日

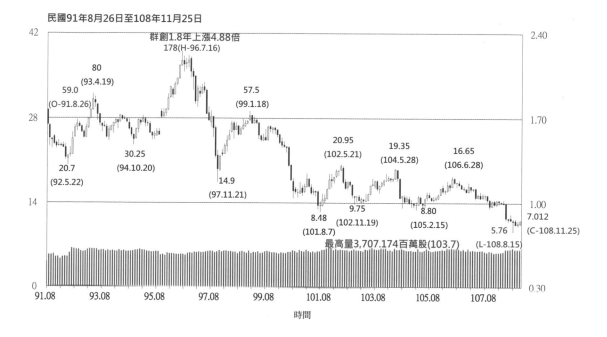

群創1.8年上漲4.88倍
178(H-96.7.16)

80
(93.4.19)

59.0
(O-91.8.26)

57.5
(99.1.18)

30.25
(94.10.20)

20.7
(92.5.22)

20.95
(102.5.21)

19.35
(104.5.28)

16.65
(106.6.28)

14.9
(97.11.21)

8.48
(101.8.7)

9.75
(102.11.19)

8.80
(105.2.15)

5.76
(L-108.8.15)

7.012
(C-108.11.25)

最高量3,707.174百萬股(103.7)

時間

EPS	股利	上市異動	近期股利發放	資本額變動
90 年 -2.20 元 91 年 2.41 元	90 年 股票 0 元	91 年 8 月 26 日至 95 年 10 月 23 日為奇美電（3009）的交易資料	107 年 現金 0.80 元	91 年 187.82 億元
107 年 0.22 元	91 年 股票 1.19 元	95 年 10 月 24 日群創上市。99 年 3 月 18 日奇美電併入群創。5 月 6 日起群創光電（3481）更名為奇美電子。101 年 12 月再更名為群創光電	108 年 現金 0.06 元	107 年 995.21 億元

臺揚（2314）月 K 線走勢圖

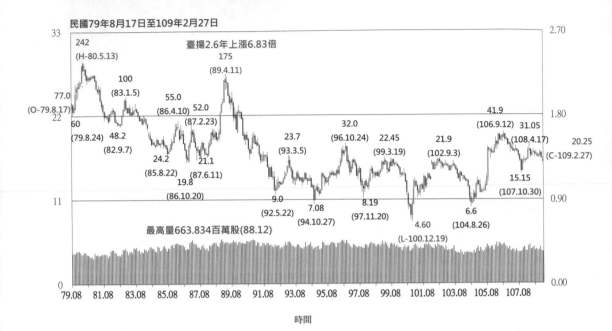

民國79年8月17日至109年2月27日

臺揚2.6年上漲6.83倍

242
(H-80.5.13)

175
(89.4.11)

100
(83.1.5)

77.0
(O-79.8.17)

55.0
(86.4.10)
52.0
(87.2.23)

41.9
(106.9.12)
31.05
(108.4.17)

60
(79.8.24)

48.2
(82.9.7)

32.0
(96.10.24)

22.45
(99.3.19)

21.9
(102.9.3)

23.7
(93.3.5)

20.25
(C-109.2.27)

24.2
(85.8.22)

21.1
(87.6.11)

15.15
(107.10.30)

19.8
(86.10.20)

9.0
(92.5.22)

7.08
(94.10.27)

8.19
(97.11.20)

6.6
(104.8.26)

4.60

最高量663.834百萬股(88.12)

(L-100.12.19)

時間

EPS	股利	上市表現	近期股利發放	資本額變動
78 年 2.83 元 79 年 4.53 元	78 年 股票 1.8 元		107 年 現金 0.2 元	79 年 5.97 億元 105 年 9 月 29 日減資 20.03 億元，減資約 50%
107 年 0.23 元	79 年 股票 2.2 元		108 年 現金 0.2 元	107 年 22.80 億元

廣宇（2328）月 K 線走勢圖

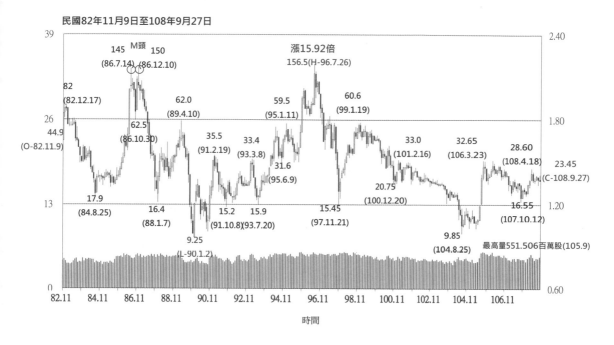

民國82年11月9日至108年9月27日

EPS	股利	上市表現	近期股利發放	資本額變動
81 年 2.65 元 82 年 4.14 元	81 年股票 2.0 元		107 年 現金 0.80 元	82 年 5.11 億元
107 年 2.29 元	82 年股票 2.8 元		108 年 現金 1.10 元	107 年 51.83 億元

➢ 臺股大師分析

圖中的 M 頭，指出現在股價高點，準備反轉下跌前的走勢型態，是投資人需要注意的賣出訊號。

建漢（3062）月 K 線走勢圖

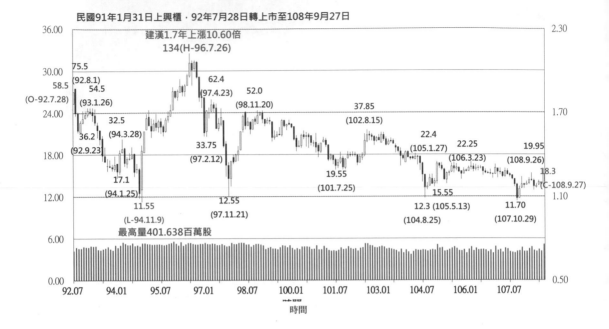

民國91年1月31日上興櫃，92年7月28日轉上市至108年9月27日

建漢1.7年上漲10.60倍
134(H-96.7.26)

75.5
(92.8.1)
58.5
(O-92.7.28)
54.5
(93.1.26)

62.4
(97.4.23)

52.0
(98.11.20)

37.85
(102.8.15)

22.4
(105.1.27)

22.25
(106.3.23)

19.95
(108.9.26)

32.5
(94.3.28)

36.2
(92.9.23)

33.75
(97.2.12)

18.3
(C-108.9.27)

17.1
(94.1.25)

19.55
(101.7.25)

15.55

11.55
(L-94.11.9)

12.55
(97.11.21)

12.3 (105.5.13)

11.70
(107.10.29)

最高量401.638百萬股

時間

EPS	股利	上市櫃異動	近期股利發放	資本額變動
91 年 3.78 元 92 年 4.44 元	91 年 現金 0.5 元， 股票 3.5 元	91 年 1 月 31 日 上興櫃	107 年 現金 0.35 元	92 年 20.38 億元
107 年 0.51 元	92 年 現金 2.0 元， 股票 2.0 元	92 年 7 月 28 日 轉上市	108 年 現金 0.40 元	107 年 32.86 億元

帆宣（6196）月 K 線走勢圖

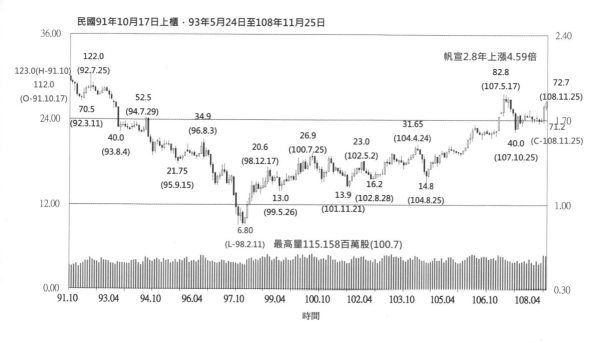

民國91年10月17日上櫃，93年5月24日至108年11月25日

EPS	股利	上市櫃異動	近期股利發放	資本額變動
90 年 8.93 元 91 年 7.26 元	90 年 現金 1.5 元， 股票 2.5 元	91 年 10 月 17 日上櫃	107 年 現金 2.48 元	91 年 6.57 億元
107 年 4.27 元	91 年 現金 2.03 元， 股票 2.03 元	93 年 5 月 24 日轉上市	108 年 現金 3.00 元	107 年 18.56 億元

11 華新集團

　　國內股市每逢季底常有集團股作帳行情，其中華新集團是常交叉作帳的公司，是集團股中作帳績效最積極的集團，以下挑選了華新集團中的華新（1605）、華邦電（2344）、華新科（2492）、瀚宇博（5469）、彩晶（6116）等 5 家公司分析，其中華新與華邦電是華新集團中的主流股。

　　51 年至 108 年華新集團 5 家上市公司股票成交金額在股市交易，成交量有 4 個年度分居全年股票成交金額的前五名，如下所示。

01. 68 年全年股票成交金額中，第五為華新，成交 65.02 億元，占 3.14%。

02. 88 年全年股票成交金額中，第五為華邦，成交 9,156.91 億元，占 3.12%。

03. 89 年全年股票成交額中，第四為華邦，成交 11,242.95 億元，占 3.68%。

04. 107 年全年股票成交額中，第三為華新科，成交 12,526.30 億元，占 4.23%。

表 11-1　華新集團上市公司股票成交量值統計表　（成交金額前 5 名者）單位：百萬元

循環周期	成交金額前 5 名者	全年度成交金額（百萬元）	成交金額（1）	占比	成交金額（2）	占比
第三大循環	68 年度	205,488.181	和信興（1208）	7.64%	臺灣煉鐵（2001）	5.55%
第五大循環	88 年度	29,291,529	聯電（2303）	5.33%	臺積電（2330）	3.93%
第五大循環	89 年度	30,526,566	聯電（2303）	4.71%	茂矽（2342）	3.87%
第七大循環	107 年度	29,608,866	臺積電（2330）	6.92%	國巨（2327）	6.27%

華新集團 5 家上市公司的長期月 K 線走勢圖如後所示。以華新（1605）與華邦電（2344）是華新集團的主流股，值得長期持股。

成交金額（3）	占比	成交金額（4）	占比	成交金額（5）	占比
新玻（1801）	4.00%	臺紙（1902）	3.59%	華新（1605）	3.14%
宏碁（2306）	3.70%	中環（2323）	3.16%	華邦（2344）	3.12%
威盛（2388）	3.84%	華邦（2344）	3.68%	臺積電（2330）	3.62%
華新科（2492）	4.23%	鴻海（2317）	2.80%	大立光（3008）	2.60%

華新（1605）月 K 線走勢圖

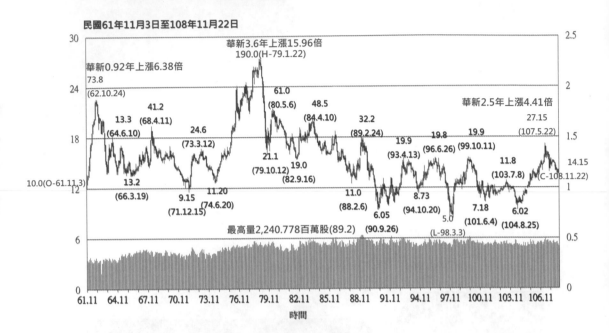

民國61年11月3日至108年11月22日

華新0.92年上漲6.38倍
73.8
(62.10.24)

華新3.6年上漲15.96倍
190.0(H-79.1.22)

61.0
(80.5.6)

48.5
(84.4.10)

華新2.5年上漲4.41倍
27.15
(107.5.22)

13.3
(64.6.10)

41.2
(68.4.11)

24.6
(73.3.12)

32.2
(89.2.24)

19.9
(93.4.13)

19.8
(96.6.26)

19.9
(99.10.11)

21.1
(79.10.12)

19.0
(82.9.16)

11.8
(103.7.8)

14.15
(C-108.11.22)

10.0(O-61.11.3)

13.2
(66.3.19)

9.15
(71.12.15)

11.20
(74.6.20)

11.0
(88.2.6)

8.73
(94.10.20)

6.05
(90.9.26)

5.0
(L-98.3.3)

7.18
(101.6.4)

6.02
(104.8.25)

最高量2,240.778百萬股(89.2)

時間

EPS	股利	上市表現	近期股利發放	資本額變動
60 年 2.08 元 61 年 3.49 元	60 年 現金 1.62 元	68 年成交金額占整體金額 3.14%，排名第 5	107 年 現金 1.00 元	61 年 1.65 億元 （面額 10 元）
107 年 3.53 元	61 年 現金 1.30 元， 股票 1.0 元		108 年 現金 1.20 元	107 年 332.60 億元 （面額 10 元）

華邦電（2344）月 K 線走勢圖

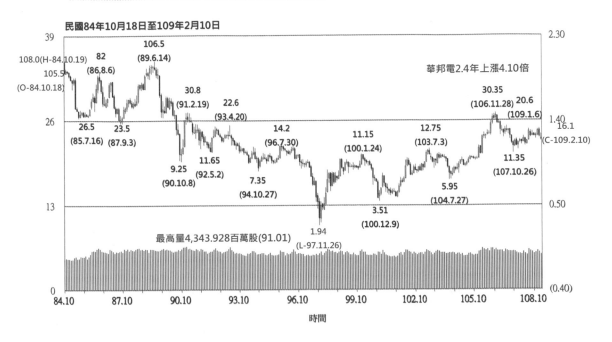

民國84年10月18日至109年2月10日

華邦電2.4年上漲4.10倍

EPS	股利	上市表現	近期股利發放	資本額變動
83 年 5.95 元 84 年 16.98 元	83 年 股票 5.0 元		107 年現金 1.0 元	83 年 35.00 億元
107 年 1.87 元	84 年 股票 10.0 元		108 年現金 1.0 元	107 年 398.00 億元

華新科（2492）月 K 線走勢圖

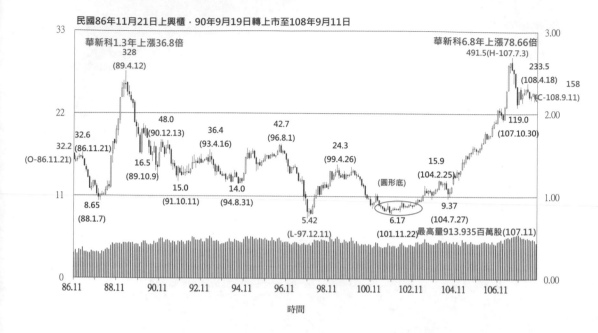

民國86年11月21日上興櫃，90年9月19日轉上市至108年9月11日

EPS	股利	上市櫃異動	近期股利發放	資本額變動
85 年 1.02 元 86 年 1.00 元	85 年 股票 1.0 元	86 年 11 月 21 日上興櫃	107 年 現金 4.02 元	86 年 11.00 億元
107 年 40.56 元	86 年 股票 1.0 元	90 年 9 月 19 日 轉上市	108 年 現金 16.33 元	107 年 48.58 億元

➤ 臺股大師分析

圖中的圓形底是股價經過很長的整理，反轉的趨勢是由下而上緩慢攀升，呈現出圓弧形走勢。

瀚宇博（5469）月 K 線走勢圖

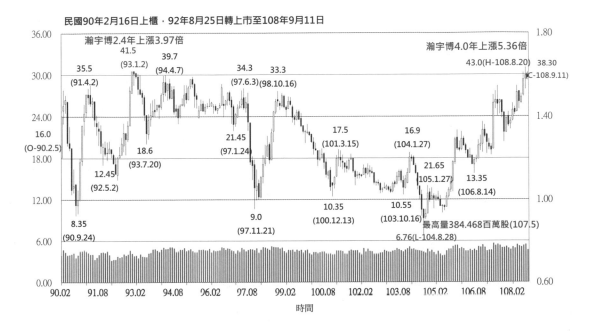

民國90年2月16日上櫃，92年8月25日轉上市至108年9月11日

瀚宇博2.4年上漲3.97倍

瀚宇博4.0年上漲5.36倍

41.5
(93.1.2)

39.7
(94.4.7)

35.5
(91.4.2)

34.3
(97.6.3)

33.3
(98.10.16)

43.0(H-108.8.20)

38.30

C-108.9.11)

16.0
(O-90.2.5)

21.45
(97.1.24)

17.5
(101.3.15)

16.9
(104.1.27)

18.6
(93.7.20)

12.45
(92.5.2)

21.65
105.1.27)

13.35
(106.8.14)

10.35
(100.12.13)

10.55
(103.10.16)

最高量384.468百萬股(107.5)

8.35
(90.9.24)

9.0
(97.11.21)

6.76(L-104.8.28)

時間

EPS	股利	上市櫃異動	近期股利發放	資本額變動
89 年 1.12 元 90 年 1.66 元	89 年 現金 0.3 元， 股票 1.2 元	90 年 2 月 16 日 上櫃	107 年 現金 0.8 元	90 年 5.78 億元
107 年 3.54 元	90 年 現金 0.6 元， 股票 0.6 元	92 年 8 月 25 日 轉上市	108 年 現金 1.0 元， 股票 0.2 元	107 年 45.04 億元

彩晶（6116）月 K 線走勢圖

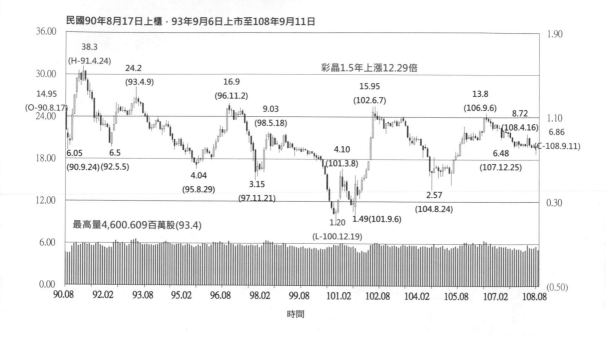

民國90年8月17日上櫃，93年9月6日上市至108年9月11日

最高量4,600.609百萬股(93.4)

彩晶1.5年上漲12.29倍

時間

EPS	股利	上市櫃異動	近期股利發放	資本額變動
89 年 0.03 元 90 年 -.3.08 元	89 年 現金 0 元	90 年 8 月 17 日上櫃	107 年現金 0.5 元	90 年 208.00 億元
107 年 0.32 元	90 年 現金 0 元	93 年 9 月 6 日上市	108 年現金 0.3 元	107 年 323.39 億元

12 裕隆集團 vs. 長榮集團

　　國內股市每逢季底常有集團股作帳行情，裕隆集團、長榮集團等 7 家是較少交叉作帳的公司，以下挑選裕隆集團中的裕隆車（2201）、中華車（2204）、裕融企業（9941）、嘉裕（1417）等 4 家公司，及長榮集團中的長榮海運（2631）、榮運（2607）、長榮航（2618）等 3 家公司，共 7 家公司分析，其中裕融企業與長榮海運是值得注意個股。

　　51 年至 108 年裕隆集團、長榮集團共 7 家上市公司股票成交金額在股市交易，成交量有 2 個年度分居全年股票成交金額的前五名，如下所示。

01. 74 年全年股票成交金額中，第三為裕隆車，成交金額 94.37 億元，占 4.83%。
02. 76 年全年股票成交金額中，第三為裕隆車，成交金額 94.37 億元，占 4.39%。

> ➤ 臺股大師分析

裕隆集團、長榮集團共 7 家上市公司的長期月 K 線走勢圖如下所示。裕隆車的月 K 線走勢圖請見 56 頁，其中裕融企業（9941）與長榮海運（2603）為值得注意的個股。

表 12-1　裕隆集團 vs. 長榮集團共 7 家上市公司股票成交量值統計表

（成交金額前 5 名者）　單位：百萬元

循環周期	成交金額前 5 名者	全年度成交金額（百萬元）	成交金額（1）	占比	成交金額（2）	占比
第三大循環	74 年度	195,227.690	華隆 (1407)	5.69%	中紡 (1408)	5.43%
第四大循環	76 年度	2,668,633	華隆 (1407)	5.80%	中紡 (1408)	4.96%

中華車（2204）月 K 線走勢圖

民國80年3月12日至108年9月12日

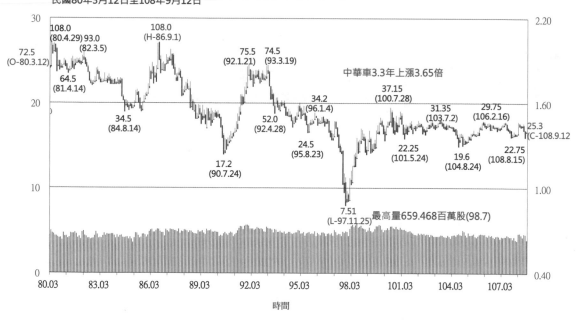

EPS	股利	上市表現	近期股利發放	資本額變動
79 年 5.33 元 80 年 4.34 元	79 年 現金 0.5 元， 股票 3 元		107 年 現金 1.80 元	80 年 133.50 億元
107 年 2.60 元	80 年 現金 2.0 元， 股票 1.0 元		108 年 現金 1.70 元	107 年 138.41 億元

成交金額（3）	占比	成交金額（4）	占比	成交金額（5）	占比
裕隆汽車 (2201)	4.83%	大同 (1502)	3.28%	華夏 (1305)	2.93%
裕隆汽車 (2201)	4.39%	南亞 (1303)	3.03%	太設 (2506)	2.56%

裕融企業（9941）月 K 線走勢圖

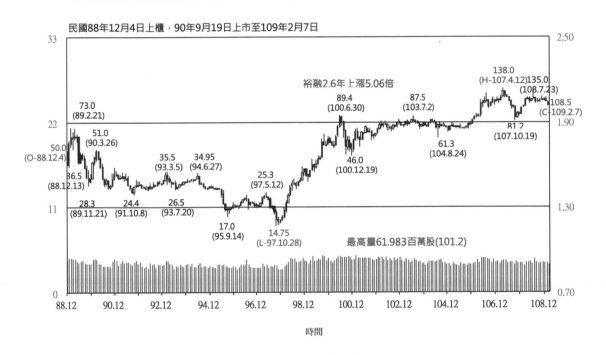

民國88年12月4日上櫃，90年9月19日上市至109年2月7日

時間

EPS	股利	上市表現	近期股利發放	資本額變動
87 年 3.59 元 88 年 4.09 元	87 年 股票 4.70 元		107 年 現金 5.9 元	88 年 12.98 億元
107 年 6.91 元	88 年 股票 3.50 元		108 年 現金 5.5 元， 股票 1 元	107 年 37.46 億元

嘉裕（1417）月 K 線走勢圖

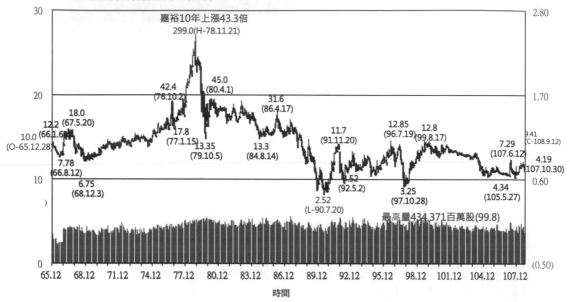

民國65年12月28日至108年9月12日

嘉裕10年上漲43.3倍
299.0(H-78.11.21)

45.0
(80.4.1)

42.4
(76.10.2)

31.6
(86.4.17)

18.0
(67.5.20)

12.2
(66.1.6)

17.8
(77.1.15)

13.35
(79.10.5)

13.3
(84.8.14)

11.7
(91.11.20)

12.85
(96.7.19)

12.8
(99.8.17)

9.41
(C-108.9.12)

10.0
(O-65.12.28)

7.78
(66.8.12)

7.29
(107.6.12)

4.19
(107.10.30)

6.75
(68.12.3)

6.52
(92.5.2)

3.25
(97.10.28)

4.34
(105.5.27)

2.52
(L-90.7.20)

最高量434,371百萬股(99.8)

2.80

1.70

0.60

(0.50)

時間

EPS	股利	上市表現	近期股利發放	資本額變動
64 年 0.62 元 65 年 1.35 元	64 年 股票 0.7 元		107 年 現金 0 元	65 年 1.44 億元
107 年 0.61 元	65 年 現金 0.6 元， 股票 0.6 元		108 年 現金 0 元	107 年 37.99 億元 108 年 9 月 9 日減資 10.9 億 元，減幅占 28.7%

長榮海運（2603）月 K 線走勢圖

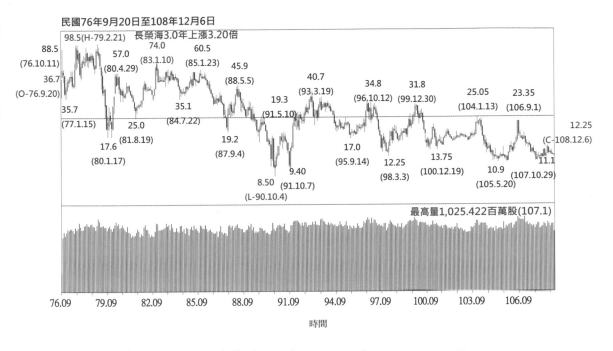

民國76年9月20日至108年12月6日

長榮海3.0年上漲3.20倍

98.5(H-79.2.21)
88.5
(76.10.11)
74.0
(83.1.10)
57.0
(80.4.29)
60.5
(85.1.23)
36.7
(O-76.9.20)
45.9
(88.5.5)
40.7
(93.3.19)
34.8
(96.10.12)
31.8
(99.12.30)
25.05
(104.1.13)
23.35
(106.9.1)
35.7
(77.1.15)
35.1
(84.7.22)
19.3
(91.5.10)
12.25
(C-108.12.6)
25.0
(81.8.19)
17.6
(80.1.17)
19.2
(87.9.4)
17.0
(95.9.14)
12.25
(98.3.3)
13.75
(100.12.19)
10.9
(105.5.20)
11.1
(107.10.29)
8.50
(L-90.10.4)
9.40
(91.10.7)

最高量1,025.422百萬股(107.1)

76.09　79.09　82.09　85.09　88.09　91.09　94.09　97.09　100.09　103.09　106.09

時間

EPS	股利	上市表現	近期股利發放	資本額變動
75 年 1.74 元 76 年 2.59 元	75 年 現金 0 元		107 年 現金 0.2 元， 股票 0.5 元	76 年 80.0 億元
107 年 0.07 元	76 年 現金 1.5 元， 股票 1.0 元		108 年 現金 0 元	107 年 451.30 億元 107 年 10 月 31 日 現金增資 30 億元， 增幅 570%， 每股 10.7 元 108 年 11 月 5 日現 金增資 30 億元， 增幅 5.32%， 每股 11 元

榮運（2607）月 K 線走勢圖

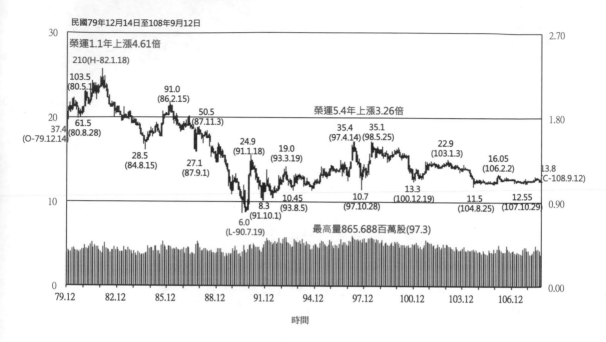

民國79年12月14日至108年9月12日

榮運1.1年上漲4.61倍

210(H-82.1.18)

103.5
(80.5.1)

91.0
(86.2.15)

榮運5.4年上漲3.26倍

61.5
(80.8.28)

37.4
(O-79.12.14)

50.5
(87.11.3)

35.4
(97.4.14)

35.1
(98.5.25)

28.5
(84.8.15)

24.9
(91.1.18)

19.0
(93.3.19)

22.9
(103.1.3)

27.1
(87.9.1)

16.05
(106.2.2)

13.8
(C-108.9.12)

8.3
(91.10.1)

10.45
(93.8.5)

10.7
(97.10.28)

13.3
(100.12.19)

11.5
(104.8.25)

12.55
(107.10.29)

6.0
(L-90.7.19)

最高量865.688百萬股(97.3)

時間

EPS	股利	上市表現	近期股利發放	資本額變動
78 年 3.00 元 79 年 2.85 元	78 年 股票 2.39 元		107 年 現金 0.35 元	79 年 5.00 億元
107 年 0.81 元	79 年 現金 2.20 元		108 年 現金 0.35 元	107 年 106.71 億元

長榮航（2618）月 K 線走勢圖

民國88年10月27日上櫃，90年9月19日上市至108年9月12日

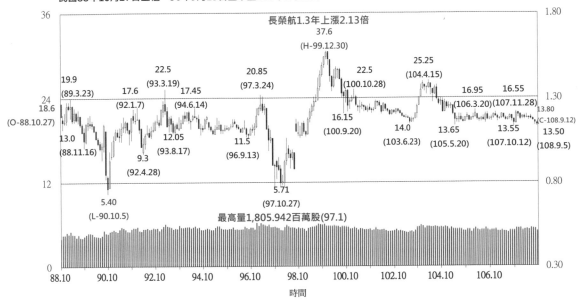

EPS	股利	上市櫃異動	近期股利發放	資本額變動
87 年 0.04 元 88 年 0.58 元	87 年 現金 0 元	88 年 10 月 27 日上櫃	107 年 現金 0.2 元， 股票 0.5 元	88 年 200.00 億元
107 年 1.49 元	88 年 股票 0.50 元	90 年 9 月 19 日上市	108 年 現金 0.5 元， 股票 0.3 元	107 年 440.52 億元

Part 3

題材加持熱度的 各種概念股

從早期的蘋概三劍客、被動元件（MLCC）股、到物聯網（IoT）、機器人（AI）、比特幣、5G，甚至是近期火熱的防疫概念股。不要只聽新聞就買股，用實際圖表為你精準選股，找出進場的好時機。

13 晶圓代工

　　晶圓代工是半導體產業的一種商業模式，接受其他無廠的半導體公司委託、專門從事半導體晶圓製造，其中最為人所知龍頭的便是臺積電。

　　晶圓代工為國內股市第五、六、七次大循環周期的主流股，其中聯電為第五大股市周期循環的主流股，而臺積電為第七大股市周期循環的主流股，這兩檔股票占據國內股市成交金額的前五名達 24 個年度。而轉投資的個股如創意、聯詠、智原等也表現不錯。

　　臺積電 vs. 聯電公司股票成交量值統計表有 24 個年度分居前 5 名。

01. 84 年全年股票成交金額中，聯電股票成交 2,948.91 億元，占全年成交總金額 2.90% 居首位，電子股首度拔得頭籌。

02. 85 年全年股票成交金額中，第二為聯電，成交 2,414.31 億元，占 1.87%。

03. 86 年全年股票成交金額中，聯電股票成交 17,601.39 億元，占全年成交總金額 4.73% 居首位；臺積電次之，成交 16,596.02 億元，占 4.46%。

04. 87 年全年股票成交金額中，臺積電股票成交 9,380.95 億元，占全年成交總金額 3.16% 居首位；聯電次之，成交 7,563.20 億元，占 2.55%。

05. 88 年全年股票成交金額中，聯電股票成交 15,610.94 億元，占全年成交總金額 5.33% 居首位；臺積電次之，成交 11,511.31 億元，占 3.93%。

06. 89 年全年股票成交金額中，聯電股票成交 14,390.65 億元，占全年成交總金額 4.71% 居首位；第五為臺積電成交 11,065.10 億元，占 3.62% 為多數。

07. 90 年全年股票成交金額中，第二為臺積電，成交 6,844.61 億元，占 3.73%；第三為聯電，成交 6,517.99 億元，占 3.55%。

08. 91 年全年股票成交金額中，臺積電股票成交 7,700.56 億元，占全年成

交總金額 3.52% 居首位；第三為聯電成交 6,529.23 億元，占 2.98%。

09. 92 年全年股票成交金額中，第二為聯電，成交 6,318.96 億元，占 3.11%；第三為臺積電成交 6,203.75 億元，占 3.05%。

10. 93 年全年股票成交金額中，第三為臺積電成交 6,606.86 億元，占 2.77%，第四為聯電成交 5,822.33 億元，占 2.44%。

11. 94 年全年股票成交金額中，第二為臺積電，成交 7,076.72 億元，占 3.76%。

12. 95 年全年股票成交金額中，第三為臺積電，成交 6,353.70 億元，占 2.66%。

13. 96 年全年股票成交金額中，臺積電股票成交 10,101.68 億元，占全年成交總金額 3.06% 居首位。

14. 97 年全年股票成交金額中，第三為臺積電，成交 9,217.58 億元，占 3.53%。

15. 98 年全年股票成交金額中，第三為臺積電，成交 9,021.24 億元，占 3.04%。

16. 99 年全年股票成交金額中，第四為臺積電，成交 7,506.24 億元，占 2.66%。

17. 100 年全年股票成交金額中，第二為臺積電，成交 9,164.48 億元，占 3.50%。

18. 101 年全年股票成交金額中，第三為臺積電，成交 8,441.06 億元，占 4.17%。

19. 102 年全年股票成交金額中，臺積電股票成交 8,879.33 億元，占全年成交總金額 4.69%，居首位。

20. 103 年全年股票成交金額中，臺積電股票成交 11,029.66 億元，占全年成交總金額 5.04%，居首位。

21. 104 年全年股票成交金額中，臺積電股票成交 13,657.34 億元，占全年成交總金額 6.76%，居首位。

22. 105 年全年股票成交金額中，臺積電股票成交 13,086.85 億元，占全年成交總金額 7.80%，居首位。

23. 106 年全年股票成交金額中，臺積電股票成交 13,968.01 億元，占全年成交總金額 5.83%，居首位。

24. 107 年全年股票成交金額中，臺積電股票成交 20,480.06 億元，占全年成交總金額 6.92%，居首位。

表 13-1　臺積電 vs. 聯電公司股票成交量值統計表　單位：百萬元

循環周期	成交金額前 5 名者	全年度成交金額（百萬元）	成交金額（1）	占比	成交金額（2）	占比
第五大循環	84 年度	10,151,536	聯電（2303）	2.90%	華隆（1407）	2.80%
第五大循環	85 年度	12,907,561	國壽（2805）	3.13%	聯電（2303）	1.87%
第五大循環	86 年度	37,241,150	聯電（2303）	4.73%	臺積電（2330）	4.46%
第五大循環	87 年度	29,618,970	臺積電（2330）	3.16%	聯電（2303）	2.55%
第五大循環	88 年度	29,291,529	聯電（2303）	5.33%	臺積電（2330）	3.93%
第五大循環	89 年度	30,526,566	聯電（2303）	4.71%	茂矽（2342）	3.87%
第五大循環	90 年度	18,354,936	威盛（2388）	5.01%	臺積電（2330）	3.73%
第六大循環	91 年度	21,873,951	臺積電（2330）	3.52%	友達（2409）	3.41%
第六大循環	92 年度	20,333,237	友達（2409）	3.88%	聯電（2303）	3.11%
第六大循環	93 年度	23,875,366	友達（2409）	4.77%	奇美電（3009）	3.40%
第六大循環	94 年度	18,818,902	宏達電（2498）	4.16%	臺積電（2330）	3.76%
第六大循環	95 年度	23,900,362	宏達電（2498）	5.64%	聯發科（2454）	2.84%
第六大循環	96 年度	33,043,848	臺積電（2330）	3.06%	宏達電（2498）	3.05%
第六大循環	97 年度	26,115,408	宏達電（2498）	4.11%	鴻海（2317）	3.95%
第七大循環	98 年度	29,680,471	鴻海（2317）	3.32%	聯發科（2454）	3.09%
第七大循環	99 年度	28,218,676	宏達電（2498）	3.42%	鴻海（2317）	3.19%
第七大循環	100 年度	26,197,408	宏達電（2498）	5.85%	臺積電（2330）	3.50%
第七大循環	101 年度	20,238,166	宏達電（2498）	5.96%	鴻海（2317）	4.76%
第七大循環	102 年度	18,940,933	臺積電（2330）	4.69%	宏達電（2498）	3.85%
第七大循環	103 年度	21,898,537	臺積電（2330）	5.04%	鴻海（2317）	3.48%
第七大循環	104 年度	20,191,486	臺積電（2330）	6.76%	鴻海（2317）	3.81%
第七大循環	105 年度	16,771,139	臺積電（2330）	7.80%	鴻海（2317）	4.02%
第七大循環	106 年度	23,972,239	臺積電（2330）	5.83%	鴻海（2317）	4.28%
第七大循環	107 年度	29,608,866	臺積電（2330）	6.92%	國巨（2327）	6.27%

聯電公司（2303）為第五次大循環周期的股王，臺積電（2330）為第七次大循環周期的股王。臺積電 vs. 聯電公司及 3 家轉投資上市公司的長期月 K 線走勢圖如後所示。

成交金額（3）	占比	成交金額（4）	占比	成交金額（5）	占比
新織（1409）	2.32%	宏碁（2306）	2.13%	中鋼（2002）	2.11%
中華開發（2804）	1.85%	華隆（1407）	1.71%	中鋼（2002）	1.70%
日月光（2311）	2.89%	宏碁（2306）	2.39%	中華開發（2804）	2.16%
日月光（2311）	2.38%	華碩（2357）	2.24%	鴻海（2317）	2.23%
宏碁（2306）	3.70%	中環（2323）	3.16%	華邦（2344）	3.12%
威盛（2388）	3.84%	華邦（2344）	3.68%	臺積電（2330）	3.62%
聯電（2303）	3.55%	旺宏（2337）	2.52%	矽統（2363）	2.45%
聯電（2303）	2.98%	南亞科（2408）	2.69%	聯發科（2454）	2.56%
臺積電（2330）	3.05%	中鋼（2002）	2.17%	奇美電（3009）	1.93%
臺積電（2330）	2.77%	聯電（2303）	2.44%	華映（2475）	2.31%
友達（2409）	3.53%	聯發科（2454）	3.16%	奇美電（3009）	2.60%
臺積電（2330）	2.66%	鴻海（2317）	2.62%	友達（2409）	2.36%
聯發科（2454）	2.95%	鴻海（2317）	2.84%	友達（2409）	2.03%
臺積電（2330）	3.53%	聯發科（2454）	3.28%	友達（2409）	2.99%
臺積電（2330）	3.04%	宏達電（2498）	2.60%	國泰金（2882）	1.97%
聯發科（2454）	3.17%	臺積電（2330）	2.66%	勝華（2384）	1.69%
聯發科（2454）	3.01%	鴻海（2317）	2.98%	可成（2474）	2.58%
臺積電（2330）	4.17%	聯發科（2454）	3.70%	可成（2474）	3.41%
鴻海（2317）	3.68%	聯發科（2454）	3.30%	F-TPK（3673）	3.01%
聯發科（2454）	3.45%	華亞科（3474）	3.22%	F-TPK（3673）	2.44%
聯發科（2454）	3.67%	大立光（3008）	3.26%	可成（2474）	2.42%
大立光（3008）	3.47%	宏達電（2498）	2.50%	可成（2474）	2.40%
玉晶光（3406）	3.08%	大立光（3008）	2.45%	業成（F-GIS）（6456）	2.39%
華新科（2492）	4.23%	鴻海（2317）	2.80%	大立光（3008）	2.60%

臺積電（2330）月 K 線走勢圖

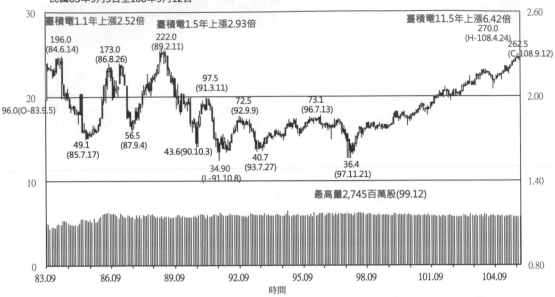

民國83年9月5日至108年9月12日

臺積電1.1年上漲2.52倍
臺積電1.5年上漲2.93倍
臺積電11.5年上漲6.42倍

196.0 (84.6.14)
173.0 (86.8.26)
222.0 (89.2.11)
270.0 (H-108.4.24)
262.5 (C-108.9.12)
96.0(O-83.9.5)
97.5 (91.3.11)
72.5 (92.9.9)
73.1 (96.7.13)
49.1 (85.7.17)
56.5 (87.9.4)
43.6(90.10.3)
40.7 (93.7.27)
36.4 (97.11.21)
34.90 (I-91.10.8)

最高量2,745百萬股(99.12)

時間

EPS	股利	上市表現	近期股利發放	資本額變動
83 年 10.86 元	83 年 現金 1.0 元， 股票 2.48 元	98 年臺積電成交金額占整體總金額 3.04%，排名第 3 99 年 2.66%，排名第 4 100 年 3.50%，排名第 2 101 年 4.17%，排名第 3	107 年 現金 8.00 元	83 年 78.0 億元
107 年 13.54 元		102 年 4.69%，排名第 1 103 年 5.04%，排名第 1 104 年 6.76%，排名第 1 105 年 7.80%，排名第 1 106 年 5.83%，排名第 1 107 年 6.92%，排名第 1	108 年 現金 8.00 元 108 年 9 月 19 日 +2 元 108 年 12 月 19 日 +2.5 元	107 年 2,593 億元

聯電（2303）月 K 線走勢圖

民國74年7月16日至108年9月12日

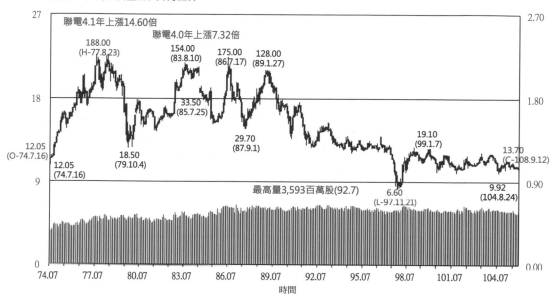

EPS	股利	上市表現	近期股利發放	資本額變動
74 年 1.50 元	74 年 現金 0.0 元， 股票 0.0 元	聯電成交金額占整體總金額 2.90%，排名第 1 85 年 1.87%，排名第 2 86 年 4.73%，排名第 1 87 年 2.55%，排名第 2	107 年 現金 0.71 元	74 年 8.0 億元
107 年 0.57 元		88 年 5.33%，排名第 1 89 年 4.71%，排名第 1 90 年 3.55%，排名第 3	108 年 現金 0.58 元	107 年 1,242.43 億元

創意（3443）月 K 線走勢圖

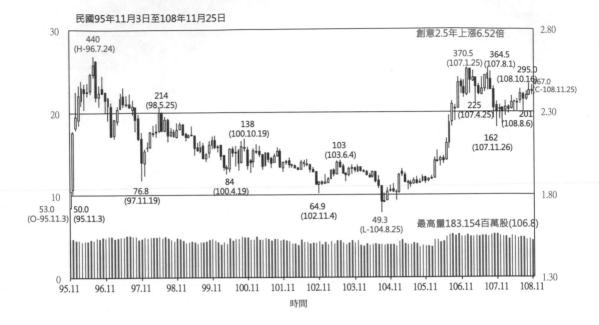

民國95年11月3日至108年11月25日

創意2.5年上漲6.52倍

440 (H-96.7.24)
214 (98.5.25)
138 (100.10.19)
103 (103.6.4)
370.5 (107.1.25)
364.5 (107.8.1)
295.0 (108.10.16)
267.0 (C-108.11.25)
225 (107.4.25)
201 (108.8.6)
162 (107.11.26)
84 (100.4.19)
76.8 (97.11.19)
64.9 (102.11.4)
49.3 (L-104.8.25)
53.0 (O-95.11.3)
50.0 (95.11.3)
最高量183.154百萬股(106.8)

時間

EPS	股利	上市表現	近期股利發放	資本額變動
94 年 1.22 元 95 年 2.18 元	94 年 現金 0.34 元， 股票 0.52 元		107 年 現金 5.0 元	95 年 10.89 億元
107 年 7.37 元	95 年 現金 1.26 元， 股票 0.31 元		108 年 現金 5.0 元	107 年 13.40 億元

聯詠（3034）月 K 線走勢圖

民國90年4月24日上櫃，91年8月26日上市至108年9月12日

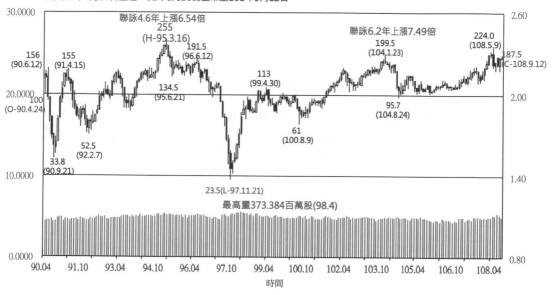

EPS	股利	上市表現	近期股利發放	資本額變動
89 年 7.19 元 90 年 3.79 元	89 年 股票 5.0 元		107 年 現金 7.1 元	90 年 23.51 億元
107 年 10.50 元	90 年 現金 1 元， 股票 2 元		108 年 現金 8.8 元	107 年 60.85 億元

智原（3035）月 K 線走勢圖

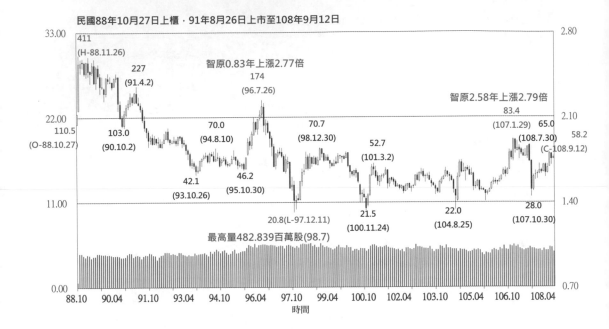

民國88年10月27日上櫃，91年8月26日上市至108年9月12日

EPS	股利	上市櫃異動	近期股利發放	資本額變動
87 年 5.32 元 88 年 5.85 元	87 年 股票 4.0 元	88 年 10 月 27 日上櫃	107 年 現金 2.70 元	88 年資本額 5.76 億元
107 年 1.06 元	88 年 股票 4.0 元	91 年 8 月 26 日上市	108 年 現金 0.80 元	107 年資本額 24.86 億元

➢ 臺股大師分析

臺積電（2330）、創意（3443）與聯詠（3034）是長期值得投資的個股。亦可進一步用報酬率與風險計算長期持有的價值。

⬛ 報酬與風險的實際計算方法

臺積電（2330）

以臺積電公司 83 年至 107 年，這二十五年來的股價報酬率為例，如表 13-2 所示：

（1）以「總市值＋總現金股利」觀念，計算每年報酬率，如表中的 E 與 F 欄，算術平均報酬率（μ）為 30.663%，風險的標準差（σ）為 60.82%，變異係數（CV）為 198.347%。

（2）一般常將每年收盤價，經過除息除權還原歷史的收盤價，再求算每年報酬率，如表的 G 與 H 欄，算術平均報酬率（μ）為 30.665%，風險的標準差（σ）為 58.227%，其變異係數（CV）為 189.879%。

（3）幾何平均報酬率為 21.002%，以複合成長報酬率＝【（225.50/1.92）（1/25）－ 1】=21.002%。

聯電（2303）

再以聯電公司為例，此處只取樣 83 年至 107 年，共二十五年，以便與臺積電比較：

（1）若以「總市值＋總現金股利」觀念，求算每年報酬率，如表中的 E 與 F 欄，其算術平均報酬率（μ）為 16.496%，風險的標準差（σ）為 64.413%，其變異係數（CV）為 390.477%。

（2）以經過除息除權還原歷史的收盤價，再求每年報酬率，如表 3 中的 G 與 H 欄，其算術平均報酬率（μ）為 16.557%，風險的標準差（σ）為 62.318%，其變異係數（CV）為 376.387%。

（3）其幾何平均報酬率為 4.233%，複合成長報酬率為 4.233%。

表 13-2 臺積電（2330）報酬率與風險分析表

年度	資本額（百萬元）	年底收盤價（元）	總市值（百萬元）	現金股利（元）	總市值＋現金股利（百萬元）
	A	B	C	D	E
82	6,083.000	96.00	58,396.800		58,396.800
83	7,800.000	157.00	122,460.000	1.000	123,068.300
84	14,390.000	85.00	122,315.000		122,315.000
85	26,542.000	56.50	149,962.300		149,962.300
86	40,813.000	112.00	457,105.600		457,105.600
87	60,471.760	71.00	429,349.496		429,349.496
88	76,708.820	167.00	1,281,037.294		1,281,037.294
89	116,893.650	78.50	917,615.153		917,615.153
90	168,325.530	87.50	1,472,848.388		1,472,848.388
91	186,228.870	42.60	793,334.986		793,334.986
92	202,666.190	63.50	1,286,930.307		1,286,930.307
93	232,518.770	50.50	1,174,219.789	0.600	1,186,379.760
94	247,273.480	62.50	1,545,459.250	1.990	1,591,730.485
95	258,258.400	67.50	1,743,244.200	2.490	1,804,815.297
96	264,235.170	62.00	1,638,258.054	2.990	1,715,477.316
97	256,254.373	44.40	1,137,769.416	3.030	1,217,832.673
98	259,027.066	64.50	1,670,724.576	3.000	1,747,600.888
99	259,073.440	71.00	1,839,421.424	3.000	1,917,129.544
100	254,141.490	75.80	1,926,392.494	3.000	2,004,114.526
101	259,207.090	97.00	2,514,308.773	3.000	2,590,551.220
102	259,283.910	105.50	2,735,445.251	3.000	2,813,207.378
103	259,296.624	141.00	3,656,082.398	3.000	3,733,867.571
104	259,303.800	143.00	3,708,044.340	4.500	3,824,727.821
105	259,303.800	181.50	4,706,363.970	6.000	4,861,946.250
106	259,303.800	229.50	5,951,022.210	7.000	6,132,534.870
107	259,303.800	225.50	5,847,300.690	8.000	6,054,743.730
				8.000	
算術平均報酬率（μ）					
風險（σ）					
變異係數（CV）＝σ/μ					
幾何平均報酬率（μ）					
複合成長報酬率（μ）					

註：1. 臺積電於 83 年 9 月 5 日上市。
2. 臺積電 83 年 9 月 5 日的開盤價 96 元，當作 82 年底收盤價計算 83 年度報酬率。
3. 每股現金股利乘以前一年度資本額，為當年度總現金股利，再加上當年度總市值。

總市值 + 現金股利計算的 報酬率（％） F	經過除息除權調整 過收盤價（元） G	經過除息除權調整過收盤價 計算的報酬率（％） H
	1.92	
110.745%	3.15	64.063%
-0.612%	3.14	-0.317%
22.603%	3.83	21.975%
204.814%	11.65	204.178%
-6.072%	10.91	-6.352%
198.367%	32.01	193.401%
-28.369%	19.60	-38.769%
60.508%	31.32	59.796%
-46.136%	16.80	-46.360%
62.218%	27.25	62.202%
-7.813%	25.27	-7.266%
34.167%	34.35	35.932%
13.387%	40.36	17.496%
-4.950%	39.54	-2.032%
-29.009%	30.42	-23.065%
43.501%	46.98	54.438%
9.701%	54.37	15.730%
4.537%	60.55	11.367%
29.262%	80.35	32.700%
8.595%	89.84	11.811%
32.726%	122.78	36.665%
2.433%	128.48	4.642%
27.119%	169.46	31.896%
26.133%	221.42	30.662%
-1.268%	225.50	1.843%
30.663%		30.665%
60.820%		58.227%
198.347%		189.879%
20.400%		21.002%
20.400%		21.002%

表 13-3　聯電公司（2303）報酬率與風險分析表

年度	資本額 （百萬元）	年底收盤價 （元）	總市值 （百萬元）	現金股利 （元）
	A	B	C	D
81	5,299.000			
82	6,088.000	93.50	56,922.800	1.000
83	8,599.000	125.00	107,487.500	0.600
84	13,438.000	68.00	91,378.400	0.500
85	29,272.000	39.00	114,160.800	
86	41,345.000	64.00	264,608.000	
87	55,383.000	40.30	223,193.490	
88	66,550.000	112.00	745,360.000	
89	114,715.000	46.90	538,013.350	
90	133,357.000	51.00	680,120.700	
91	154,748.000	21.10	326,518.280	
92	161,407.000	29.10	469,694.370	
93	177,924.000	20.50	364,744.200	
94	194,987.000	18.60	362,675.820	0.100
95	190,853.100	20.25	386,477.528	0.409
96	132,128.270	20.15	266,238.464	0.700
97	129,877.130	7.43	96,498.708	0.750
98	129,877.713	17.20	223,389.666	0.000
99	129,879.120	16.30	211,702.966	0.500
100	130,827.660	12.70	166,151.128	1.112
101	129,512.880	11.70	151,530.070	0.500
102	126,901.129	12.35	156,722.894	0.406
103	127,252.078	14.75	187,696.815	0.500
104	127,581.330	12.10	154,373.409	0.550
105	126,243.190	11.40	143,917.237	0.570
106	126,243.190	14.20	179,265.330	0.500
107	124,243.190	11.25	139,773.589	0.710
算術平均報酬率（μ）				0.580
風險（σ）				
變異係數（CV）= σ / μ				
幾何平均報酬率（μ）				
複合成長報酬率（μ）				

註：1. 聯電雖於 74 年度上市，為了與臺積電比較，本表價格資訊自 83 年度開始。

2. 聯電 83 年度，以 82 年底收盤價計算 83 年度報酬率。

3. 每股現金股利乘以前一年度資本額，為當年度總現金股利，再加上當年度總市值。

總市值 + 現金股利（百萬元）E	總市值 + 現金股利計算的報酬率（%）F	經過除息除權調整過收盤價（元）G	經過除息除權調整過收盤價計算的報酬率（%）H
57,452.700		3.99	
107,852.780	87.724%	6.90	72.932%
91,808.350	-14.876%	5.91	-14.348%
114,160.800	24.347%	6.79	14.890%
264,608.000	131.785%	14.68	116.200%
223,193.490	-15.651%	12.04	-17.984%
745,360.000	233.952%	38.61	220.681%
538,013.350	-27.818%	19.51	-49.469%
680,120.700	26.413%	24.60	26.089%
326,518.280	-51.991%	11.78	-52.114%
469,694.370	43.849%	16.96	43.973%
364,744.200	-22.344%	12.92	-23.821%
364,455.060	-0.079%	13.05	1.006%
394,454.446	8.231%	14.71	12.720%
279,598.181	-29.118%	12.53	-14.820%
106,408.328	-61.942%	5.10	-59.298%
223,389.666	109.936%	11.81	131.569%
218,196.851	-2.325%	11.59	-1.863%
180,588.491	-17.236%	9.77	-15.703%
158,068.836	-12.470%	9.36	-4.197%
161,986.298	2.478%	10.16	8.547%
194,041.872	19.789%	12.51	23.130%
161,368.456	-16.838%	10.73	-14.229%
151,189.372	-6.308%	10.56	-1.584%
185,577.489	22.745%	13.63	29.072%
148,736.855	-19.852%	11.25	-17.461%
	16.496%		16.557%
	64.413%		62.318%
	390.477%		376.387%
	3.878%		4.233%
	3.878%		4.233%

14 DRAM 股與面板股

　　DRAM 股與面板股是非常耗現金，提列高折舊的類股，和太陽能、LED 一度被稱為臺灣科技業的「四大慘業」，以下挑選華邦、茂矽、旺宏、南亞科與友達、群創、彩晶這幾檔股票分析。其中，華邦為第五大股市周期循環的主流股，而友達為第六大股市周期循環的主流股。這兩檔股票占據國內股市成交金額的前五名達 10 個年度。

　　51 年至 108 年 DRAM 股與面板股 7 家公司在股市交易，成交量有 10 個年度分居全年股票成交金額的前五名，如下所示。

表 14-1　51 年至 108 年 DRAM 股與面板股 7 家公司股票成交量值統計表
（成交金額前 5 名者）單位：百萬元

循環周期	成交金額前 5 名者	全年度成交金額（百萬元）	成交金額（1）	占比	成交金額（2）	
第五大循環	88 年度	29,291,529	聯電（2303）	5.33%	臺積電（2330）	
第五大循環	89 年度	30,526,566	聯電（2303）	4.71%	茂矽（2342）	
第五大循環	90 年度	18,354,936	威盛（2388）	5.01%	臺積電（2330）	
第六大循環	91 年度	21,873,951	臺積電（2330）	3.52%	友達（2409）	
第六大循環	92 年度	20,333,237	友達（2409）	3.88%	聯電（2303）	
第六大循環	93 年度	23,875,366	友達（2409）	4.77%	奇美電（3009）	
第六大循環	94 年度	18,818,902	宏達電（2498）	4.16%	臺積電（2330）	
第六大循環	95 年度	23,900,362	宏達電（2498）	5.64%	聯發科（2454）	
第六大循環	96 年度	33,043,848	臺積電（2330）	3.06%	宏達電（2498）	
第六大循環	97 年度	26,115,408	宏達電（2498）	4.11%	鴻海（2317）	

01. 88 年全年股票成交金額中，第五為華邦，成交 9,156.91 億元，占 3.12%。

02. 89 年全年股票成交金額中，第二為茂矽，成交 11,813.78 億元，占 3.87%，第四為華邦，成交 11,242.95 億元，占 3.68%。

03. 90 年全年股票成交金額中，第四為旺宏，成交 4,619.03 億元，占 2.52%。

04. 91 年全年股票成交金額中，第二為友達，成交 7,464.09 億元，占 3.41%；第四為南亞科，成交 5,892.19 億元，占 2.69%。

05. 92 年全年股票成交金額中，友達股票成交 7,887.11 億元，占全年成交總金額 3.88%，居首位；第五為奇美電，成交 3,920.11 億元，占 1.93%。

06. 93 年全年股票成交金額中，友達股票成交 11,400.34 億元，占全年成交總金額 4.77%，居首位；奇美電次之，成交 8,115.92 億元，占 3.40%。

07. 94 年全年股票成交金額中，第三為友達，成交 6,654.96 億元，占 3.53%，第五為奇美電，成交 4,894.25 億元，占 2.60%。

占比	成交金額（3）	占比	成交金額（4）	占比	成交金額（5）	占比
3.93%	宏碁（2306）	3.70%	中環（2323）	3.16%	華邦（2344）	3.12%
3.87%	威盛（2388）	3.84%	華邦（2344）	3.68%	臺積電（2330）	3.62%
3.73%	聯電（2303）	3.55%	旺宏（2337）	2.52%	矽統（2363）	2.45%
3.41%	聯電（2303）	2.98%	南亞科（2408）	2.69%	聯發科（2454）	2.56%
3.11%	臺積電（2330）	3.05%	中鋼（2002）	2.17%	奇美電（3009）	1.93%
3.40%	臺積電（2330）	2.77%	聯電（2303）	2.44%	華映（2475）	2.31%
3.76%	友達（2409）	3.53%	聯發科（2454）	3.16%	奇美電（3009）	2.60%
2.84%	臺積電（2330）	2.66%	鴻海（2317）	2.62%	友達（2409）	2.36%
3.05%	聯發科（2454）	2.95%	鴻海（2317）	2.84%	友達（2409）	2.03%
3.95%	臺積電（2330）	3.53%	聯發科（2454）	3.28%	友達（2409）	2.99%

08. 95 年全年股票成交金額中，第五為友達，成交 5,631.93 億元，占 2.36%。

09. 96 年全年股票成交金額中，第五為友達，成交 6,716.17 億元，占 2.03%。

10. 97 年全年股票成交金額中，第五為友達，成交 7,810.06 億元，占 2.99%。

➢ 臺股大師分析

華邦為第五大股市周期循環的主流股，友達為第六大股市周期循環的主流股。DRAM 股與面板股 7 家上市公司的長期月 K 線走勢圖，如下所示。華邦電（2344）、南亞科（2408）、彩晶（6116）請見 143、115、146 頁。

其中華邦電（2344）、南亞科（2408）與友達（2409）是長期值得注意的個股。

茂矽（2342）月 K 線走勢圖

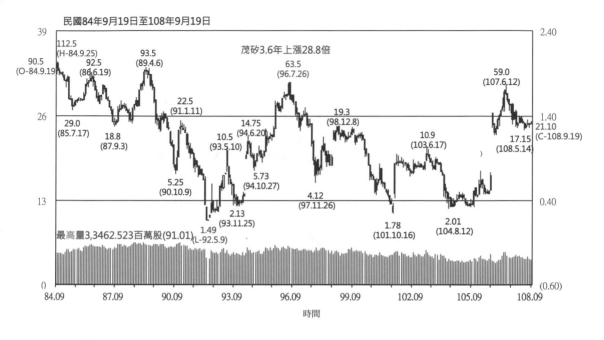

民國84年9月19日至108年9月19日

茂矽3.6年上漲28.8倍

112.5
(H-84.9.25)

90.5
(O-84.9.19)

92.5
(86.6.19)

93.5
(89.4.6)

63.5
(96.7.26)

59.0
(107.6.12)

29.0
(85.7.17)

22.5
(91.1.11)

18.8
(87.9.3)

14.75
(94.6.20)

19.3
(98.12.8)

10.5
(93.5.10)

10.9
(103.6.17)

21.10
(C-108.9.19)

17.15
(108.5.14)

5.25
(90.10.9)

5.73
(94.10.27)

4.12
(97.11.26)

2.13
(93.11.25)

1.49
(L-92.5.9)

最高量3,3462.523百萬股(91.01)

1.78
(101.10.16)

2.01
(104.8.12)

時間

EPS	股利	上市表現	近期股利發放	資本額變動
83 年 4.56 元 84 年 10.02 元	83 年 股票 3.6 元	92 年 5 月 9 日 至 7 月 29 日暫 停交易	107 年 現金 0 元	84 年 75.00 億元 101 年 11 月 1 日 減資 30.41 億元， 減幅 44.96% 106 年 10 月 6 日減資 29.71 億元， 減幅 79.81%
107 年 1.14 元	84 年 股票 7.0 元		108 年 現金 0.27 元	107 年 15.51 億元

旺宏（2337）月 K 線走勢圖

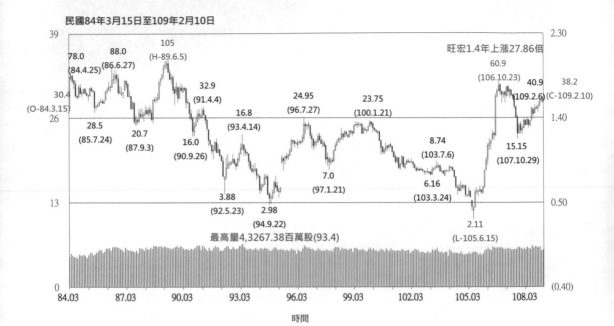

民國84年3月15日至109年2月10日

旺宏1.4年上漲27.86倍

最高量4,3267.38百萬股(93.4)

時間

EPS	股利	上市表現	近期股利發放	資本額變動
83 年 3.94 元 84 年 6.17 元	83 年 股票 2.0 元		107 年 現金 1.0 元， 股票 0.2 元	83 年 50.00 億元 106 年 8 月 28 日減資 186.79 億元
107 年 4.89 元	84 年 股票 5.0 元		108 年 現金 1.2 元	107 年 184.02 億元

友達（或達碁）（2409）月 K 線走勢圖

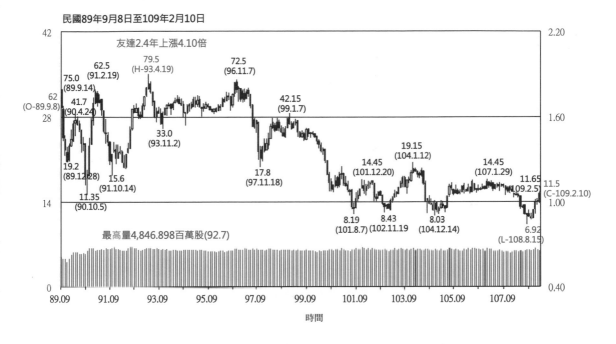

民國89年9月8日至109年2月10日

友達2.4年上漲4.10倍

- 75.0 (89.9.14)
- 62.5 (91.2.19)
- 79.5 (H-93.4.19)
- 72.5 (96.11.7)
- 41.7 (90.4.24)
- 62 (O-89.9.8)
- 42.15 (99.1.7)
- 33.0 (93.11.2)
- 19.2 (89.12.28)
- 15.6 (91.10.14)
- 17.8 (97.11.18)
- 14.45 (101.12.20)
- 19.15 (104.1.12)
- 14.45 (107.1.29)
- 11.65 (109.2.5)
- 11.35 (90.10.5)
- 11.5 (C-109.2.10)
- 8.19 (101.8.7)
- 8.43 (102.11.19)
- 8.03 (104.12.14)
- 6.92 (L-108.8.15)

最高量4,846.898百萬股(92.7)

時間

EPS	股利	上市表現	近期股利發放	資本額變動
88 年 0.55 元 89 年 1.60 元	88 年 股票 0 元	89 年 9 月 8 日 達碁掛牌	107 年 現金 1.5 元	89 年 110.00 億元
107 年 1.06 元	89 年 股票 1.6 元	90 年 8 月 13 日 改名友達	108 年 現金 0.5 元	107 年 962.42 億元

群創 （3481）或奇美電（3009）月 K 線走勢圖

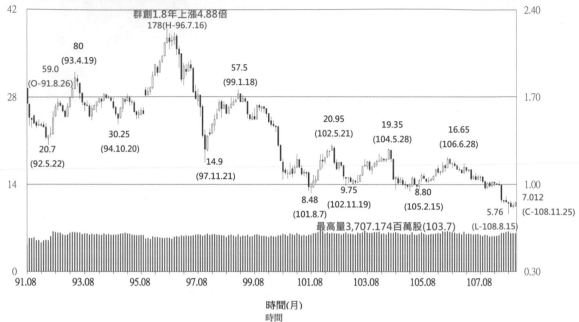

民國91年8月26日至108年11月25日

群創1.8年上漲4.88倍
178(H-96.7.16)

80
(93.4.19)

59.0
(O-91.8.26)

57.5
(99.1.18)

20.7
(92.5.22)

30.25
(94.10.20)

20.95
(102.5.21)

19.35
(104.5.28)

16.65
(106.6.28)

14.9
(97.11.21)

9.75
(102.11.19)

8.80
(105.2.15)

8.48
(101.8.7)

最高量3,707.174百萬股(103.7)

5.76
(L-108.8.15)

7.012
(C-108.11.25)

時間(月)
時間

EPS	股利	上市異動	近期股利發放	資本額變動
90 年 -2.20 元 91 年 2.41 元	90 年 股票 0 元	91 年 8 月 26 日至 95 年 10 月 23 日為奇美電交易資料 95 年 10 月 24 日群創上市	107 年 現金 0.80 元	91 年資本 187.82 億元
107 年 0.22 元	91 年 股票 1.19 元	99 年 3 月 18 日奇美電併入群創光電	108 年 現金 0.06 元	107 年資本額 995.21 億元

15 一代股王的興衰史——
宏達電 vs. 威盛

手機股王宏達電和 IC 設計威盛為國內股市第五、六、七周期的主流股，兩檔股票稱霸國內股市成交金額的前五名達 10 個年度。

完成宏達電（2498）與威盛（2388）兩檔個股月 K 線圖比較時，腦中突然浮現下面的圖形，技術分析最重要的假設條件：「歷史會一再重演」，隱含的意義是人性的貪婪與恐懼，因此投資人才會重複被騙線。

請投資人「鑑往知來」，這兩檔股票是長期投資人須記取教訓的個股。

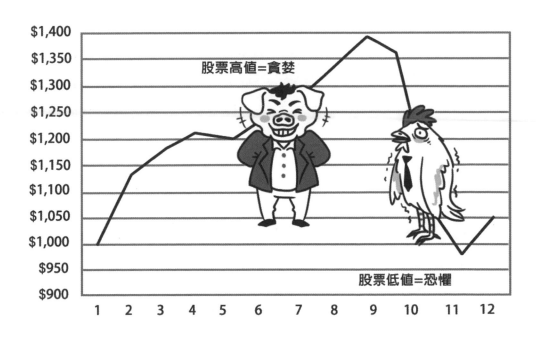

這兩檔股票在十年中的成交情形如下：

01. 89 年全年股票成交金額中，威盛為第三，成交 11,728.14 億元，占 3.84%。

02. 90 年全年股票成交金額中，威盛股票成交 9,188.34 億元，占全年成交總金額 5.01%，居首位。

03. 94 年全年股票成交金額中，宏達電股票成交 7,815.78 億元，占全年成交總金額 4.16%，居首位。

04. 95 年全年股票成交金額中，宏達電股票成交 13,477.00 億元，占全年成交總金額 5.64%，居首位。

05. 96 年全年股票成交金額中，第二為宏達電，成交 10,072.30 億元，占 3.05%。

表 15-1　宏達電 vs. 威盛股票成交量值統計表　（成交金額數前 5 名者）單位：百萬元

第幾大循環周期	成交金額前 5 名者	全年度成交金額（百萬元）	成交金額（1）	占比	成交金額（2）	
第五大循環	89 年度	30,526,566	聯電（2303）	4.71%	茂矽（2342）	
第五大循環	90 年度	18,354,936	威盛（2388）	5.01%	臺積電（2330）	
第六大循環	94 年度	18,818,902	宏達電（2498）	4.16%	臺積電（2330）	
第六大循環	95 年度	23,900,362	宏達電（2498）	5.64%	聯發科（2454）	
第六大循環	96 年度	33,043,848	臺積電（2330）	3.06%	宏達電（2498）	
第六大循環	97 年度	26,115,408	宏達電（2498）	4.11%	鴻海（2317）	
第七大循環	98 年度	29,680,471	鴻海（2317）	3.32%	聯發科（2454）	
第七大循環	99 年度	28,218,676	宏達電（2498）	3.42%	鴻海（2317）	
第七大循環	100 年度	26,197,408	宏達電（2498）	5.85%	臺積電（2330）	
第七大循環	101 年度	20,238,166	宏達電（2498）	5.96%	鴻海（2317）	

06. 97 年全年股票成交金額中，宏達電股票成交 10,732.03 億元，占全年成交總金額 4.11%，居首位。

07. 98 年全年股票成交金額中，第四為宏達電，成交 7,721.67 億元，占 2.60%。

08. 99 年全年股票成交金額中，宏達電股票成交 9,639.26 億元，占全年成交總金額 3.42%，居首位。

09. 100 年全年股票成交金額中，宏達電股票成交 15,285.32 億元，占全年成交總金額 5.85%，居首位。

10. 101 年全年股票成交金額中，宏達電股票成交 12,058.34 億元，占全年成交總金額 5.96%，居首位。

占比	成交金額（3）	占比	成交金額（4）	占比	成交金額（5）	占比
3.87%	威盛（2388）	3.84%	華邦（2344）	3.68%	臺積電（2330）	3.62%
3.73%	聯電（2303）	3.55%	旺宏（2337）	2.52%	矽統（2363）	2.45%
3.76%	友達（2409）	3.53%	聯發科（2454）	3.16%	奇美電（3009）	2.60%
2.84%	臺積電（2330）	2.66%	鴻海（2317）	2.62%	友達（2409）	2.36%
3.05%	聯發科（2454）	2.95%	鴻海（2317）	2.84%	友達（2409）	2.03%
3.95%	臺積電（2330）	3.53%	聯發科（2454）	3.28%	友達（2409）	2.99%
3.09%	臺積電（2330）	3.04%	宏達電（2498）	2.60%	國泰金（2882）	1.97%
3.19%	聯發科（2454）	3.17%	臺積電（2330）	2.66%	勝華（2384）	1.69%
3.50%	聯發科（2454）	3.01%	鴻海（2317）	2.98%	可成（2474）	2.58%
4.76%	臺積電（2330）	4.17%	聯發科（2454）	3.70%	可成（2474）	3.41%

宏達電（2498）月 K 線走勢圖

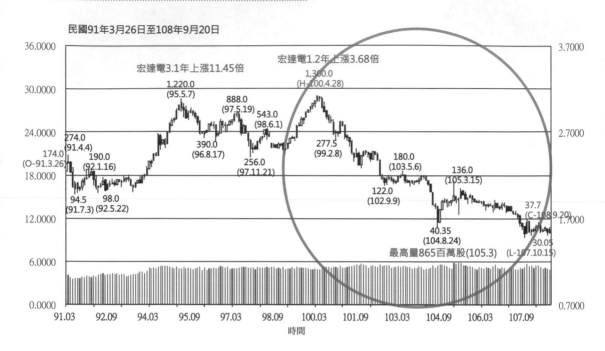

民國91年3月26日至108年9月20日

宏達電3.1年上漲11.45倍

宏達電1.2年上漲3.68倍

1,300.0
(H-100.4.28)

1,220.0
(95.5.7)

888.0
(97.5.19)

543.0
(98.6.1)

274.0
(91.4.4)

190.0
(92.1.16)

174.0
(O-91.3.26)

390.0
(96.8.17)

277.5
(99.2.8)

256.0
(97.11.21)

180.0
(103.5.6)

136.0
(105.3.15)

94.5
(91.7.3)

98.0
(92.5.22)

122.0
(102.9.9)

37.7
(C-108.9.20)

40.35
(104.8.24)

30.05
(L-107.10.15)

最高量865百萬股(105.3)

時間

EPS	股利	上市表現	近期股利發放	資本額變動
91 年 9.00 元	91 年 現金 2.0 元， 股票 2.0 元	94 年 宏達電成交金額占整體 總金額 4.16%， 排名第 1 95 年 5.64%，排名第 1	107 年 現金 0.00 元	91 年 16.27 億元
107 年 14.74 元		96 年 3.05%，排名第 2 97 年 4.11%，排名第 1	108 年 現金 0.00 元 108 年 8 月 19 日 除息 0.38 元	107 年 81.88 億元

威盛（2388）月 K 線走勢圖

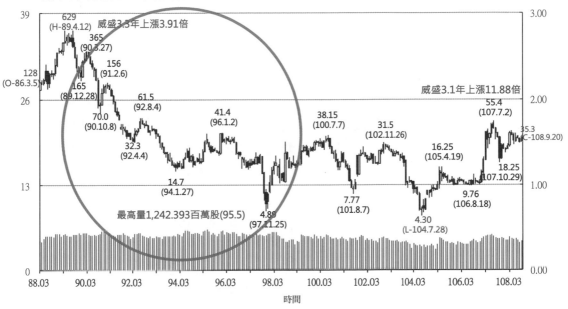

民國88年3月5日至108年9月20日

EPS	股利	上市表現	近期股利發放	資本額變動
87 年 6.86 元 88 年 5.26 元	87 年 股票 6.0 元		107 年 現金 0 元	88 年 37.65 億元 101 年 10 月 4 日 減資 49.33 億元， 減幅 50%
107 年 0.14 元	88 年股票 5.0 元		108 年 現金 0 元	107 年 48.33 億元

16 蘋概三劍客 VS 電子五哥

　　蘋概三劍客，指的是臺積電、鴻海、大立光等 3 家公司，為蘋果 iPhone 供應鏈的主力，臺積電（2330）主要製造處理器晶片，光學鏡頭供應鏈則為大立光（3008），組裝廠以鴻海取得絕大多數的組裝訂單。

　　這三家為國內股市第五、六、七次股市大循環周期的主流股，其中臺積電為第七大股市循環周期的主流股。這三家占國內股市成交金額的前五名達 22 個年度。尤其 104 年三家合計占 13.83%，105 年占 15.29%，106 年占 12.56%，107 年占 12.3%。

　　NB 及手機的電子五哥則主要生產電子零件，泛指鴻海、仁寶、英業達、廣達、宏碁（緯創及佳世達）、華碩（和碩）等個股。

　　目前電子五哥多半是指鴻海（2317）、仁寶（2324）、廣達（2382）、英業達（2356）、緯創（3231）。

以下是這些個股的主要經營項目：
- 鴻海（2317）──電子產品組裝代工，代工 SONY PSP，蘋果電腦的 IPOD 組裝，及部分 3C 消費性電子產品。
- 仁寶電腦（2324）──零組件 NB、PC 電腦組裝。
- 廣達電腦（2382）──零組件筆記型 NB、PC 電腦組裝。
- 英業達（2356）──零組件筆記型 NB。
- 華碩（2357）──主機板為主業，現在筆記型電腦（NB）、PC 電腦也是重心。
- 宏碁（2353）──手機、監視器及電子產品代工。旗下的佳世達（以前明基電通）（2352）和緯創（3231）主營零組件手機、顯示器光碟。

NB 及手機的電子五哥等 9 家公司，也是國內股市第五、六、七周期的主流股，其中宏碁與華碩電為第五次大股市周期循環的主流股。鴻海為第六、七次大股市周期循環的主流股，也同時是蘋概股及電子股中的主力。NB 及手機的電子五哥公司股票曾占據國內股市成交金額的前五名達 17 個年度。尤其鴻海合計有 12 年度居前五名。在 98 年鴻海占 3.32%，為當年第一名。

01. 84 年全年股票成交金額中，第四為宏碁，成交 2,159.67 億元，占 2.13%。

02. 86 年全年股票成交金額中，第二為臺積電，成交 16,596.02 億元，占 4.46%。第四為宏碁，成交 8,894.41 億元，占 2.39%。

03. 87 年全年股票成交金額中，臺積電股票成交 9,380.95 億元，占全年成交總金額 3.16%，居首位；第四為華碩，成交 6,646.44 億元，占 2.24%，第五為鴻海，成交 6,623.47 億元，占 2.23% 為多數。

04. 88 年全年股票成交金額中，第二為臺積電，成交 11,511.31 億元，占 3.93%；第三為宏碁，成交 10,826.29 億元，占 3.70%。

05. 89 年全年股票成交金額中，第五為臺積電，成交 11,065.10 億元，占 3.62%。

06. 90 年全年股票成交金額中，第二為臺積電，成交 6,844.61 億元，占 3.73%。

07. 91 年全年股票成交金額中，臺積電股票成交 7,700.56 億元，占全年成交總金額 3.52%，居首位。

08. 92 年全年股票成交金額中，第三為臺積電，成交 6,203.75 億元，占 3.05%。

09. 93 年全年股票成交金額中，第三為臺積電，成交 6,606.86 億元，占 2.77%。

10. 94 年全年股票成交金額中，第二為臺積電，成交 7,076.72 億元，占 3.76%。

11. 95 年全年股票成交金額中，第三為臺積電，成交 6,353.70 億元，占

2.66%，第四為鴻海，成交 6,262.82 億元，占 2.62%。

12. 96 年全年股票成交金額中，臺積電股票成交 10,101.68 億元，占全年成交總金額 3.06% 居首位；第四為鴻海，成交 9,372.97 億元，占 2.84% 數。

13. 97 年全年股票成交金額中，第二為鴻海，成交 10,319.22 億元，占 3.95%；第三為臺積電，成交 9,217.58 億元，占 3.53%。

14. 98 年全年股票成交金額中，鴻海股票成交 9,862.75 億元，占全年成交總金額 3.32%，居首位；第三為臺積電，成交 9,021.24 億元，占 3.04%。

15. 99 年全年股票成交金額中，第二為鴻海，成交 9,009.82 億元，占 3.19%；第四為臺積電，成交 7,506.24 億元，占 2.66%。

16. 100 年全年股票成交金額中，第二為臺積電，成交 9,164.48 億元，占 3.50%；第四為鴻海，成交 7,784.79 億元，占 2.98%。

17. 101 年全年股票成交金額中，第二為鴻海，成交 9,635.62 億元，占 4.76%；第三為臺積電，成交 8,441.06 億元，占 4.17%。

18. 102 年全年股票成交金額中，臺積電股票成交 8,879.33 億元，占全年成交總金額 4.69%，居首位；第三為鴻海，成交 6,976.43 億元，占 3.68%。

19. 103 年全年股票成交金額中，臺積電股票成交 11,029.66 億元，占全年成交總金額 5.04%，居首位；第二為鴻海，成交 7,611.59 億元，占 3.48%。

20. 104 年全年股票成交金額中，臺積電股票成交 13,657.34 億元，占全年成交總金額 6.76%，居首位；第二為鴻海，成交 7,697.29 億元，占 3.81%；第四為大立光，成交 6,580.25 億元，占 3.26%。

21. 105 年全年股票成交金額中，臺積電股票成交 13,086.85 億元，占全年成交總金額 7.80%，居首位；第二為鴻海，成交 6,739.54 億元，占 4.02%；第三為大立光，成交 5,822.27 億元，占 3.47%。

22. 106 年全年股票成交金額中，臺積電股票成交 13,968.01 億元，占全年成交總金額 5.83%，居首位；第二為鴻海，成交 10,268.54 億元，占

4.28%；第四為大立光，成交 5,884.13 億元，占 2.45%。

23. 107 年全年股票成交金額中，臺積電股票成交 20,480.06 億元，占全年成交總金額 6.92%，居首位；第四為鴻海，成交 8,281.71 億元，占 2.80%，第五為大立光，成交 7,8691.39 億元，占 2.60%。

> 臺股大師分析

臺灣電子產業電子五哥營收龐大，但毛利率很低，多數升級有限，股價也越走越低，在中美貿易戰和疫情的衝擊下，面臨巨大的考驗。

長期月 K 線走勢圖如下所示，臺積電（2330）、鴻海（2317），請見 160、132 頁，其中臺積電（2330）、大立光（3008）、英業達（2356）、廣達（2382）、緯創（3231）、佳世達（2352）、與和碩（4938）是長期值得投資的個股，而鴻海與華碩（2357）為值得注意的個股。

表 16-1 51 年至 108 年 11 家公司股票成交量值統計表

（成交金額前 5 名者）單位：百萬元

循環周期	成交金額前 5 名者	全年度成交金額（百萬元）	成交金額（1）	占比	成交金額（2）	
第五大循環	84 年度	10,151,536	聯電（2303）	2.90%	華隆（1407）	
第五大循環	86 年度	37,241,150	聯電（2303）	4.73%	臺積電（2330）	
第五大循環	87 年度	29,618,970	臺積電（2330）	3.16%	聯電（2303）	
第五大循環	88 年度	29,291,529	聯電（2303）	5.33%	臺積電（2330）	
第五大循環	89 年度	30,526,566	聯電（2303）	4.71%	茂矽（2342）	
第五大循環	90 年度	18,354,936	威盛（2388）	5.01%	臺積電（2330）	
第六大循環	91 年度	21,873,951	臺積電（2330）	3.52%	友達（2409）	
第六大循環	92 年度	20,333,237	友達（2409）	3.88%	聯電（2303）	
第六大循環	93 年度	23,875,366	友達（2409）	4.77%	奇美電（3009）	
第六大循環	94 年度	18,818,902	宏達電（2498）	4.16%	臺積電（2330）	
第六大循環	95 年度	23,900,362	宏達電（2498）	5.64%	聯發科（2454）	
第六大循環	96 年度	33,043,848	臺積電（2330）	3.06%	宏達電（2498）	
第六大循環	97 年度	26,115,408	宏達電（2498）	4.11%	鴻海（2317）	
第七大循環	98 年度	29,680,471	鴻海（2317）	3.32%	聯發科（2454）	
第七大循環	99 年度	28,218,676	宏達電（2498）	3.42%	鴻海（2317）	
第七大循環	100 年度	26,197,408	宏達電（2498）	5.85%	臺積電（2330）	
第七大循環	101 年度	20,238,166	宏達電（2498）	5.96%	鴻海（2317）	
第七大循環	102 年度	18,940,933	臺積電（2330）	4.69%	宏達電（2498）	
第七大循環	103 年度	21,898,537	臺積電（2330）	5.04%	鴻海（2317）	
第七大循環	104 年度	20,191,486	臺積電（2330）	6.76%	鴻海（2317）	
第七大循環	105 年度	16,771,139	臺積電（2330）	7.80%	鴻海（2317）	
第七大循環	106 年度	23,972,239	臺積電（2330）	5.83%	鴻海（2317）	
第七大循環	107 年度	29,608,866	臺積電（2330）	6.92%	國巨（2327）	

占比	成交金額（3）	占比	成交金額（4）	占比	成交金額（5）	占比
2.80%	新纖（1409）	2.32%	宏碁（2306）	2.13%	中鋼（2002）	2.11%
4.46%	日月光（2311）	2.89%	宏碁（2306）	2.39%	中華開發（2804）	2.16%
2.55%	日月光（2311）	2.38%	華碩（2357）	2.24%	鴻海（2317）	2.23%
3.93%	宏碁（2306）	3.70%	中環（2323）	3.16%	華邦（2344）	3.12%
3.87%	威盛（2388）	3.84%	華邦（2344）	3.68%	臺積電（2330）	3.62%
3.73%	聯電（2303）	3.55%	旺宏（2337）	2.52%	矽統（2363）	2.45%
3.41%	聯電（2303）	2.98%	南亞科（2408）	2.69%	聯發科（2454）	2.56%
3.11%	臺積電（2330）	3.05%	中鋼（2002）	2.17%	奇美電（3009）	1.93%
3.40%	臺積電（2330）	2.77%	聯電（2303）	2.44%	華映（2475）	2.31%
3.76%	友達（2409）	3.53%	聯發科（2454）	3.16%	奇美電（3009）	2.60%
2.84%	臺積電（2330）	2.66%	鴻海（2317）	2.62%	友達（2409）	2.36%
3.05%	聯發科（2454）	2.95%	鴻海（2317）	2.84%	友達（2409）	2.03%
3.95%	臺積電（2330）	3.53%	聯發科（2454）	3.28%	友達（2409）	2.99%
3.09%	臺積電（2330）	3.04%	宏達電（2498）	2.60%	國泰金（2882）	1.97%
3.19%	聯發科（2454）	3.17%	臺積電（2330）	2.66%	勝華（2384）	1.69%
3.50%	聯發科（2454）	3.01%	鴻海（2317）	2.98%	可成（2474）	2.58%
4.76%	臺積電（2330）	4.17%	聯發科（2454）	3.70%	可成（2474）	3.41%
3.85%	鴻海（2317）	3.68%	聯發科（2454）	3.30%	F-TPK（3673）	3.01%
3.48%	聯發科（2454）	3.45%	華亞科（3474）	3.22%	F-TPK（3673）	2.44%
3.81%	聯發科（2454）	3.67%	大立光（3008）	3.26%	可成（2474）	2.42%
4.02%	大立光（3008）	3.47%	宏達電（2498）	2.50%	可成（2474）	2.40%
4.28%	玉晶光（3406）	3.08%	大立光（3008）	2.45%	業成（F-GIS）（6456）	2.39%
6.27%	華新科（2492）	4.23%	鴻海（2317）	2.80%	大立光（3008）	2.60%

大立光（3008）月 K 線走勢圖

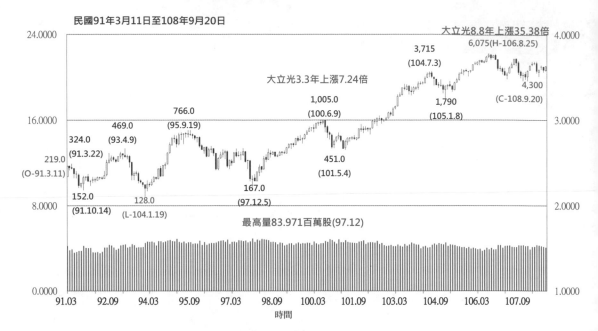

民國91年3月11日至108年9月20日

大立光8.8年上漲35.38倍

6,075(H-106.8.25)

3,715
(104.7.3)

大立光3.3年上漲7.24倍

1,005.0
(100.6.9)

766.0
(95.9.19)

469.0
(93.4.9)

324.0
(91.3.22)

219.0
(O-91.3.11)

152.0
(91.10.14)

128.0
(L-104.1.19)

167.0
(97.12.5)

451.0
(101.5.4)

1,790
(105.1.8)

4,300
(C-108.9.20)

最高量83.971百萬股(97.12)

EPS	股利	上市表現	近期股利發放	資本額變動
91 年 10.18 元	91 年 現金 5.0 元， 股票 1.0 元	104 年大立光成交金額占 整體總金額 3.26%，排名 第 4 105 年 3.47%，排名第 3	107 年 現金 72.5 元	91 年 6.22 億元
107 年 181.67 元		106 年 2.45%，排名第 4 107 年 2.60%，排名第 5	108 年 現金 68.0 元	107 年 13.41 億元

仁寶（2324）月 K 線走勢圖

民國81年2月18日至108年12月30日

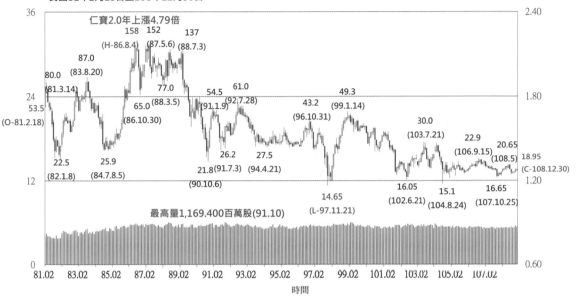

EPS	股利	上市表現	近期股利發放	資本額變動
80 年 2.40 元 81 年 -1.01 元	80 年 現金 1.4 元， 股票 1.70 元		107 年現金 1.2 元	81 年 7.65 億元
107 年 2.02 元	81 年 股票 1.0 元		108 年現金 1.2 元	107 年 440.71 億元

英業達（2356）月 K 線走勢圖

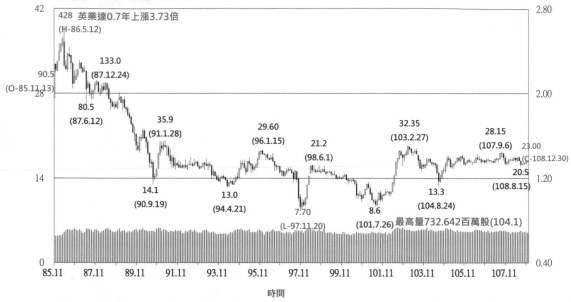

民國85年11月13日至108年12月30日

428 英業達0.7年上漲3.73倍
(H-86.5.12)

90.5
(O-85.11.13)

133.0
(87.12.24)

80.5
(87.6.12)

35.9
(91.1.28)

29.60
(96.1.15)

21.2
(98.6.1)

32.35
(103.2.27)

28.15
(107.9.6)

23.00
(C-108.12.30)

14.1
(90.9.19)

13.0
(94.4.21)

7.70
(L-97.11.20)

8.6
(101.7.26)

13.3
(104.8.24)

20.5
(108.8.15)

最高量732.642百萬股(104.1)

時間

EPS	股利	上市表現	近期股利發放	資本額變動
84 年 6.82 元 85 年 14.62 元	84 年 現金 1.0 元， 股票 3 元		107 年 現金 1.65 元	85 年 22.64 億元
107 年 1.81 元	85 年 股票 12.0 元		108 年 現金 1.50 元	107 年 358.75 億元

廣達（2382）月 K 線走勢圖

民國88年1月8日至108年10月4日

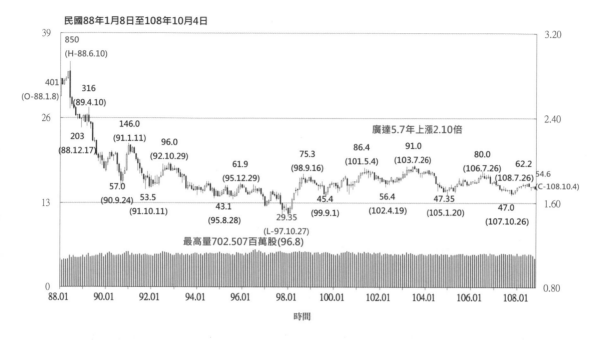

時間

EPS	股利	上市表現	近期股利發放	資本額變動
87 年 21.53 元 88 年 7.98 元	87 年 現金 1.2 元， 股票 16.8 元		107 年 現金 3.40 元	88 年 115.95 億元
107 年 3.91 元	88 年 現金 2.0 元， 股票 4.0 元		108 年 現金 3.55 元	107 年 386.26 億元

宏碁科技（2353）或宏碁電腦（2306）月 K 線走勢圖

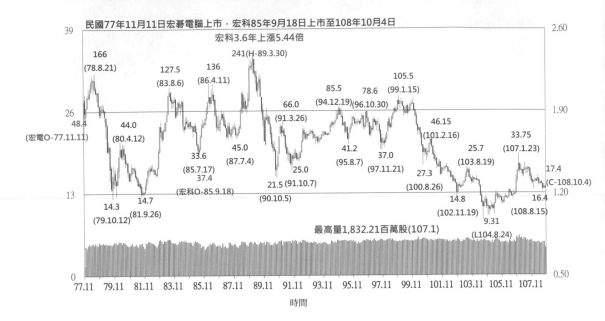

民國77年11月11日宏碁電腦上市，宏科85年9月18日上市至108年10月4日

宏科3.6年上漲5.44倍

	EPS	股利	上市異動	近期股利發放	資本額變動
	宏電普通股 76 年 2.86 元 77 年 3.35 元	宏電股利 76 年 股票 3.75 元 77 年 股票 2.8 元	宏電（2306），於 77 年 11 月 11 日上市， 並於 91 年 3 月 21 日 下市	107 年 現金 0.70 元	宏電 77 年 22.61 億元 宏科 85 年 8.34 億元
	宏科普通股 84 年 5.42 元 85 年 3.01 元 107 年 1.00 元	宏科股利 84 年 現金 1.0 元， 股票 1.0 元 85 年 現金 1.0 元， 股票 2.0 元	宏電（2306）、宏科 （2353）合併後，改 為宏科存續、宏電消 滅，換股比例為 1 股 宏科換 2.5 股宏電	108 年 現金 0.77 元	107 年 307.49 億元

緯創（3231）月 K 線走勢圖

民國92年8月19至108年10月4日

EPS	股利	上市表現	近期股利發放	資本額變動
91 年 2.11 元 92 年 1.84 元	91 年 現金 0.49 元， 股票 0.49 元		107 年 現金 1.17 元	92 年 87.09 億元
107 年 1.73 元	92 年 現金 0.5 元， 股票 0.5 元		108 年 現金 1.49 元	107 年 284.21 億元

佳世達（或明基電通）（2352）月 K 線走勢圖

民國85年7月22日至108年10月4日

佳世達1.9年上漲3.61倍
173.0(H-89.4.5)

95.0
(86.7.25)

86.0
(91.4.5)

59.5
(85.7.22)

53.5
(93.4.22)

46.4
(96.10.1)

30
56.0
(O-85.7.22)36.5
(85.7.25)

37.5(87.6.11)

34.9

22.45
(99.10.1)

25.85
(106.6.5)

22.15
(108.10.2)

22.10
(C-108.10.4)

24.5 (92.4.28)
(90.10.18)

16.7
(103.7.15)

9.25
(101.2.16)

16.95
(107.10.26)

11.85
(96.5.3)

8.45
(104.8.24)

4.81
(L-97.11.21)

5.58
(100.12.19)

6.13
(102.11.11)

最高量1,749.155百萬股(103.7)

時間

EPS	股利	上市異動	近期股利發放	資本額變動
84 年 7.23 元 85 年 3.23 元	84 年 現金 0.5 元， 股票 4.5 元	96 年 7 月，明基 改名稱為佳世達， 96 年 10 月 15 日 上市	107 年 現金 1.35 元	85 年 37.15 億元
107 年 2.05 元	85 年 現金 0.5 元， 股票 2.5 元		108 年 現金 0.85 元	107 年 196.68 億元

華碩（2357）月 K 線走勢圖

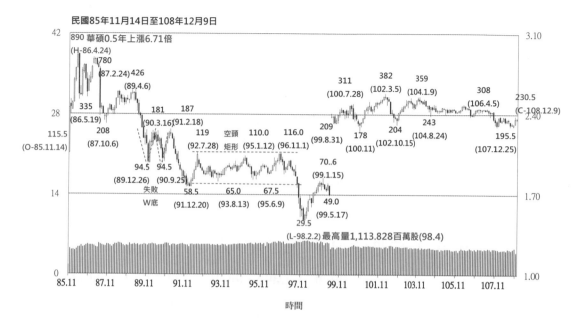

民國85年11月14日至108年12月9日

890 華碩0.5年上漲6.71倍
(H-86.4.24)

時間

EPS	股利	上市異動	近期股利發放	資本額變動
84 年 32.51 元 85 年 31.73 元	84 年 現金 5.5 元， 股票 9.5 元	99 年 5 月 24 日證交所公告，修正該公司「審查有價證券上市作業程序」第 4 條，允許上市公司進行分割後之分割受讓公司，得採較一般初次申請上市公司簡易之審查上市程序。 這是為華碩分割和碩而設。當年 6 月 24 日和碩（4938) 上市	107 年 現金 15.0 元	85 年資本額 12.00 億元
107 年 5.70 元	85 年 股票 15.0 元		108 年 現金 15.0 元	107 年資本額 74.28 億元

和碩（4938）月 K 線走勢圖

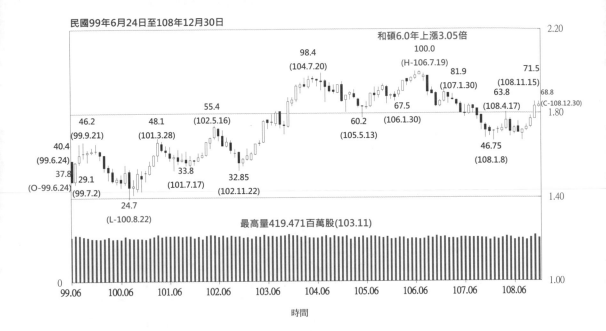

民國99年6月24日至108年12月30日

和碩6.0年上漲3.05倍

EPS	股利	上市異動	近期股利發放	資本額變動
98 年 2.98 元 99 年 2.75 元	98 年 現金 1.75 元	99 年 5 月 24 日證交所公告，修正該公司「審查有價證券上市作業程序」第 4 條，允許上市公司進行分割後之分割受讓公司，得採較一般初次申請上市公司簡易之審查上市程序。 這是為華碩分割和碩而設。當年 6 月 24 日和碩（4938）上市	107 年 現金 4.0 元	99 年 225.64 億元
107 年 4.25 元	99 年 現金 1.45 元		108 年 現金 3.5 元	107 年 261.24 億元

17 封裝測試與 PCB

　　半導體產業基本上可以簡單區分為上游的 IC 設計、中游的 IC 製造、下游的 IC 封測，而 PCB（印刷電路板）則有電子系統產品之母之稱，是所有電子產品主要零件，負責固定電子零件、提供零件電流連接，直接影響電子產品的可靠度及性能。

　　下文分析的封裝測試與 PCB 等 9 家公司中，只有日月光為國內股市第五次循環周期的主流股。

　　而在封裝測試與 PCB 等 9 家公司：日月光、華泰、超豐、力成、華通、楠梓電、耀華、臺光電、欣興，占國內股市成交金額的前五名僅有 2 個年度。

- 86 年日月光占 2.89%，為第三；87 年日月光占 2.38%，為第三。

> ➤ 臺股大師分析

封裝測試與 PCB 等 9 家公司長期月 K 線走勢圖如後所示，其中日月光控股（3711），超豐（2441）、力成（6239）、華通（2313）與欣興（3037）是長期值得投資的個股。臺光電（2383）為值得注意的個股。

日月光投控（3711）或日月光（2311）月 K 線走勢圖

民國78年7月19日，日月光上市，107年4月17日下市，107年4月30日改為日月光投控，至108年10月15日

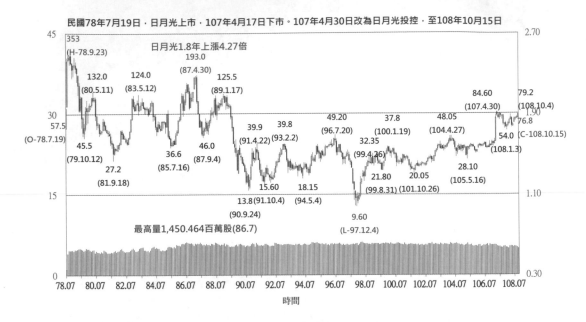

EPS	股利	上市異動	近期股利發放	資本額變動
77 年 2.94 元 78 年 2.29 元	77 年 股票 2.40 元	107 年 4 月 30 日， 日月光與矽品合併， 改為日月光投控	107 年 現金 2.5 元	78 年 6.20 億元
107 年 5.85 元	78 年 股票 2.0 元		108 年 現金 2.5 元	107 年 432.17 億元 107 年 4 月 30 日 現金增資 431.84 億 元

華泰（2329）月 K 線走勢圖

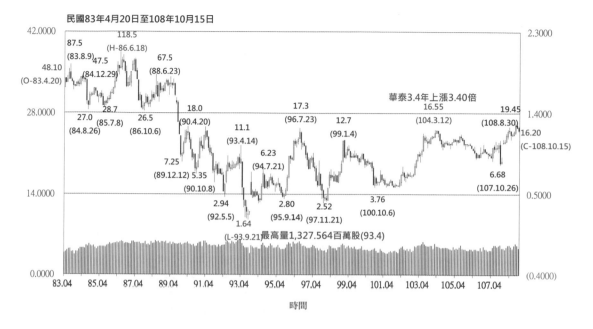

民國83年4月20日至108年10月15日

華泰3.4上漲3.40倍

EPS	股利	上市表現	近期股利發放	資本額變動
82 年 3.77 元 83 年 1.01 元	82 年 股票 1.90 元		107 年現金 0 元	83 年 10.67 億元
107 年 0.20 元	83 年 股票 2.50 元		108 年現金 0 元	107 年 55.23 億元 107 年 12 月 3 日減 資 25.37 億元，減幅 31.47%

超豐（2441）月 K 線走勢圖

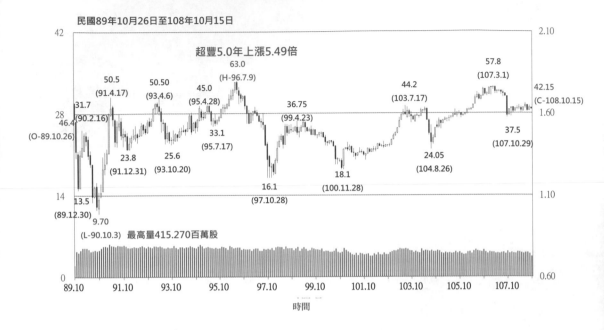

民國89年10月26日至108年10月15日

超豐5.0年上漲5.49倍

63.0
(H-96.7.9)

57.8
(107.3.1)

50.5
(91.4.17)

50.50
(93.4.6)

45.0
(95.4.28)

44.2
(103.7.17)

31.7
(90.2.16)

46.4
(O-89.10.26)

36.75
(99.4.23)

42.15
(C-108.10.15)

33.1
(95.7.17)

23.8
(91.12.31)

25.6
(93.10.20)

24.05
(104.8.26)

37.5
(107.10.29)

18.1
(100.11.28)

16.1
(97.10.28)

13.5
(89.12.30)

9.70
(L-90.10.3)　最高量415.270百萬股

時間

EPS	股利	上市表現	近期股利發放	資本額變動
88 年 2.40 元 89 年 2.85 元	88 年 股票 2.0 元		107 年 現金 3.0 元	89 年 18.43 億元 101 年 4 月力成（6239） 購買持股 42.91%
107 年 4.18 元	89 年 股票 1.8 元		108 年 現金 2.7 元	107 年 56.88 億元

力成（6239）月 K 線走勢圖

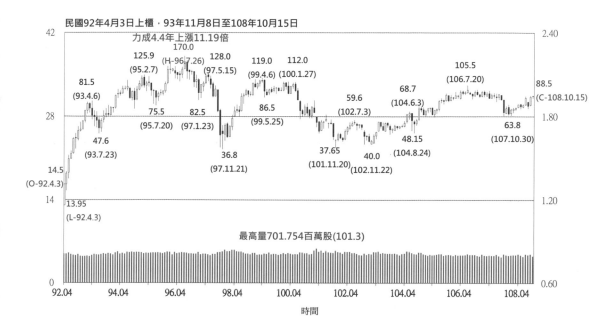

民國92年4月3日上櫃，93年11月8日至108年10月15日

力成4.4年上漲11.19倍

- 170.0 (H-96.7.26)
- 125.9 (95.2.7)
- 128.0 (97.5.15)
- 119.0 (99.4.6)
- 112.0 (100.1.27)
- 105.5 (106.7.20)
- 81.5 (93.4.6)
- 88.5 (C-108.10.15)
- 75.5 (95.7.20)
- 82.5 (97.1.23)
- 86.5 (99.5.25)
- 59.6 (102.7.3)
- 68.7 (104.6.3)
- 47.6 (93.7.23)
- 36.8 (97.11.21)
- 37.65 (101.11.20)
- 40.0 (102.11.22)
- 48.15 (104.8.24)
- 63.8 (107.10.30)
- 14.5 (O-92.4.3)
- 13.95 (L-92.4.3)

最高量701.754百萬股(101.3)

42　28　14　0

2.40　1.80　1.20　0.60

92.04　94.04　96.04　98.04　100.04　102.04　104.04　106.04　108.04

時間

EPS	股利	上市表現	近期股利發放	資本額變動
91 年 0.76 元 92 年 3.98 元	91 年 股票 0.5 元	92 年 4 月 3 日 上櫃	107 年 現金 4.5 元	92 年 26.23 億元 101 年 4 月購買超豐 持股 42.91%
107 年 8.00 元	92 年 現金 1.0 元， 股票 1.5 元	93 年 11 月 8 日 轉上市	108 年 現金 4.8 元	107 年 77.91 億元

華通（2313）月 K 線走勢圖

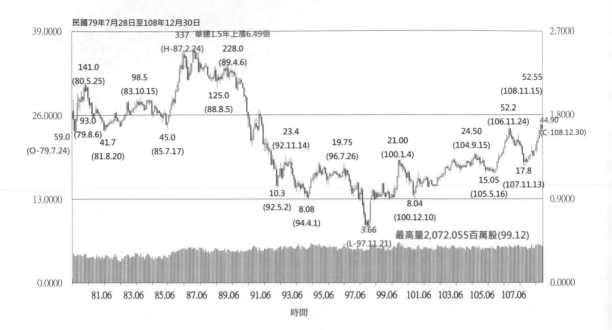

民國79年7月28日至108年12月30日

337 華通1.5年上漲6.49倍
(H-87.2.24)
228.0
(89.4.6)
141.0
(80.5.25)
98.5
(83.10.15)
125.0
(88.8.5)
52.55
(108.11.15)
52.2
(106.11.24)
93.0
(79.8.6)
41.7
(81.8.20)
45.0
(85.7.17)
23.4
(92.11.14)
19.75
(96.7.26)
21.00
(100.1.4)
24.50
(104.9.15)
44.90
(C-108.12.30)
59.0
(O-79.7.24)
15.05
(105.5.16)
17.8
(107.11.13)
10.3
(92.5.2)
8.08
(94.4.1)
8.04
(100.12.10)
3.66
(L-97.11.21)
最高量2,072.055百萬股(99.12)

時間

EPS	股利	上市表現	近期股利發放	資本額變動
78 年 3.11 元 79 年 4.53 元	78 年 現金 1.50 元		107 年 現金 1.2 元	79 年 9.20 億元
107 年 2.01 元	79 年 現金 1.0 元， 股票 1.0 元		108 年 現金 0.8 元	107 年 119.18 億元

楠梓電（2316）月 K 線走勢圖

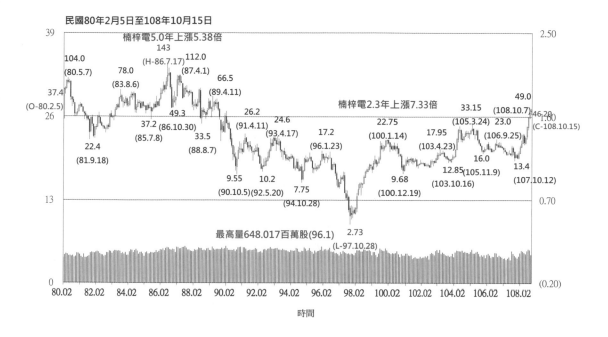

民國80年2月5日至108年10月15日

楠梓電5.0年上漲5.38倍

楠梓電2.3年上漲7.33倍

最高量648.017百萬股(96.1)

時間

EPS	股利	上市表現	近期股利發放	資本額變動
79 年 1.81 元 80 年 1.08 元	79 年 股票 1.50 元		107 年 現金 0 元	80 年 6.00 億元
107 年 1.33 元	80 年 股票 1.5 元		108 年 現金 1.0 元	107 年 22.56 億元 108 年 10 月 7 日減資 2.26 億元，減幅約 10%

耀華（2367）月 K 線走勢圖

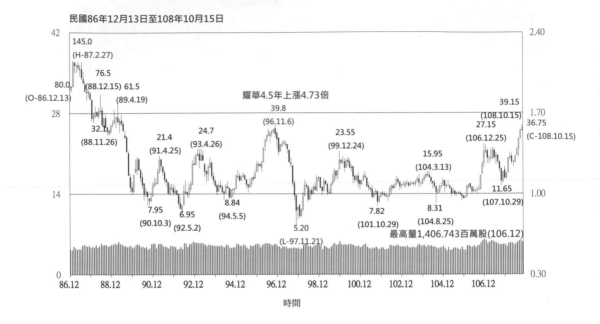

民國86年12月13日至108年10月15日

耀華4.5年上漲4.73倍

145.0 (H-87.2.27)

80.0 (O-86.12.13)

76.5 (88.12.15) 61.5 (89.4.19)

32.1 (88.11.26)

39.8 (96.11.6)

39.15 (108.10.15)

36.75 (C-108.10.15)

27.15 (106.12.25)

21.4 (91.4.25)

24.7 (93.4.26)

23.55 (99.12.24)

15.95 (104.3.13)

11.65 (107.10.29)

7.95 (90.10.3)

6.95 (92.5.2)

8.84 (94.5.5)

5.20 (L-97.11.21)

7.82 (101.10.29)

8.31 (104.8.25)

最高量1,406.743百萬股(106.12)

時間

EPS	股利	上市表現	近期股利發放	資本額變動
85 年 3.12 元 86 年 3.73 元	85 年 股票 3.8 元		107 年 現金 0.3 元， 股票 0.2 元	86 年 14.00 億元
107 年 1.06 元	86 年 股票 4.0 元		108 年 現金 0.4 元	107 年 61.94 億元

臺光電（2383）月 K 線走勢圖

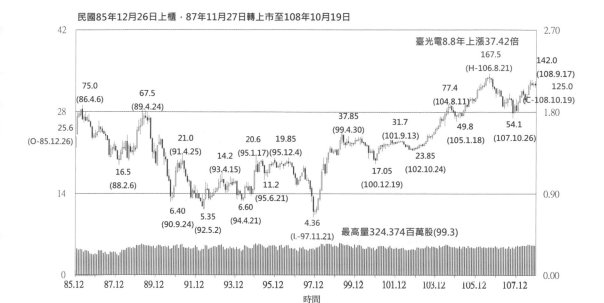

民國85年12月26日上櫃，87年11月27日轉上市至108年10月19日

臺光電8.8年上漲37.42倍

167.5
(H-106.8.21)

142.0
(108.9.17)

75.0
(86.4.6)

67.5
(89.4.24)

77.4
(104.8.11)

125.0
(C-108.10.19)

28

25.6
(O-85.12.26)

21.0
(91.4.25)

20.6
(95.1.17)

19.85
(95.12.4)

37.85
(99.4.30)

31.7
(101.9.13)

49.8
(105.1.18)

54.1
(107.10.26)

16.5
(88.2.6)

14.2
(93.4.15)

11.2
(95.6.21)

17.05
(100.12.19)

23.85
(102.10.24)

14

6.40
(90.9.24)

5.35
(92.5.2)

6.60
(94.4.21)

4.36
(L-97.11.21)

最高量324.374百萬股(99.3)

0

85.12　87.12　89.12　91.12　93.12　95.12　97.12　99.12　101.12　103.12　105.12　107.12

時間

EPS	股利	上市櫃異動	近期股利發放	資本額變動
84 年 2.67 元 85 年 1.98 元	84 年 現金 0.22 元， 股票 0.78 元	85 年 12 月 26 日 上櫃	107 年 現金 4.80 元	85 年 7.06 億元
107 年 5.48 元	85 年 股票 1.50 元	87 年 11 月 27 日 轉上市	108 年 現金 3.80 元	107 年 31.97 億元

欣興（3037）月 K 線走勢圖

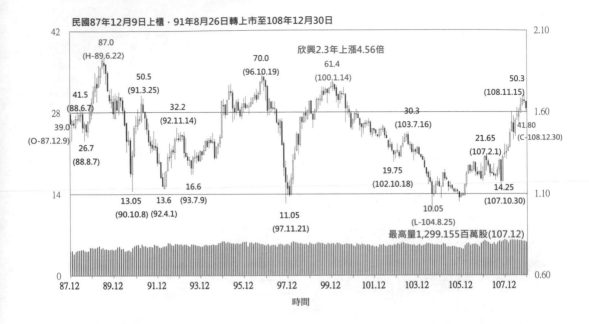

民國87年12月9日上櫃，91年8月26日轉上市至108年12月30日

欣興2.3年上漲4.56倍

最高量1,299.155百萬股(107.12)

EPS	股利	上市櫃異動	近期股利發放	資本額變動
86 年 1.69 元 87 年 1.32 元	86 年 股票 2.0 元	87 年 12 月 9 日 上櫃	107 年 現金 0.5 元	87 年 19.67 億元
107 年 1.13 元	87 年股 票 2.0 元	91 年 8 月 26 日 轉上市	108 年 現金 0.8 元．	107 年 150.49 億元

18 被動元件（MLCC）

　　被動元件為不可或缺的電子元件，廣泛應用於 PC、手機、平板電腦、伺服器、視聽設備、汽車等產品。

　　其中陶瓷電容（MLCC）最受到青睞，是因為有耐高電壓、耐高熱、運作溫度範圍廣及高頻使用時損失率低的物理特性，且可以晶片化使體積縮小，又有價格低廉、穩定性高等優勢，目前臺灣被動元件產業主要產值仍在於電容及電阻。

　　以下挑選被動元件（MLCC）族群中的國巨、華新科、禾伸堂、奇力新、凱美（或智寶）、日電貿等分析。被動元件（MLCC）族群不斷的減資，以提高 EPS，有利股價攀高。其中以國巨（2327）為代表。

　　這 6 家公司中，只有國巨與華新科為國內股市第七次股市周期循環的主流股。占國內股市成交金額的前五名僅有 1 個年度。

　　在 107 年全年股票成交金額中，第二為國巨，成交 18,560.66 億元，占 6.27%；第三為華新科，成交 12,526.30 億元，占 4.23%。

> ➤ 臺股大師分析

被動元件（MLCC）族群的長期月 K 線走勢圖如右所示，華新科（2492）請見 144 頁，其中國巨（2327）、華新科（2492）、禾伸堂（3026）、奇力新（2456）等為值得注意的個股。

國巨（2327）月 K 線走勢圖

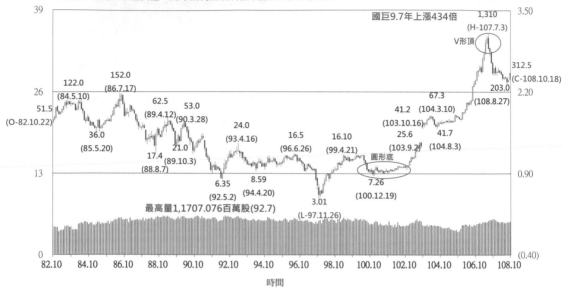

民國81年3月23日上興櫃，82年10月22日轉上市至108年10月18日

EPS	股利	上市櫃異動	近期股利發放	資本額變動
81 年 2.05 元 82 年 2.52 元	81 年 股票 2.50 元	81 年 3 月 23 日 上興櫃	107 年 現金 14.86 元， 股票 1.98 元	82 年 6.52 億元 102 年 5 月 7 日 減資 66.16 億元， 減幅 30.0% 103 年 10 月 9 日 減資 159.70 億元 105 年減資 13.73 億元 106 年減資 17.27 億元 （不斷的減資，以提高 EPS，有利股價攀高）
107 年 79.23 元	82 年 股票 3.6 元	82 年 10 月 22 日 轉上市	108 年 現金 44.83 元	107 年 42.71 億元

禾伸堂（3026）月 K 線走勢圖

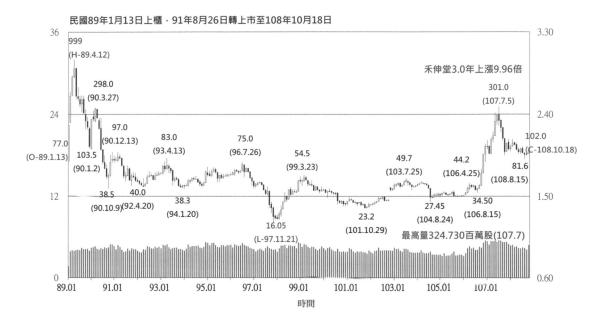

民國89年1月13日上櫃，91年8月26日轉上市至108年10月18日

圖中標示：

999 (H-89.4.12)
298.0 (90.3.27)
禾伸堂3.0年上漲9.96倍
301.0 (107.7.5)
97.0 (90.12.13)
83.0 (93.4.13)
75.0 (96.7.26)
102.0 (C-108.10.18)
77.0 (O-89.1.13)
103.5 (90.1.2)
54.5 (99.3.23)
49.7 (103.7.25)
44.2 (106.4.25)
81.6 (108.8.15)
38.5 (90.10.9)
40.0 (92.4.20)
38.3 (94.1.20)
27.45 (104.8.24)
34.50 (106.8.15)
23.2 (101.10.29)
16.05 (L-97.11.21)
最高量324.730百萬股(107.7)

時間

EPS	股利	上市櫃異動	近期股利發放	資本額變動
88 年 1.93 元 89 年 14.22 元	88 年 股票 4.0 元	89 年 1 月 13 日 上櫃	107 年 現金 5.3 元	88 年 5.62 億元 102 年 11 月 1 日 減資 9.61 億元， 減幅 .30.0% 106 年 10 月 30 日 減資 6.73 億元 減幅 30.0%
107 年 17.61 元	89 年 現金 2.2 元， 股票 9.0 元	91 年 8 月 26 日 轉上市	108 年 現金 9.0 元	107 年 15.80 億元

奇力新（2456）月 K 線走勢圖

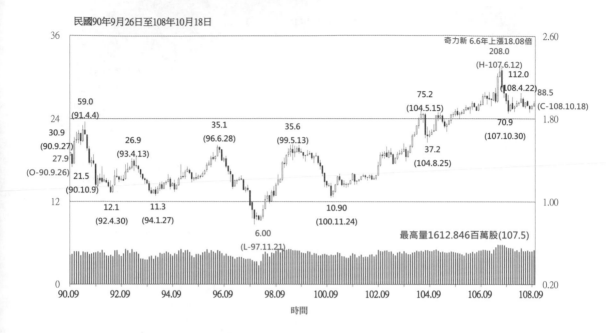

民國90年9月26日至108年10月18日

時間

EPS	股利	上市表現	近期股利發放	資本額變動
89 年 2.10 元 90 年 2.89 元	89 年 現金 1.0 元， 股票 0.5 元		107 年 現金 1.95 元	90 年 9.03 億元 107 年 10 月 12 日 減資 9.18 億元， 減幅 28.87%
107 年 11.85 元	90 年 現金 1.0 元， 股票 1.0 元		108 年 現金 7.99 元	107 年 24.32 億元

凱美（或智寶）（2375）月 K 線走勢圖

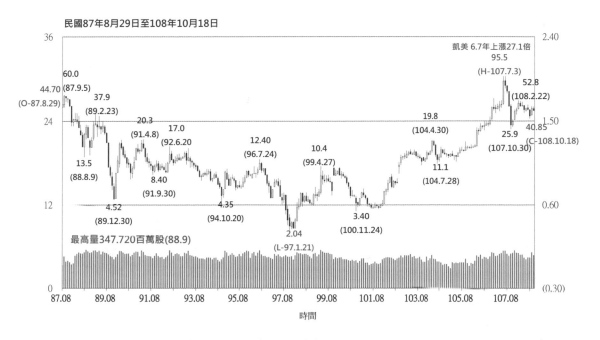

民國87年8月29日至108年10月18日

凱美 6.7年上漲27.1倍

EPS	股利	上市異動	近期股利發放	資本額變動
86 年 1.61 元 87 年 1.34 元	86 年 股票 2.00 元 87 年 股票 1.48 元	108 年 10 月 2 日更名凱美，11 月 3 日舊股最後交易，11 月 25 日上市 108 年 10 月 1 日智寶辦現金增資 10.25 億元合併凱美（5317），合併後資本額為 19.41 億元	107 年 現金 3.0 元	87 年 11.10 億元
107 年 19.11 元		108 年 9 月 30 日凱美（5317）下櫃，資本額 15.5 億元，10 月 1 日以 1：1.1541 併入智寶。	108 年 現金 3.0 元	107 年 9.15 億元， 合併後 19.41 億元

日電貿（3090）月 K 線走勢圖

民國92年11月10日上櫃，96年12月31日轉上市至108年10月18日

日電貿 2.8年上漲5.05倍
105.0
(H-107.5.28)

75.4
(96.7.24)

44.3
(99.4.23)

61.90
(107.12.14)

51.0
(C-108.10.18)

33.0
(92.11.13)

31.0
(101.3.22)

33.8
(103.5.27)

31.4
(106.6.26)

45.25
(107.10.30)

27.6
(O-92.11.10)

27.0
(92.11.10)

23.05
(100.8.9)

18.95
(101.12.22)

17.35
(104.8.24)

26.5
(106.8.15)

17.3
(93.1.25)

12.0
(L-97.11.21)

最高量1,568.242百萬股(107.5)

時間

EPS	股利	上市櫃異動	近期股利發放	資本額變動
91 年 1.76 元 92 年 2.01 元	91 年 現金 0.5 元， 股票 1.50 元	92 年 11 月 10 日 上櫃	107 年 現金 2.5 元， 股票 0.7 元	92 年 2.44 億元
107 年 8.56 元	92 年 現金 0.5 元， 股票 1.50 元	96 年 12 月 31 日 轉上市	108 年 現金 6.5 元	107 年 17.87 億元

19 細説 5G 概念股

108 年政府推出「臺灣 5G 行動計畫」，預計四年將投入 204 億元，全力發展各種 5G 電信加值服務及相關應用服務，可是到底哪些類股和 5G 相關呢？

108 年 11 月 19 日臺灣首檔 5G ETF「元大全球未來通訊」（00861）掛牌，仔細觀察其成分股可發現，共有臺積電、大立光等 9 家臺廠入列，持股權重最高者，則是蘋果。

元大投信基金表示，00861 有助解決 5G 投資可能遭遇的 4 個困難：

第 1，全球許多公司投入 5G 領域，想篩選出 5G 價值高的公司，有其難度；

第 2，隨著 5G 加速發展，3、5 年後，產業鏈面貌會改變，不易定義；

第 3，那斯達克、費城半導體等指數，和 5G 的關聯偏低，難以參考；

第 4，無法藉由國家、區域概念，掌握 5G 產業鏈全貌。

元大官網資料顯示，包括臺積電、致茂、臺光電、聯發科、大立光、欣興、穩懋、中磊和啟碁等 9 家臺廠，都入列 00861 成分股；其中，持股權重最高者為臺積電，占 2.20%，其餘都在 1% 以下。在 00861 所有成分股中，持股權重最高前 5 名，分別為蘋果（9.34%）、高通（8.93%）、美國電塔（8.22%）、思科（6.38%），以及 AT&T（5.39%）。

下文簡單將 5G 概念股分為五大類，共 37 家公司，分別是：

（一）晶圓代工、設計、散熱、感測器與設備等相關類股

臺積電、聯發科、日月光投控、京元電、瑞昱等。大立光、致茂、凌華、研華、牧德、超眾、全新、矽創等。

（二）**PCB+CCL**（原料銅箔基板）相關類股

臺光電、聯茂、欣興、華通、耀華、臻鼎、臺郡。

（三）**網通相關類股**

智邦、中磊、啟碁、臺揚、友訊、合勤控、智易、明泰、正文等。

（四）**電子設備組裝或代工公司相關類股**

鴻海、宏碁、英業達、廣達等。

（五）**電信公司相關類股**

中華電信、臺灣大哥大、遠傳電信等。

在 5G 概念股中，臺積電、鴻海、聯發科、大立光等四家公司為國內股市第五、六、七大股市周期循環的主流股。有 24 個年度，成交量分居前 5 名，請參見下表。

01. 84 年全年股票成交金額中，第四為宏碁，成交 2,159.67 億元，占 2.13%。

02. 86 年全年股票成交金額中，第二為臺積電，成交 16,596.02 億元，占 4.46%；第三為日月光，成交 10,779.31 億元，占 2.89%，第四為宏碁，成交 8,894.41 億元，占 2.39%。

03. 87 年全年股票成交金額中，臺積電股票成交 9,380.95 億元，占全年成交總金額 3.16%，居首位；第三為日月光，成交 7,057.94 億元，占 2.38%，第五為鴻海，成交 6,623.47 億元，占 2.23%。

04. 88 年全年股票成交金額中，第二為臺積電，成交 11,511.31 億元，占 3.93%；第三為宏碁，成交 10,826.29 億元，占 3.70%。

05. 89 年全年股票成交金額中，第五為臺積電，成交 11,065.10 億元，占 3.62% 為多數。

06. 90 年全年股票成交金額中，第二為臺積電，成交 6,844.61 億元，占 3.73%。

07. 91 年全年股票成交金額中，臺積電股票成交 7,700.56 億元，占全年

成交總金額 3.52%，居首位。第五為聯發科，成交 5,607.53 億元，占 2.56%。

08. 92 年全年股票成交金額中，第三為臺積電，成交 6,203.75 億元，占 3.05%。

09. 93 年全年股票成交金額中，第三為臺積電，成交 6,606.86 億元，占 2.77%。

10. 94 年全年股票成交金額中，第二為臺積電，成交 7,076.72 億元，占 3.76%。第四為聯發科，成交 5,944.70 億元，占 3.16%，

11. 95 年全年股票成交金額中，第二為聯發科，成交 6,783.08 億元，占 2.84%；第三為臺積電，成交 6,353.70 億元，占 2.66%，第四為鴻海，成交 6,262.82 億元，占 2.62%。

12. 96 年全年股票成交金額中，臺積電股票成交 10,101.68 億元，占全年成交總金額 3.06%，居首位；第三為聯發科，成交 9,752.74 億元，占 2.95%，第四為鴻海，成交 9,372.97 億元，占 2.84%。

13. 97 年全年股票成交金額中，第二為鴻海，成交 10,319.22 億元，占 3.95%；第三為臺積電，成交 9,217.58 億元，占 3.53%。第四為聯發科，成交 8,576.39 億元，占 3.28%。

14. 98 年全年股票成交金額中，鴻海股票成交 9,862.75 億元，占全年成交總金額 3.32%，居首位；第二為聯發科，成交 9,176.50 億元，占 3.09%；第三為臺積電，成交 9,021.24 億元，占 3.04%。

15. 99 年全年股票成交金額中，第二為鴻海，成交 9,009.82 億元，占 3.19%；第三為聯發科，成交 8,935.15 億元，占 3.17%，第四為臺積電，成交 7,506.24 億元，占 2.66%。

16. 100 年全年股票成交金額中，第二為臺積電，成交 9,164.48 億元，占 3.50%；第三為聯發科，成交 7,883.56 億元，占 3.01%，第四為鴻海，成交 7,784.79 億元，占 2.98%。

17. 101 年全年股票成交金額中，第二為鴻海，成交 9,635.62 億元，占 4.76%；第三為臺積電，成交 8,441.06 億元，占 4.17%。第四為聯發科，成交 7,486.31 億元，占 3.70%，

18. 102 年全年股票成交金額中，臺積電股票成交 8,879.33 億元，占全年
    成交總金額 4.69%，居首位；第三為鴻海，成交 6,976.43 億元，占
    3.68%。第四為聯發科，成交 6,242.98 億元，占 3.30%，

表 19-1　51 年至 108 年 5G 概念股票成交量值統計表　（成交金額前 5 名者）

循環周期	成交金額前 5 名者	全年度成交金額（百萬元）	成交金額（1）	占比	成交金額（2）	占比 2
第五大循環	84 年度	10,151,536	聯電（2303）	2.90%	華隆（1407）	2.80%
第五大循環	86 年度	37,241,150	聯電（2303）	4.73%	臺積電（2330）	4.46%
第五大循環	87 年度	29,618,970	臺積電（2330）	3.16%	聯電（2303）	2.55%
第五大循環	88 年度	29,291,529	聯電（2303）	5.33%	臺積電（2330）	3.93%
第五大循環	89 年度	30,526,566	聯電（2303）	4.71%	茂矽（2342）	3.87%
第五大循環	90 年度	18,354,936	威盛（2388）	5.01%	臺積電（2330）	3.73%
第六大循環	91 年度	21,873,951	臺積電（2330）	3.52%	友達（2409）	3.41%
第六大循環	92 年度	20,333,237	友達（2409）	3.88%	聯電（2303）	3.11%
第六大循環	93 年度	23,875,366	友達（2409）	4.77%	奇美電（3009）	3.40%
第六大循環	94 年度	18,818,902	宏達電（2498）	4.16%	臺積電（2330）	3.76%
第六大循環	95 年度	23,900,362	宏達電（2498）	5.64%	聯發科（2454）	2.84%
第六大循環	96 年度	33,043,848	臺積電（2330）	3.06%	宏達電（2498）	3.05%
第六大循環	97 年度	26,115,408	宏達電（2498）	4.11%	鴻海（2317）	3.95%
第七大循環	98 年度	29,680,471	鴻海（2317）	3.32%	聯發科（2454）	3.09%
第七大循環	99 年度	28,218,676	宏達電（2498）	3.42%	鴻海（2317）	3.19%
第七大循環	100 年度	26,197,408	宏達電（2498）	5.85%	臺積電（2330）	3.50%
第七大循環	101 年度	20,238,166	宏達電（2498）	5.96%	鴻海（2317）	4.76%
第七大循環	102 年度	18,940,933	臺積電（2330）	4.69%	宏達電（2498）	3.85%
第七大循環	103 年度	21,898,537	臺積電（2330）	5.04%	鴻海（2317）	3.48%
第七大循環	104 年度	20,191,486	臺積電（2330）	6.76%	鴻海（2317）	3.81%
第七大循環	105 年度	16,771,139	臺積電（2330）	7.80%	鴻海（2317）	4.02%
第七大循環	106 年度	23,972,239	臺積電（2330）	5.83%	鴻海（2317）	4.28%
第七大循環	107 年度	29,608,866	臺積電（2330）	6.92%	國巨（2327）	6.27%
第七大循環	108 年度	26,464,628	臺積電（2330）	7.88%	玉晶光（3406）	3.86%

19. 103 年全年股票成交金額中，臺積電股票成交 11,029.66 億元，占全年成交總金額 5.04%，居首位；第二為鴻海，成交 7,611.59 億元，占 3.48%。第三為聯發科，成交 7,560.14 億元，占 3.45%，

成交金額（3）	占比	成交金額（4）	占比	成交金額（5）	占比
新纖（1409）	2.32%	宏碁（2306）	2.13%	中鋼（2002）	2.11%
日月光（2311）	2.89%	宏碁（2306）	2.39%	中華開發（2804）	2.16%
日月光（2311）	2.38%	華碩（2357）	2.24%	鴻海（2317）	2.23%
宏碁（2306）	3.70%	中環（2323）	3.16%	華邦（2344）	3.12%
威盛（2388）	3.84%	華邦（2344）	3.68%	臺積電（2330）	3.62%
聯電（2303）	3.55%	旺宏（2337）	2.52%	矽統（2363）	2.45%
聯電（2303）	2.98%	南亞科（2408）	2.69%	聯發科（2454）	2.56%
臺積電（2330）	3.05%	中鋼（2002）	2.17%	奇美電（3009）	1.93%
臺積電（2330）	2.77%	聯電（2303）	2.44%	華映（2475）	2.31%
友達（2409）	3.53%	聯發科（2454）	3.16%	奇美電（3009）	2.60%
臺積電（2330）	2.66%	鴻海（2317）	2.62%	友達（2409）	2.36%
聯發科（2454）	2.95%	鴻海（2317）	2.84%	友達（2409）	2.03%
臺積電（2330）	3.53%	聯發科（2454）	3.28%	友達（2409）	2.99%
臺積電（2330）	3.04%	宏達電（2498）	2.60%	國泰金（2882）	1.97%
聯發科（2454）	3.17%	臺積電（2330）	2.66%	勝華（2384）	1.69%
聯發科（2454）	3.01%	鴻海（2317）	2.98%	可成（2474）	2.58%
臺積電（2330）	4.17%	聯發科（2454）	3.70%	可成（2474）	3.41%
鴻海（2317）	3.68%	聯發科（2454）	3.30%	F-TPK（3673）	3.01%
聯發科（2454）	3.45%	華亞科（3474）	3.22%	F-TPK（3673）	2.44%
聯發科（2454）	3.67%	大立光（3008）	3.26%	可成（2474）	2.42%
大立光（3008）	3.47%	宏達電（2498）	2.50%	可成（2474）	2.40%
玉晶光（3406）	3.08%	大立光（3008）	2.45%	業成（F-GIS）（6456）	2.39%
華新科（2492）	4.23%	鴻海（2317）	2.80%	大立光（3008）	2.60%
鴻海（2317）	2.78%	大立光（3008）	2.73%	國巨（2327）	2.64%

20. 104 年全年股票成交金額中，臺積電股票成交 13,657.34 億元，占全年成交總金額 6.76%，居首位；第二為鴻海，成交 7,697.29 億元，占 3.81%；第三為聯發科，成交 7,412.69 億元，占 3.67%，第四為大立光，成交 6,580.25 億元，占 3.26%。

21. 105 年全年股票成交金額中，臺積電股票成交 13,086.85 億元，占全年成交總金額 7.80%，居首位；第二為鴻海，成交 6,739.54 億元，占 4.02%；第三為大立光，成交 5,822.27 億元，占 3.47%。

22. 106 年全年股票成交金額中，臺積電股票成交 13,968.01 億元，占全年成交總金額 5.83%，居首位；第二為鴻海，成交 10,268.54 億元，占 4.28%；第四為大立光，成交 5,884.13 億元，占 2.45%。

23. 107 年全年股票成交金額中，臺積電股票成交 20,480.06 億元，占全年成交總金額 6.92%，居首位；第四為鴻海，成交 8,281.71 億元，占 2.80%，第五為大立光，成交 7,8691.39 億元，占 2.60%。

24. 108 年全年股票成交金額中，臺積電股票成交 20,849.30 億元，占全年成交總金額 7.88%，居首位；第三為鴻海，成交 7,368.77 億元，占 2.78%，第四為大立光，成交 7,236.62 億元，占 2.73%。

5G 概念股的長期月 K 線走勢圖如右所示，其中臺積電公司
（2330）、聯發科（2454）、日月光投控（3711）、瑞昱
（2379）、大立光（3008）、致茂（2360）、研華（2395）、
欣興（3037）、華通（2313）、智邦（2345）、英業達
（2356）、廣達（2382）、中華電信（2412）等是長期值
得投資的個股。

而牧德（3563）、超眾（6230）、全新（2455）、矽創
（8016）、臺光電（2383）、聯茂（6213）、耀華（2367）、
臻鼎（4958）、臺郡（6269）、中磊（5388）、啟碁
（6285）、智易（3596）、鴻海（2317）、宏碁（2353）、
臺灣大哥大（3045）、遠傳電信（4927）等，為值得注意的
個股。

其餘為僅供參考名單。

而大立光（3008）見 188 頁；臺積電（2330）見 160 頁；
日月光投控（3711）見 198 頁；鴻海（2317）見 132 頁；
欣興（3037）見 206 頁；華通（2313）見 202 頁；英業
達（2356）見 190 頁、廣達（2382）見 191 頁、宏碁科技
（2353）見 192 頁、耀華（2367）見 204 頁。

聯發科（2454）月 K 線走勢圖

民國90年7月23日至109年2月27日

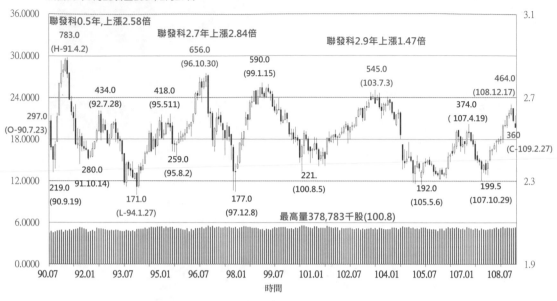

EPS	股利	上市表現	近期股利發放	資本額變動
89 年 15.34 元 90 年 21.21 元	89 年 現金 1.0 元， 股票 4.0 元	91 年聯發科成交金額占整 體總金額 2.56%，排名第 5 94 年 3.16%，排名第 4	107 年 現金 10.0 元	90 年 31.60 億元
107 年 13.04 元	90 年 現金 4.0 元， 股票 4.0 元	95 年 2.84%，排名第 2 96 年 2.95%，排名第 3 97 年 3.28%，排名第 4	108 年 現金 9.0 元	107 年 159.15 億元

京元電（2449）月 K 線走勢圖

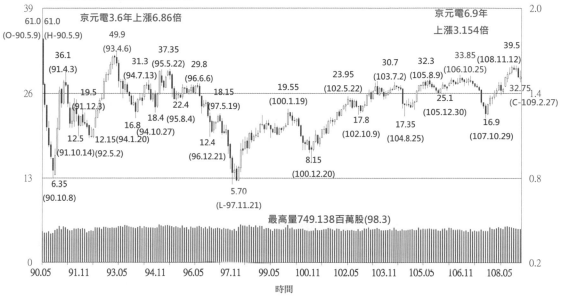

民國90年5月9日至109年2月27日

京元電3.6年上漲6.86倍

京元電6.9年上漲3.154倍

61.0 (O-90.5.9)
61.0 (H-90.5.9)
36.1 (91.4.3)
49.9 (93.4.6)
37.35 (95.5.22)
31.3 (94.7.13)
29.8 (96.6.6)
19.5 (91.12.3)
18.15 (97.5.19)
19.55 (100.1.19)
23.95 (102.5.22)
30.7 (103.7.2)
32.3 (105.8.9)
33.85 (106.10.25)
39.5 (108.11.12)
32.75 (C-109.2.27)
22.4
18.4 (95.8.4)
16.8 (94.10.27)
12.5 (91.10.14)
12.15 (92.5.2)
12.4 (96.12.21)
8.15 (100.12.20)
17.8 (102.10.9)
17.35 (104.8.25)
25.1 (105.12.30)
16.9 (107.10.29)
6.35 (90.10.8)
5.70 (L-97.11.21)

最高量749.138百萬股(98.3)

時間

EPS	股利	上市櫃異動	近期股利發放	資本額變動
89 年 4.48 元 90 年 1.81 元	89 年 股票 6.0 元		107 年 現金 1.80 元	90 年 43.67 億元 91 年私募 10 億元， 增資 22.08%，每股 14 元 103 年減資 218 萬元 104 年減資 3 億元
107 年 1.47 元	90 年 現金 0 元		108 年 現金 1.35 元	107 年 122.27 億元

瑞昱（2379）月 K 線走勢圖

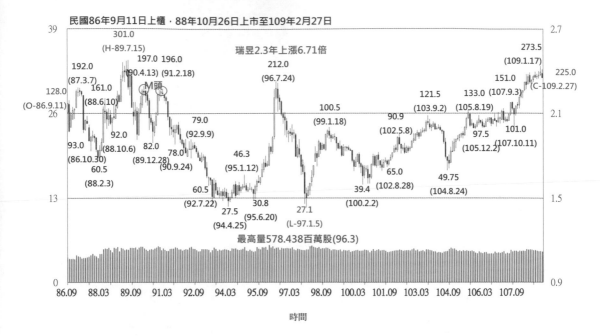

民國86年9月11日上櫃，88年10月26日上市至109年2月27日

最高量578.438百萬股(96.3)

時間

EPS	股利	上市櫃異動	近期股利發放	資本額變動
85 年 4.30 元 86 年 6.20 元	85 年 股票 3.15 元	86 年 9 月 11 日 上櫃	107 年 現金 5.5 元	86 年 6.83 億元 86 年現金增資 9.54 億元， 增資 39.68% 每股 92 元 90 年發行海外存託憑證 （GDR）4.1 億元，增資 11.7%，每股 151.2 元
107 年 8.56 元	86 年 股票 4.1 元	87 年 10 月 26 日 轉上市	108 年 現金 7.0 元	107 年 50.81 億元

致茂（2360）月 K 線走勢圖

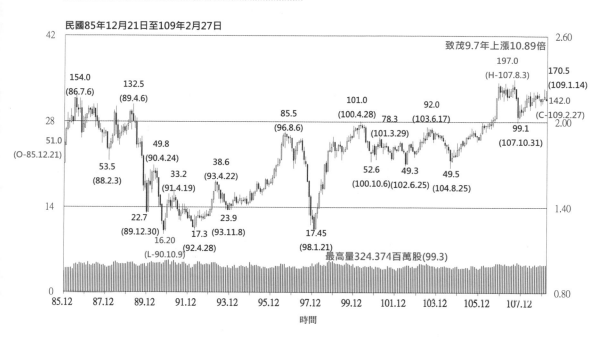

民國85年12月21日至109年2月27日

致茂9.7年上漲10.89倍

154.0 (86.7.6)
132.5 (89.4.6)
49.8 (90.4.24)
53.5 (88.2.3)
33.2 (91.4.19)
38.6 (93.4.22)
85.5 (96.8.6)
101.0 (100.4.28)
78.3 (101.3.29)
92.0 (103.6.17)
197.0 (H-107.8.3)
170.5 (109.1.14)
142.0 (C-109.2.27)
99.1 (107.10.31)
52.6 (100.10.6)
49.3 (102.6.25)
49.5 (104.8.25)
51.0 (O-85.12.21)
22.7 (89.12.30)
16.20 (L-90.10.9)
17.3 (92.4.28)
23.9 (93.11.8)
17.45 (98.1.21)
最高量324.374百萬股(99.3)

42   28   14   0
2.60   2.00   1.40   0.80

85.12 87.12 89.12 91.12 93.12 95.12 97.12 99.12 101.12 103.12 105.12 107.12

時間

EPS	股利	上市表現	近期股利發放	資本額變動
84 年 3.37 元 85 年 3.32 元	84 年 股票 2.50 元 85 年 股票 2.50 元		107 年 現金 4.48 元	85 年 5.44 億元
107 年 6.11 元			108 年 現金 4.18 元	107 年 41.68 億元

凌華（6166）月 K 線走勢圖

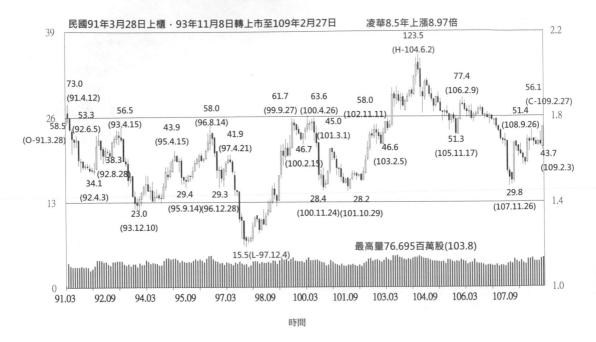

民國91年3月28日上櫃，93年11月8日轉上市至109年2月27日　　　凌華8.5年上漲8.97倍

時間

EPS	股利	上市櫃異動	近期股利發放	資本額變動
90 年 2.42 元 91 年 2.87 元	90 年 股票 2.5 元	91 年 3 月 28 日 上櫃	107 年 現金 1.5 元	91 年 3.73 億元 致茂（2360） 持股 11.27%
107 年 1.12 元	91 年 現金 0.47 元， 股票 1.91 元	93 年 11 月 8 日 轉上市	108 年 現金 1.3 元	107 年 21.75 億元 108 年 減資 0.26 億元

研華（2395）月 K 線走勢圖

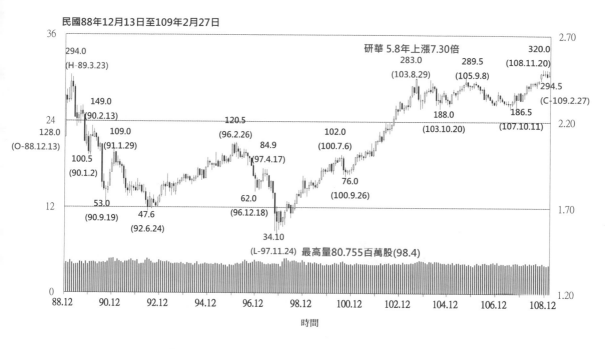

民國88年12月13日至109年2月27日

研華 5.8年上漲7.30倍

294.0
(H-89.3.23)

320.0
(108.11.20)

283.0
(103.8.29)

289.5
(105.9.8)

149.0
(90.2.13)

120.5
(96.2.26)

294.5
(C-109.2.27)

128.0
(O-88.12.13)

109.0
(91.1.29)

102.0
(100.7.6)

188.0
(103.10.20)

186.5
(107.10.11)

100.5
(90.1.2)

84.9
(97.4.17)

76.0
(100.9.26)

53.0
(90.9.19)

62.0
(96.12.18)

47.6
(92.6.24)

34.10
(L-97.11.24) 最高量80.755百萬股(98.4)

時間

EPS	股利	上市櫃異動	近期股利發放	資本額變動
87 年 7.78 元 88 年 5.26 元	87 年 股票 6.0 元		107 年 現金 6.6 元	88 年 13.07 億元
107 年 9.01 元	88 年 現金 1.0 元， 股票 3.0 元		108 年 現金 6.8 元	107 年 69.87 億元

牧德（3563）月 K 線走勢圖

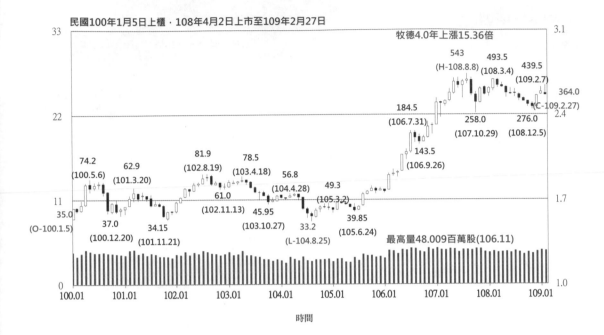

民國100年1月5日上櫃‧108年4月2日上市至109年2月27日

牧德4.0年上漲15.36倍

543
(H-108.8.8)

493.5
(108.3.4)

439.5
(109.2.7)

364.0
(C-109.2.27)

184.5
(106.7.31)

258.0
(107.10.29)

276.0
(108.12.5)

143.5
(106.9.26)

81.9
(102.8.19)

78.5
(103.4.18)

74.2
(100.5.6)

62.9
(101.3.20)

56.8
(104.4.28)

49.3
(105.3.2)

61.0
(102.11.13)

45.95
(103.10.27)

39.85
(105.6.24)

35.0
(O-100.1.5)

37.0
(100.12.20)

34.15
(101.11.21)

33.2
(L-104.8.25)

最高量48.009百萬股(106.11)

時間

EPS	股利	上市櫃異動	近期股利發放	資本額變動
99 年 2.72 元 100 年 4.76 元	96 年 現金 0.35 元， 股票 2.0 元	100 年 1 月 5 日 上櫃	107 年 現金 10.0 元	100 年 3.07 億元 102 年 現金增資 0.55 億元， 每股 56 元
107 年 30.43 元	100 年 現金 3.25 元， 股票 1.0 元	108 年 4 月 2 日 轉上市	108 年 現金 27.0 元	107 年 4.26 億元

超眾（6230）月 K 線走勢圖

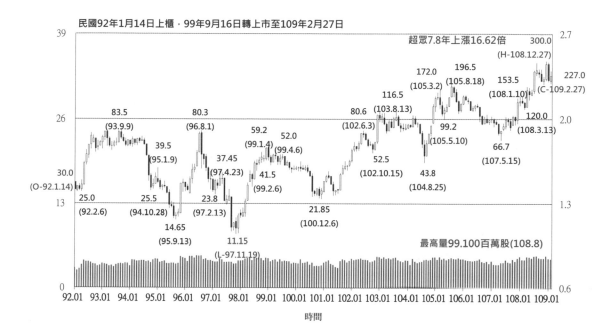

民國92年1月14日上櫃，99年9月16日轉上市至109年2月27日

超眾7.8年上漲16.62倍

												300.0	2.7

超眾7.8年上漲16.62倍

300.0 (H-108.12.27)
227.0 (C-109.2.27)
196.5 (105.8.18)
172.0 (105.3.2)
153.5 (108.1.10)
116.5 (103.8.13)
120.0 (108.3.13)
99.2 (105.5.10)
83.5 (93.9.9)
80.3 (96.8.1)
80.6 (102.6.3)
66.7 (107.5.15)
59.2 (99.1.4)
52.0 (99.4.6)
52.5 (102.10.15)
43.8 (104.8.25)
39.5 (95.1.9)
41.5 (99.2.6)
37.45 (97.4.23)
25.0 (92.2.6)
25.5 (94.10.28)
23.8 (97.2.13)
21.85 (100.12.6)
14.65 (95.9.13)
11.15 (L-97.11.19)

最高量99.100百萬股(108.8)

時間

92.01 93.01 94.01 95.01 96.01 97.01 98.01 99.01 100.01 101.01 102.01 103.01 104.01 105.01 106.01 107.01 108.01 109.01

EPS	股利	上市櫃異動	近期股利發放	資本額變動
91 年 2.29 元 92 年 4.39 元	91 年 現金 0.54 元， 股票 1.09 元	92 年 1 月 14 日 上櫃	107 年 現金 3.95 元	92 年 4.24 億元 日本電產株式會社持股 54.02%
107 年 6.90 元	92 年 現金 1.57 元， 股票 1.57 元	99 年 9 月 16 日 轉上市	108 年 現金 4.7 元	107 年 8.63 億元

全新（2455）月 K 線走勢圖

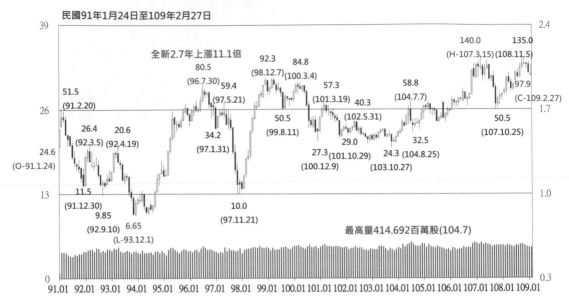

民國91年1月24日至109年2月27日

全新2.7年上漲11.1倍

51.5
(91.2.20)

80.5
(96.7.30)
59.4
(97.5.21)

92.3
(98.12.7)

84.8
(100.3.4)

140.0
(H-107.3.15)

135.0
(108.11.5)

26.4
(92.3.5)
20.6
(92.4.19)

34.2
(97.1.31)

50.5
(99.8.11)

57.3
(101.3.19)

40.3
(102.5.31)

58.8
(104.7.7)

97.9
(C-109.2.27)

24.6
(O-91.1.24)

11.5
(91.12.30)

9.85
(92.9.10)

6.65
(L-93.12.1)

10.0
(97.11.21)

27.3
(100.12.9)

29.0
(101.10.29)

24.3
(103.10.27)

32.5
(104.8.25)

50.5
(107.10.25)

最高量414.692百萬股(104.7)

時間

EPS	股利	上市櫃異動	近期股利發放	資本額變動
90 年 0.59 元 91 年 -2.91 元	90 年 現金 0 元		107 年 現金 2.5 元	91 年 7.79 億元 105 年減資 6.16 億元，減幅 25%
107 年 2.15 元	91 年 現金 0 元		108 年 現金 2.5 元	107 年 18.49 億元

矽創（8016）月 K 線走勢圖

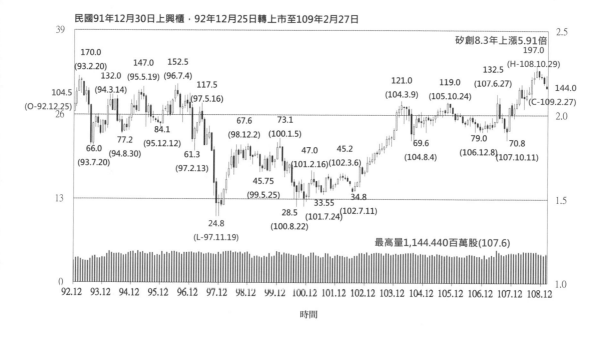

民國91年12月30日上興櫃，92年12月25日轉上市至109年2月27日

EPS	股利	上市櫃異動	近期股利發放	資本額變動
90 年 2.42 元 91 年 3.68 元	90 年 現金 0 元	91 年 12 月 30 日 上興櫃	107 年 現金 9.5 元	91 年 2.50 億元 福村建設持股 9.97%
107 年 6.99 元	91 年 股票 3.0 元	92 年 12 月 25 日 轉上市	108 年 現金 5.0 元	107 年 12.02 億元

聯茂（6213）月K線走勢圖

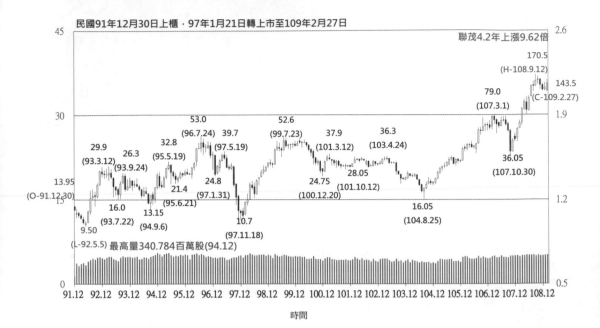

民國91年12月30日上櫃．97年1月21日轉上市至109年2月27日

聯茂4.2年上漲9.62倍

170.5
(H-108.9.12)
143.5
(C-109.2.27)

79.0
(107.3.1)

53.0
(96.7.24)

52.6
(99.7.23)

39.7
(97.5.19)

37.9
(101.3.12)

36.3
(103.4.24)

32.8
(95.5.19)

29.9
(93.3.12)

26.3
(93.9.24)

28.05
(101.10.12)

36.05
(107.10.30)

21.4
(95.6.21)

24.8
(97.1.31)

24.75
(100.12.20)

13.95
(O-91.12.30)

16.0
(93.7.22)

13.15
(94.9.6)

10.7
(97.11.18)

16.05
(104.8.25)

9.50
(L-92.5.5)　最高量340.784百萬股(94.12)

時間

EPS	股利	上市櫃異動	近期股利發放	資本額變動
90 年 0.48 元 91 年 1.01 元	90 年 現金 0 元	91 年 12 月 30 日 上櫃	107 年 現金 3.1 元	91 年 8.11 億元
107 年 -5.86 元	91 年 現金 0.2 元， 股票 0.3 元	97 年 1 月 21 日 轉上市	108 年 現金 3.8 元	107 年 30.30 億元 109 年現金增資 3 億元， 減幅 7.92%，每股 110 元

臻鼎 -KY（4958）月 K 線走勢圖

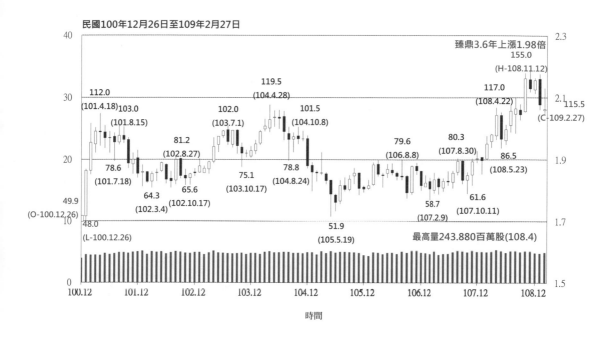

民國100年12月26日至109年2月27日

臻鼎3.6年上漲1.98倍

112.0 (101.4.18)
103.0 (101.8.15)
78.6 (101.7.18)
64.3 (102.3.4)
81.2 (102.8.27)
65.6 (102.10.17)
102.0 (103.7.1)
75.1 (103.10.17)
119.5 (104.4.28)
101.5 (104.10.8)
78.8 (104.8.24)
51.9 (105.5.19)
79.6 (106.8.8)
58.7 (107.2.9)
80.3 (107.8.30)
61.6 (107.10.11)
86.5 (108.5.23)
117.0 (108.4.22)
155.0 (H-108.11.12)
115.5 (C-109.2.27)

48.0 (L-100.12.26)
49.9 (O-100.12.26)

最高量243.880百萬股(108.4)

100.12　101.12　102.12　103.12　104.12　105.12　106.12　107.12　108.12

時間

EPS	股利	上市櫃異動	近期股利發放	資本額變動
99 年 1.10 元 100 年 3.52 元	99 年 現金 0 元		107 年 現金 3.30 元	100 年 9.85 億元 FOXCONN 持股 33.86%
107 年 10.50 元	100 年 現金 1.0 元， 股票 0.5 元		108 年 現金 4.46 元	107 年 80.47 億元

臺郡（6269）月 K 線走勢圖

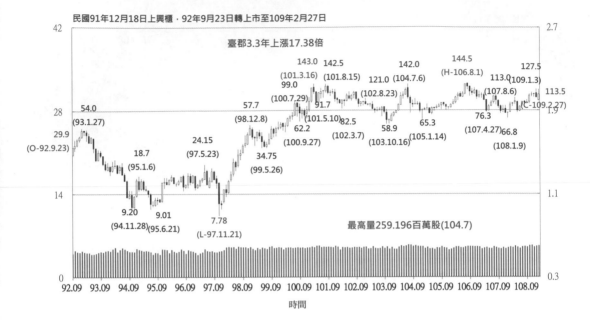

民國91年12月18日上興櫃，92年9月23日轉上市至109年2月27日

臺郡3.3年上漲17.38倍

EPS	股利	上市櫃異動	近期股利發放	資本額變動
90 年 0.14 元 91 年 1.78 元 92 年 2.39 元	90 年 現金 0 元 91 年 股票 1.2 元 92 年 現金 0.3 元， 股票 1.2 元.	91 年 12 月 18 日 上興櫃	107 年 現金 5.02 元	91 年 6.00 億元 92 年現金增資 2 億元 每股 21 元
107 年 8.31 元		92 年 9 月 23 日 轉上市	108 年 現金 5.0 元	107 年 31.83 億元

智邦（2345）月 K 線走勢圖

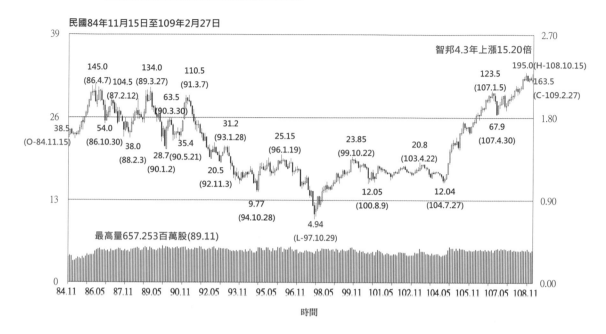

民國84年11月15日至109年2月27日

智邦4.3年上漲15.20倍

- 145.0 (86.4.7)
- 104.5 (87.2.12)
- 134.0 (89.3.27)
- 110.5 (91.3.7)
- 63.5 (90.3.30)
- 195.0 (H-108.10.15)
- 163.5 (C-109.2.27)
- 123.5 (107.1.5)
- 38.5 (O-84.11.15)
- 54.0 (86.10.30)
- 38.0 (88.2.3)
- 28.7 (90.5.21)
- 35.4
- 31.2 (93.1.28)
- 25.15 (96.1.19)
- 23.85 (99.10.22)
- 20.8 (103.4.22)
- 67.9 (107.4.30)
- 90.1.2
- 20.5 (92.11.3)
- 9.77 (94.10.28)
- 12.05 (100.8.9)
- 12.04 (104.7.27)
- 4.94 (L-97.10.29)

最高量657.253百萬股(89.11)

時間

EPS	股利	上市櫃異動	近期股利發放	資本額變動
83 年 3.32 元 84 年 2.31 元	83 年 股票 3.0 元		107 年 現金 4.13 元	84 年 5.59 億元
107 年 5.30 元	84 年 股票 2.5 元		108 年 現金 4.0 元	107 年 55.76 億元

中磊（5388）月 K 線走勢圖

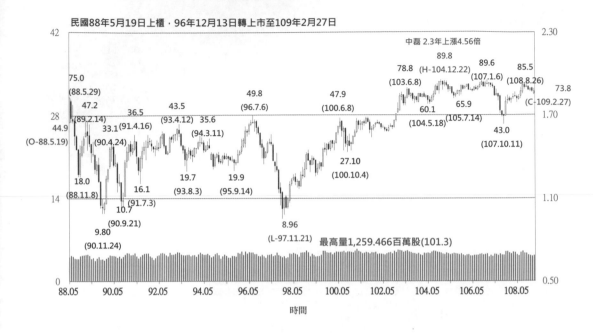

民國88年5月19日上櫃，96年12月13日轉上市至109年2月27日

中磊 2.3年上漲4.56倍

89.8
(H-104.12.22)

78.8   89.6
(103.6.8)   (107.1.6)   85.5
                                108.8.26

75.0   73.8
(88.5.29)   (C-109.2.27)

47.2   49.8   47.9   60.1
(89.2.14)   (96.7.6)   (100.6.8)   (104.5.18)   65.9

36.5   43.5   35.6   (105.7.14)
        (93.4.12) (94.3.11)

44.9   33.1
(O-88.5.19) (90.4.24)   43.0
                                                        (107.10.11)

18.0
(88.11.8)   16.1   19.7   19.9   27.10
            (91.7.3) (93.8.3) (95.9.14) (100.10.4)

        10.7
        (90.9.21)

9.80   8.96
(90.11.24)   (L-97.11.21)   最高量1,259.466百萬股(101.3)

時間

EPS	股利	上市櫃異動	近期股利發放	資本額變動
87 年 2.00 元 88 年 0.98 元	87 年 股票 2.5 元	88 年 5 月 19 日 上櫃	107 年 現金 3.75 元	88 年 5.10 億元
107 年 3.29 元	88 年 股票 0.82 元	96 年 12 月 3 日 轉上市	108 年 現金 2.50 元	107 年 24.57 億元

啟碁（6285）月 K 線走勢圖

民國91年12月30日上興櫃，92年9月22日轉上市至109年2月27日

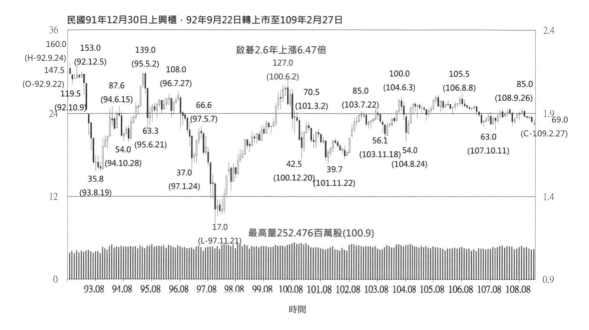

時間

EPS	股利	上市櫃異動	近期股利發放	資本額變動
90 年 7.79 元 91 年 12.83 元 92 年 10.26 元	90 年 現金 1.0 元， 股票 1.0 元 91 年 現金 4.0 元， 股票 2.0 元	91 年 12 月 30 日 上興櫃	107 年 現金 3.7 元	91 年 6.44 億元 92 年 現金增資 1.70 億元 緯創（3231） 持股 22.97%
107 年 4.95 元	92 年 現金 3.44 元， 股票 1.47 元	92 年 9 月 22 日 轉上市	108 年 現金 3.5 元	107 年 38.94 億元

友訊（2332）月 K 線走勢圖

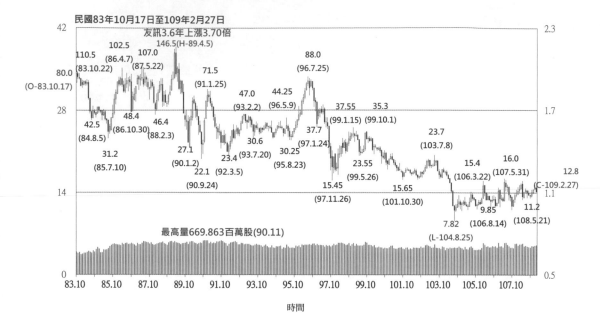

民國83年10月17日至109年2月27日

友訊3.6年上漲3.70倍

最高量669.863百萬股(90.11)

時間

EPS	股利	上市櫃異動	近期股利發放	資本額變動
82 年 4.99 元 83 年 4.27 元	82 年 股票 3.0 元		107 年 現金 0 元	83 年 6.98 億元 83 年現金增資 15 億元， 每股 40 元
107 年 0.16 元	83 年 股票 3.0 元		108 年 現金 0.2 元	107 年 65.20 億元

合勤投控（3704）與合勤科技（2391）月 K 線走勢圖

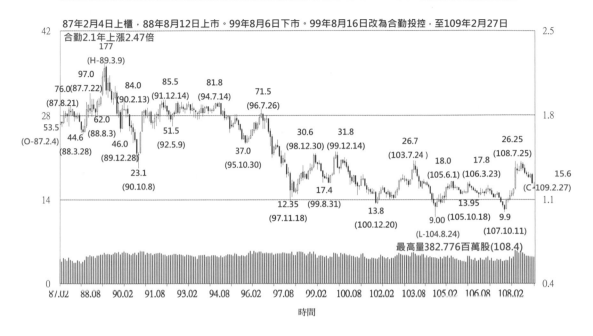

87年2月4日上櫃，88年8月12日上市。99年8月6日下市。99年8月16日改為合勤投控，至109年2月27日

合勤2.1年上漲2.47倍
177
(H-89.3.9)
97.0
76.0(87.7.22)   84.0   85.5   81.8
(87.8.21)   (90.2.13) (91.12.14) (94.7.14)   71.5
                                                (96.7.26)
62.0
53.5 (88.8.3)
(O-87.2.4) 44.6   46.0   51.5   30.6   31.8
         (88.3.28) (89.12.28) (92.5.9)   (98.12.30) (99.12.14)   26.7   26.25
                              37.0   (103.7.24)   (108.7.25)
                              (95.10.30)   18.0   17.8
                     23.1   (105.6.1)(106.3.23)
                     (90.10.8)   17.4
                                                                                        15.6
                              12.35   (99.8.31)   13.95   (C-109.2.27)
                              (97.11.18)   13.8   9.00   9.9
                                              (100.12.20)   (105.10.18) (107.10.11)
                                                            (L-104.8.24)
                                              最高量382.776百萬股(108.4)

時間
87.02 88.08 90.02 91.08 93.02 94.08 96.02 97.08 99.02 100.08 102.02 103.08 105.02 106.08 108.02

EPS	股利	上市櫃異動	近期股利發放	資本額變動
86 年 2.53 元 87 年 2.42 元	86 年 股票 1.50 元	87 年 2 月 4 日 上櫃	107 年 現金 0 元	87 年 12.58 億元 88 年 現增 13. 億元， 增幅 34.4%，每股 55 元
107 年 -1.35 元	87 年 現金 0.3 元， 股票 1.5 元	88 年 8 月 12 日 轉上市	108 年 現金 0 元	107 年 44.12 億元

智易（3596）月 K 線走勢圖

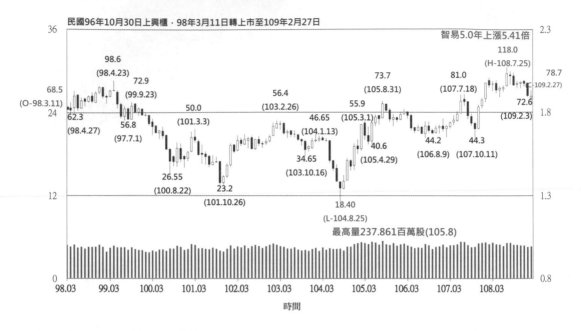

民國96年10月30日上興櫃，98年3月11日轉上市至109年2月27日

智易5.0年上漲5.41倍

118.0
(H-108.7.25)
98.6
(98.4.23)
72.9
(99.9.23)
73.7
(105.8.31)
81.0
(107.7.18)
78.7
(109.2.27)
50.0
(101.3.3)
56.4
(103.2.26)
55.9
(105.3.1)
72.6
(109.2.3)
62.3
(98.4.27)
56.8
(97.7.1)
46.65
(104.1.13)
44.2
(106.8.9)
44.3
(107.10.11)
34.65
(103.10.16)
40.6
(105.4.29)
26.55
(100.8.22)
23.2
(101.10.26)
18.40
(L-104.8.25)

最高量237.861百萬股(105.8)

時間

EPS	股利	上市櫃異動	近期股利發放	資本額變動
95 年 4.57 元 96 年 6.23 元 97 年 7.40 元	95 年 股票 2.0 元 96 年 現金 2.47 元， 股票 0.39 元 97 年 現金 3.14 元， 股票 0.09 元	96 年 10 月 30 日 上興櫃	107 年 現金 2.0 元	96 年 8.68 億元 98 年 現金增資 2.06 億元， 增幅 7.12%， 每股 68 元 102 年 現金增資 2.28 億元， 增幅 11.14%， 每股 33 元 仁寶（2324）持股 19.81%
98 年 5.02 元 107 年 -4.50 元	98 年 現金 2.3 元， 股票 0.2 元	98 年 3 月 11 日 轉上市	108 年 現金 3.5 元	107 年 19.36 億元 108 年 現增 1.5 億元， 增幅 6.2%， 每股 72 元

明泰（3380）月 K 線走勢圖

民國93年12月20至109年2月27日

EPS	股利	上市櫃異動	近期股利發放	資本額變動
90 年 0.23 元 91 年 2.82 元	92 年 現金 0 元		107 年 現金 1.0 元	93 年 25.00 億元 104 年減資 5.42 億元 佳世達（2352）持股 18.43% 友訊（2332）持股 19.23%
107 年 -0.16 元	93 年 現金1.0 元， 股票 1.0 元		108 年 現金 0 元	107 年 54.35 億元 107 年私募 10 億元， 每股 23 元

正文（4906）月 K 線走勢圖

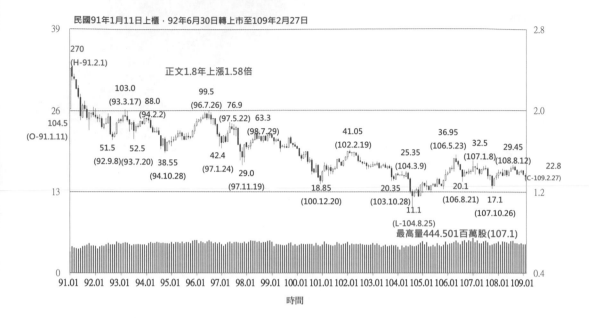

民國91年1月11日上櫃，92年6月30日轉上市至109年2月27日

正文1.8年上漲1.58倍

- 270 (H-91.2.1)
- 103.0 (93.3.17)
- 88.0 (94.2.2)
- 99.5 (96.7.26)
- 76.9 (97.5.22)
- 104.5 (O-91.1.11)
- 63.3 (98.7.29)
- 51.5 (92.9.8)
- 52.5 (93.7.20)
- 38.55 (94.10.28)
- 42.4 (97.1.24)
- 41.05 (102.2.19)
- 29.0 (97.11.19)
- 18.85 (100.12.20)
- 25.35 (104.3.9)
- 36.95 (106.5.23)
- 32.5 (107.1.8)
- 29.45 (108.8.12)
- 22.8 (C-109.2.27)
- 20.35 (103.10.28)
- 20.1
- 11.1 (L-104.8.25)
- 106.8.21
- 17.1 (107.10.26)
- 最高量444.501百萬股(107.1)

時間

EPS	股利	上市櫃異動	近期股利發放	資本額變動
90 年 7.35 元 91 年 5.45 元	90 年 現金 0.5 元， 股票 5.0 元	91 年 1 月 11 日 上櫃	107 年 現金 0.99 元	91 年 7.34 億元 93 年現金增資 2 億元， 每股 62.5 元 104 年減資 1.25 億元
107 年 -0.06 元	91 年 現金 2.0 元， 股票 2.0 元	92 年 6 月 30 日 轉上市	108 年 現金 0 元	107 年 35.66 億元

中華電信（2412）月 K 線走勢圖

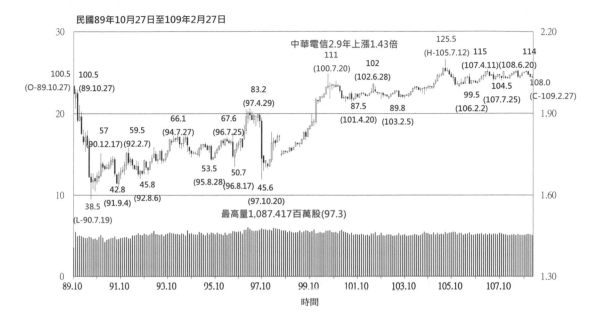

民國89年10月27日至109年2月27日

中華電信2.9年上漲1.43倍

100.5 (O-89.10.27)
100.5 (89.10.27)
83.2 (97.4.29)
111 (100.7.20)
102 (102.6.28)
125.5 (H-105.7.12)
115 (107.4.11)
114 (108.6.20)
108.0 (C-109.2.27)
104.5 (107.7.25)
99.5 (106.2.2)
87.5 (101.4.20)
89.8 (103.2.5)
66.1 (94.7.27)
67.6 (96.7.25)
57 (90.12.17)
59.5 (92.2.7)
53.5 (95.8.28)
50.7 (96.8.17)
45.6 (97.10.20)
42.8 (91.9.4)
45.8 (92.8.6)
38.5 (L-90.7.19)

最高量1,087.417百萬股(97.3)

時間

EPS	股利	上市櫃異動	近期股利發放	資本額變動
88 年 5.36 元 89 年 6.51 元	88 年 現金 4.76 元		107 年 現金 4.8 元	89 年 964.77 億元 100 年 6 月 22 日減資 193.94 億元，減幅 20%
107 年 4.58 元	89 年 現金 5.80 元		108 年 現金 4.48 元	107 年 775.74 億元

臺灣大哥大（3045）月 K 線走勢圖

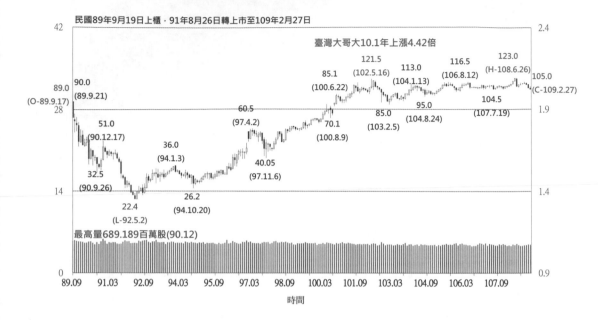

民國89年9月19日上櫃，91年8月26日轉上市至109年2月27日

臺灣大哥大10.1年上漲4.42倍

90.0
(89.9.17)
(O-89.9.17)

89.0

90.0
(89.9.21)

51.0
(90.12.17)

32.5
(90.9.26)

22.4
(L-92.5.2)

36.0
(94.1.3)

26.2
(94.10.20)

40.05
(97.11.6)

60.5
(97.4.2)

70.1
(100.8.9)

85.1
(100.6.22)

85.0
(103.2.5)

121.5
(102.5.16)

95.0
(104.8.24)

113.0
(104.1.13)

104.5
(107.7.19)

116.5
(106.8.12)

123.0
(H-108.6.26)

105.0
(C-109.2.27)

最高量689.189百萬股(90.12)

時間

EPS	股利	上市櫃異動	近期股利發放	資本額變動
88 年 3.01 元 89 年 5.13 元	88 年 股票 3.80 元	89 年 9 月 19 日 上櫃	107 年 現金 5.60 元	89 年 276.00 億元
107 年 3.98 元	89 年 股票 3.2 元	91 年 8 月 26 日 轉上市	108 年 現金 5.55 元	107 年 342.38 億元

遠傳電信（4904）月 K 線走勢圖

民國90年12月10日上櫃，94年8月24日轉上市至109年2月27日

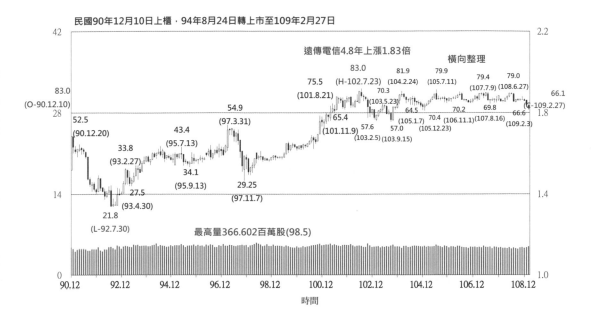

EPS	股利	上市櫃異動	近期股利發放	資本額變動
89 年 1.44 元 90 年 2.89 元	89 年 現金 0.21 元， 股票 0.78 元	民國 90 年 12 月 10 日 上櫃	107 年 現金 3.75 元	90 年 189.00 億元 遠鼎投資持股 32.73%
107 年 2.88 元	90 年 股票 3.50 元	民國 94 年 8 月 4 日 轉上市	108 年 現金 3.75 元	107 年 325.85 億元

20 防疫概念股

　　109 年初從武漢封城起，疫情幾乎籠罩全球，防疫概念股也異軍突起成為熱門股，本文挑選以下個股，共 9 家公司分析。

- 口罩概念股：康那香（9919）、恆大（1325）、新麗（9933）；
- 清潔用品股：花仙子（1730）、毛寶（1732）、和桐（1714）；
- 生醫概念股：杏輝（1734）、中化生（1762）、亞諾法（4133）。

> ➤ 臺股大師分析

　　這 9 家防疫概念股分析，沒有一家成交金額占全年前五名。9 家上市公司的長期月 K 線走勢圖如圖所示。其中以康那香（9919）、新麗（9933）、花仙子（1730）、中化生（1762）、亞諾法（4133）為值得注意的個股。

康那香（9919）月 K 線走勢圖

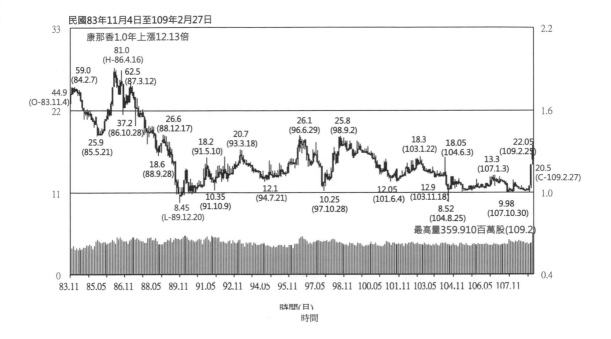

民國83年11月4日至109年2月27日

康那香1.0年上漲12.13倍

81.0
(H-86.4.16)
59.0
(84.2.7)
62.5
(87.3.12)
44.9
(O-83.11.4)
37.2
(86.10.28)
26.6
(88.12.17)
25.9
(85.5.21)
26.1
(96.6.29)
25.8
(98.9.2)
18.2
(91.5.10)
20.7
(93.3.18)
18.3
(103.1.22)
18.05
(104.6.3)
22.05
(109.2.25)
18.6
(88.9.28)
13.3
(107.1.3)
20.5
(C-109.2.27)
12.1
(94.7.21)
12.05
(101.6.4)
12.9
(103.11.18)
10.35
(91.10.9)
10.25
(97.10.28)
8.45
(L-89.12.20)
8.52
(104.8.25)
9.98
(107.10.30)

最高量359.910百萬股(109.2)

83.11 85.05 86.11 88.05 89.11 91.05 92.11 94.05 95.11 97.05 98.11 100.05 101.11 103.05 104.11 106.05 107.11

時間(月)
時間

EPS	股利	上市櫃異動	近期股利發放	資本額變動
82 年 2.00 元 83 年 1.91 元	82 年 股票 1.80 元		107 年 現金 0.35 元	83 年 4.30 億元 84 年現金增資 1.31 億元 康曜投資持股 19.5%
107 年 0.08 元	83 年 股票 1.50 元		108 年 現金 0.20 元	107 年 19.54 億元

新麗（9944）月 K 線走勢圖

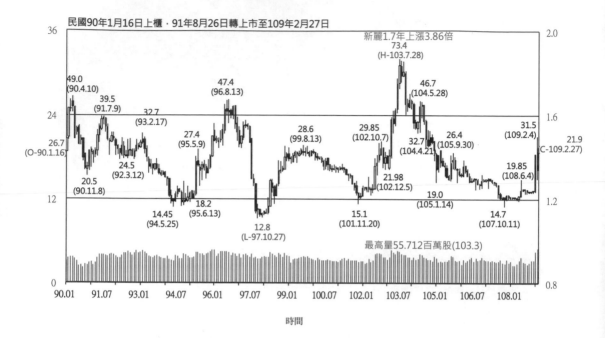

民國90年1月16日上櫃，91年8月26日轉上市至109年2月27日

新麗1.7年上漲3.86倍
73.4
(H-103.7.28)

49.0
(90.4.10)

39.5
(91.7.9)

32.7
(93.2.17)

47.4
(96.8.13)

46.7
(104.5.28)

28.6
(99.8.13)

29.85
(102.10.7)

31.5
(109.2.4)

26.7
(O-90.1.16)

27.4
(95.5.9)

26.4
(105.9.30)

21.9
(C-109.2.27)

24.5
(92.3.12)

32.7
(104.4.21)

20.5
(90.11.8)

21.98
(102.12.5)

19.85
(108.6.4)

18.2
(95.6.13)

14.45
(94.5.25)

15.1
(101.11.20)

19.0
(105.1.14)

14.7
(107.10.11)

12.8
(L-97.10.27)

最高量55.712百萬股(103.3)

時間

EPS	股利	上市櫃異動	近期股利發放	資本額變動
90 年 1.66 元 91 年 2.00 元	90 年 現金 0.50 元， 股票 0.50 元	90 年 1 月 16 日 上櫃	107 年 現金 0.3 元	91 年 6.31 億元 麗邦投資持股 22.07%
107 年 0.01 元	91 年 現金 0.74 元， 股票 0.74 元	91 年 8 月 26 日 轉上市	108 年 現金 0 元	107 年 10.91 億元

恆大（1325）月 K 線走勢圖

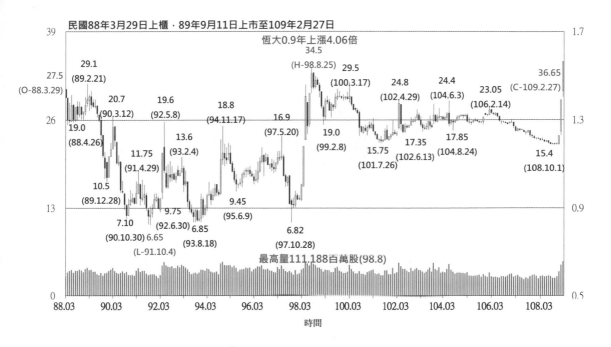

民國88年3月29日上櫃，89年9月11日上市至109年2月27日

恆大0.9年上漲4.06倍

EPS	股利	上市櫃異動	近期股利發放	資本額變動
87 年 1.59 元 88 年 2.38 元	87 年 現金 0.18 元， 股票 1.20 元	88 年 3 月 29 日 上櫃	107 年 現金 0.35 元	88 年 6.95 億元 105 年減資 1.5 億元， 減幅 15% 恆大投資持股 28.62%
107 年 0.70 元	88 年 股票 1.49 元	89 年 9 月 11 日 轉上市	108 年 現金 0.50 元	107 年 8.53 億元

和桐公司（1714）月 K 線走勢圖

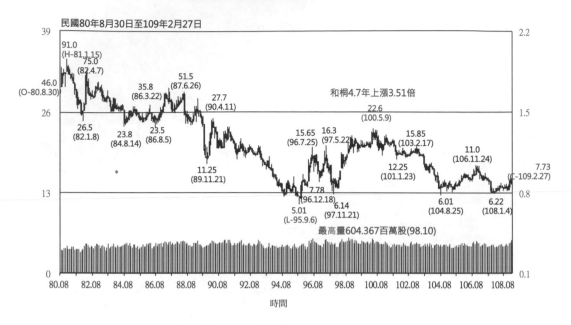

民國80年8月30日至109年2月27日

和桐4.7年上漲3.51倍

91.0
(H-81.1.15)
75.0
(82.4.7)
35.8
(86.3.22)
51.5
(87.6.26)
27.7
(90.4.11)
22.6
(100.5.9)
26.5
(82.1.8)
23.8
(84.8.14)
23.5
(86.8.5)
15.65
(96.7.25)
16.3
(97.5.22)
15.85
(103.2.17)
11.0
(106.11.24)
7.73
(C-109.2.27)
11.25
(89.11.21)
12.25
(101.1.23)
7.78
(96.12.18)
5.01
(L-95.9.6)
6.14
(97.11.21)
6.01
(104.8.25)
6.22
(108.1.4)
最高量604.367百萬股(98.10)

時間

EPS	股利	上市櫃異動	近期股利發放	資本額變動
79 年 1.74 元 80 年 1.85 元	79 年 股票 1.50 元		107 年 現金 0.30 元	80 年 4.00 億元 83 年 11 月 28 日現金增資 2 億元，31.8%，每股 25 元 84 年 8 月 16 日，現金增資 0.83 億元，8%。每股 23 元 恆益投資持股 9.69%
107 年 0.26 元	80 年 股票 1.20 元		108 年 現金 0.15 元	107 年 101.68 億元

花仙子（1730）月 K 線走勢圖

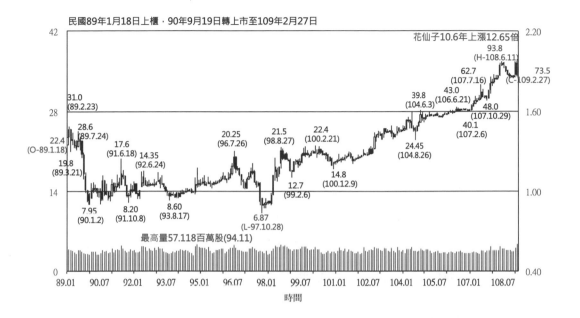

民國89年1月18日上櫃，90年9月19日轉上市至109年2月27日

花仙子10.6年上漲12.65倍

| | 93.8
(H-108.6.11) |
| | 73.5
(C-109.2.27) |

最高量57.118百萬股(94.11)

EPS	股利	上市櫃異動	近期股利發放	資本額變動
88 年 1.47 元 89 年 0.59 元	88 年 現金 0.7 元， 股票 0.8 元	89 年 1 月 18 日上櫃	107 年 現金 2.27 元	89 年 4.08 億元
107 年 4.75 元	89 年 股票 0.45 元	90 年 9 月 19 日轉上市	108 年 現金 3.50 元	107 年 6.32 億元

毛寶（1732）月 K 線走勢圖

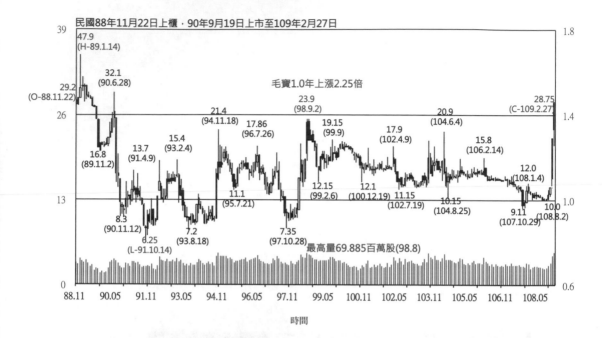

民國88年11月22日上櫃，90年9月19日上市至109年2月27日

毛寶1.0年上漲2.25倍

最高量69.885百萬股(98.8)

時間

EPS	股利	上市櫃異動	近期股利發放	資本額變動
87 年 0.96 元 88 年 1.51 元	87 年 股票 1.0 元	88 年 11 月 22 日上櫃	107 年 現金 0 元	84 年 3.45 億元 泛洋投資持股 16%
107 年 0.16 元	88 年 股票 1.5 元	90 年 9 月 19 日轉上市	108 年 現金 0 元	107 年 4.24 億元

杏輝（1734）月 K 線走勢圖

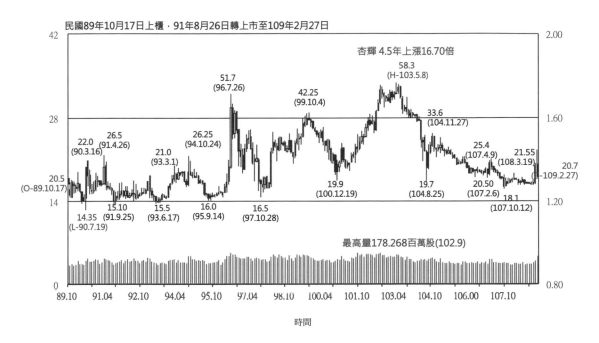

民國89年10月17日上櫃，91年8月26日轉上市至109年2月27日

杏輝 4.5 年上漲16.70倍

58.3
(H-103.5.8)

51.7
(96.7.26)

42.25
(99.10.4)

33.6
(104.11.27)

22.0
(90.3.16)

26.5
(91.4.26)

26.25
(94.10.24)

25.4
(107.4.9)

21.55
(108.3.19)

21.0
(93.3.1)

20.7
(I-109.2.27)

19.9
(100.12.19)

19.7
(104.8.25)

20.50
(107.2.6)

20.5
(O-89.10.17)

14.35
(91.9.25)

15.10
(91.9.25)

15.5
(93.6.17)

16.0
(95.9.14)

16.5
(97.10.28)

18.1
(107.10.12)

14.35
(L-90.7.19)

最高量178.268百萬股(102.9)

時間

EPS	股利	上市櫃異動	近期股利發放	資本額變動
88 年 1.31 元 89 年 1.08 元	88 年 股票 1.10 元 89 年 股票 0.60 元	89 年 10 月 17 日 上櫃	107 年 現金 0.20 元	89 年 4.33 億元
107 年 0.05 元	90 年 現金 0.2 元， 股票 0.60 元	91 年 8 月 26 日 轉上市	108 年 現金 0.10 元	107 年 16.77 億元

中化生（1762）月 K 線走勢圖

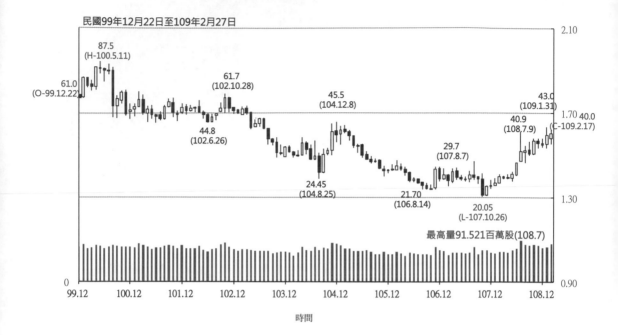

民國99年12月22日至109年2月27日

87.5
(H-100.5.11)

61.0
(O-99.12.22)

61.7
(102.10.28)

45.5
(104.12.8)

43.0
(109.1.31)

40.0

40.9
(108.7.9)

C-109.2.17)

44.8
(102.6.26)

24.45
(104.8.25)

29.7
(107.8.7)

21.70
(106.8.14)

20.05
(L-107.10.26)

最高量91.521百萬股(108.7)

時間

EPS	股利	上市櫃異動	近期股利發放	資本額變動
98 年 3.48 元 99 年 2.41 元	98 年現金 2.50 元		107 年 現金 0.65 元	99 年 7.76 億元
107 年 3.02 元	99 年現金 1.50 元		108 年 現金 1.20 元	107 年 7.76 億元

亞諾法（4133）月 K 線走勢圖

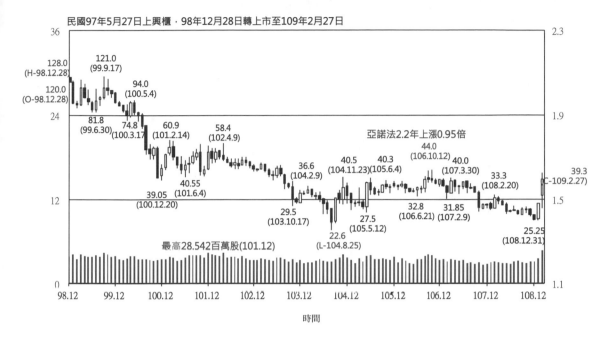

民國97年5月27日上興櫃，98年12月28日轉上市至109年2月27日

EPS	股利	上市櫃異動	近期股利發放	資本額變動
96 年 0.28 元 97 年 0.72 元	96 年 現金 0 元	97 年 5 月 27 日 上興櫃，每股 68 元	107 年 現金 0.80 元	97 年 5.42 億元
107 年 0.76 元	97 年 現金 0 元	98 年 12 月 28 日 轉上市	108 年 現金 0.60 元	107 年 6.06 億元

21 綠能概念股

在 2025 綠能政策推動之下，替代能源相關類股也受到關注，以下將從電動車、太陽能和風電三類，挑選 11 家公司分析，包括：

- 電動車：和大、康舒；
- 太陽能：臺達電、長興、臺玻、中釉；
- 風電概念股：世紀鋼、新光鋼、東元、臺船、中鼎。

這 11 家公司中，沒有一家公司為國內股市七次股市周期循環的主流股。

> ➤ 臺股大師分析

電動車、太陽能、風電股等概念股等 11 家公司的長期月 K線走勢圖如後圖所示。其中以臺達電（2308）、東元（1504）為值得長期投資的個股。而和大（1536）、長興（1717）、臺玻（1802）、世紀鋼（9958）、新光鋼（2031）、中鼎（9933）為值得注意的個股。

和大（1536）月 K 線走勢圖

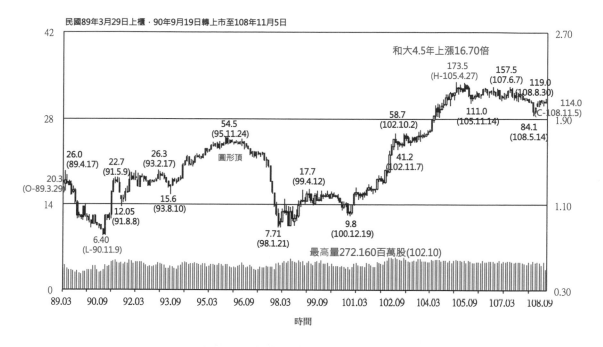

民國89年3月29日上櫃，90年9月19日轉上市至108年11月5日

和大4.5年上漲16.70倍

173.5
(H-105.4.27)

157.5
(107.6.7)

119.0
(108.8.30)

114.0
(C-108.11.5)

58.7
(102.10.2)

111.0
(105.11.14)

54.5
(95.11.24)

圖形頂

84.1
(108.5.14)

41.2
(102.11.7)

26.0
(89.4.17)

22.7
(91.5.9)

26.3
(93.2.17)

17.7
(99.4.12)

20.3
(O-89.3.29)

15.6
(93.8.10)

12.05
(91.8.8)

7.71
(98.1.21)

9.8
(100.12.19)

6.40
(L-90.11.9)

最高量272.160百萬股(102.10)

時間

EPS	股利	上市櫃異動	近期股利發放	資本額變動
88 年 0.95 元 89 年 0.77 元	88 年 股票 1.0 元	89 年 3 月 29 日 上櫃	107 年 現金 3.75 元	89 年 4.65 億元
107 年 4.85 元	89 年 股票 1.0 元	90 年 9 月 19 日 轉上市	108 年 現金 3.50 元	107 年 25.50 億元

康舒（6282）月 K 線走勢圖

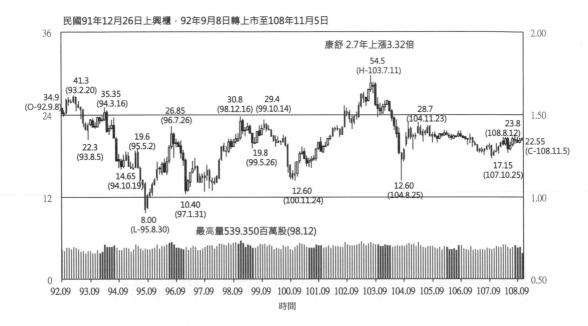

民國91年12月26日上興櫃，92年9月8日轉上市至108年11月5日

康舒 2.7年上漲3.32倍

- 41.3 (93.2.20)
- 34.9 (O-92.9.8)
- 35.35 (94.3.16)
- 22.3 (93.8.5)
- 19.6 (95.5.2)
- 14.65 (94.10.19)
- 8.00 (L-95.8.30)
- 10.40 (97.1.31)
- 26.85 (96.7.26)
- 30.8 (98.12.16)
- 29.4 (99.10.14)
- 19.8 (99.5.26)
- 12.60 (100.11.24)
- 54.5 (H-103.7.11)
- 12.60 (104.8.25)
- 28.7 (104.11.23)
- 23.8 (108.8.12)
- 22.55 (C-108.11.5)
- 17.15 (107.10.25)

最高量539.350百萬股(98.12)

時間

EPS	股利	上市櫃異動	近期股利發放	資本額變動
90 年 1.16 元 91 年 2.01 元	90 年 股票 1.00 元 91 年 現金 0.75 元， 股票 1.00 元	91 年 12 月 26 日 上興櫃	107 年 現金 0.9 元	91 年 33.23 億元
107 年 1.95 元	92 年 現金 2.0 元， 股票 1.00 元	92 年 9 月 8 日 轉上市	108 年 現金 1.0 元	107 年 51.66 億元

臺達電（2308）月 K 線走勢圖

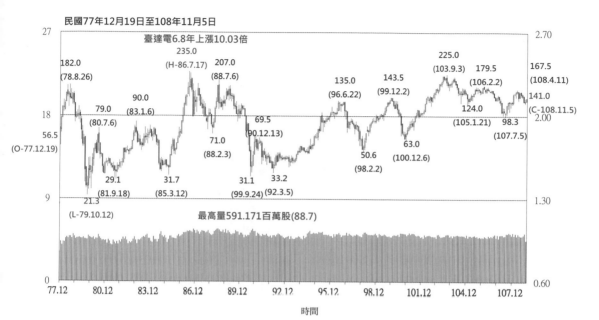

民國77年12月19日至108年11月5日

臺達電6.8年上漲10.03倍

| 27 | | | | | 2.70 |

235.0
(H-86.7.17)

182.0
(78.8.26)

207.0
(88.7.6)

225.0
(103.9.3)

179.5
(106.2.2)

167.5
(108.4.11)

90.0
(83.1.6)

79.0
(80.7.6)

135.0
(96.6.22)

143.5
(99.12.2)

124.0
(105.1.21)

98.3

141.0
(C-108.11.5)

18   2.00

56.5
(O-77.12.19)

69.5
(90.12.13)

71.0
(88.2.3)

50.6
(98.2.2)

63.0
(100.12.6)

107.7.5)

29.1
(81.9.18)

31.7
(85.3.12)

31.1
(99.9.24)

33.2
(92.3.5)

9   1.30

21.3
(L-79.10.12)

最高量591.171百萬股(88.7)

0   0.60

77.12   80.12   83.12   86.12   89.12   92.12   95.12   98.12   101.12   104.12   107.12

時間

EPS	股利	上市櫃異動	近期股利發放	資本額變動
76 年 4.54 元 77 年 3.92 元	76 年 股票 5.0 元		107 年 現金 5.0 元	77 年 10.00 億元
107 年 7.0 元	77 年 現金 1.0 元， 股票 2.5 元		108 年 現金 5.0 元	107 年 259.75 億元

東元（1504）月 K 線走勢圖

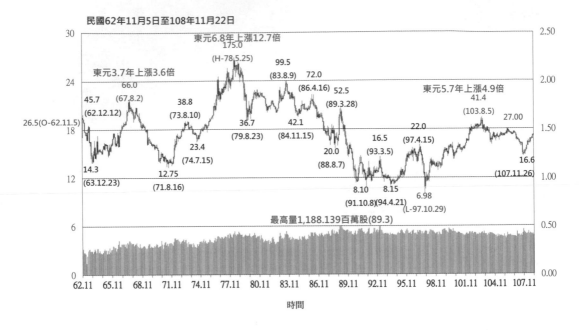

民國62年11月5日至108年11月22日

東元6.8年上漲12.7倍
175.0
(H-78.5.25)

東元3.7年上漲3.6倍
99.5
(83.8.9)

66.0
(67.8.2)
72.0
45.7
(86.4.16)
(62.12.12)
38.8
52.5
東元5.7年上漲4.9倍
(73.8.10)
(89.3.28)
41.4
36.7
42.1
(103.8.5)
26.5(O-62.11.5)
(79.8.23)
(84.11.15)
22.0
27.00
23.4
16.5
(97.4.15)
(74.7.15)
20.0
(93.3.5)
14.3
(88.8.7)
16.6
(63.12.23)
12.75
(107.11.26)
(71.8.16)
8.10
8.15
6.98
(91.10.8)(94.4.21)
(L-97.10.29)

最高量1,188.139百萬股(89.3)

時間

EPS	股利	上市櫃異動	近期股利發放	資本額變動
61 年 2.79 元 62 年 5.74 元	61 年 現金 1.2 元， 股票 2.5 元		107 年 現金 0.86 元	62 年 1.40 億元 （面額 10 元）
107 年 1.57 元	62 年 現金 1.7 元， 股票 3.0 元		108 年 現金 0.9 元	107 年 200.27 億元 （面額 10 元）

長興（1717）月 K 線走勢圖

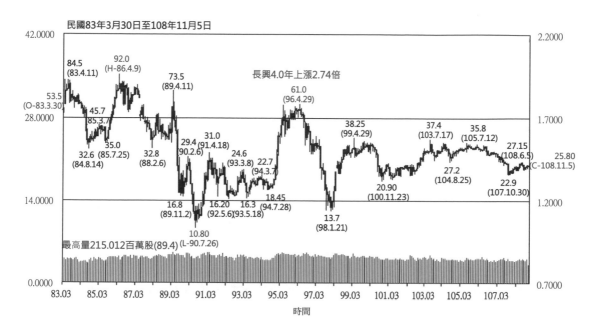

民國83年3月30日至108年11月5日

長興4.0年上漲2.74倍

EPS	股利	上市櫃異動	近期股利發放	資本額變動
82 年 3.90 元 83 年 3.27 元	82 年 股票 2.50 元		107 年 現金 0.5 元， 股票 0.7 元	83 年 13.17 億元
107 年 1.25 元	83 年 股票 2.0 元		108 年 現金 0.9 元	107 年 124.03 億元

臺玻（1802）月 K 線走勢圖

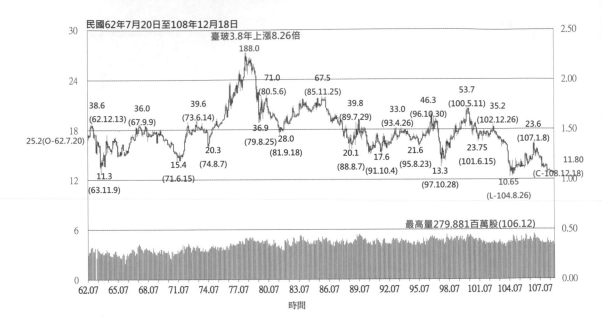

民國62年7月20日至108年12月18日

臺玻3.8年上漲8.26倍

EPS	股利	上市櫃異動	近期股利發放	資本額變動
61 年 2.18 元 62 年 4.66 元	61 年 股票 2.0 元		107 年 現金 0.50 元	62 年 2.76 億元
107 年 0.37 元	62 年 現金 1.00， 股票 2.0 元		108 年 現金 0.30 元	107 年 460.91 億元

中釉（1809）月 K 線走勢圖

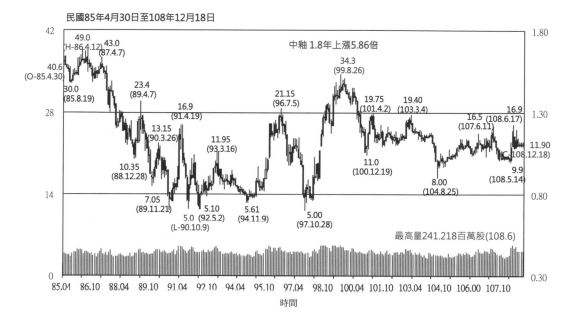

民國85年4月30日至108年12月18日

中釉1.8年上漲5.86倍

最高量241.218百萬股(108.6)

時間

EPS	股利	上市櫃異動	近期股利發放	資本額變動
84 年 1.86 元 85 年 0.86 元	84 年 現金 1.0 元 股票 1.0 元		107 年 現金 0.20 元	85 年 10.00 億元 105 年減資 2.28 億元， 減幅 12%
107 年 0.00 元	85 年 股票 0.0 元		108 年 現金 0.20 元	107 年 16.70 億元

世紀鋼（9958）月 K 線走勢圖

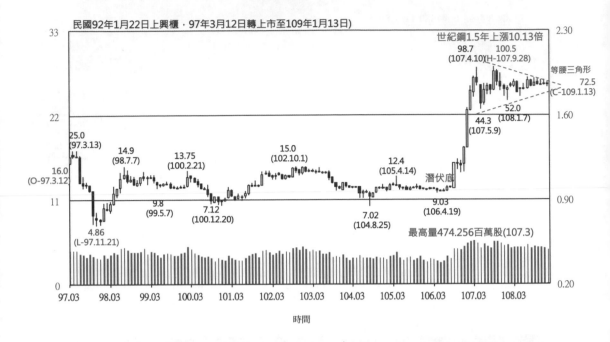

民國92年1月22日上興櫃，97年3月12日轉上市至109年1月13日)

世紀鋼1.5年上漲10.13倍
98.7　　100.5
(107.4.10)(H-107.9.28)

等腰三角形
72.5
(C-109.1.13)

52.0
(108.1.7)

44.3
(107.5.9)

25.0
(97.3.13)

14.9
(98.7.7)

13.75
(100.2.21)

15.0
(102.10.1)

12.4
(105.4.14)

潛伏底

16.0
(O-97.3.12)

9.8
(99.5.7)

7.12
(100.12.20)

7.02
(104.8.25)

9.03
(106.4.19)

4.86
(L-97.11.21)

最高量474.256百萬股(107.3)

時間

EPS	股利	上市櫃異動	近期股利發放	資本額變動
91 年 -0.72 元 92 年 0.65 元	91 年 現金 0 元 92 年 現金 0.35 元	92 年 1 月 22 日 上興櫃	107 年 現金 0.3 元	92 年 5.97 億元
107 年 0.16 元	96 年 現金 0.2 元， 股票 0.3 元	97 年 3 月 12 日 轉上市	108 年 現金 0.3 元	107 年 20.84 億元 107 年 8 月現金增資 2 億元，增幅 8.62%， 每股 60 元

> ➤ 臺股大師分析

圖中的等腰三角形在線圖中是持續形態，也就是攻頂或作底的機率很小，多半會維持之前的走勢。

新光鋼（2031）月 K 線走勢圖

民國86年4月2日上櫃．89年9月11日轉上市至109年1月13日

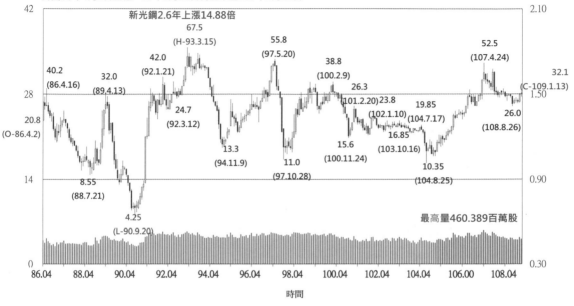

EPS	股利	上市櫃異動	近期股利發放	資本額變動
85 年 0.50 元 86 年 0.67 元	85 年 股票 0.41 元	86 年 4 月 2 日 上櫃	107 年 現金 1.98 元	86 年 6.00 億元
107 年 3.15 元	86 年 股票 1.00 元	89 年 9 月 11 日 轉上市	108 年 現金 1.50 元	107 年 31.07 億元

臺船（2208）月 K 線走勢圖

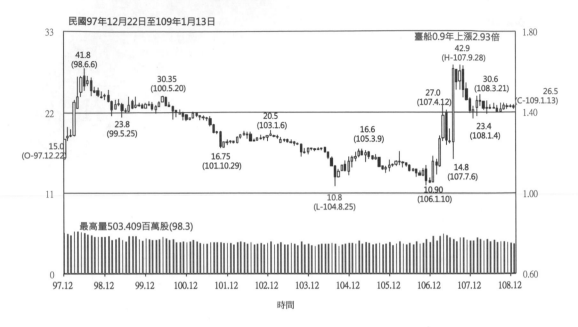

民國97年12月22日至109年1月13日

臺船0.9年上漲2.93倍

41.8
(98.6.6)

42.9
(H-107.9.28)

30.35
(100.5.20)

30.6
(108.3.21)

26.5
(C-109.1.13)

27.0
(107.4.12)

23.8
(99.5.25)

20.5
(103.1.6)

16.6
(105.3.9)

23.4
(108.1.4)

15.0
(O-97.12.22)

16.75
(101.10.29)

14.8
(107.7.6)

10.8
(L-104.8.25)

10.90
(106.1.10)

最高量503.409百萬股(98.3)

時間

EPS	股利	上市櫃異動	近期股利發放	資本額變動
96 年 2.76 元 97 年 1.27 元	96 年 現金 0 元		107 年 現金 0 元	97 年 66.61 億元
107 年 -8.31 元	97 年 現金 1.0 元， 股票 0.1 元		108 年 現金 0 元	107 年 37.30 億元 107 年 7 月 19 日 減資 43.06 億元， 減幅 57.91% 107 年 12 月 22 日 現金增資 10 億元， 增幅 8.62%，每股 22.52 元

中鼎（9933）月 K 線走勢圖

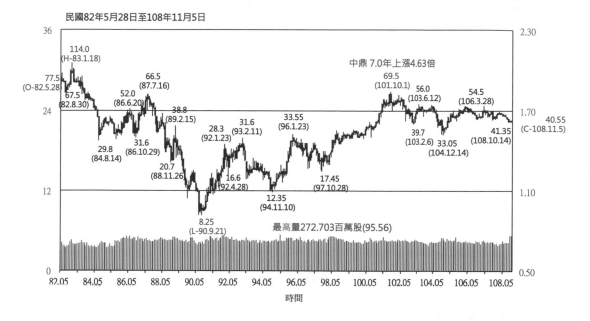

民國82年5月28日至108年11月5日

EPS	股利	上市櫃異動	近期股利發放	資本額變動
81 年 3.07 元 82 年 1.92 元	81 年 股票 2.99 元		107 年 現金 3.23 元	82 年 6.00 億元
107 年 2.39 元	82 年 股票 1.0 元		108 年 現金 2.25 元	107 年 76.33 億元

22 物聯網（IoT）、機器人（AI）、比特幣概念股

　　隨著科技的進步，和物聯網（IoT）、機器人（AI）、比特幣相關的科技概念股也一直話題不斷，加上之前曾討論的 5G 概念股，都是近年來熱門的科技趨勢股。

　　本文挑選技嘉、微星、智邦、中磊、臺達電、致茂、承啟、研華、盛群、偉詮電、光群電等 11 家公司分析。

> ▶ 臺股大師分析

這 11 家公司中，沒有一家公司為國內股市七次股市周期循環的主流股。也沒有國內股市成交金額的前五名的公司。

物聯網（IoT）、機器人（AI）、比特幣概念股公司的長期月 K 線走勢圖如圖所示。

其中智邦見 233 頁、中磊見 234 頁、臺達電見 257 頁、致茂 223 頁、研華見 225 頁。

這 11 家公司中，以微星（2377）、智邦（2345）、臺達電（2308）、致茂（2360）、研華（2395）等為值得長期投資的個股。

而技嘉（2376）、中磊（5388）、承啟（2425）、盛群（6202）為值得注意的個股。

技嘉（2376）月 K 線走勢圖

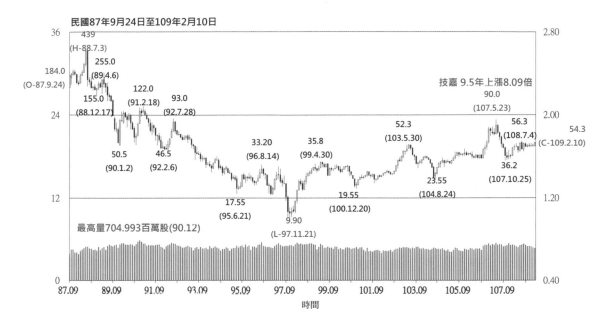

民國87年9月24日至109年2月10日

技嘉 9.5年上漲8.09倍

439
(H-88.7.3)
255.0
(89.4.6)
184.0
(O-87.9.24)
155.0
(88.12.17)
122.0
(91.2.18)
93.0
(92.7.28)
90.0
(107.5.23)
52.3
(103.5.30)
56.3
(108.7.4)
54.3
(C-109.2.10)
50.5
(90.1.2)
46.5
(92.2.6)
33.20
(96.8.14)
35.8
(99.4.30)
23.55
(104.8.24)
36.2
(107.10.25)
17.55
(95.6.21)
19.55
(100.12.20)
9.90
(L-97.11.21)

最高量704.993百萬股(90.12)

時間

EPS	股利	上市櫃異動	近期股利發放	資本額變動
86 年 12.75 元 87 年 11.52 元	86 年 股票 9.0 元		107 年 現金 4.0 元	87 年 11.39 億元
107 年 4.04 元	87 年 股票 7.0 元		108 年 現金 3.0 元	107 年 63.57 億元

微星（2377）月 K 線走勢圖

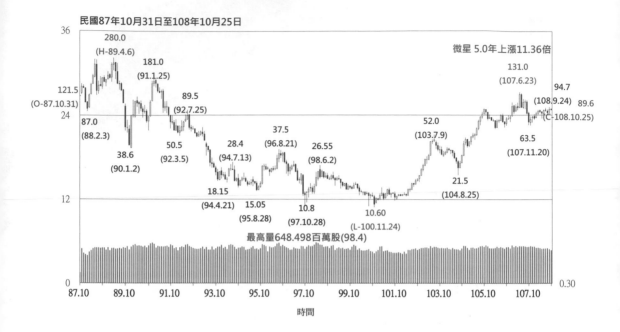

民國87年10月31日至108年10月25日

微星 5.0年上漲11.36倍

280.0 (H-89.4.6)
181.0 (91.1.25)
121.5 (O-87.10.31)
89.5 (92.7.25)
131.0 (107.6.23)
94.7 (108.9.24)
89.6
(C-108.10.25)
87.0 (88.2.3)
37.5 (96.8.21)
52.0 (103.7.9)
63.5 (107.11.20)
38.6 (90.1.2)
50.5 (92.3.5)
28.4 (94.7.13)
26.55 (98.6.2)
21.5 (104.8.25)
18.15 (94.4.21)
15.05 (95.8.28)
10.8 (97.10.28)
10.60 (L-100.11.24)

最高量648.498百萬股(98.4)

時間

EPS	股利	上市櫃異動	近期股利發放	資本額變動
86 年 5.97 元 87 年 6.18 元	86 年 股票 5.0 元		107 年 現金 4.5 元	87 年 10.92 億元
107 年 7.15 元	87 年 股票 4.0 元		108 年 現金 5.0 元	107 年 84.49 億元

承啟（2425）月 K 線走勢圖

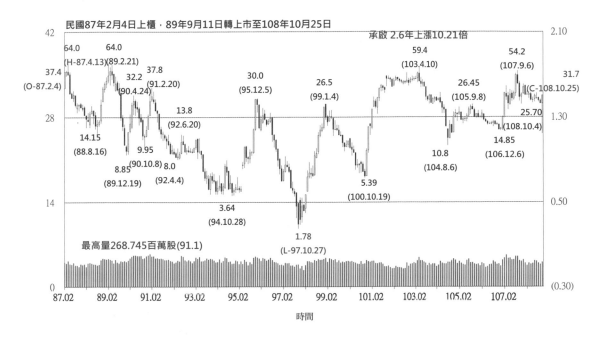

民國87年2月4日上櫃，89年9月11日轉上市至108年10月25日

承啟 2.6年上漲10.21倍

64.0
(H-87.4.13)
64.0
(89.2.21)
32.2
37.8
(91.2.20)
(90.4.24)
37.4
(O-87.2.4)
59.4
(103,4.10)
54.2
(107.9.6)
31.7
(C-108.10.25)
30.0
(95.12.5)
26.5
(99.1.4)
26.45
(105.9.8)
13.8
(92.6.20)
14.15
(88.8.16)
9.95
8.85
(90.10.8)
8.0
(89.12.19)
(92.4.4)
5.39
(100.10.19)
10.8
(104.8.6)
25.70
(108.10.4)
14.85
(106.12.6)
3.64
(94.10.28)
1.78
(L-97.10.27)

最高量268.745百萬股(91.1)

EPS	股利	上市櫃異動	近期股利發放	資本額變動
86 年 2.38 元 87 年 0.96 元	86 年 股票 2.0 元	87 年 2 月 4 日 上櫃	107 年 現金 0 元	87 年 7.00 億元 101 年 10 月 8 日 減資 2.43 億元， 減幅 20.59%
107 年 2.41 元	87 年 股票 1.1 元	89 年 9 月 11 日 轉上市	108 年 現金 1.5 元	107 年 10.15 億元

盛群（6202）月 K 線走勢圖

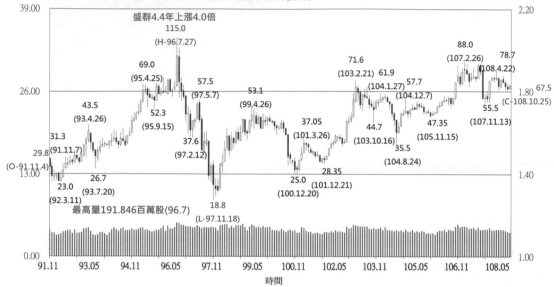

民國91年11月4日上櫃，93年9月27日轉上市至108年10月25日

盛群4.4年上漲4.0倍
115.0
(H-96.7.27)
69.0
(95.4.25)
57.5
(97.5.7)
53.1
(99.4.26)
43.5
(93.4.26)
52.3
(95.9.15)
71.6
(103.2.21)
61.9
(104.1.27)
57.7
(104.12.7)
88.0
(107.2.26)
78.7
108.4.22
67.5
(C-108.10.25)
37.6
(97.2.12)
37.05
(101.3.26)
44.7
(103.10.16)
35.5
(104.8.24)
47.35
(105.11.15)
55.5
(107.11.13)
31.3
(91.11.7)
29.8
(O-91.11.4)
26.7
(93.7.20)
23.0
(92.3.11)
28.35
25.0
(101.12.21)
18.8
(L-97.11.18)
25.0
(100.12.20)
最高量191.846百萬股(96.7)

時間

EPS	股利	上市櫃異動	近期股利發放	資本額變動
90 年 2.03 元 91 年 2.00 元	90 年 現金 0.34 元， 股票 1.15 元	91 年 11 月 4 日 上櫃	107 年 現金 4.10 元	91 年 19.41 億元
107 年 4.70 元	91 年 現金 1.05 元， 股票 0.40 元	93 年 9 月 27 日 轉上市	108 年 現金 4.70 元	107 年 22.62 億元

偉詮電（2436）月 K 線走勢圖

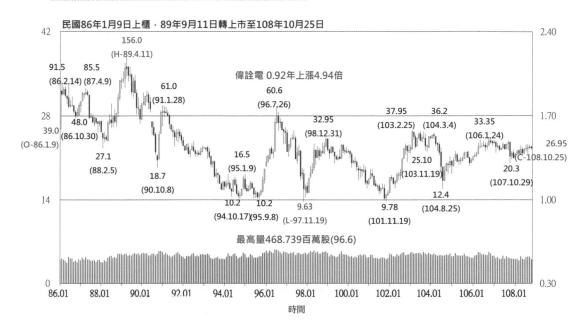

民國86年1月9日上櫃，89年9月11日轉上市至108年10月25日

偉詮電 0.92年上漲4.94倍

最高量468.739百萬股(96.6)

時間

EPS	股利	上市櫃異動	近期股利發放	資本額變動
85 年 3.77 元 86 年 3.40 元	85 年 股票 2.8 元	86 年 1 月 9 日 上櫃	107 年 現金 0.6 元	86 年 5.00 億元 102 年 10 月 29 日減資 2.54 億元
107 年 0.99 元	86 年 股票 4.0 元	89 年 9 月 11 日 轉上市	108 年 現金 1.0 元	107 年 17.80 億元 107 年 9 月 25 日減資 4.45 億元

光群電（2461）月 K 線走勢圖

民國88年12月9日上櫃．90年9月19日轉上市至108年10月25日

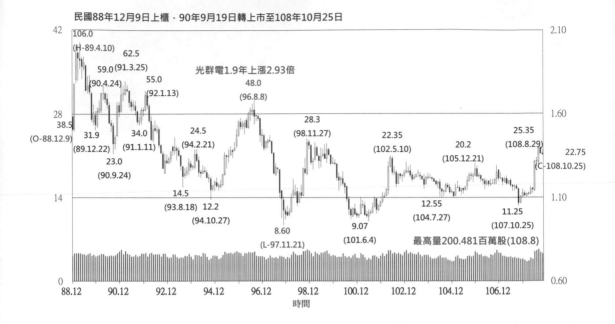

EPS	股利	上市櫃異動	近期股利發放	資本額變動
87 年 1.47 元 88 年 2.08 元	87 年 現金 0.7 元 股票 1.1 元	88 年 12 月 9 日 上櫃	107 年 現金 0.56 元	88 年 5.95 億元
107 年 0.41 元	88 年 現金 0.5 元 股票 1.7 元	90 年 9 月 19 日 轉上市	108 年 現金 0.41 元	107 年 15.93 億元

23 生技化工概念股

109 年，蔡英文總統就職演講針對產業經濟發展提出「六大核心戰略產業」，相關族群包含：5G、資安、生醫、航太、綠能及戰備產業。

以下針對生技化工概念股：中化、中化生、葡萄王、東鹼、永光、臺肥、神隆、花仙子、五鼎、杏輝、佳醫、旭富、國光、信昌化等 14 家公司分析。

> ➤ 臺股大師分析

這 14 家公司沒有一家為國內股市七次股市周期循環的主流股，也沒有國內股市成交金額的前五名的公司。

生技化工概念股 14 家公司的長期月 K 線走勢圖如後圖所示。

其中中化見 39 頁、中化生見 252 頁、臺肥見 40 頁、神隆見 126 頁、花仙子見 249 頁、杏輝見 251 頁。

這 14 家以葡萄王（1707）、臺肥（1722）為值得長期投資的個股。而中化（1701）、中化生（1762）、神隆（1789）、花仙子（1730）、佳醫（4104）、旭富（4119），國光（4142）為值得注意的個股。

葡萄王（1707）月 K 線走勢圖

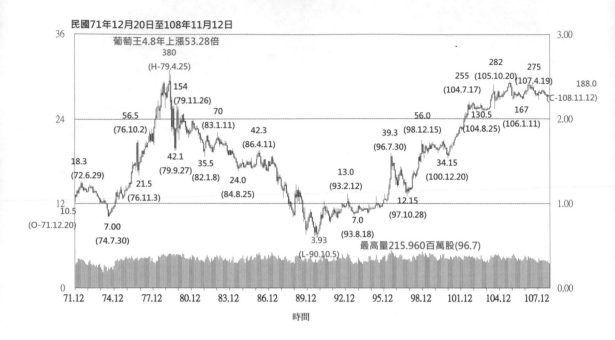

民國71年12月20日至108年11月12日

葡萄王4.8年上漲53.28倍

EPS	股利	上市櫃異動	近期股利發放	資本額變動
70 年 0.83 元 71 年 1.28 元	70 年 現金 1.0 元		107 年 現金 6.68 元	71 年 2.72 億元
107 年 9.50 元	71 年 現金 0.7 元		108 年 現金 6.50 元	107 年 13.63 億元

東鹼（1708）月 K 線走勢圖

民國75年6月16日至108年11月12日

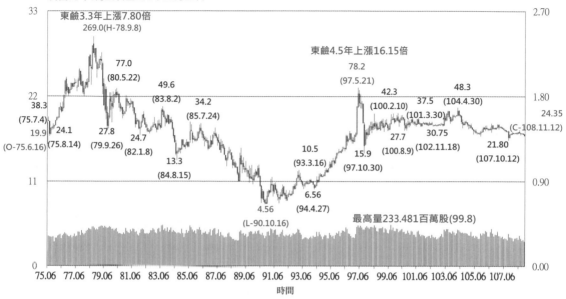

EPS	股利	上市櫃異動	近期股利發放	資本額變動
74 年 3.02 元 75 年 4.05 元	74 年 現金 0.50 元， 股票 1.33 元		107 年 現金 1.0 元	75 年 6.0 億元
107 年 1.74 元	75 年 現金 1.0 元， 股票 1.5 元		108 年 現金 0.5 元， 股票 0.5 元	107 年 20.14 億元

永光（1711）月 K 線走勢圖

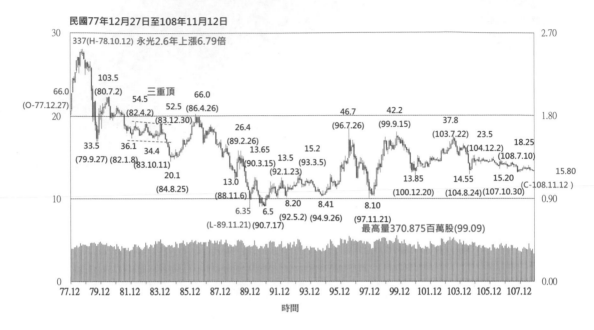

民國77年12月27日至108年11月12日

EPS	股利	上市櫃異動	近期股利發放	資本額變動
76 年 6.30 元 77 年 4.19 元	76 年 現金 0.5 元， 股票 4.5 元		107 年 現金 0.50 元	77 年 5.00 億元
107 年 0.73 元	77 年 股票 4.0 元		108 年 現金 0.50 元	107 年 54.78 億元

> ➢ 臺股大師分析

圖中的三重頂為反轉型態，由漲轉跌，在美國為很可靠的反轉訊號。

五鼎生技（1733）月 K 線走勢圖

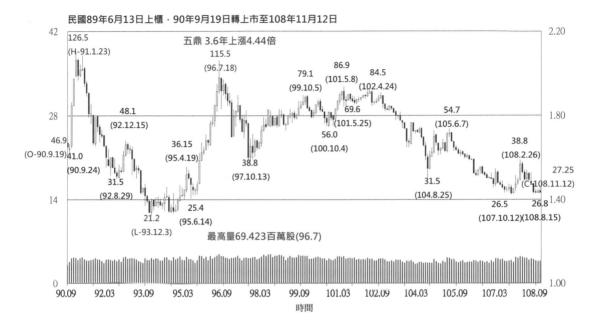

民國89年6月13日上櫃，90年9月19日轉上市至108年11月12日

五鼎 3.6年上漲4.44倍

126.5 (H-91.1.23)
115.5 (96.7.18)
86.9 (101.5.8)
84.5 (102.4.24)
79.1 (99.10.5)
69.6 (101.5.25)
54.7 (105.6.7)
48.1 (92.12.15)
56.0 (100.10.4)
46.9 (O-90.9.19)
41.0 (90.9.24)
36.15 (95.4.19)
38.8 (97.10.13)
38.8 (108.2.26)
31.5 (92.8.29)
31.5 (104.8.25)
27.25 (C-108.11.12)
25.4 (95.6.14)
26.8 (108.8.15)
26.5 (107.10.12)
21.2 (L-93.12.3)

最高量69.423百萬股(96.7)

時間

EPS	股利	上市櫃異動	近期股利發放	資本額變動
88年0.60元 89年2.73元	88年 股票0元 89年 股票3.10元	89年6月13日 上櫃	107年 現金1.50元	89年 3.00億元
107年0.95元	90年 股票3.09元	90年9月19日 轉上市	108年 現金0.85元	107年 9.97億元

佳醫（或東貿國際）（4104）月 K 線走勢圖

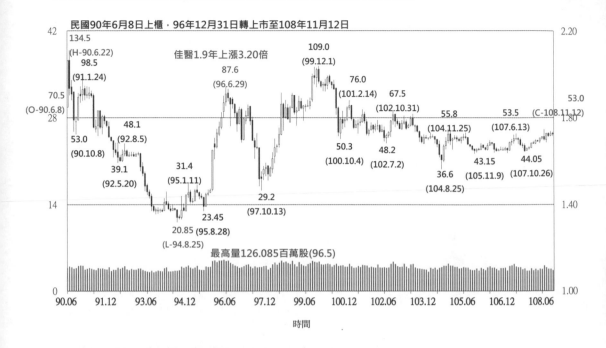

民國90年6月8日上櫃，96年12月31日轉上市至108年11月12日

最高量126.085百萬股(96.5)

時間

EPS	股利	上市櫃異動	近期股利發放	資本額變動
89 年 3.03 元 90 年 6.75 元	89 年 現金 1.6 元， 股票 1.89 元	90 年 6 月 8 日 上櫃	107 年現金 2.79 元	90 年 3.60 億元
107 年 3.52 元	90 年 現金 1.8 元， 股票 1.7 元	96 年 12 月 31 日 轉上市 98 年 7 月 3 日 東貿國際改名為佳醫	108 年 現金 3.00 元	107 年 12.81 億元

旭富（4119）月 K 線走勢圖

民國91年8月2日上興櫃，93年1月7日轉上市至108年11月12日

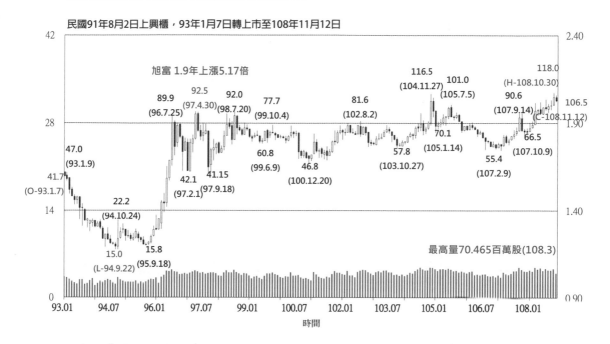

旭富 1.9年上漲5.17倍

116.5 (104.11.27)
101.0 (105.7.5)
118.0 (H-108.10.30)
106.5
(C-108.11.12)

89.9 (96.7.25)
92.5 (97.4.30)
92.0 (98.7.20)
77.7 (99.10.4)
81.6 (102.8.2)
90.6 (107.9.14)

47.0 (93.1.9)

42.1 (97.2.1)
41.15 (97.9.18)
60.8 (99.6.9)
46.8 (100.12.20)
70.1 (105.1.14)
57.8 (103.10.27)
66.5 (107.10.9)

41.7 (O-93.1.7)

22.2 (94.10.24)

55.4 (107.2.9)

15.0 (L-94.9.22)
15.8 (95.9.18)

最高量70.465百萬股(108.3)

時間

EPS	股利	上市櫃異動	近期股利發放	資本額變動
90 年 01.90 元 91 年 3.64 元	90 年 股票 1.0 元 91 年 股票 1.20 元	91 年 8 月 2 日 上興櫃	107 年 現金 2.15 元	91 年 2.28 億元
107 年 5.63 元	92 年 現金 0.75 元， 股票 0.75 元	93 年 1 月 7 日 轉上市	108 年 現金 4.20 元	107 年 7.95 億元

國光（4142）月 K 線走勢圖

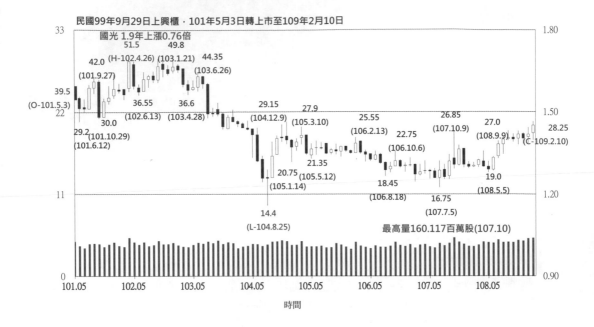

民國99年9月29日上興櫃，101年5月3日轉上市至109年2月10日

國光 1.9年上漲0.76倍

EPS	股利	上市櫃異動	近期股利發放	資本額變動
99 年 0.98 元 100 年 -2.87 元	99 年 股票 0 元 100 年 股票 0 元	99 年 9 月 29 日 上興櫃	107 年 現金 0 元	100 年 16.44 億元
107 年 -2.56 元		101 年 5 月 3 日 轉上市	108 年 現金 0 元	107 年 23.77 億元 108 年 4 月 18 日， 現金增資 12.5 億元， 增幅 42.13%， 每股 18.2 元

信昌化（4725）月 K 線走勢圖

民國95年10月2日上興櫃‧96年10月2日轉上市至108年11月12日

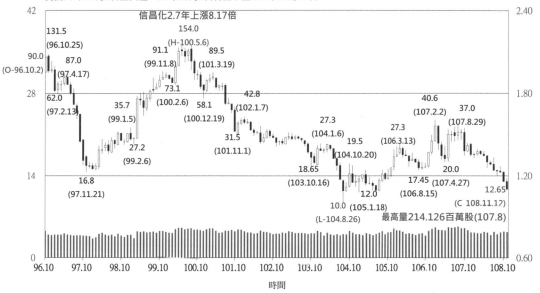

EPS	股利	上市櫃異動	近期股利發放	資本額變動
94 年 3.38 元 95 年 2.08 元	94 年 現金 0 元 95 年 現金 1.5 元	95 年 10 月 2 日 上興櫃	107 年 現金 0 元	95 年 26.90 億元
107 年 1.14 元	96 年 現金 6.5 元	96 年 10 月 2 日 轉上市	108 年 現金 0 元	107 年 29.20 億元

24 官股概念股

　　所謂的官股企業，指的就是公司股東包含政府機構、中央投資機構，甚至是其他國營企業，持股比例若低於 50%，還是稱為民營機構，一旦超過 50% 則稱為公營機構，持股比例越高，官方色彩就越濃。

　　官股於 51 年初先上市，如臺糖、臺電、臺肥、彰銀、一銀、華銀。

　　本文將分析臺糖、臺電、臺肥、臺鹽、中鋼、陽明、華航、兆豐金、中華電信等 9 家公司。

　　80 年 6 月 4 日立法院院會三讀通過「公營事業移轉民營條例修正案」，授權行政院可視主客觀情勢需要，逕行核定可轉讓民營的公營事業。於是 80 年至 84 年開始展開中鋼民營化，85 年至 87 年彰銀、一銀、華銀民營化，86 年至 87 年交銀民營化（91 年成立兆豐金控），89 年度中華電信公司股票上市，以下是國內官股九家公司股票的分析。

　　51 年至 108 年官股九家公司股票成交金額及成交量，有五個年度分居全年股票成交金額的前五名，如下：

01. 52 年全年股票成交額中，臺糖股票成交 78.53 億元，占全年成交總金額 78.78%，居首位。其餘各檔成交金額，尚無超過全年成交總金額

表 24-1　歷年官股各上市公司股票成交量值統計表　（成交金額前 5 名者）

循環週期	成交金額前 5 名者	全年度成交金額（百萬元）	成交金額（1）	占比	成交金額（2）	占比
第一大循環	52 年度	9,901.65	臺糖（優先股）	78.78%	臺紙（1902）	7.33%
第一大循環	53 年度	35,501.01	臺糖（優先股）	43.11%	臺紙（1902）	13.35%
第一大循環	54 年度	10,960.46	臺糖（優先股）	14.88%	臺電（普通股）	11.62%
第五大循環	84 年度	10,151,536	聯電（2303）	2.90%	華隆（1407）	2.80%
第五大循環	85 年度	12,907,561	國壽（2805）	3.13%	聯電（2303）	1.87%
第六大循環	92 年度	20,333,237	友達（2409）	3.88%	聯電（2303）	3.11%

2.0% 者，尤其是 52 年 5 月以後的交易，幾全為臺糖股票聲勢所掩蓋。

02. 53 年全年股票成交金額中，臺糖優先股成交 153.24 億元，占全年度成交總金額 43.11%，居首位；其餘各檔成交金額都沒有超過當年成交總金額 5%。

03. 54 年全年股票成交額中，臺糖股票成交 16.33 億元，占全年成交總金額 14.88%，雖自 6 月 14 日以後，即無交易，但其成交金額，仍居首位；臺電次之，成交 12.75 億元，占 11.2%（也自 6 月 14 日以後，即無交易）。

04. 84 年全年股票成交額中，第五為中鋼，成交 2,137.39 億元，占 2.11%。

05. 85 年全年股票成交額中，第五為中鋼，成交 2,196.47 億元，占 1.70%。

06. 92 全年股票成交額中，第四為中鋼，成交 4,410.09 億元，占 2.17%。

> 臺股大師分析

官股各公司的長期月 K 線走勢圖，如後圖所示。臺灣糖業（優先股）（1200）見 35 頁、臺肥（1722）見 40 頁、臺電（或優先）公司（1500）見 38 頁、中華電信（2412）見 241 頁。官股中以臺肥（1722）、中鋼（2002）、兆豐金（2886）、中華電信（2412）值得長期持股。

成交金額（3）	占比	成交金額（4）	占比	成交金額（5）	占比
臺泥（1101）	3.84%	中興紙業（優先股）	2.38%	亞泥（1102）	2.01%
臺泥（1101）	9.46%	味全（1201）	6.73%	亞泥（1102）	4.33%
津津（1204）	10.64%	中纖（1401）	8.44%	臺塑（1301）	7.86%
新纖（1409）	2.32%	宏碁（2306）	2.13%	中鋼（2002）	2.11%
中華開發（2804）	1.85%	華隆（1407）	1.71%	中鋼（2002）	1.70%
臺積電（2330）	3.05%	中鋼（2002）	2.17%	奇美電（3009）	1.93%

中鋼（2002）月 K 線走勢圖

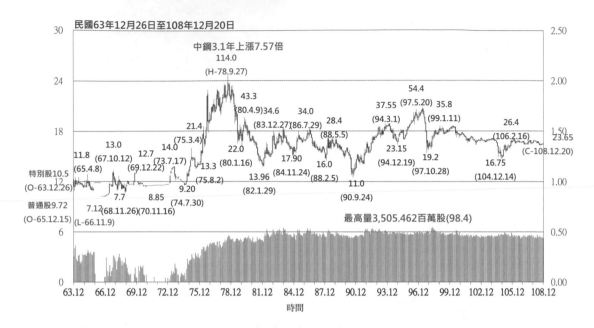

民國63年12月26日至108年12月20日

中鋼3.1年上漲7.57倍
114.0
(H-78.9.27)

最高量3,505.462百萬股(98.4)

時間

EPS	股利	上市表現	近期股利發放	資本額變動
62 年 0 元 63 年 0 元 （建廠期間，66 年 完成，67 年生產）	62 年 現金 0 元 63 年 特別股現金 0.2972 元	63 年 12 月 26 日為中 鋼特先掛牌 10.50 元 65 年 12 月 15 日為中 鋼普通股掛牌 9.72 元	107 年 現金 0.88 元	62 年 4.00 億元
107 年 1.55 元			108 年 現金 1.00 元	107 年 1,577.31 億元

臺鹽（1737）月 K 線走勢圖

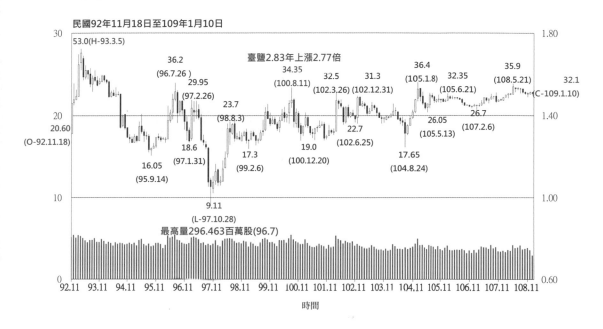

民國92年11月18日至109年1月10日

最高量296.463百萬股(96.7)

時間

EPS	股利	上市表現	近期股利發放	資本額變動
91 年 1.96 元 92 年 0.91 元	91 年 現金 1.282 元		107 年 現金 1.5 元	92 年 25.0 億元
107 年 2.26 元	92 年 現金 2.0 元， 股票 0.5 元		108 年 現金 1.8 元	107 年 20.0 億元

陽明（2609）月 K 線走勢圖

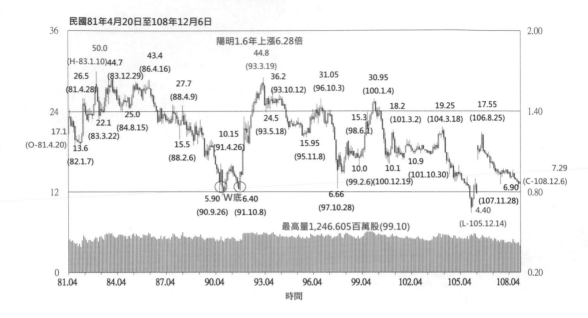

民國81年4月20日至108年12月6日

陽明1.6年上漲6.28倍

EPS	股利	上市表現	近期股利發放	資本額變動
80 年 0.34 元 81 年 0.42 元	80 年 現金 0 元		107 年 現金 0 元	81 年 88.15 億元 106 年 5 月 4 日減資 160 億元，減幅 53.27%
107 年 -2.84 元	81 年 現金 0 元		108 年 現金 0 元	107 年 232.30 億元

華航（2610）月 K 線走勢圖

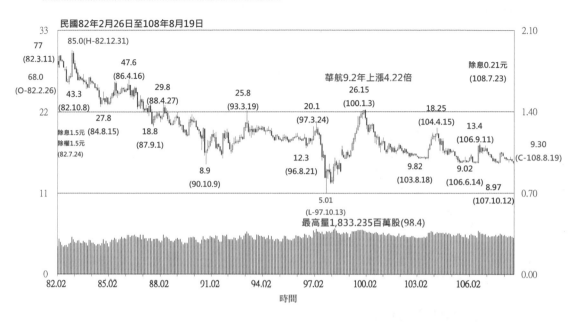

民國82年2月26日至108年8月19日

77 (82.3.11)
85.0(H-82.12.31)
68.0 (O-82.2.26)
47.6 (86.4.16)
除息0.21元 (108.7.23)
43.3 (82.10.8)
29.8 (88.4.27)
華航9.2年上漲4.22倍
25.8 (93.3.19)
26.15 (100.1.3)
27.8 (84.8.15)
20.1 (97.3.24)
18.25 (104.4.15)
除息1.5元 (84.8.15)
18.8 (87.9.1)
13.4 (106.9.11)
9.30 (C-108.8.19)
除權1.5元 (82.7.24)
8.9 (90.10.9)
12.3 (96.8.21)
9.82 (103.8.18)
9.02 (106.6.14)
8.97 (107.10.12)
5.01 (L-97.10.13)
最高量1,833.235百萬股(98.4)

時間

EPS	股利	上市表現	近期股利發放	資本額變動
81 年 4.57 元 82 年 3.36 元	81 年 現金 1.5 元， 股票 1.5 元		107 年 現金 0.22 元	82 年 92.33 億元
107 年 0.33 元	82 年 現金 1.5 元， 股票 1.5 元		108 年 現金 0.21 元	107 年 542.10 億元

兆豐金（2886 或 2824）與中國商銀（2806）月 K 線走勢圖

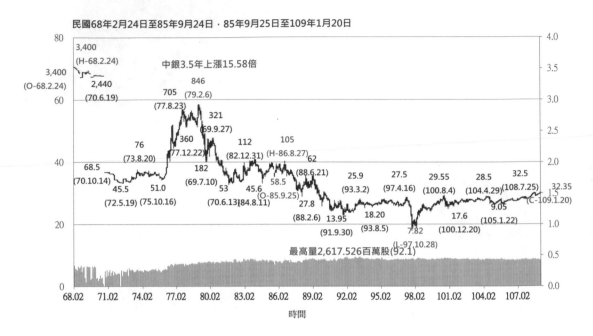

民國68年2月24日至85年9月24日，85年9月25日至109年1月20日

	EPS	股利	上市表現	近期股利發放	資本額變動
	中銀普通股 67 年 75.9 元 68 年 104.1 元 （面額 300 元）	67 年 現金 27 元， 股票 51 元 68 年 現金 36.9 元， 股票 36 元 （面額 300 元）		88 年 現金 1.0 元， 股票 1.0 元 89 年 現金 0.9 元， 股票 1.0 元	中銀 68 年 18.0 億元 （面額 300 元） 70 年 8 月 26 日 面額從 300 元變更為 10 元 91 年 365.12 億元 （面額 10 元） 68 年 2 月 2 日 中國商銀（28064）上市， 85 年 9 月 25 日 交銀（2824）上市於 91 年 2 月 4 日併入兆豐金。
	兆豐金 84 年 2.35 元 85 年 2.22 元 90 年 6.25 元 0 元 107 年 2.07 元	84 年 現金 1.3 元 85 年 現金 1.40 元， 股票 1.76 元		107 年 現金 1.50 元 108 年 現金 1.70 元	兆豐金 85 年 130.0 億元 107 年 1,359.98 億元

25 資產概念股

　　國內股市在電子股成為類股主流前，每隔一定時間就會炒作資產股。

　　如老牌資產股農林、大同，士林三寶的士電、士紙、新紡，南港土地的臺肥、南港、泰豐。

　　因 108 年 8 月 16 日金管會公布，訂定保險業資金辦理專案運用公共及社會福利事業投資管理辦法第 2 條規定之解釋令，金管會於 108 年 8 月 16 日發布令釋，開放保險業得投資並擔任實施者，參與國家住宅及都市更新中心 100% 持有土地，或地上權之公辦都市更新案件，以增加保險業得參與之公辦都市更新案件。

　　108 年 9 月 19 日通過，南港土地都更利多的營建股國產實業（2504）漲停。也使南港相關的資產股如臺肥、南港及國產實業走強。

　　八家資產股票有 9 個年度，分居前 5 名的年度如表 25-1 所示，

01. 51 年全年股票成交額中，第四為農林公司，占 7.12%。

02. 59 年全年股票成交額中，第五為大同優，成交 9.37 億元，占 9.61% 為多數。

03. 67 年全年股票成交額中，第三為大同，成交 125.69 億元，占 3.47%。

04. 69 年全年股票成交額中，第五為農林，成交 53.25 億元，占 3.26%。

05. 70 年全年股票成交額中，泰豐輪胎成交 69.24 億元，占全年成交總金額 3.31%，居首位。

06. 71 年全年股票成交額中，第五為泰豐輪胎，成交 31.31 億元，占 2.34%。

表 25-1 資產概念股票成交量值統計表 （成交金額前 5 名者）

循環周期	成交金額 前 5 名者	全年度成交金額 （百萬元）	成交金額（1）	占比	成交金額（2）	
第一大循環	51 年度	446.548	臺泥（1101）	49.16%	臺紙（1902）	
第二大循環	59 年度	10,865.996	國建（2501）	15.81%	臺紙（1902）	
第三大循環	67 年度	361,644.902	南亞（1303）	3.76%	國建（2501）	
第三大循環	69 年度	162,112.707	臺灣煉鐵（2001）	4.99%	國建（2501）	
第三大循環	70 年度	209,216.704	泰豐輪胎（2102）	3.31%	正隆（1904）	
第三大循環	71 年度	133,875.416	國產（2504）	3.27%	鴻通工業（1427）	
第三大循環	74 年度	195,227.690	華隆（1407）	5.69%	中紡（1408）	
第四大循環	78 年度	25,407,963	中華開發（2804）	2.46%	中紡（1408）	
第四大循環	81 年度	5,917,079	泰豐輪胎（2102）	3.90%	厚生（2107）	

07. 74 年全年股票成交額中，第四為大同，成交 64.06 億元，占 3.28%。

08. 78 年全年股票成交額中，第五為農林，成交 4,332.50 億元，占 1.71%。

09. 81 年全年股票成交額中，泰豐輪胎成交 2,310.37 億元，占全年成交總金額 3.90%，居首位。

> 臺股大師分析

八家資產股公司的長期月 K 線走勢圖如圖所示。臺肥見 40 頁、大同見 37 頁、南港公司見 55 頁。以士電（1503）、臺肥（1722）值得長期持股。

占比	成交金額（3）	占比	成交金額（4）	占比	成交金額（5）	占比
16.60%	中興（優先股）	9.06%	農林（1202）	7.12%	味全（1201）	4.36%
10.20%	南亞（1303）	9.31%	味全（1201）	9.14%	大同優（1502）	8.61%
3.67%	大同（1502）	3.47%	新纖（1409）	2.87%	和信興（1208）	2.85%
4.75%	和信興（1208）	3.86%	正隆（1904）	3.30%	農林（2913）	3.26%
2.71%	國建（2501）	2.68%	復木（2503）	2.63%	國豐（2508）	2.14%
2.69%	新燕（1431）	2.36%	南染（1410）	2.36%	泰豐輪胎（2102）	2.34%
5.43%	裕隆汽車（2201）	4.83%	大同（1502）	3.28%	華夏（1305）	2.93%
1.88%	太電（1602）	1.82%	力霸（1105）	1.81%	農林（1202）	1.71%
2.57%	中和羊毛（1439）	2.30%	中華開發（2804）	2.22%	利華羊毛（1423）	1.40%

士電（1503）月 K 線走勢圖

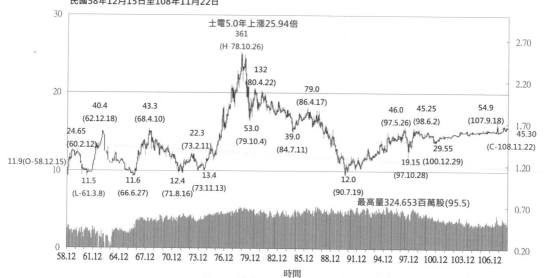

民國58年12月15日至108年11月22日

士電5.0年上漲25.94倍
361
(H-78.10.26)
132
(80.4.22)
79.0
(86.4.17)
40.4
(62.12.18)
43.3
(68.4.10)
46.0 (97.5.26)
45.25 (98.6.2)
54.9 (107.9.18)
24.65 (60.2.12)
22.3 (73.2.11)
53.0 (79.10.4)
39.0 (84.7.11)
29.55
(C-108.11.22)
11.9(O-58.12.15)
19.15 (100.12.29)
(97.10.28)
11.5 (L-61.3.8)
11.6 (66.6.27)
12.4 (71.8.16)
13.4 (73.11.13)
12.0 (90.7.19)
最高量324.653百萬股(95.5)
時間

EPS	股利	上市表現	近期股利發放	資本額變動
57 年 2.10 元 58 年 4.52 元	57 年 股票 1.50 元	77 年士電（增）成交金額占整體金額 25%，排名第 4	107 年 現金 1.30 元	58 年 0.40 億元
107 年 2.72 元	58 年 現金 1.50 元， 股票 1.50 元	77 年士電（增）成交張數占整體張數 4.62%，排名第 1	108 年現金 1.50 元	107 年 52.10 億元

士紙（1903）月 K 線走勢圖

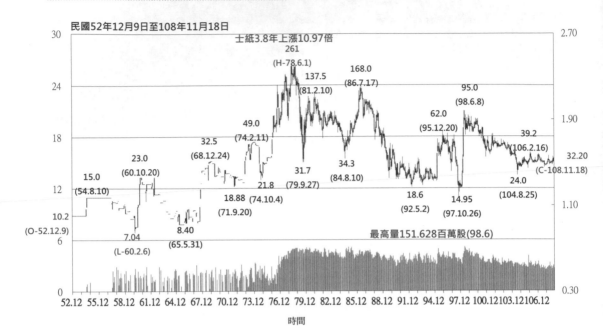

民國52年12月9日至108年11月18日

士紙3.8年上漲10.97倍
261
(H-78.6.1)

137.5
(81.2.10)

168.0
(86.7.17)

95.0
(98.6.8)

49.0
(74.2.11)

62.0
(95.12.20)

39.2
(106.2.16)

32.5
(68.12.24)

34.3
(84.8.10)

31.7
(79.9.27)

23.0
(60.10.20)

21.8

15.0
(54.8.10)

18.88
(74.10.4)

24.0
(104.8.25)

(C-108.11.18)

18.6
(92.5.2)

14.95
(97.10.26)

11.9.20)
(71.9.20)

(O-52.12.9)

7.04
(L-60.2.6)

8.40
(65.5.31)

最高量151.628百萬股(98.6)

時間

EPS	股利	上市表現	近期股利發放	資本額變動
51 年 2.67 元 52 年 0.19 元	51 年 現金 1.20 元	53 年 2 月 2 日才 成交 1 張 10.2 元	107 年 現金 0 元	52 年 0.32 億元
107 年 -0.64 元	52 年 現金 0.30 元		108 年 現金 0 元	107 年 26.0 億元

新紡（1419）月 K 線走勢圖

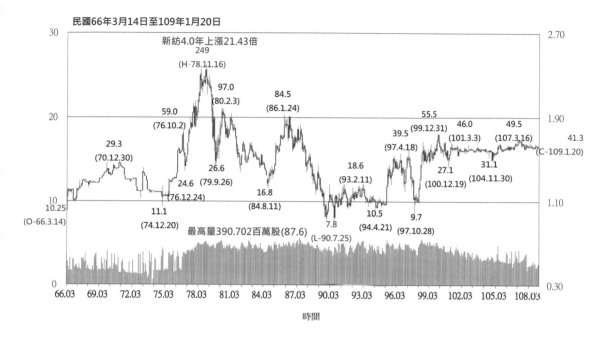

民國66年3月14日至109年1月20日

新紡4.0年上漲21.43倍
249
(H-78.11.16)

97.0
(80.2.3)

59.0
(76.10.2)

84.5
(86.1.24)

55.5
(99.12.31)

39.5
(97.4.18)

46.0
(101.3.3)

49.5
(107.3.16)

41.3
(C-109.1.20)

29.3
(70.12.30)

26.6
(79.9.26)

24.6
(76.12.24)

16.8
(84.8.11)

18.6
(93.2.11)

27.1
(100.12.19)

31.1
(104.11.30)

10.25
(O-66.3.14)

11.1
(74.12.20)

7.8

10.5
(94.4.21)

9.7
(97.10.28)

最高量390.702百萬股(87.6)
(L-90.7.25)

時間

EPS	股利	上市表現	近期股利發放	資本額變動
65 年 -2.18 元 66 年 3.33 元	65 年現金 0 元 66 年現金 0 元		107 年 現金 3.73 元	66 年 6.0 億元
107 年 0.94 元			108 年 現金 0.85 元	107 年 30 億元

泰豐（2102）月 K 線走勢圖

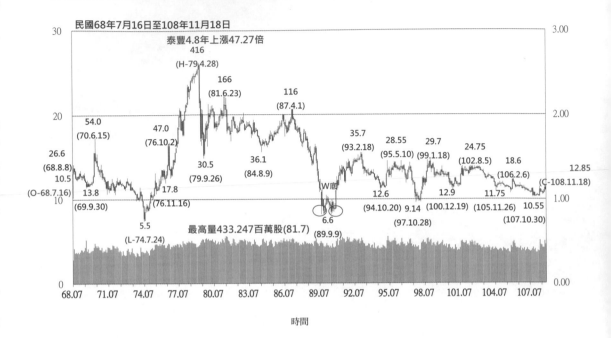

民國68年7月16日至108年11月18日

泰豐4.8年上漲47.27倍

416
(H-79.4.28)

166
(81.6.23)

116
(87.4.1)

54.0
(70.6.15)

47.0
(76.10.2)

35.7
(93.2.18)

28.55
(95.5.10)

29.7
(99.1.18)

24.75
(102.8.5)

18.6
(106.2.6)

26.6
(68.8.8)

30.5
(79.9.26)

36.1
(84.8.9)

12.85
(C-108.11.18)

10.5
(O-68.7.16)

13.8
(69.9.30)

17.8
(76.11.16)

W底

12.6

12.9

11.75

10.55
(107.10.30)

5.5
(L-74.7.24)

最高量433.247百萬股(81.7)

6.6
(89.9.9)

(94.10.20)

9.14
(97.10.28)

(100.12.19)

(105.11.26)

時間

68.07　71.07　74.07　77.07　80.07　83.07　86.07　89.07　92.07　95.07　98.07　101.07　104.07　107.07

EPS	股利	上市櫃異動	近期股利發放	資本額變動
67 年 1.19 元 68 年 2.37 元	67 年 現金 0 元		107 年 現金 0 元	68 年 3.5 億元
107 年 -2.59 元	68 年 現金 1.0 元， 股票 1.0 元		108 年 現金 0 元	107 年 47.33 億元

涵蓋所有生活面向
的產業股

有人說買股就從日常生活中買起，買你知道的股票最安心，但產業何其多。

本篇將水泥、食品、塑化、紡纖、家電、電線電纜、化學、陶瓷、造紙、鋼鐵、橡膠、汽車、電子、營建、航運、觀光飯店、金融、百貨……一網打盡，教你判讀好股票。

26 造紙股與橡膠股

　　造紙股與橡膠股中，本文挑選共 14 家公司如下：臺紙、士紙、正隆、華紙、永豐餘、榮成、南港、泰豐、中橡、臺橡、正新、建大、厚生、南帝。

　　其中，臺紙為第一次大股市周期循環的主流股。正隆為第三次大股市周期循環的主流股。泰豐為第三次與第四次股市循環周期的主流股。這 14 家公司股票占據國內股市成交金額的前五名達 11 個年度。臺紙分別在 51、52、53 年居第二名。泰豐分別在 70、81 年居第一名。

表 26-1　51 年至 108 年造紙股與橡膠股成交量值統計表
（成交金額前 5 名者）單位：百萬元

循環周期	成交金額前 5 名者	全年度成交金額（百萬元）	成交金額（1）	占比	成交金額（2）	占比
第一大循環	51 年度	446.548	臺泥（1101）	49.16%	臺紙（1902）	16.60%
第一大循環	52 年度	9,901.645	臺糖（優先股）	78.78%	臺紙（1902）	7.33%
第一大循環	53 年度	35,501.012	臺糖（優先股）	43.11%	臺紙（1902）	13.35%
第一大循環	55 年度	4,562.927	津津（1204）	40.58%	味新（1203）	13.03%
第一大循環	56 年度	5,429.000	津津（1204）	31.21%	味全（1201）	11.60%
第三大循環	68 年度	205,488.181	和信興（1208）	7.64%	臺灣煉鐵（2001）	5.55%
第三大循環	69 年度	162,112.707	臺灣煉鐵（2001）	4.99%	國建（2501）	4.75%
第三大循環	70 年度	209,216.704	泰豐輪胎（2102）	3.31%	正隆（1904）	2.71%
第三大循環	71 年度	133,875.416	國產（2504）	3.27%	鴻通工業（1427）	2.69%
第四大循環	75 年度	675,656.357	中紡（1408）	6.28%	廣豐（1416）	4.37%
第四大循環	81 年度	5,917,079	泰豐輪胎（2102）	3.90%	厚生（2107）	2.57%

01. 51 年全年股票成交金額共計新臺幣 44,654.25 萬元，臺紙股票第 2，占全年成交總金額 16.60%。因 51 年臺泥股票價格平均上漲 24% 左右，而臺紙股票平均價格則低於面額 47% 左右。雖然臺紙成交股數超過臺泥，但成交金額反較臺泥相去甚遠。

02. 52 年全年股票成交金額 99.02 億元，52 年全年股票成交金額中，第二為臺紙股票，占 7.33%。

03. 53 年全年股票成交金額共計新臺幣 355.01 億元，臺紙為第 2 位，占 13.35%。

04. 55 年全年股票成交金額共計 43.30 億元，第三為臺紙，占 10.28%。

05. 56 年全年股票成交金額共計 54.29 億元，第三為臺紙，占 11.01%。

06. 68 年全年股票成交額中，第四為臺紙，成交 74.33 億元，占 3.59%。

07. 69 年全年股票成交額中，第四為正隆，成交 53.93 億元，占 3.30%。

08. 70 年全年股票成交額中，泰豐輪胎股票成交 69.24 億元，占全年成交總金額 3.31%，居首位；第二為正隆，成交 56.76 億元，占 2.71%。

成交金額（3）	占比	成交金額（4）	占比	成交金額（5）	占比
中興（優先股）	9.06%	農林（1202）	7.12%	味全（1201）	4.36%
臺泥（1101）	3.84%	中興紙業（優先股）	2.38%	亞泥（1102）	2.01%
臺泥（1101）	9.46%	味全（1201）	6.73%	亞泥（1102）	4.33%
臺紙（1902）	10.28%	臺塑（1301）	4.81%	太電（1602）	4.71%
臺紙（1902）	11.01%	中纖（1401）	7.86%	國建（2501）	7.28%
新玻（1801）	4.00%	臺紙（1902）	3.59%	華新（1605）	3.14%
和信興（1208）	3.86%	正隆（1904）	3.30%	農林（2913）	3.26%
國建（2501）	2.68%	復木（2503）	2.63%	國豐（2508）	2.14%
新燕（1431）	2.36%	南染（1410）	2.36%	泰豐輪胎（2102）	2.34%
臺橡（2103）	4.03%	華隆（1407）	3.53%	遠紡（1402）	3.01%
中和羊毛（1439）	2.30%	中華開發（2804）	2.22%	利華羊毛（1423）	1.40%

09. 71 年全年股票成交額中，第五為泰豐輪胎，成交 31.31 億元，占 2.34%。

10. 75 年全年股票成交額中，第三為臺橡，成交 272.04 億元，占 4.03%。

11. 81 年全年股票成交額中，泰豐輪胎股票成交 2,310.37 億元，占全年成交總金額 3.90%，居首位。第二為厚生，成交 1,518.10 億元，占 2.57%；

➤ 臺股大師分析

造紙股與橡膠股共 14 家公司的長期月 K 線走勢圖如下圖所示。臺紙見 23 頁、士紙見 292 頁、泰豐見 294 頁、南港見 55 頁、中橡請見 101 頁。

造紙股與橡膠股以正隆（1904）、永豐餘（1907）、中橡（2104）與正新（2105）為值得長期投資的個股。

而華紙（1905）、南港（2101）、臺橡（2104）、建大（2106）為值得注意的個股。

正隆（1904）月 K 線走勢圖

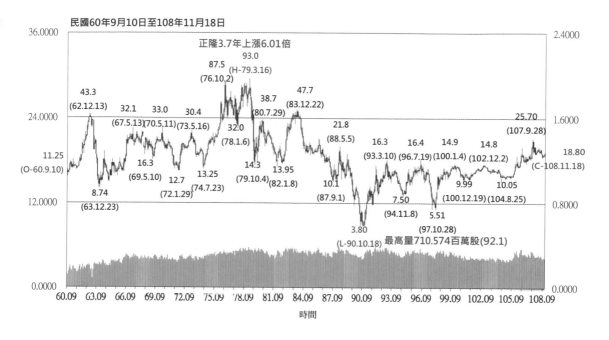

EPS	股利	上市表現	近期股利發放	資本額變動
59 年 1.60 元 60 年 3.28 元	59 年 現金 1.50 元 60 年 現金 1.50 元， 股票 1.5 元	69 年成交金額占 整體金額 3.30%， 排名第 4	107 年 現金 0.70 元	60 年 0.70 億元
107 年 3.38 元		70 年占 2.71%， 排名第 2	108 年 現金 1.10 元	107 年 110.83 億元

華紙（1905）月 K 線走勢圖

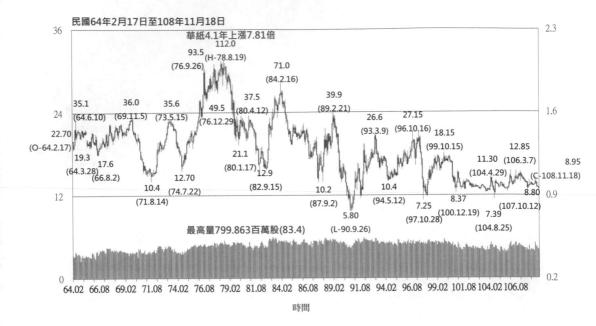

民國64年2月17日至108年11月18日

華紙4.1年上漲7.81倍
112.0
93.5 (H-78.8.19)
(76.9.26)
71.0
(84.2.16)
35.1   36.0   35.6   37.5   39.9
(64.6.10) (69.11.5) (73.5.15) 49.5 (80.4.12) (89.2.21)
22.70   (76.12.29)   26.6   27.15
(O-64.2.17)   (93.3.9) (96.10.16) 18.15
19.3   17.6   21.1   (99.10.15)   12.85
(64.3.28) (66.8.2)   (80.1.17) 12.9   11.30 (106.3.7)
                  12.70   (82.9.15)   10.4   (104.4.29)   8.95
        10.4   (74.7.22)   10.2   8.37   (C-108.11.18)
        (71.8.14)   (87.9.2)   (94.5.12) 7.25   7.39   8.80
                                      5.80   (97.10.28) (100.12.19) (107.10.12)
                                  (L-90.9.26)   (104.8.25)

最高量799.863百萬股(83.4)

時間

64.02 66.08 69.02 71.08 74.02 76.08 79.02 81.08 84.02 86.08 89.02 91.08 94.02 96.08 99.02 101.08 104.02 106.08

EPS	股利	上市櫃異動	近期股利發放	資本額變動
63 年 5.46 元 64 年 3.35 元	63 年 現金 2.0 元， 股票 2.0 元		107 年 現金 050 元	64 年 5.21 億元 104 年 10 月 22 日 減資 12 億元，減幅 9.81%
107 年 0.40 元	64 年 現金 1.50 元， 股票 1.5 元		108 年 現金 0.35 元	107 年 110.28 億元

永豐餘公司（1907）月 K 線走勢圖

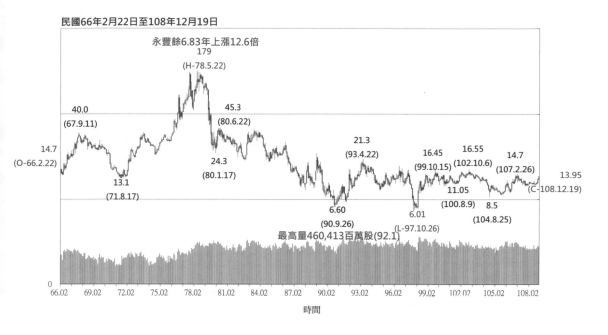

民國66年2月22日至108年12月19日

永豐餘6.83年上漲12.6倍
179
(H-78.5.22)

40.0
(67.9.11)

45.3
(80.6.22)

14.7
(O-66.2.22)

24.3
(80.1.17)

21.3
(93.4.22)

16.45
(99.10.15)

16.55
(102.10.6)

14.7
(107.2.26)

13.95
(C-108.12.19)

13.1
(71.8.17)

11.05
(100.8.9)

8.5
(104.8.25)

6.60
(90.9.26)

6.01
(L-97.10.26)

最高量460,413百萬股(92.1)

0

66.02　69.02　72.02　75.02　78.02　81.02　84.02　87.02　90.02　93.02　96.02　99.02　102.02　105.02　108.02

時間

EPS	股利	上市櫃異動	近期股利發放	資本額變動
65 年 2.46 元 66 年 2.77 元	65 年 現金 1.00 元， 股票 1.44 元		107 年 現金 0.6 元	66 年 7.51 億元
107 年 0.87 元	66 年 現金 1.10 元， 股票 1.40 元		108 年 現金 0.6 元	107 年 166.04 億元

榮成（1909）月 K 線走勢圖

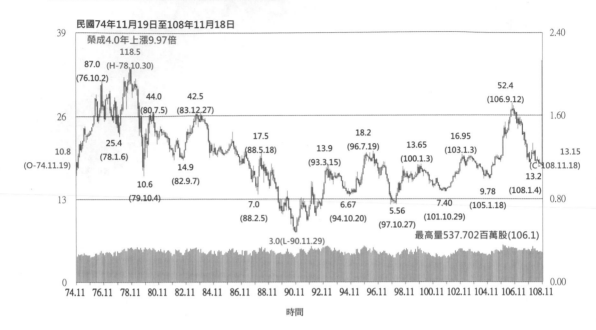

民國74年11月19日至108年11月18日

榮成4.0年上漲9.97倍

EPS	股利	上市櫃異動	近期股利發放	資本額變動
73 年 2.46 元 74 年 -0.44 元	73 年 股票 2.30 元		107 年 現金 1.75 元	74 年 3.65 億元 105 年 9 月 13 日現金增資 17.2 億元，每股 14.85 元
107 年 0.80 元	74 年 股票 0 元		108 年 現金 0.50 元	107 年 116.77 億元 108 年 11 月 6 日現金增資 5 億元，增幅 34.3% 每股 13.1 元

臺橡（2104）月 K 線走勢圖

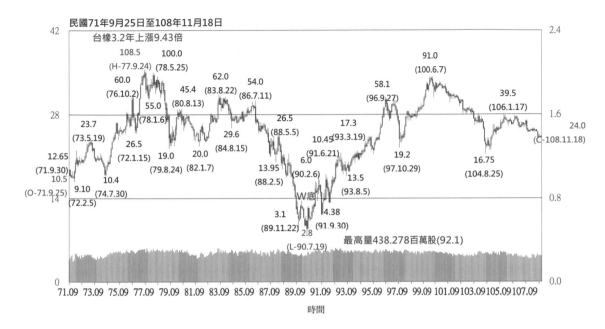

民國71年9月25日至108年11月18日

台橡3.2年上漲9.43倍

EPS	股利	上市櫃異動	近期股利發放	資本額變動
70 年 1.26 元 71 年 0.76 元	70 年 現金 1.0 元， 股票 1.10 元		107 年 現金 0.96 元	71 年 11.60 億元
107 年 1.44 元	71 年 現金 1.0 元， 股票 0.5 元		108 年 現金 0.98 元	107 年 82.57 億元

正新（2105）月 K 線走勢圖

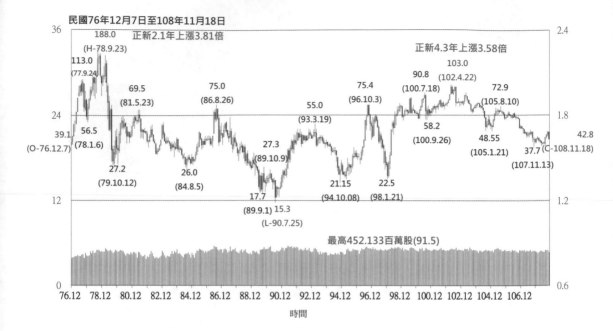

民國76年12月7日至108年11月18日

正新2.1年上漲3.81倍

正新4.3年上漲3.58倍

最高452.133百萬股(91.5)

時間

EPS	股利	上市櫃異動	近期股利發放	資本額變動
75 年 3.11 元	75 年 股票 0.3 元， 股票 1.70 元		107 年 現金 1.8 元	76 年 13.32 億元
107 年 1.09 元	76 年 現金 0.5 元， 股票 2.2 元		108 年 現金 1.10 元	107 年 324.14 億元

建大（2106）月 K 線走勢圖

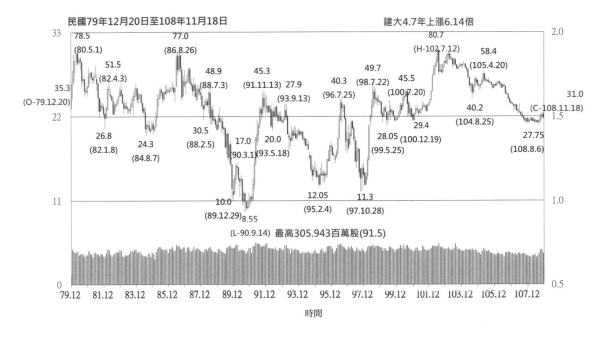

民國79年12月20日至108年11月18日　　　　　　　　　　　　建大4.7年上漲6.14倍

78.5
(80.5.1)

77.0
(86.8.26)

80.7
(H-102.7.12)

58.4
(105.4.20)

51.5
(82.4.3)

48.9
(88.7.3)

45.3
(91.11.13)

27.9
(93.9.13)

40.3
(96.7.25)

49.7
(98.7.22)

45.5
(100.7.20)

35.3
(O-79.12.20)

31.0

(C-108.11.18)

26.8
(82.1.8)

24.3
(84.8.7)

30.5
(88.2.5)

17.0
(90.3.1)

20.0
(93.5.18)

28.05
(99.5.25)

29.4
(100.12.19)

40.2
(104.8.25)

27.75
(108.8.6)

10.0
(89.12.29)
8.55

12.05
(95.2.4)

11.3
(97.10.28)

(L-90.9.14)　最高305.943百萬股(91.5)

時間

EPS	股利	上市櫃異動	近期股利發放	資本額變動
78 年 1.88 元 79 年 1.65 元	78 年 股票 1.66 元		107 年 現金 1.2 元	79 年 8.00 億元
107 年 0.79 元	79 年 股票 2.0 元		108 年 現金 1.0 元	107 年 87.44 億元

厚生（2107）月 K 線走勢圖

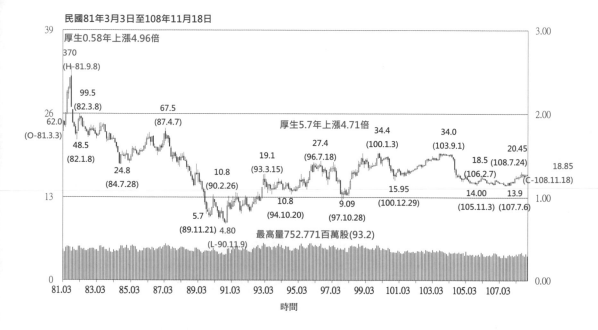

民國81年3月3日至108年11月18日

厚生0.58年上漲4.96倍

370
(H-81.9.8)

99.5
(82.3.8)

67.5
(87.4.7)

62.0
(O-81.3.3)

48.5
(82.1.8)

24.8
(84.7.28)

10.8
(90.2.26)

厚生5.7年上漲4.71倍

19.1
(93.3.15)

27.4
(96.7.18)

34.4
(100.1.3)

34.0
(103.9.1)

20.45
(108.7.24)

18.5
(106.2.7)

18.85
(C-108.11.18)

15.95
(100.12.29)

14.00
(105.11.3)

13.9
(107.7.6)

10.8
(94.10.20)

9.09
(97.10.28)

5.7
(89.11.21)

4.80
(L-90.11.9)

最高量752.771百萬股(93.2)

時間

EPS	股利	上市表示	近期股利發放	資本額變動
80 年 1.33 元 81 年 0.67 元	80 年 股票 1.20 元	81 年厚生成交金額占整體總金額 2.57%，排名第 2	107 年 現金 0.65 元	76 年 15.60 億元 105 年減資 5.69 億元 106 年減資 5.36 億元
107 年 0.58 元	81 年 現金 0.26 元， 股票 1.53 元	81 年 9 月 10 日翁大銘遭收押，9 月 16 日爆發雷伯龍厚生股票 92 億元違約案	108 年 現金 0.68 元	107 年 37.00 億元

南帝（2108）月 K 線走勢圖

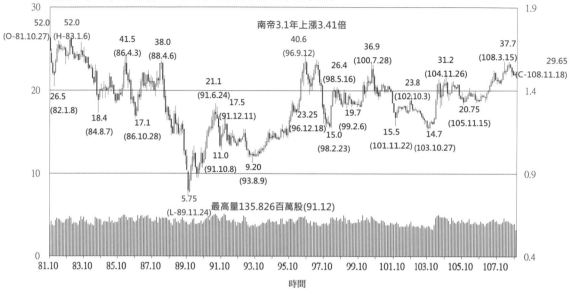

民國79年10月1日上興櫃，81年10月27日轉上市至108年11月18日

南帝3.1年上漲3.41倍

最高量135.826百萬股(91.12)

EPS	股利	上市櫃異動	近期股利發放	資本額變動
78 年 1.26 元 79 年 0.73 元	78 年 股票 1.5 元 79 年 股票 1.0 元	79 年 10 月 1 日 上興櫃	107 年 現金 1.0 元， 股票 0.5 元	79 年 5.30 億元
107 年 3.12 元	81 年 股票 2.0 元	81 年 10 月 27 日 轉上市	108 年 現金 1.8 元	107 年 49.24 億元

家電電纜股中，本文挑選大同、士電、東元、永大、力山、華城、日馳、鑽全、廣隆、中砂、聲寶、瑞智、華新、華榮等 14 家公司分析。

大同為第二、三次股市大循環周期的主流股。

華新為第三次股市大循環周期的主流股。士電為第四次股市大循環周期的主流股。

家電股與電纜股等 14 家公司股票占據國內股市成交金額的前五名達 5 個年度。

尤其大同分別在 59、67、73、74 年居第 5、3、5、4 名。華新、士電分別在 68 年與 77 年居第五名與第四名。

01. 59 年全年股票成交額中，第五為大同優，成交 9.37 億元，占 8.61%。
02. 67 年全年股票成交額中，第三為大同，成交 125.69 億元，占 3.47%。
03. 68 年全年股票成交額中，第五為華新，成交 65.02 億元，占 3.14%。

表 27-1　51 年至 108 年家電股與電纜股股票成交量值統計表

（成交金額前 5 名者）單位：百萬元

第幾大循環周期	成交金額前 5 名	全年度成交金額（百萬元）	成交金額（1）	占比	成交金額（2）	占比	
第二大循環	59 年度	10,865.996	國建（2501）	15.81%	臺紙（1902）	10.20%	
第三大循環	67 年度	361,644.902	南亞（1303）	3.76%	國建（2501）	3.67%	
第三大循環	68 年度	205,488.181	和信興（1208）	7.64%	臺灣煉鐵（2001）	5.55%	
第三大循環	73 年度	324,475.192	中紡（1408）	6.42%	南亞（1303）	5.03%	
第三大循環	74 年度	195,227.690	華隆（1407）	5.69%	中紡（1408）	5.43%	
第四大循環	77 年度	7,868,024	彰銀（2801）	4.71%	一銀（2802）	3.68%	

04. 73 年全年股票成交額中，第五為大同，成交 118.90 億元，占 3.66%。

05. 74 年全年股票成交額中，第四為大同，成交 64.06 億元，占 3.28%。

06. 77 年全年股票成交額中，第四為士電（增），成交 2,559.54 億元，占 3.25%。

> 臺股大師分析

家電股與電纜股等概念股 14 家公司的長期月 K 線走勢圖如下圖所示。

大同、士電、東元的長期月 K 線走勢圖請見 37、291、258 頁。

家電股與電纜股以士電（1503）、東元（1504）與鑽全（1527）為值得投資的個股。

而永大（1507）、力山（1515）、日馳（1526）、廣隆（1537）、中砂（1560）、瑞智（4532）、華新（1605）等為值得注意長期個股。

成交金額（3）	占比	成交金額（4）	占比	成交金額（5）	占比
南亞（1303）	9.31%	味全（1201）	9.14%	大同優（1502）	8.61%
大同（1502）	3.47%	新纖（1409）	2.87%	和信興（1208）	2.85%
新玻（1801）	4.00%	臺紙（1902）	3.59%	華新（1605）	3.14%
遠紡（1402）	3.95%	華隆（1407）	3.76%	大同（1502）	3.66%
裕隆汽車（2201）	4.83%	大同（1502）	3.28%	華夏（1305）	2.93%
華銀（2803）	3.62%	士電（增）（1503）	3.25%	臺塑（1301）	2.91%

永大（1507）月 K 線走勢圖

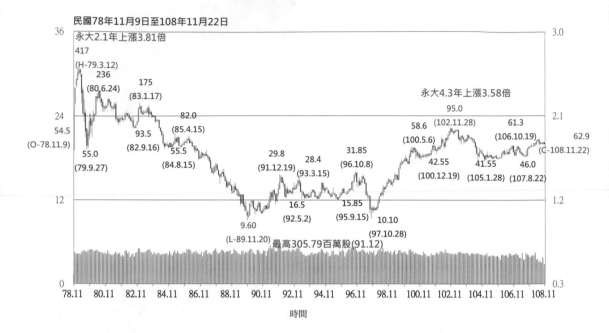

民國78年11月9日至108年11月22日

永大2.1年上漲3.81倍

417
(H-79.3.12)
236
(80.6.24)
175
(83.1.17)
82.0
(85.4.15)
93.5
(82.9.16)
55.5
(84.8.15)
55.0
(79.9.27)
54.5
(O-78.11.9)

永大4.3年上漲3.58倍

95.0
58.6
(100.5.6)
102.11.28
61.3
(106.10.19)
62.9
(C-108.11.22)
42.55
(100.12.19)
41.55
(105.1.28)
46.0
(107.8.22)

29.8
(91.12.19)
28.4
(93.3.15)
31.85
(96.10.8)
16.5
(92.5.2)
15.85
(95.9.15)
10.10
(97.10.28)
9.60
(L-89.11.20)

最高305.79百萬股(91.12)

時間

EPS	股利	上市櫃異動	近期股利發放	資本額變動
75 年 3.38 元 76 年 4.4 元	75 年 股票 5.0 元		107 年 現金 2.0 元	76 年 6.00 億元
107 年 1.64 元	76 年 現金 1.5 元， 股票 3.0 元		108 年 現金 1.8 元	107 年 41.08 億元

力山（1515）月 K 線走勢圖

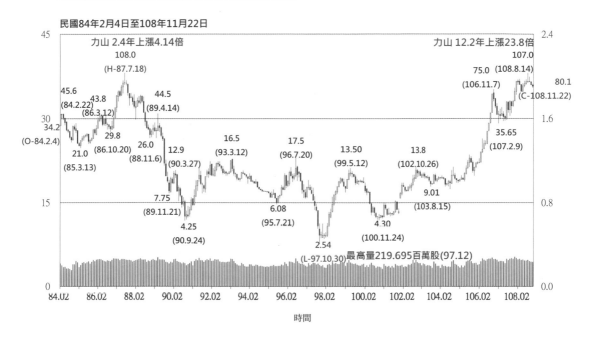

民國84年2月4日至108年11月22日

力山 2.4 年上漲 4.14 倍

108.0
(H-87.7.18)

力山 12.2 年上漲 23.8 倍

107.0
(108.8.14)

45.6
(84.2.22)

43.8
(86.3.12)

44.5
(89.4.14)

75.0
(106.11.7)

80.1
(C-108.11.22)

34.2
(O-84.2.4)

29.8
(86.10.20)

26.0
(88.11.6)

16.5
(93.3.12)

17.5
(96.7.20)

13.50
(99.5.12)

13.8
(102.10.26)

35.65
(107.2.9)

21.0
(85.3.13)

12.9
(90.3.27)

9.01
(103.8.15)

7.75
(89.11.21)

6.08
(95.7.21)

4.30
(100.11.24)

4.25
(90.9.24)

2.54
(L-97.10.30)

最高量219.695百萬股(97.12)

時間

EPS	股利	上市櫃異動	近期股利發放	資本額變動
83 年 1.23 元 84 年 1.14 元	83 年 股票 1.20 元		107 年 現金 1.2 元	84 年 6.72 億元 101 年 9 月 11 日 減資 4.73 億元， 減幅 20.68%
107 年 2.20 元	84 年 股票 1.20 元		108 年 現金 2.0 元	107 年 18.15 億元

華城（1519）月 K 線走勢圖

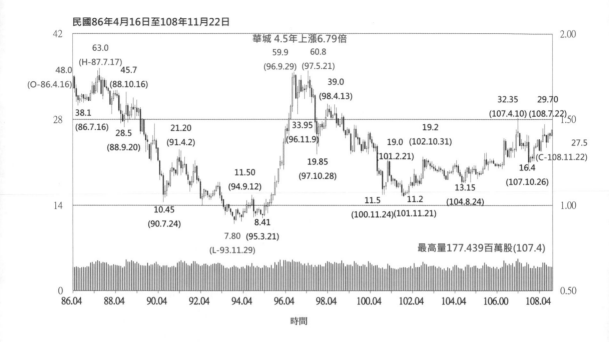

民國86年4月16日至108年11月22日

華城 4.5年上漲6.79倍

48.0
(O-86.4.16)

63.0
(H-87.7.17)

45.7
(88.10.16)

59.9
(96.9.29)

60.8
(97.5.21)

39.0
(98.4.13)

32.35
(107.4.10)

29.70
(108.7.22)

38.1
(86.7.16)

28.5
(88.9.20)

21.20
(91.4.2)

33.95
(96.11.9)

19.85
(97.10.28)

19.2
(102.10.31)

19.0
(101.2.21)

27.5
(C-108.11.22)

16.4
(107.10.26)

11.50
(94.9.12)

10.45
(90.7.24)

8.41

11.5
(100.11.24)

11.2
(101.11.21)

13.15
(104.8.24)

7.80 (95.3.21)
(L-93.11.29)

最高量177.439百萬股(107.4)

時間

EPS	股利	上市櫃異動	近期股利發放	資本額變動
85 年 1.55 元 86 年 1.73 元	85 年 股票 1.50 元		107 年 現金 0.4 元	86 年 10.85 億元
107 年 0.23 元	86 年 股票 2.20 元		108 年 現金 0.3 元	107 年 26.11 億元

日馳（1526）月 K 線走勢圖

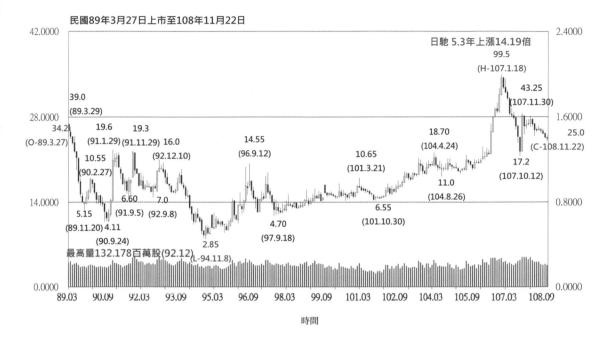

民國89年3月27日上市至108年11月22日

日馳 5.3年上漲14.19倍

EPS	股利	上市櫃異動	近期股利發放	資本額變動
88 年 1.29 元 89 年 -0.24 元	88 年 股票 1.5 元		107 年 現金 1.0 元	89 年 7.88 億元
107 年 2.27 元	89 年 股票 0 元		108 年 現金 1.0 元	107 年 6.00 億元 107 年 10 月 25 日現金 增資 1.0 億元， 增幅 13.85%

鑽全（1527）月 K 線走勢圖

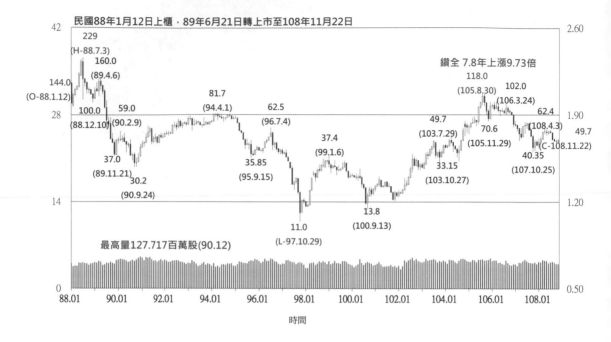

民國88年1月12日上櫃，89年6月21日轉上市至108年11月22日

鑽全 7.8年上漲9.73倍

- 229 (H-88.7.3)
- 160.0 (89.4.6)
- 144.0 (O-88.1.12)
- 100.0 (88.12.10)
- 59.0 (90.2.9)
- 81.7 (94.4.1)
- 62.5 (96.7.4)
- 37.4 (99.1.6)
- 118.0 (105.8.30)
- 102.0 (106.3.24)
- 49.7 (103.7.29)
- 70.6 (105.11.29)
- 62.4
- 49.7 (C-108.11.22)
- 108.4.3)
- 33.15 (103.10.27)
- 40.35 (107.10.25)
- 37.0 (89.11.21)
- 35.85 (95.9.15)
- 30.2 (90.9.24)
- 13.8 (100.9.13)
- 11.0 (L-97.10.29)
- 最高量127.717百萬股(90.12)

時間

EPS	股利	上市櫃異動	近期股利發放	資本額變動
87 年 6.45 元 88 年 5.74 元	87 年 股票 5.78 元	88 年 1 月 12 日 上櫃	107 年 現金 1.4 元	88 年 7.14 億元 104 年 11 月 9 日減資 1.53 億元，減幅 10%
107 年 7.48 元	88 年 股票 5.0 元	89 年 6 月 21 日 轉上市	108 年 現金 4.0 元	107 年 13.80 億元

廣隆（1537）月 K 線走勢圖

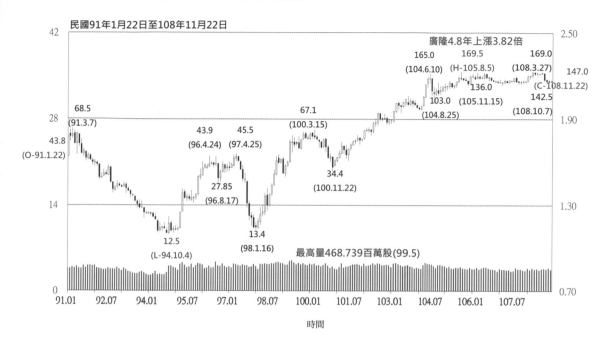

民國91年1月22日至108年11月22日

廣隆4.8年上漲3.82倍

時間

最高量468.739百萬股(99.5)

EPS	股利	上市櫃異動	近期股利發放	資本額變動
90 年 3.50 元 91 年 2.95 元	90 年 現金 1.5 元， 股票 1.0 元		107 年 現金 9.5 元	86 年 5.82 億元
107 年 12.02 元	91 年 現金 1.5 元， 股票 1.0 元		108 年 現金 10.0 元	107 年 8.18 億元

中砂（1560）月 K 線走勢圖

民國93年4月15日上興櫃，94年1月31日轉上市至108年11月22日

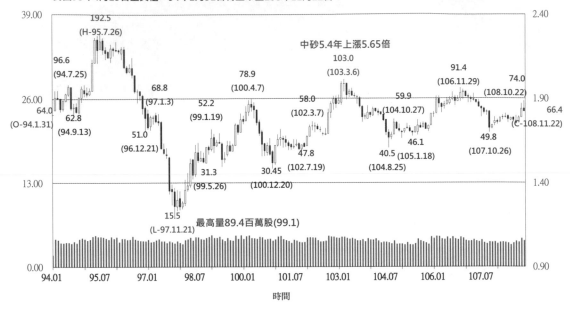

EPS	股利	上市櫃異動	近期股利發放	資本額變動
92 年 4.12 元 93 年 5.36 元	92 年 現金 1.5 元， 股票 1.5 元	93 年 4 月 15 日 上興櫃	107 年 現金 3.50 元	93 年 6.76 億元
107 年 4.92 元	93 年 現金 1.5 元 股票 1.5 元	94 年 1 月 31 日 轉上市	108 年 現金 3.50 元	107 年 14.10 億元

聲寶（1604）月 K 線走勢圖

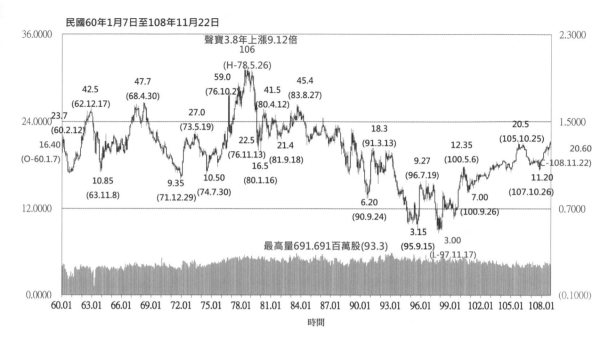

民國60年1月7日至108年11月22日

EPS	股利	上市櫃異動	近期股利發放	資本額變動
59 年 3.77 元 60 年 2.08 元	59 年 現金 1.50 元， 股票 1.50 元		107 年 現金 0.20 元	60 年 1.65 億元
107 年 1.71 元	60 年 股票 1.62 元		108 年 股票 1.40 元	107 年 38.72 億元 107 年 12 月 4 日 減資 9.68 億元， 減幅 20%。

瑞智（4532）月 K 線走勢圖

民國91年2月25日上櫃，92年8月14日轉上市至108年11月22日

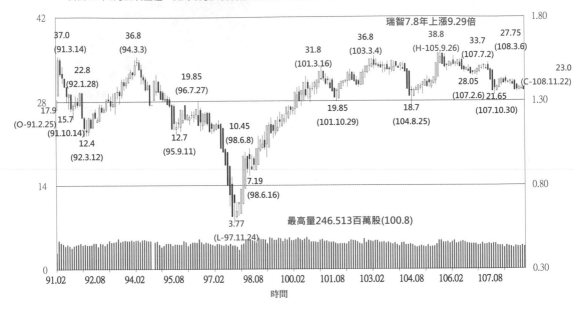

EPS	股利	上市櫃異動	近期股利發放	資本額變動
90 年 1.57 元 91 年 1.14 元	90 年 現金 0.25 元， 股票 1.0 元	91 年 2 月 25 日 上櫃	107 年 現金 1.75 元	91 年 18.92 億元 聲寶（1604） 持股 26.73%
107 年 2.18 元	91 年 現金 0.4 元， 股票 0.4 元	92 年 8 月 14 日 轉上市	108 年 現金 1.20 元	107 年 50.60 億元

華榮電（1608）月 K 線走勢圖

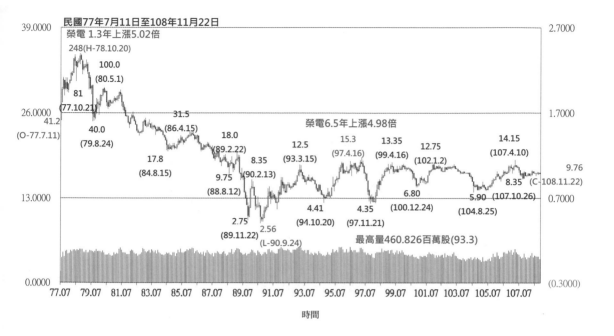

民國77年7月11日至108年11月22日

榮電 1.3年上漲5.02倍

248(H-78.10.20)

100.0
(80.5.1)

81
(77.10.21)

41.2
(O-77.7.11)

40.0
(79.8.24)

31.5
(86.4.15)

榮電6.5年上漲4.98倍

17.8
(84.8.15)

18.0
(89.2.22)

12.5
(93.3.15)

15.3
(97.4.16)

13.35
(99.4.16)

12.75
(102.1.2)

14.15
(107.4.10)

9.75
(88.8.12)

8.35
(90.2.13)

9.76

8.35 (C-108.11.22)

2.75
(89.11.22)

2.56
(L-90.9.24)

4.41
(94.10.20)

4.35
(97.11.21)

6.80
(100.12.24)

5.90
(104.8.25)

5.90 (107.10.26)

最高量460.826百萬股(93.3)

時間

EPS	股利	上市櫃異動	近期股利發放	資本額變動
76 年 5.26 元 77 年 6.08 元	76 年 現金 1.0 元， 股票 3.0 元		107 年 現金 0.73 元	77 年 12.00 億元
107 年 -0.98 元	77 年 股票 4.0 元		108 年 現金 0 元	107 年 63.28 億元

28 汽車股與航運股

在汽車股與汽車電子股中，本文挑選了裕隆車、中華車、和泰車、裕日車、為升、東陽、大億、堤維西、耿鼎、江申、車王電、和大、帝寶等13家公司分析。

另外航運股中則選了長榮海、新興、裕民、榮運、嘉里大榮、陽明、華航、臺航、長榮航等9家公司分析。

汽車股與汽車電子股中，裕隆車為第三、四次大股市循環周期的主流股。

汽車股與汽車電子等13公司股票霸占國內股市成交金額的前五名達5個年度。尤其裕隆車分別在74、76年登上第3名。

01. 74年全年股票成交金額中，第三為裕隆汽車，成交94.37億元，占4.83%。

02. 76年全年股票成交額中，第三為裕隆汽車，成交1,170.90億元，占4.39%。

➤ 臺股大師分析

汽車股與航運股的長期月K線走勢圖如後圖所示。

其中裕隆車（2201）見56頁、中華車（2204）見148頁、長榮海運（2603）見151頁、裕民（2606）見121頁、榮運（2607）見152頁、陽明（2609）見286頁、華航（2610）見287頁、長榮航（2618）見153頁。

以和泰車（2207）與為升（2231）、嘉里大榮（2608）等為值得投資的個股。而裕日車（2227）、東陽（1319）、大億（1521）、堤維西（1522）、和大（1536）、江申（1525）、長榮海（2603）、臺航（2617）為值得注意的個股。

和泰車（2207）月 K 線走勢圖

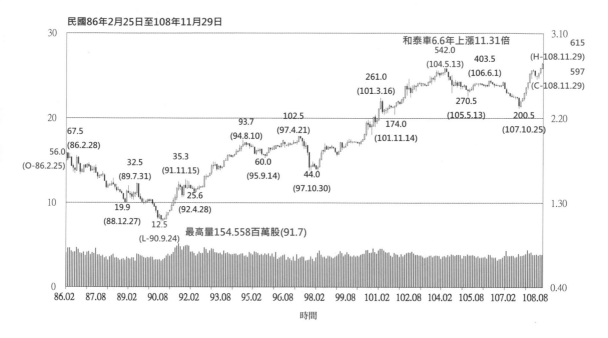

民國86年2月25日至108年11月29日

和泰車6.6年上漲11.31倍

EPS	股利	上市櫃異動	近期股利發放	資本額變動
85 年 1.97 元 86 年 2.69 元	85 年 現金 1.5 元， 股票 0.5 元		107 年 現金 12.0 元	86 年 43.08 億元
107 年 18.36 元	86 年 現金 0.5 元， 股票 1.5 元		108 年 現金 12.0 元	107 年 54.62 億元

裕日車（2227）月 K 線走勢圖

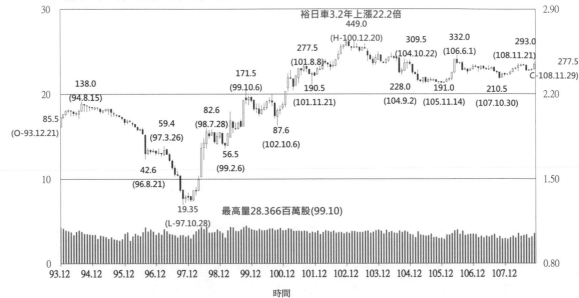

民國93年12月21日至108年11月29日

裕日車3.2年上漲22.2倍
449.0
(H-100.12.20)

277.5
(101.8.8)

309.5
(104.10.22)

332.0
(106.6.1)

293.0
(108.11.21)

277.5

C-108.11.29

171.5
(99.10.6)

190.5

228.0
(104.9.2)

191.0
(105.11.14)

210.5
(107.10.30)

138.0
(94.8.15)

(101.11.21)

85.5
(O-93.12.21)

59.4
(97.3.26)

82.6
(98.7.28)

87.6
(102.10.6)

42.6
(96.8.21)

56.5
(99.2.6)

19.35
(L-97.10.28)

最高量28.366百萬股(99.10)

時間

EPS	股利	上市櫃異動	近期股利發放	資本額變動
92 年 0.57 元 93 年 10.51 元	92 年 現金 0 元		107 年 現金 21.0 元	93 年 30.0 億元
107 年 19.63 元	93 年 現金 6.3 元		108 年 現金 17.67 元	107 年 30.0 億元

為升（2231）月 K 線走勢圖

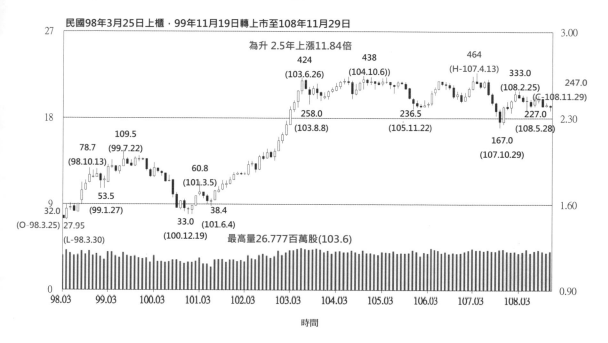

民國98年3月25日上櫃，99年11月19日轉上市至108年11月29日

為升 2.5年上漲11.84倍

424
(103.6.26)
438
464
(H-107.4.13)
333.0
(108.2.25)
(C-108.11.29)
247.0

258.0
(103.8.8)
236.5
(105.11.22)
227.0
(108.5.28)

109.5
(99.7.22)
78.7
(98.10.13)
167.0
(107.10.29)

60.8
(101.3.5)

53.5
(99.1.27)
38.4

27.95
(O-98.3.25)
33.0
(100.12.19)
(101.6.4)

(L-98.3.30)
最高量26.777百萬股(103.6)

時間

EPS	股利	上市櫃異動	近期股利發放	資本額變動
97 年 2.95 元 98 年 4.36 元	97 年 現金 2.0 元	98 年 3 月 25 日 上櫃	107 年 現金 7.47 元， 股票 1.30 元	98 年 4.90 億元
107 年 9.46 元	98 年 現金 1.0 元， 股票 2.23 元	99 年 11 月 19 日 轉上市	108 年 現金 7.67 元， 股票 0.49 元	107 年 11.49 億元

東陽（1319）月 K 線走勢圖

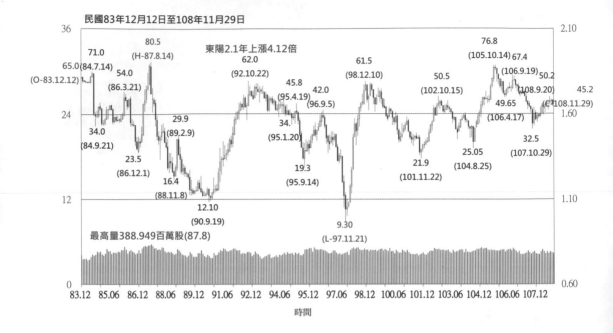

民國83年12月12日至108年11月29日

東陽2.1年上漲4.12倍

最高量388.949百萬股(87.8)

時間

EPS	股利	上市櫃異動	近期股利發放	資本額變動
82 年 3.02 元 83 年 1.57 元	82 年 股票 2.8 元		107 年 現金 2.05 元	83 年 12.00 億元
107 年 3.26 元	83 年 股票 2.0 元		108 年 現金 1.70 元	107 年 59.15 億元

大億（1521）月 K 線走勢圖

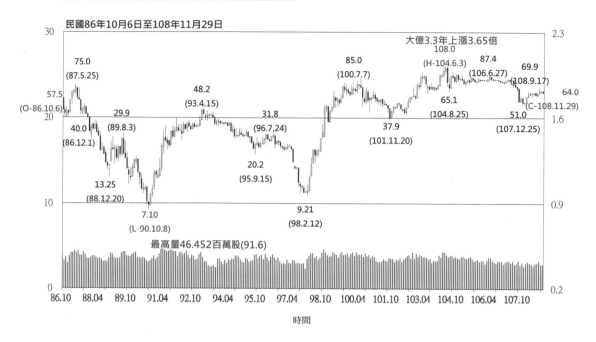

民國86年10月6日至108年11月29日

大億3.3年上漲3.65倍

EPS	股利	上市櫃異動	近期股利發放	資本額變動
85 年 1.43 元 86 年 1.94 元	85 年 現金 1.18 元		107 年 現金 5.2 元	86 年 6.30 億元
107 年 4.19 元	86 年 現金 1.0 元， 股票 1.0 元		108 年 現金 3.8 元	107 年 7.62 億元

堤維西（1522）月 K 線走勢圖

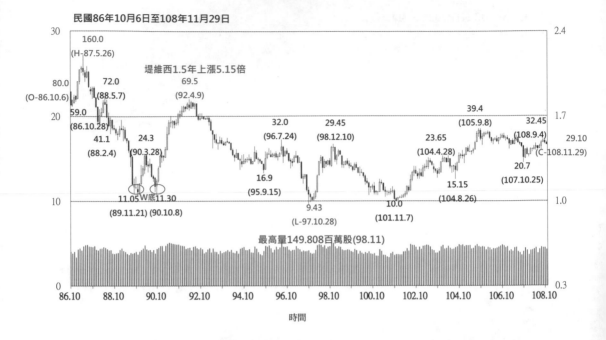

民國86年10月6日至108年11月29日

堤維西1.5年上漲5.15倍

160.0
(H-87.5.26)

72.0
(88.5.7)

69.5
(92.4.9)

80.0

59.0
(O-86.10.6)

41.1
(88.2.4)

24.3
(90.3.28)

11.05 W底11.30
(89.11.21)(90.10.8)

(86.10.28)

32.0
(96.7.24)

29.45
(98.12.10)

39.4
(105.9.8)

32.45

23.65
(104.4.28)

29.10
(108.9.4)
(C-108.11.29)

16.9
(95.9.15)

9.43
(L-97.10.28)

10.0
(101.11.7)

15.15
(104.8.26)

20.7
(107.10.25)

最高量149.808百萬股(98.11)

時間

EPS	股利	上市櫃異動	近期股利發放	資本額變動
85 年 2.81 元 86 年 3.46 元	85 年 股票 3.0 元		107 年 現金 1.60 元	86 年 7.26 億元 大億（1521）持股 35.46%
107 年 1.99 元	86 年 現金 1.0 元， 股票 2.0 元		108 年 現金 1.30 元	107 年 31.29 億元

耿鼎（1524）月 K 線走勢圖

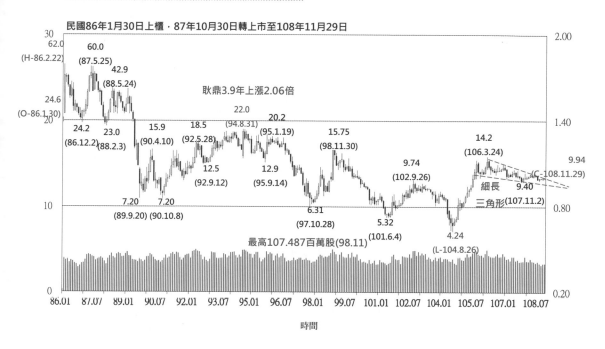

民國86年1月30日上櫃，87年10月30日轉上市至108年11月29日

耿鼎3.9年上漲2.06倍

- 62.0 (H-86.2.22)
- 60.0 (87.5.25)
- 42.9 (88.5.24)
- 24.6 (O-86.1.30)
- 24.2 (86.12.2)
- 23.0 (88.2.3)
- 15.9 (90.4.10)
- 18.5 (92.5.28)
- 22.0 (94.8.31)
- 20.2 (95.1.19)
- 15.75 (98.11.30)
- 14.2 (106.3.24)
- 9.94
- 9.40 (C-108.11.29)
- 12.5 (92.9.12)
- 12.9 (95.9.14)
- 9.74 (102.9.26)
- 7.20 (89.9.20)
- 7.20 (90.10.8)
- 6.31 (97.10.28)
- 5.32 (101.6.4)
- 4.24 (L-104.8.26)
- 最高107.487百萬股(98.11)
- 細長三角形(107.11.2)

時間

86.01 87.07 89.01 90.07 92.01 93.07 95.01 96.07 98.01 99.07 101.01 102.07 104.01 105.07 107.01 108.07

EPS	股利	上市櫃異動	近期股利發放	資本額變動
85 年 1.96 元 86 年 1.38 元	85 年 股票 1.53 元	86 年 1 月 30 日 上櫃	107 年 現金 0.45 元	86 年 4.65 億元
107 年 1.09 元	86 年 股票 2.3 元	87 年 10 月 30 日 轉上市	108 年 現金 0.50 元	107 年 17.97 億元

➤ 臺股大師分析

圖中的細長三角形，近似於對稱三角形，是市場進入整理狀態的表現，通常是在急速上升或下跌時形成，而在形成的過程中，成交量急速減少。

江申（1525）月 K 線走勢圖

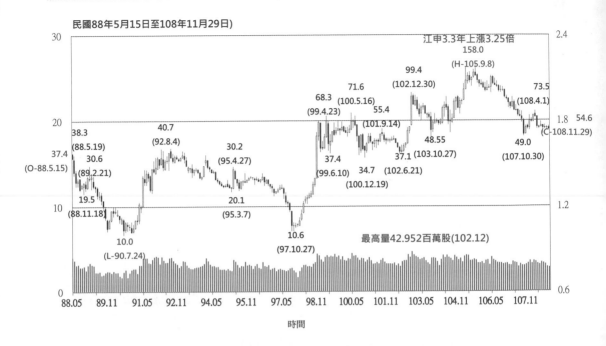

民國88年5月15日至108年11月29日)

時間

EPS	股利	上市櫃異動	近期股利發放	資本額變動
87 年 2.12 元 88 年 1.85 元	87 年 現金 1.0 元， 股票 1.0 元		107 年 現金 2.40 元	88 年 4.11 億元
107 年 6.17 元	88 年 現金 1.5 元		108 年 現金 1.80 元	107 年 7.34 億元

車王電（1533）月 K 線走勢

民國90年4月6日至108年11月29日

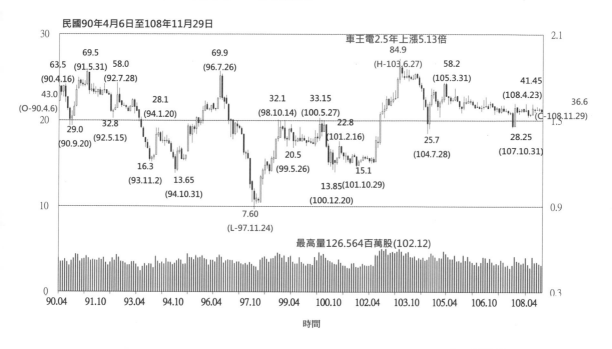

EPS	股利	上市櫃異動	近期股利發放	資本額變動
89 年 4.16 元 90 年 4.03 元	89 年 現金 1.0 元， 股票 1.8 元		107 年 現金 0.30 元	90 年 7.58 億元
107 年 2.71 元	90 年 現金 1.8 元， 股票 1.2 元		108 年 現金 0.80 元	107 年 9.85 億元

帝寶（6605）月K線走勢圖

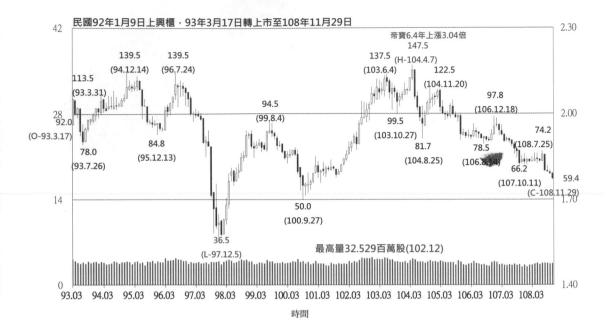

民國92年1月9日上興櫃，93年3月17日轉上市至108年11月29日

帝寶6.4年上漲3.04倍
147.5

137.5 (H-104.4.7)
(103.6.4)

139.5 (94.12.14)　139.5 (96.7.24)

113.5 (93.3.31)

122.5 (104.11.20)

97.8 (106.12.18)

94.5 (99.8.4)

99.5 (103.10.27)

92.0 (O-93.3.17)

74.2 (108.7.25)

84.8 (95.12.13)

81.7 (104.8.25)

78.5 (106.3.14)

78.0 (93.7.26)

66.2 (107.10.11)

59.4 (C-108.11.29)

50.0 (100.9.27)

36.5 (L-97.12.5)

最高量32,529百萬股(102.12)

時間

EPS	股利	上市櫃異動	近期股利發放	資本額變動
91年9.64元 92年11.18元	91年 現金2.5元， 股票2.0元	92年1月9日 上興櫃	107年 現金2.5元	92年 11.46億元
107年5.66元	92年 現金4.0元， 股票1.0元	93年3月17日 轉上市	108年 現金2.3元	107年 16.58億元

新興航運（2605）月 K 線走勢圖

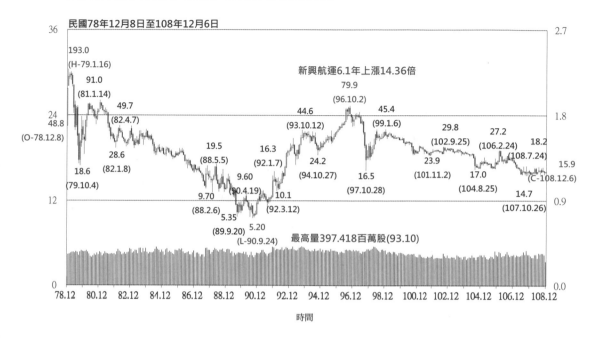

民國78年12月8日至108年12月6日

新興航運6.1年上漲14.36倍

193.0
(H-79.1.16)
91.0
(81.1.14)
49.7
(82.4.7)
48.8
(O-78.12.8)
28.6
(82.1.8)
18.6
(79.10.4)
19.5
(88.5.5)
9.60
9.70
(88.2.6)
5.35
(89.9.20)
5.20
(L-90.9.24)
(90.4.19)
10.1
(92.3.12)
16.3
(92.1.7)
44.6
(93.10.12)
24.2
(94.10.27)
79.9
(96.10.2)
16.5
(97.10.28)
45.4
(99.1.6)
29.8
(102.9.25)
23.9
(101.11.2)
17.0
(104.8.25)
27.2
(106.2.24)
18.2
(108.7.24)
15.9
(C-108.12.6)
14.7
(107.10.26)

最高量397.418百萬股(93.10)

時間

EPS	股利	上市櫃異動	近期股利發放	資本額變動
77 年 1.81 元 78 年 2.59 元	77 年 現金 0 元		107 年 現金 0.6 元	78 年 11.00 億元
107 年 0.11 元	78 年 現金 1.0 元， 股票 1.35 元		108 年 現金 0.2 元， 股票 0.3 元	107 年 56.83 億元

嘉里大榮（2608）月 K 線走勢圖

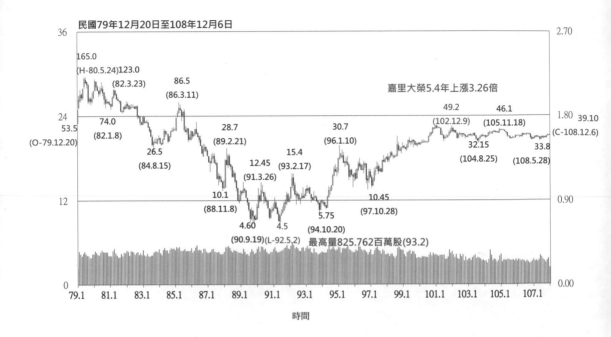

民國79年12月20日至108年12月6日

165.0
(H-80.5.24)123.0
(82.3.23)
86.5
(86.3.11)
嘉里大榮5.4年上漲3.26倍
49.2
(102.12.9)
46.1
(105.11.18)
74.0
(82.1.8)
28.7
(89.2.21)
30.7
(96.1.10)
53.5
(O-79.12.20)
26.5
(84.8.15)
12.45
(91.3.26)
15.4
(93.2.17)
32.15
(104.8.25)
33.8
(108.5.28)
39.10
(C-108.12.6)
10.1
(88.11.8)
10.45
(97.10.28)
5.75
(94.10.20)
4.60
(90.9.19)
4.5
(L-92.5.2)
最高量825.762百萬股(93.2)

時間

EPS	股利	上市櫃異動	近期股利發放	資本額變動
78 年 3.34 元 79 年 2.39 元	78 年 現金 0.50 元， 股票 2.49 元		107 年 現金 1.60 元	79 年 10.30 億元
107 年 2.60 元	79 年 現金 1.30 元， 股票 1.70 元		108 年 現金 1.56 元	107 年 46.70 億元

臺航（2617）月 K 線走勢圖

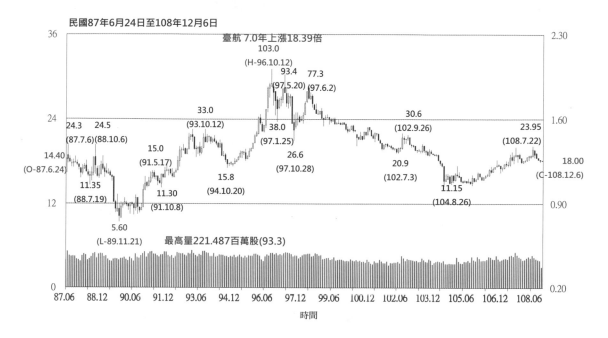

民國87年6月24日至108年12月6日

臺航 7.0 年上漲18.39倍

EPS	股利	上市櫃異動	近期股利發放	資本額變動
86 年 0.47 元 87 年 0.62 元	86 年 股票 0 元		107 年 現金 0.7 元	87 年 22.86 億元
107 年 2.29 元	87 年 股票 0 元		108 年 現金 1.3 元	107 年 41.73 億元

29 水泥股與陶瓷股

本文挑選水泥股與陶瓷股等 10 家公司分析，包含：

- 水泥股——臺泥、亞泥、嘉泥、環泥、信大、東泥。
- 陶瓷股——臺玻、冠軍、中釉、和成。

這 10 家公司的成交量有 6 個年度分居全年股票成交金額的前五名，如下表所示。

水泥股與陶瓷股僅臺泥與亞泥等 2 家公司，為國內股市第一、二、三次循環周期的主流股。

臺泥為第一大股市循環周期的主流股，分別在 51 年第一名，52 年、53 年與 58 年為第 3 名。

而亞泥為第一、二、三次股市循環周期的主流股，分別在 52 年、53 年、58 年、62 年為第 5 名，與 72 年為第 3 名。

表 29-1　水泥股與陶瓷股上市公司股票成交量值統計表　（成交金額前 5 名者）

循環周期	成交金額前 5 名者	全年度成交金額（百萬元）	成交金額（1）	占比	成交金額（2）	占比	
第一大循環	51 年度	446.548	臺泥（1101）	49.16%	臺紙（1902）	16.60%	
第一大循環	52 年度	9,901.645	臺糖（優先股）	78.78%	臺紙（1902）	7.33%	
第一大循環	53 年度	35,501.012	臺糖（優先股）	43.11%	臺紙（1902）	13.35%	
第一大循環	58 年度	4,213.763	國建（2501）	25.63%	臺泥（1101）	11.93%	
第二大循環	62 年度	87,909.966	南亞（1303）	13.33%	臺塑（1301）	9.11%	
第三大循環	72 年度	363,844.957	南亞（1303）	5.19%	臺塑（1301）	3.35%	

01. 51 年全年股票成交金額，以臺泥股票成交金額居首位，占全年成交的金額 49.16%。

02. 52 年全年股票成交金額中，第三為臺泥公司，占 3.84%。第五為亞泥公司，占 2.01%。

03. 53 年全年股票成交金額中，第三為臺泥公司，占 9.46%。第五為亞泥公司，占 4.33%。

04. 58 年全年股票成交金額中，第二為臺泥公司，占 11.93%。第五為亞泥公司，占 7.52%。

05. 62 年全年股票成交額中，第五為亞泥公司，占 4.89%。

06. 72 年全年股票成交額中，第三為亞泥公司，占 2.85%。

➤ 臺股大師分析

水泥股與陶瓷股等概念股的長期月 K 線走勢圖如圖所示。
其中臺泥（1101）見 22 頁、亞泥（1102）見 118 頁。
水泥股與陶瓷股以臺泥（1101）、亞泥（1102）為值得投資的個股。而嘉泥（1103）、臺玻（1802）為值得注意的個股。

成交金額（3）	占比	成交金額（4）	占比	成交金額（5）	占比
中興（優先股）	9.06%	農林（1202）	7.12%	味全（1201）	4.36%
臺泥（1101）	3.84%	中興紙業（優先股）	2.38%	亞泥（1102）	2.01%
臺泥（1101）	9.46%	味全（1201）	6.73%	亞泥（1102）	4.33%
工礦（9901）	9.28%	中纖（1401）	8.03%	亞泥（1102）	7.52%
中纖（1401）	6.40%	國建（2501）	5.37%	亞泥（1102）	4.89%
亞泥（1102）	2.85%	新玻（1801）	2.76%	中紡（1408）	2.66%

嘉泥（1103）月 K 線走勢圖

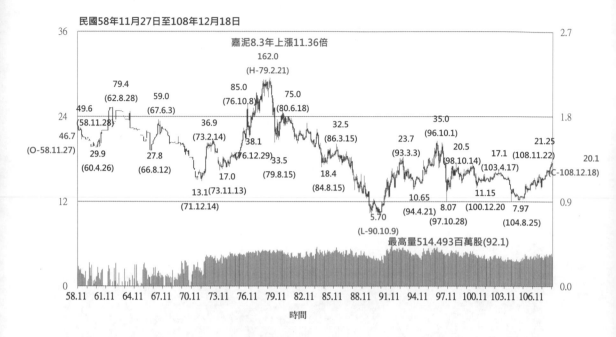

民國58年11月27日至108年12月18日

嘉泥8.3年上漲11.36倍
162.0
(H-79.2.21)

79.4
(62.8.28)

85.0
(76.10.8)

75.0
(80.6.18)

49.6
(58.11.28)

59.0
(67.6.3)

36.9
(73.2.14)

35.0
(96.10.1)

32.5
(86.3.15)

46.7
(O-58.11.27)

38.1
(76.12.29)

23.7
(93.3.3)

21.25
(108.11.22)

29.9
(60.4.26)

27.8
(66.8.12)

33.5
(79.8.15)

18.4
(84.8.15)

20.5
(98.10.14)

17.1
(103.4.17)

20.1
(C-108.12.18)

17.0

13.1
(73.11.13)

11.15
(100.12.20)

10.65
(94.4.21)

8.07
(97.10.28)

7.97
(104.8.25)

5.70
(L-90.10.9)

最高量514.493百萬股(92.1)

58.11　61.11　64.11　67.11　70.11　73.11　76.11　79.11　82.11　85.11　88.11　91.11　94.11　97.11　100.11　103.11　106.11

時間

EPS	股利	上市櫃異動	近期股利發放	資本額變動
57 年 7.29 元 58 年 7.87 元	57 年 股票 0.76 元		107 年 現金 0.50 元	58 年 0.84 億元
107 年 0.90 元	58 年 股票 6.20 元		108 年 現金 1.00 元	107 年 77.48 億元

環泥（1104）月 K 線走勢圖

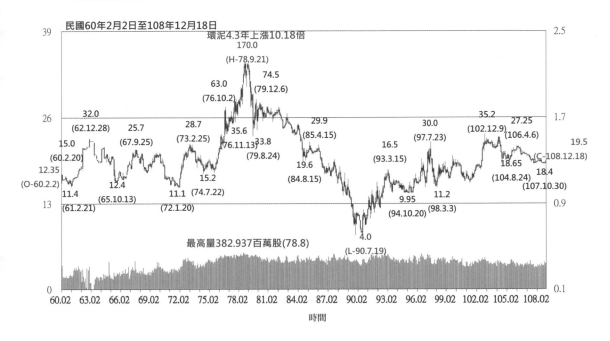

民國60年2月2日至108年12月18日

環泥4.3年上漲10.18倍
170.0
(H-78.9.21)

63.0 74.5
(76.10.2) (79.12.6)

32.0 35.6 29.9 35.2
(62.12.28) 25.7 28.7 (85.4.15) 30.0 (102.12.9) 27.25
15.0 (67.9.25) (73.2.25) 33.8 (97.7.23) (106.4.6) 19.5
(60.2.20) 76.11.13 (79.8.24) 16.5 (C-108.12.18)
12.35 15.2 (93.3.15) 18.65 18.4
(O-60.2.2) 11.4 12.4 11.1 (74.7.22) 19.6 (104.8.24) (107.10.30)
(61.2.21) (65.10.13) (72.1.20) (84.8.15) 9.95 11.2
13 (94.10.20) (98.3.3)

最高量382.937百萬股(78.8) 4.0
(L-90.7.19)

時間
60.02 63.02 66.02 69.02 72.02 75.02 78.02 81.02 84.02 87.02 90.02 93.02 96.02 99.02 102.02 105.02 108.02

EPS	股利	上市櫃異動	近期股利發放	資本額變動
59 年 0.77 元 60 年 1.32 元	59 年 股票 1.0 元		107 年 現金 1.10 元	60 年 1.84 億元
107 年 1.62 元	60 年 股票 1.0 元		108 年 現金 1.00 元	107 年 65.36 億元

信大（1109）月 K 線走勢圖

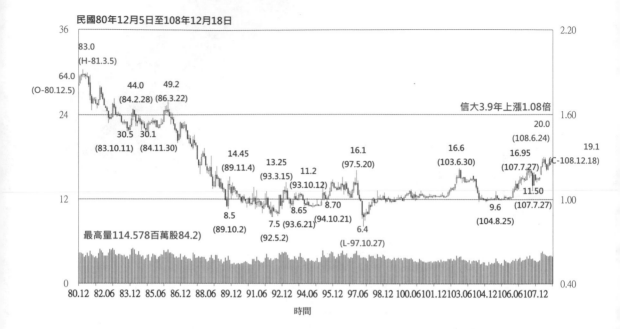

民國80年12月5日至108年12月18日

信大3.9年上漲1.08倍

83.0
(H-81.3.5)

64.0
(O-80.12.5)

44.0   49.2
(84.2.28)   (86.3.22)

30.5   30.1
(83.10.11) (84.11.30)

14.45
(89.11.4)

13.25
(93.3.15)

11.2
(93.10.12)

16.1
(97.5.20)

16.6
(103.6.30)

20.0
(108.6.24)

16.95
(107.7.27)

19.1
(C-108.12.18)

8.70
(94.10.21)

8.65

8.5
(89.10.2)

7.5 (93.6.21)

6.4
(L-97.10.27)

9.6
(104.8.25)

11.50
(107.7.27)

最高量114.578百萬股84.2)

時間

80.12 82.06 83.12 85.06 86.12 88.06 89.12 91.06 92.12 94.06 95.12 97.06 98.12 100.06 101.12 103.06 104.12 106.06 107.12

EPS	股利	上市表現	近期股利發放	資本額變動
79 年 5.25 元 80 年 3.17 元	79 年 現金 1.0 元， 股票 2.0 元		107 年 現金 0.10 元	80 年 24.00 億元 104 年 10 月 30 日減資 4.21 億元，減幅 10% 106 年 10 月 30 日減資 1.89 億元，減幅 5%
107 年 2.46 元	80 年 現金 0.5 元， 股票 2.5 元		108 年 現金 0.80 元	107 年 34.20 億元 107 年 10 月 11 日減資 1.79 億元，減幅 5%

東泥（1110）月 K 線走勢圖

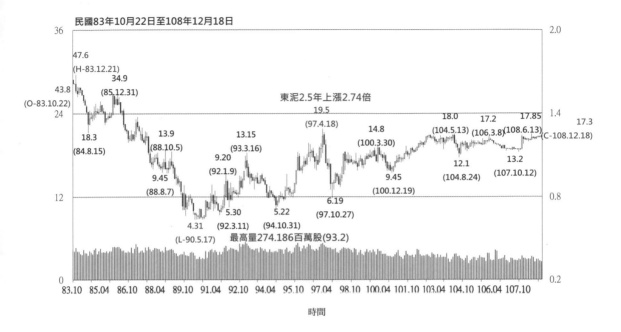

民國83年10月22日至108年12月18日

東泥2.5年上漲2.74倍

47.6
(H-83.12.21)
34.9
(85.12.31)
43.8
(O-83.10.22)
18.3
(84.8.15)
13.9
(88.10.5)
19.5
(97.4.18)
18.0
(104.5.13)
17.2
(106.3.8)
17.85
(108.6.13)
17.3
(C-108.12.18)
14.8
(100.3.30)
13.15
(93.3.16)
9.20
(92.1.9)
9.45
(88.8.7)
12.1
(104.8.24)
13.2
(107.10.12)
9.45
(100.12.19)
5.30
(92.3.11)
5.22
(94.10.31)
6.19
(97.10.27)
4.31
(L-90.5.17)
最高量274.186百萬股(93.2)

時間

EPS	股利	上市櫃異動	近期股利發放	資本額變動
82 年 2.18 元 83 年 2.30 元	82 年 現金 2.05 元， 股票 0.15 元		107 年 現金 0.10 元	83 年 31.26 億元
107 年 0.11 元	83 年 現金 1.80 元		108 年 現金 0.10 元	107 年 57.20 億元

冠軍（或信益）（1806）月 K 線走勢圖

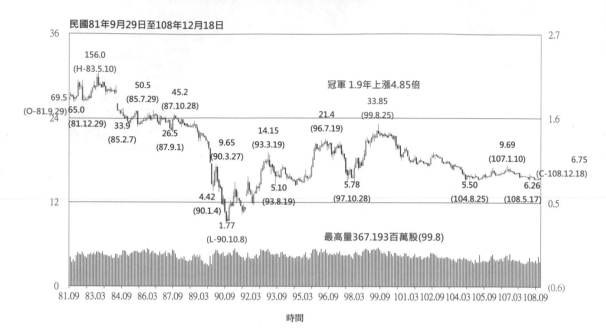

民國81年9月29日至108年12月18日

冠軍 1.9年上漲4.85倍

156.0
(H-83.5.10)

50.5
(85.7.29)

45.2
(87.10.28)

33.85
(99.8.25)

69.5

(O-81.9.29) 65.0
(81.12.29)

33.9
(85.2.7)

26.5
(87.9.1)

9.65
(90.3.27)

14.15
(93.3.19)

21.4
(96.7.19)

9.69
(107.1.10)

(C-108.12.18)

4.42
(90.1.4)

5.10
(93.8.19)

5.78
(97.10.28)

5.50
(104.8.25)

6.26
(108.5.17)

1.77
(L-90.10.8)

最高量367.193百萬股(99.8)

時間

EPS	股利	上市櫃異動	近期股利發放	資本額變動
80 年 5.45 元 81 年 4.33 元	80 年 股票 3.10 元	92 年 6 月 信益陶瓷改名為 冠軍	107 年 現金 0 元	81 年 6.00 億元
107 年 -1.32 元	81 年 股票 3.0 元		108 年 現金 0 元	107 年 43.38 億元

和成（1810）月 K 線走勢圖

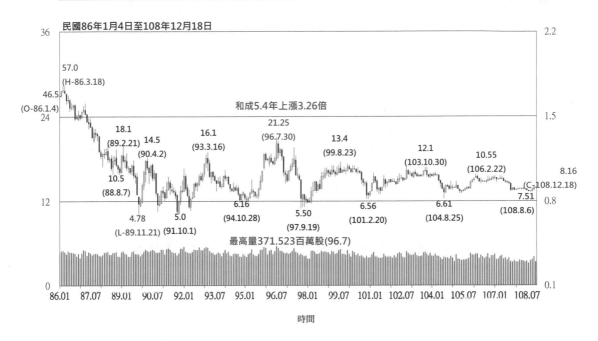

民國86年1月4日至108年12月18日

57.0
(H-86.3.18)

46.5
(O-86.1.4)

和成5.4年上漲3.26倍

18.1
(89.2.21)

14.5
(90.4.2)

16.1
(93.3.16)

21.25
(96.7.30)

13.4
(99.8.23)

12.1
(103.10.30)

10.55
(106.2.22)

8.16

10.5
(88.8.7)

6.16
(94.10.28)

6.56
(101.2.20)

6.61
(104.8.25)

7.51
(108.8.6)

(C-108.12.18)

4.78
(L-89.11.21)

5.0
(91.10.1)

5.50
(97.9.19)

最高量371.523百萬股(96.7)

時間

EPS	股利	上市櫃異動	近期股利發放	資本額變動
85 年 1.31 元 86 年 0.60 元	85 年 現金 1.0 元， 股票 0.5 元		107 年 現金 0.30 元	86 年 41.89 億元
107 年 -0.18 元	86 年 現金 1.0 元		108 年 現金 0.20 元	107 年 36.99 億元

30 鋼鐵股

　　鋼鐵股中挑選了中鋼、東鋼、中鋼構、中鴻、豐興、大成鋼、新光鋼、允強、豐達科、世紀鋼分析，其中僅有中鋼 1 家公司，為國內股市第五、六次股市循環周期的主流股，分別在 84 年與與 85 年為第五名。92 年為第四名。

01. 84 年全年股票成交金額中，第五為中鋼，成交 2,137.39 億元，占 2.11%。

02. 85 年全年股票成交金額中，第五為中鋼，成交 2,196.47 億元，占 1.70%。

03. 92 年全年股票成交金額中，第四為中鋼，成交 4,410.09 億元，占 2.17%。

> ➤ 臺股大師分析

鋼鐵股 10 家公司的長期月 K 線走勢圖如下圖所示。
中鋼、新光鋼、世紀鋼的長期月 K 線走勢圖請見 284、263、262 頁
以中鋼（2002）、豐興（2015）、新光鋼（2031）為值得長期投資的個股。
而東鋼（2006）、中鋼構（2013）、中鴻（2014）、大成鋼（2027）、豐達科（3004）、世紀鋼（9958）為值得注意的個股。

東鋼（2006）月 K 線走勢圖

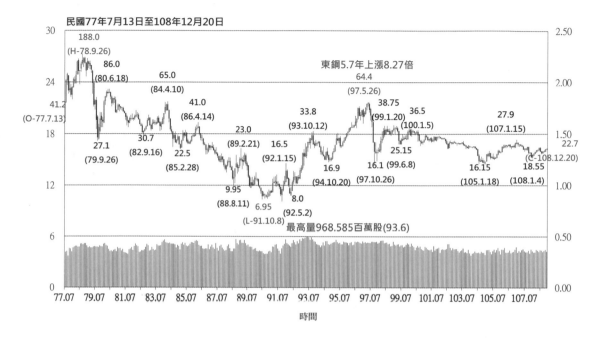

民國77年7月13日至108年12月20日

東鋼5.7年上漲8.27倍

188.0
(H-78.9.26)
86.0
(80.6.18)
65.0
(84.4.10)
64.4
(97.5.26)
41.2
(O-77.7.13)
41.0
(86.4.14)
38.75
(99.1.20)
36.5
(100.1.5)
27.9
(107.1.15)
27.1
(79.9.26)
30.7
(82.9.16)
23.0
(89.2.21)
33.8
(93.10.12)
22.7
(C-108.12.20)
22.5
(85.2.28)
16.5
(92.1.15)
25.15
(99.6.8)
18.55
(108.1.4)
16.9
(94.10.20)
16.1
(97.10.26)
16.15
(105.1.18)
9.95
(88.8.11)
6.95
(L-91.10.8)
8.0
(92.5.2)
最高量968.585百萬股(93.6)

時間

EPS	股利	上市櫃異動	近期股利發放	資本額變動
76 年 3.03 元 77 年 2.41 元	76 年 股票 2.40 元		107 年 現金 1.40 元	77 年 11.00 億元
107 年 0.88 元	77 年 股票 2.80 元		108 年 現金 1.20 元	107 年 100.41 億元

中鋼構（2013）月 K 線走勢圖

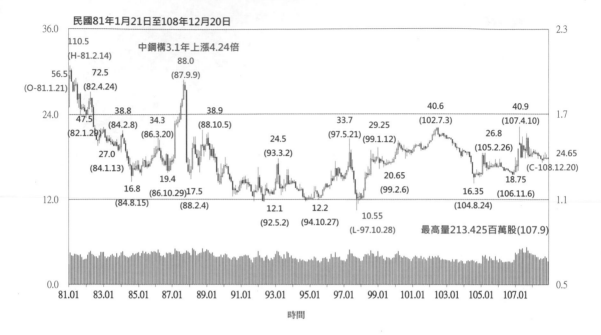

民國81年1月21日至108年12月20日

中鋼構3.1年上漲4.24倍

- 110.5 (H-81.2.14)
- 56.5 (O-81.1.21)
- 72.5 (82.4.24)
- 88.0 (87.9.9)
- 47.5 (82.1.29)
- 38.8 (84.2.8)
- 34.3 (86.3.20)
- 38.9 (88.10.5)
- 40.6 (102.7.3)
- 40.9 (107.4.10)
- 27.0 (84.1.13)
- 33.7 (97.5.21)
- 29.25 (99.1.12)
- 26.8 (105.2.26)
- 24.5 (93.3.2)
- 24.65 (C-108.12.20)
- 19.4
- 16.8 (84.8.15)
- (86.10.29)
- 17.5 (88.2.4)
- 20.65 (99.2.6)
- 18.75 (106.11.6)
- 16.35 (104.8.24)
- 12.1 (92.5.2)
- 12.2 (94.10.27)
- 10.55 (L-97.10.28)

最高量213.425百萬股(107.9)

時間

EPS	股利	上市櫃異動	近期股利發放	資本額變動
80 年 3.56 元 81 年 2.39 元	80 年 現金 0.55 元， 股票 1.70 元		107 年 現 2.40 元	80 年 7.98 億元
107 年 0.59 元	81 年 現金 0.25 元， 股票 1.00 元		108 年 現金 0.47 元	107 年 20.00 億元

中鴻（或燁隆）（2014）月 K 線走勢圖

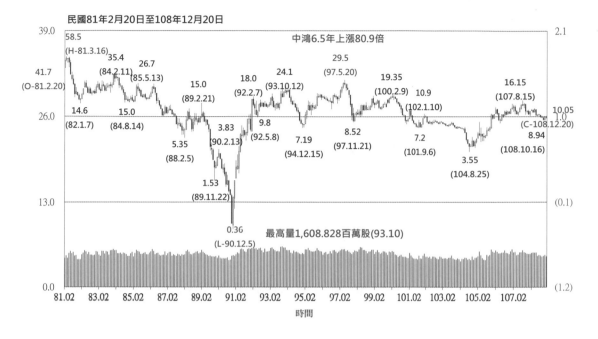

民國81年2月20日至108年12月20日

中鴻6.5年上漲80.9倍

58.5
(H-81.3.16)
35.4
(84.2.11)
26.7
(85.5.13)
29.5
(97.5.20)
41.7
(O-81.2.20)
15.0
(89.2.21)
18.0
(92.2.7)
24.1
(93.10.12)
19.35
(100.2.9)
16.15
(107.8.15)
10.9
(102.1.10)
10.05
(C-108.12.20)
14.6
(82.1.7)
15.0
(84.8.14)
9.8
(92.5.8)
8.52
(97.11.21)
7.2
(101.9.6)
8.94
(108.10.16)
5.35
(88.2.5)
3.83
(90.2.13)
7.19
(94.12.15)
1.53
(89.11.22)
3.55
(104.8.25)
0.36
(L-90.12.5)

最高量1,608.828百萬股(93.10)

時間

EPS	股利	上市櫃異動	近期股利發放	資本額變動
80 年 0.96 元 81 年 0.41 元	80 年 現金 0 元	93 年燁隆變更 名稱為中鴻	107 年 現金 0 元	80 年 40.21 億元 中鋼持股 40.59%
107 年 2.11 元	81 年 現金 0 元		108 年 現金 0.10 元	107 年 143.55 億元

豐興（2015）月 K 線走勢圖

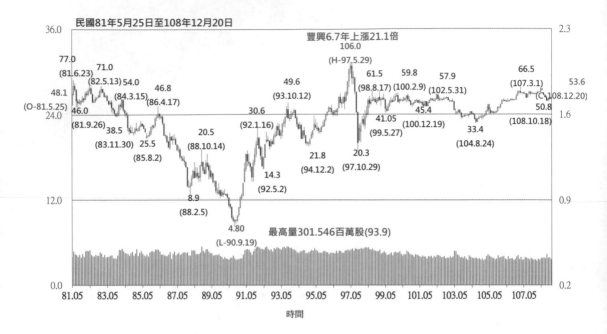

民國81年5月25日至108年12月20日

豐興6.7年上漲21.1倍
106.0
(H-97.5.29)

77.0
(81.6.23)
71.0
(82.5.13) 54.0
(84.3.15)
48.1
(O-81.5.25)
46.8
(86.4.17)
49.6
(93.10.12)
61.5
(98.8.17)
59.8
(100.2.9)
57.9
(102.5.31)
66.5
(107.3.1)
53.6
(C-108.12.20)
46.0
(81.9.26)
38.5
(83.11.30)
25.5
(85.8.2)
30.6
(92.1.16)
20.5
(88.10.14)
41.05
(99.5.27)
45.4
(100.12.19)
50.8
(108.10.18)
33.4
(104.8.24)
21.8
(94.12.2)
14.3
(92.5.2)
20.3
(97.10.29)
8.9
(88.2.5)
4.80
(L-90.9.19)

最高量301.546百萬股(93.9)

時間

EPS	股利	上市櫃異動	近期股利發放	資本額變動
80 年 2.65 元 81 年 2.83 元	80 年 股票 2.0 元		107 年 現金 3.5 元	81 年 24.00 億元
107 年 5.06 元	81 年 現金 1.0 元， 股票 1.2 元		108 年 現金 4.0 元	107 年 58.16 億元

大成鋼（2027）月 K 線走勢圖

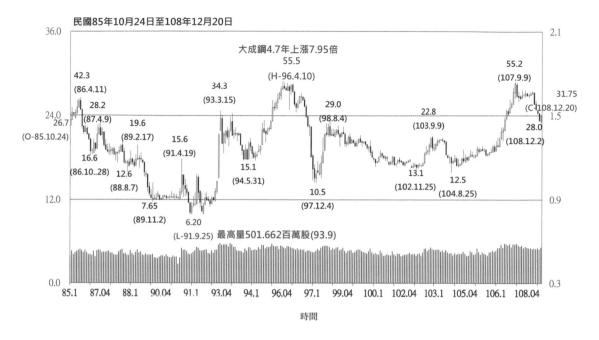

民國85年10月24日至108年12月20日

大成鋼4.7年上漲7.95倍

55.5
(H-96.4.10)

42.3
(86.4.11)

55.2
(107.9.9)

28.2
(87.4.9)

34.3
(93.3.15)

31.75
C-108.12.20)

26.7
(O-85.10.24)

19.6
(89.2.17)

29.0
(98.8.4)

22.8
(103.9.9)

28.0
(108.12.2)

16.6
(86.10..28)

15.6
(91.4.19)

12.6
(88.8.7)

15.1
(94.5.31)

13.1
(102.11.25)

12.5
(104.8.25)

10.5
(97.12.4)

7.65
(89.11.2)

6.20
(L-91.9.25)

最高量501.662百萬股(93.9)

時間

EPS	股利	上市櫃異動	近期股利發放	資本額變動
84 年 1.86 元 85 年 1.79 元	84 年 股票 1.0 元		107 年 現金 0.8 元	85 年 6.05 億元
107 年 4.89 元	85 年 股票 1.5 元		108 年 現金 3.0 元	107 年 123.38 億元

允強（2034）月 K 線走勢圖

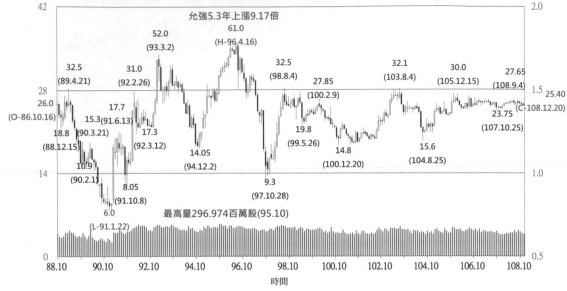

民國88年10月16日上櫃，90年9月19日轉上市至108年12月20日

允強5.3年上漲9.17倍

EPS	股利	上市櫃異動	近期股利發放	資本額變動
87 年 0.88 元 88 年 1.30 元	87 年 股票 2.0 元	88 年 10 月 16 日 上櫃	107 年 現金 1.80 元	88 年 9.46 億元
107 年 2.23 元	88 年 現金 0.5 元， 股票 1.50 元	90 年 9 月 19 日 轉上市	108 年 現金 1.80 元	107 年 40.71 億元

豐達科（或宏達科）（3004）月 K 線走勢圖

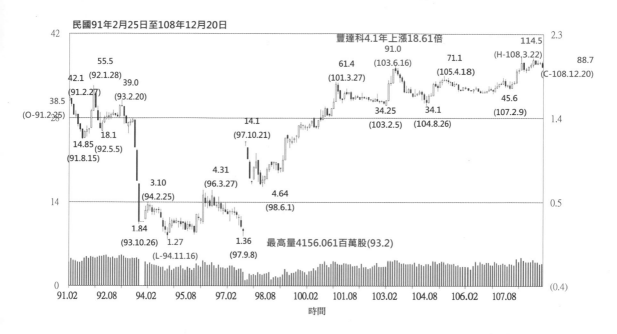

民國91年2月25日至108年12月20日

豐達科4.1年上漲18.61倍

最高量4156.061百萬股(93.2)

時間

EPS	股利	上市櫃異動	近期股利發放	資本額變動
90 年 1.39 元 91 年 0.54 元	90 年 現金 1.00 元	93 年 09 月發生財務危機，遭交易所列入全額交割股。 11 至 12 月減資暫停交易	107 年 現金 2.0 元	91 年 6.99 億元 97 年 9 月 8 日減資 67.1% 神基持股 39.09%
107 年 5.72 元	91 年 股票 0.28 元	97 年 11 月宏達科公司變更名稱為豐達科	108 年 現金 2.50 元	107 年 5.26 億元

31 營建股

在營建股中，本文挑選國建、國產、太設、太子建設、冠德、興富發、皇翔、根基、日勝生活科技、華固、潤弘、潤隆（國賓陶瓷）、長虹等 13 家公司分析。

營建股有 13 個年度分居全年股票成交金額的前五名，分別為國建、國產、太設等 3 家公司，為國內股市第一、二、三、四次股市循環周期的的主流股。

表 31-1 營建股上市公司股票成交量值統計表 （成交金額前 5 名者）

循環周期	成交金額前 5 名者	全年度成交金額（百萬元）	成交金額（1）	占比	成交金額（2）	
第一大循環	56 年度	5,429.000	津津（1204）	31.21%	味全（1201）	
第一大循環	57 年度	7,669.937	國建（2501）	32.87%	工礦（9901）	
第一大循環	58 年度	4,213.763	國建（2501）	25.63%	臺泥（1101）	
第二大循環	59 年度	10,865.996	國建（2501）	15.81%	臺紙（1902）	
第二大循環	60 年度	23,598.238	南亞（1303）	49.53%	臺塑（1301）	
第二大循環	61 年度	54,050.945	南亞（1303）	36.68%	臺塑（1301）	
第二大循環	62 年度	87,909.966	南亞（1303）	13.33%	臺塑（1301）	
第三大循環	66 年度	172,177.280	南亞（1303）	9.59%	太電（1602）	
第三大循環	67 年度	361,644.902	南亞（1303）	3.76%	國建（2501）	
第三大循環	69 年度	162,112.707	臺灣煉鐵（2001）	4.99%	國建（2501）	
第三大循環	70 年度	209,216.704	泰豐輪胎（2102）	3.31%	正隆（1904）	
第三大循環	71 年度	133,875.416	國產（2504）	3.27%	鴻通工業（1427）	
第四大循環	76 年度	2,668,633	華隆（1407）	5.80%	中紡（1408）	

國建為第一、二、三次大股市循環周期的主流股，分別在 56、57、58、59、60、61、62、66、67、69 年與 70 年等 11 個年度為全年股票成交金額前五名。

　　國產為第三大股市循環周期的主流股，在 71 年為全年股票成交金額的第一名。太設為第四大股市循環周期的主流股，在 76 年為全年股票成交金額的第五名。

01. 56 年全年股票成交金額，第五為國建公司，占 7.28%。
02. 57 年全年股票成交金額中，以國建股票成交金額居首位，占全年成交的金額 32.87%。
03. 58 年全年股票成交金額，以國建股票成交金額居首位，占全年成交的金額 25.63%。

占比	成交金額（3）	占比	成交金額（4）	占比	成交金額（5）	占比
11.60%	臺紙（1902）	11.01%	中纖（1401）	7.86%	國建（2501）	7.28%
24.15%	中纖（1401）	8.37%	南亞（1303）	7.58%	津津（1204）	4.11%
11.93%	工礦（9901）	9.28%	中纖（1401）	8.03%	亞泥（1102）	7.52%
10.20%	南亞（1303）	9.31%	味全（1201）	9.14%	大同優（1502）	8.61%
7.64%	華電（1603）	7.41%	國建（2501）	6.71%	太電（1602）	6.32%
19.58%	中纖（1401）	12.39%	太電（1602）	4.82%	國建（2501）	4.56%
9.11%	中纖（1401）	6.40%	國建（2501）	5.37%	亞泥（1102）	4.89%
6.87%	聯合耐隆（1404）	6.52%	臺塑（1301）	6.44%	國建（2501）	5.10%
3.67%	大同（1502）	3.47%	新纖（1409）	2.87%	和信興（1208）	2.85%
4.75%	和信興（1208）	3.86%	正隆（1904）	3.30%	農林（2913）	3.26%
2.71%	國建（2501）	2.68%	復木（2503）	2.63%	國豐（2508）	2.14%
2.69%	新燕（1431）	2.36%	南染（1410）	2.36%	泰豐輪胎（2102）	2.34%
4.96%	裕隆汽車（2201）	4.39%	南亞（1303）	3.03%	太設（2506）	2.56%

04. 59 年全年股票成交金額中，國建股票成交 17.27 億元，占全年成交總金額 15.81%，居首位。

05. 60 年全年股票成交金額中，第四為國建，成交 16.11 億元，占 6.71%。

06. 61 年全年股票成交金額中，第五為國建，成交 24.76 億元，占 4.56%。

07. 62 年全年股票成交額中，第四為國建，成交 46.84 億元，占 5.37%。

08. 66 年全年股票成交額中，第五為國建，成交 88.34 億元，占 5.10%。

09. 67 年全年股票成交額中，第二為國建，成交 132.30 億元，占 3.67%。

10. 69 年全年股票成交額中，第二為國建，成交 77.58 億元，占 4.75%。

11. 70 年全年股票成交額中，第三為國建，成交 55.99 億元，占 2.68%。

12. 71 年全年股票成交額中，國產股票成交 43.71 億元，占全年成交總金額 3.27%，居首位。

13. 76 年全年股票成交額中，第五為太設，成交 404.01 億元，占 2.56%。

> 臺股大師分析

營建股的 13 公家司長期月 K 線走勢圖如圖所示。

國建（2501）長期月 K 線圖請見 58 頁。

以國建（2501）、華固（2548）為值得長期投資的個股。

國產（2504）、冠德（2520）、興富發（2542）、皇翔（2545）、根基（2546）、潤弘（2597）、潤隆（國賓陶瓷）（1808）、長虹（5534）為值得注意的個股。

國產實業（2504）月 K 線走勢圖

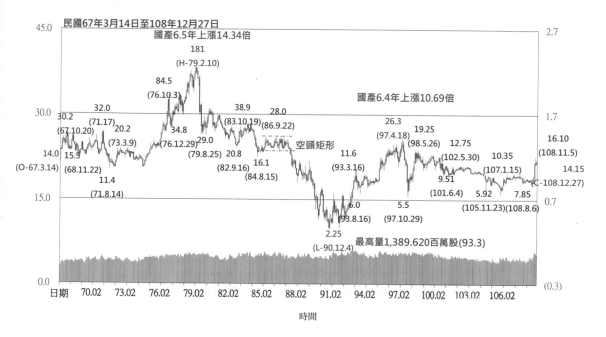

EPS	股利	上市櫃異動	近期股利發放	資本額變動
66 年 2.51 元 67 年 1.57 元	66 年 現金 1.0 元， 股票 1.0 元		107 年 現金 0.50 元	67 年 2.0 億元
107 年 0.37 元	67 年 現金 0.6 元， 股票 1.1 元		108 年 現金 0.25 元	107 年 138.50 億元

太設（2506）月 K 線走勢圖

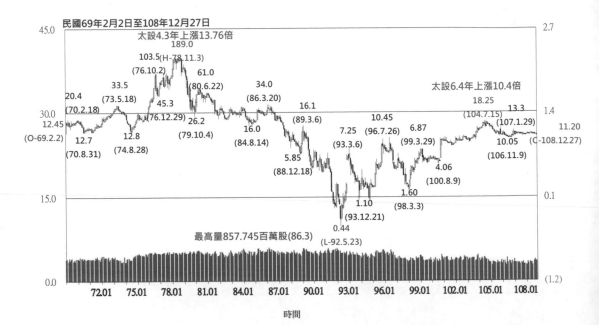

民國69年2月2日至108年12月27日

太設4.3年上漲13.76倍

189.0

103.5(H-78.11.3)
(76.10.2)

61.0
(80.6.22)

33.5
(73.5.18)

45.3

34.0
(86.3.20)

太設6.4年上漲10.4倍

20.4
(70.2.18)

26.2
(79.10.4)

16.1
(89.3.6)

18.25
(104.7.15)

13.3

12.45
(O-69.2.2)

16.0
(84.8.14)

10.45

10.45

6.87

11.20
(C-108.12.27)

12.7
(70.8.31)

12.8
(74.8.28)

5.85
(88.12.18)

7.25
(93.3.6)

(96.7.26)

(99.3.29)

10.05
(106.11.9)

(76.12.29)

1.10
(93.12.21)

1.60
(98.3.3)

4.06
(100.8.9)

最高量857.745百萬股(86.3)

0.44
(L-92.5.23)

時間

EPS	股利	上市櫃異動	近期股利發放	資本額變動
68 年 2.06 元 69 年 2.10 元	68 年 現金 0.9 元， 股票 0.9 元		107 年 現金 0.15 元	69 年 6.00 億元 92 年減資 70.97 億元， 減幅 55.03% 100 年減資 33.47 億元， 減幅 45.55%
107 年 0.47 元	69 年 現金 0.9 元， 股票 0.9 元		108 年 現金 0.16 元	107 年 38.70 億元

太子建設（2511）月K線走勢圖

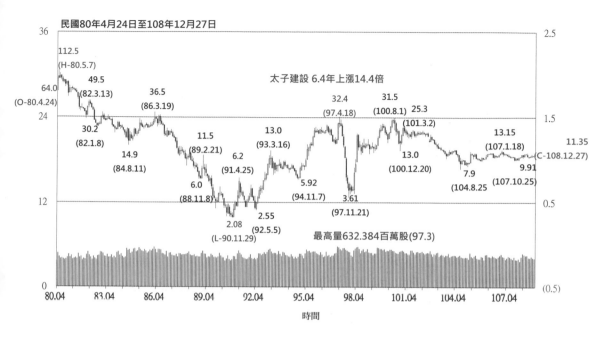

民國80年4月24日至108年12月27日

太子建設 6.4年上漲14.4倍

- 112.5 (H-80.5.7)
- 49.5 (82.3.13)
- 36.5 (86.3.19)
- 32.4 (97.4.18)
- 31.5 (100.8.1)
- 25.3 (101.3.2)
- 30.2 (82.1.8)
- 14.9 (84.8.11)
- 11.5 (89.2.21)
- 13.0 (93.3.16)
- 6.2 (91.4.25)
- 13.0 (100.12.20)
- 13.15 (107.1.18)
- 11.35 (C-108.12.27)
- 6.0 (88.11.8)
- 5.92 (94.11.7)
- 3.61 (97.11.21)
- 7.9 (104.8.25)
- 9.91 (107.10.25)
- 2.55 (92.5.5)
- 2.08 (L-90.11.29)

最高量632.384百萬股(97.3)

時間

EPS	股利	上市櫃異動	近期股利發放	資本額變動
79 年 4.76 元 80 年 2.38 元	79 年 股票 5.0 元		107 年 現金 0.65 元	80 年 29.25 億元 統一（1216）持股 10.03%。 103 年現金增資 30 億元， 增幅 14.45%
107 年 0.77 元	80 年 股票 3.5 元		108 年 現金 0.65 元	107 年 162.33 億元

冠德（2520）月 K 線走勢圖

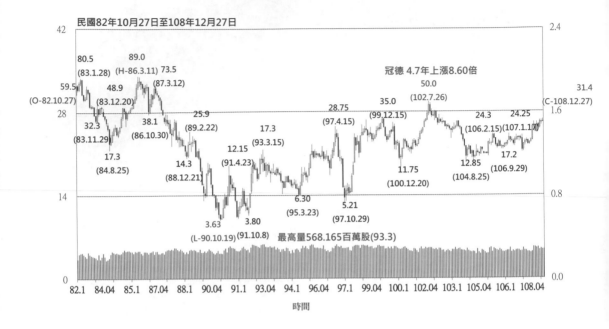

民國82年10月27日至108年12月27日

冠德 4.7年上漲8.60倍

最高量568.165百萬股(93.3)

時間

EPS	股利	上市櫃異動	近期股利發放	資本額變動
81 年 4.76 元 82 年 4.96 元	81 年 股票 2.5 元		107 年 現金 0.5 元	82 年 6.56 億元
107 年 1.01 元	82 年 股票 2.5 元		108 年 現金 1.0 元	107 年 50.38 億元

興富發（2542）月 K 線走勢圖

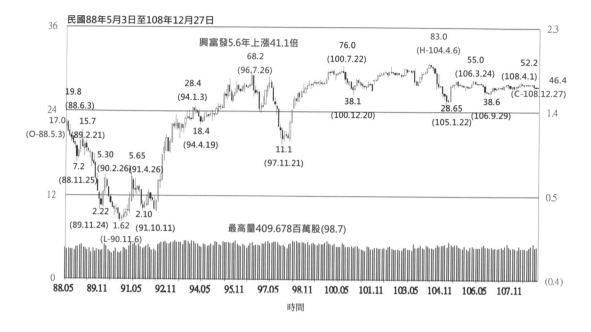

民國88年5月3日至108年12月27日

興富發5.6年上漲41.1倍

EPS	股利	上市櫃異動	近期股利發放	資本額變動
87 年 2.05 元 88 年 0.75 元	87 年 股票 1.5 元		107 年 現金 3.5 元	88 年 14.63 億元
107 年 5.88 元	88 年 股票 2.0 元		108 年 現金 3.5 元 +1.0 元 109 年 現金 1.0 元	107 年 116.66 億元

皇翔（2545）月 K 線走勢圖

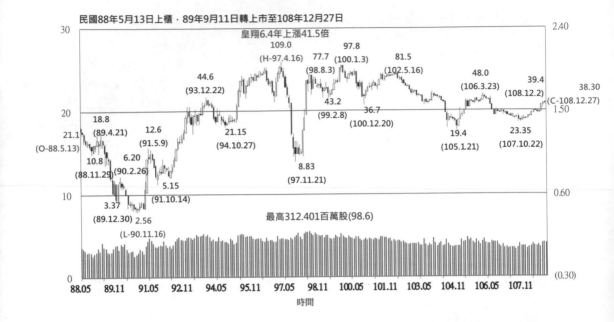

民國88年5月13日上櫃，89年9月11日轉上市至108年12月27日

皇翔6.4年上漲41.5倍

最高312.401百萬股(98.6)

時間

EPS	股利	上市櫃異動	近期股利發放	資本額變動
87 年 2.46 元 88 年 1.66 元	87 年 股票 2.0 元	88 年 5 月 13 日 上櫃	107 年 現金 1.50 元	88 年 11.64 億元
107 年 2.59 元	88 年 現金 0.5 元， 股票 1.5 元	89 年 9 月 11 日 轉上市	108 年 現金 1.80 元	107 年 32.77 億元

根基（2546）月 K 線走勢圖

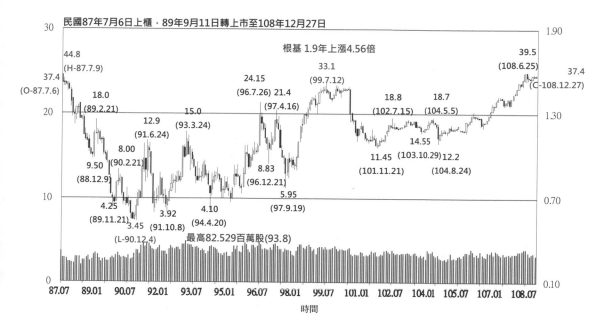

民國87年7月6日上櫃，89年9月11日轉上市至108年12月27日

根基 1.9年上漲4.56倍

44.8 (H-87.7.9)
37.4 (O-87.7.6)
18.0 (89.2.21)
12.9 (91.6.24)
15.0 (93.3.24)
24.15 (96.7.26) 21.4 (97.4.16)
33.1 (99.7.12)
39.5 (108.6.25)
37.4 (C-108.12.27)
18.8 (102.7.15)
18.7 (104.5.5)
8.00 (90.2.21)
9.50 (88.12.9)
8.83 (96.12.21)
14.55 (103.10.29)
11.45 (101.11.21)
12.2 (104.8.24)
4.25 (89.11.21)
3.45 (90.12.4)
3.92 (91.10.8)
4.10 (94.4.20)
5.95 (97.9.19)
最高82.529百萬股(93.8)
時間

EPS	股利	上市櫃異動	近期股利發放	資本額變動
86 年 1.99 元 87 年 1.79 元	86 年 股票 1.50 元	87 年 7 月 6 日 上櫃	107 年 現金 2.16 元	87 年 5.30 億元 冠德（2520）集團旗下 的營造廠持股 34.18%
107 年 3.84 元	87 年 股票 1.5 元	89 年 9 月 11 日 轉上市	108 年 現金 3.0 元	107 年 10.60 億元

日勝生（2547）月 K 線走勢圖

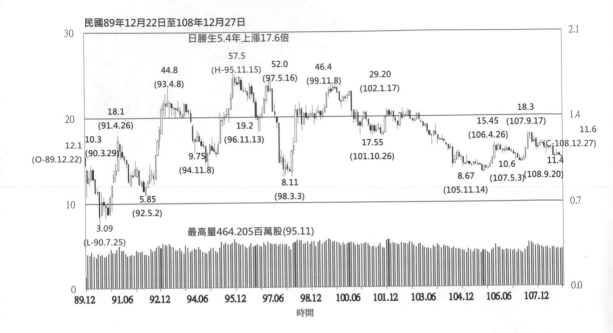

民國89年12月22日至108年12月27日

日勝生5.4年上漲17.6倍

EPS	股利	上市櫃異動	近期股利發放	資本額變動
88 年 2.98 元 89 年 2.26 元	88 年 股票 2.5 元		107 年 現金 0 元	89 年 13.80 億元 101 年減資 7.0 億元， 減幅 23.2%
107 年 3.77 元	89 年 現金 1.0 元		108 年 現金 0.8 元， 股票 0.2 元	107 年 89.44 億元

華固（2548）月 K 線走勢圖

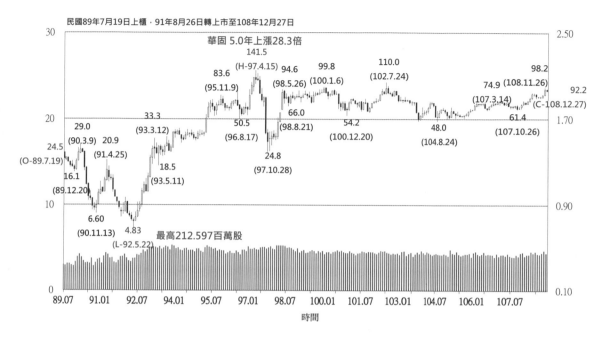

民國89年7月19日上櫃，91年8月26日轉上市至108年12月27日

華固 5.0元上漲28.3倍
141.5
(H-97.4.15)

時間

EPS	股利	上市櫃異動	近期股利發放	資本額變動
88 年 2.72 元 89 年 5.40 元	88 年 股票 2.50 元	89 年 7 月 19 日 上櫃	107 年 現金 5.2 元	89 年 8.58 億元
107 年 3.12 元	89 年 現金 2.0 元， 股票 2.0 元	91 年 8 月 26 日 轉上市	108 年 現金 5.0 元	107 年 27.68 億元

潤弘（2597）月 K 線走勢圖

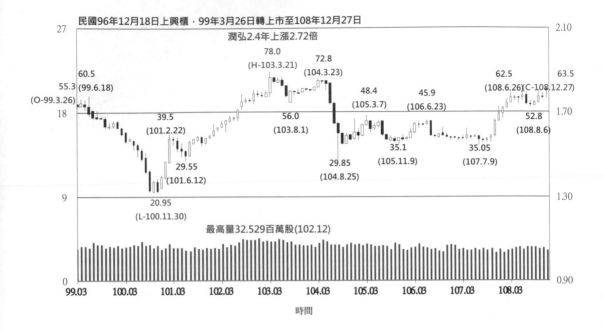

民國96年12月18日上興櫃，99年3月26日轉上市至108年12月27日

潤弘2.4年上漲2.72倍

78.0
(H-103.3.21)

72.8
(104.3.23)

60.5
(99.6.18)

55.3

(O-99.3.26)

62.5
(108.6.26)(C-108.12.27)

48.4
(105.3.7)

45.9
(106.6.23)

39.5
(101.2.22)

56.0
(103.8.1)

52.8
(108.8.6)

29.55
(101.6.12)

29.85
(104.8.25)

35.1
(105.11.9)

35.05
(107.7.9)

20.95
(L-100.11.30)

最高量32.529百萬股(102.12)

時間

EPS	股利	上市櫃異動	近期股利發放	資本額變動
95 年 0.90 元 96 年 1.53 元	95 年 現金 0.70 元 96 年 現金 1.35 元	96 年 12 月 18 日 上興櫃	107 年 現金 2.35 元	94 年減資 2 億元， 現金增資 5.81 億元 95 年合併潤安 4.19 億元 96 年資本額 12.00 億元 潤泰新（9945）持股 39.14%
107 年 4.90 元	98 年 現金 4.5 元	99 年 3 月 26 日 轉上市	108 年 現金 4.80 元	107 年 13.50 億元

潤隆（或國賓陶瓷）（1808）月 K 線走勢圖

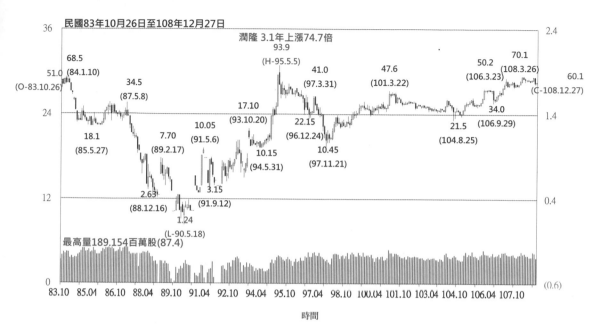

民國83年10月26日至108年12月27日

潤隆 3.1年上漲74.7倍
93.9
(H-95.5.5)

68.5
(84.1.10)
51.0
(O-83.10.26)

34.5
(87.5.8)

41.0
(97.3.31)

47.6
(101.3.22)

50.2
(106.3.23)

70.1
(108.3.26)

60.1
(C-108.12.27)

17.10
(93.10.20)

22.15
(96.12.24)

34.0
(106.9.29)

18.1
(85.5.27)

7.70
(89.2.17)

10.05
(91.5.6)

10.15
(94.5.31)

10.45
(97.11.21)

21.5
(104.8.25)

2.63
(88.12.16)

3.15
(91.9.12)

1.24
(L-90.5.18)

最高量189.154百萬股(87.4)

時間

EPS	股利	上市櫃異動	近期股利發放	資本額變動
82 年 2.02 元 83 年 2.60 元	82 年 股票 1.90 元	100 年 6 月 22 日國賓陶瓷改名為潤隆	107 年 現金 3.54 元	83 年 5.50 億元 83 年現金增資 2.37 億元，增幅 14.38% 104 年現金增資 3 億元，增幅 26%
107 年 7.09 元	83 年 股票 2.13 元		108 年 現金 8.00 元	107 年 30.83 億元

長虹（5534）月 K 線走勢圖

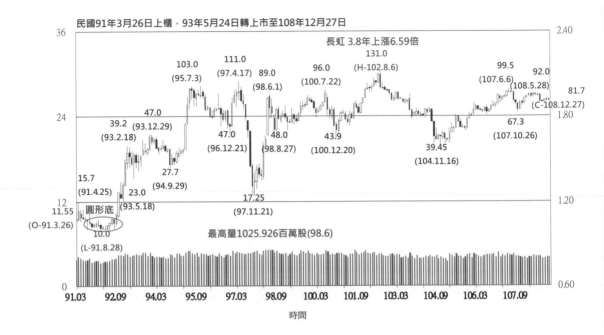

民國91年3月26日上櫃，93年5月24日轉上市至108年12月27日

長虹 3.8年上漲6.59倍

103.0
(95.7.3)

111.0
(97.4.17)

89.0
(98.6.1)

96.0
(100.7.22)

131.0
(H-102.8.6)

99.5
(107.6.6)

92.0
(108.5.28)

47.0

39.2
(93.2.18)

47.0
(93.12.29)

47.0
(96.12.21)

48.0
(98.8.27)

43.9
(100.12.20)

39.45
(104.11.16)

67.3
(107.10.26)

27.7
(94.9.29)

15.7
(91.4.25)

23.0
(93.5.18)

17.25
(97.11.21)

圓形底

11.55
(O-91.3.26)

10.0
(L-91.8.28)

最高量1025.926百萬股(98.6)

81.7

(C-108.12.27)

時間

EPS	股利	上市櫃異動	近期股利發放	資本額變動
90 年 2.43 元 91 年 1.79 元	90 年 現金 0.5 元， 股票 1.0 元	91 年 3 月 26 日	107 年 現金 6.20 元	91 年 8.78 億元
107 年 14.34 元	91 年 現金 1.0 元， 股票 0.5 元	93 年 5 月 24 日 轉上市	108 年 現金 7.00 元	107 年 29.03 億元

32 食品股

　　食品股中，本文挑選了味全、味王、大成長城、卜蜂、統一、愛之味、佳格、聯華實業投控、聯華食品、大統益、天仁、黑松、南僑、臺鹽等 14 家公司分析。

　　只有味全是國內股市第一、二次股市循環周期的主流股，分別在51、53、56 與 59 年等 4 個年度，全年成交量為前五名。

01. 51 年全年股票成交金額共計新臺幣 44,654.25 萬元。第五為味全，占 4.36%。
02. 53 年全年股票成交金額共計新臺幣 355.01 億元，第四為味全，占 6.73%。
03. 56 年全年股票成交金額共計 54.29 億元，第二為味全，占 11.60%。
04. 59 年全年股票成交金額中，第四為味全，成交 9.84 億元，占 9.14%。

表 32-1　51 年至 108 年食品類股股票成交量值統計表　（成交金額前 5 名者）

循環周期	成交金額前 5 名者	全年度成交金額（百萬元）	成交金額（1）	占比	成交金額（2）	
第一大循環	51 年度	446.548	臺泥（1101）	49.16%	臺紙（1902）	
第一大循環	53 年度	35,501.012	臺糖（優先股）	43.11%	臺紙（1902）	
第一大循環	56 年度	5,429.000	津津（1204）	31.21%	味全（1201）	
第二大循環	59 年度	10,865.996	國建（2501）	15.81%	臺紙（1902）	

➢ 臺股大師分析

食品概念股這 14 公司的長期月 K 線走勢圖如下圖所示。

其中味全（1201）、統一（1216）、臺鹽（1737）的長期月 K 線走勢圖，請見 34、124、285 頁。

這 14 家公司以統一（1216）、佳格（1227）、大統益（1232）為值得長期投資的個股。

味全（1201）、味王（1203）、大成長城（1210）、卜蜂（1215）、聯華實業投控（1229）、聯華食品（1231）、天仁（1233）、黑松（1234）、南僑（1702）、臺鹽（1737）為值得注意的個股。

	占比	成交金額（3）	占比	成交金額（4）	占比	成交金額（5）	占比
	16.60%	中興（優先股）	9.06%	農林（1202）	7.12%	味全（1201）	4.36%
	13.35%	臺泥（1101）	9.46%	味全（1201）	6.73%	亞泥（1102）	4.33%
	11.60%	臺紙（1902）	11.01%	中纖（1401）	7.86%	國建（2501）	7.28%
	10.20%	南亞（1303）	9.31%	味全（1201）	9.14%	大同優（1502）	8.61%

味王（或中國醱酵）（1203）月 K 線走勢圖

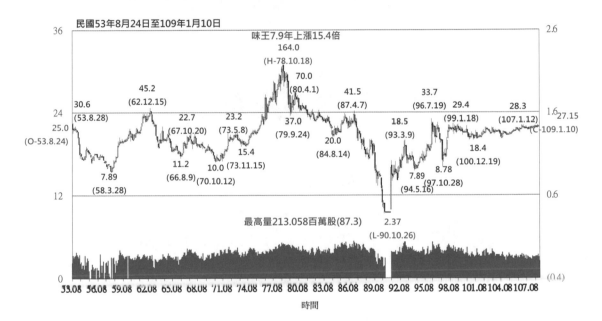

EPS	股利	上市櫃異動	近期股利發放	資本額變動
52 年 1.16 元 53 年 2.73 元	52 年 股票 5.0 元	48 年成立中國醱酵 59 年變更為味王醱酵 68 年再變更為味王公司	107 年 現金 1.3 元	53 年 1.20 億元
107 年 1.80 元	53 年 股票 2.10 元	90 年 11 月至 91 年 6 月 暫停交易 8 個月	108 年 現金 1.0 元	107 年 24.00 億元

大成長城（1210）月 K 線走勢圖

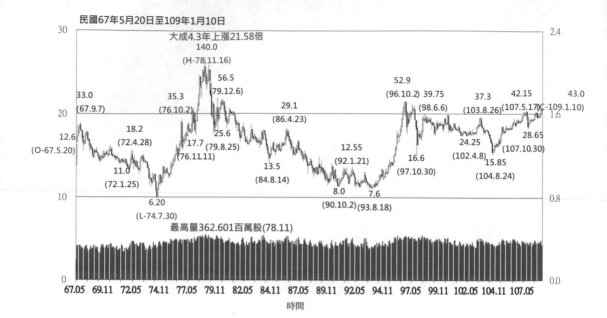

民國67年5月20日至109年1月10日

大成4.3年上漲21.58倍
140.0
(H-78.11.16)

56.5
(79.12.6)

52.9
(96.10.2)

39.75
(98.6.6)

37.3
(103.8.26)

42.15
(107.5.17)

43.0
(C-109.1.10)

33.0
(67.9.7)

35.3
(76.10.2)

29.1
(86.4.23)

18.2
(72.4.28)

17.7
(76.11.11)

25.6
(79.8.25)

12.55
(92.1.21)

16.6
(97.10.30)

24.25
(102.4.8)

28.65
(107.10.30)

12.6
(O-67.5.20)

11.0
(72.1.25)

13.5
(84.8.14)

8.0
(90.10.2)

7.6
(93.8.18)

15.85
(104.8.24)

6.20
(L-74.7.30)

最高量362.601百萬股(78.11)

時間

EPS	股利	上市櫃異動	近期股利發放	資本額變動
66 年 1.91 元 67 年 3.39 元	66 年 現 0.80 元， 股票 1.80 元		107 年 現金 2.0 元， 股票 0.7 元	67 年 2.4 億元
107 年 2.55 元	67 年 現金 1.00 元， 股票 1.50 元		108 年 現金 1.5 元， 股票 0.5 元	107 年 78.79 億元

卜蜂（1215）月 K 線走勢圖

民國76年7月27日至109年1月10日

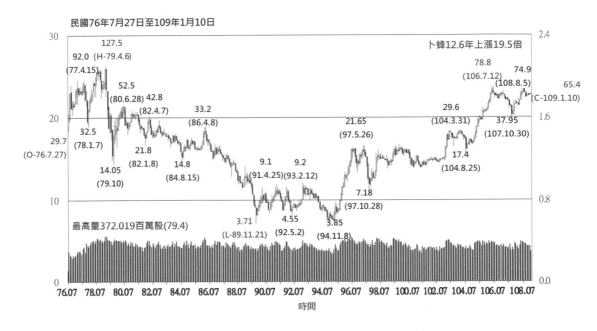

EPS	股利	上市表現	近期股利發放	資本額變動
75 年 2.90 元 76 年 3.87 元	75 年 股票 4.0 元	76 年 7 月 28 日 才成交 1 張， 29.7 元	107 年 現金 3.0 元	76 年 2.86 億元 76 年現金增資 2.29 億 元，增幅 779.9% 77 年現增 1.3 億元，增 幅 17%
107 年 3.55 元	76 年 股票 2.0 元		108 年 現金 3.0 元	107 年 26.80 億元

愛之味（1217）月 K 線走勢圖

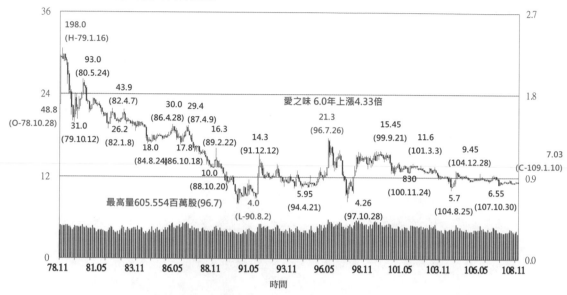

民國78年10月28日至109年1月10日

愛之味 6.0年上漲4.33倍

198.0 (H-79.1.16)
93.0 (80.5.24)
43.9 (82.4.7)
30.0 (86.4.28)
29.4 (87.4.9)
48.8 (O-78.10.28)
31.0 (79.10.12)
26.2 (82.1.8)
16.3 (89.2.22)
21.3 (96.7.26)
15.45 (99.9.21)
11.6 (101.3.3)
18.0 (84.8.24)
17.8 (86.10.18)
14.3 (91.12.12)
9.45 (104.12.28)
7.03 (C-109.1.10)
10.0 (88.10.20)
5.95 (94.4.21)
830 (100.11.24)
5.7 (104.8.25)
6.55 (107.10.30)
最高量605.554百萬股(96.7)
4.0 (L-90.8.2)
4.26 (97.10.28)
時間

EPS	股利	上市櫃異動	近期股利發放	資本額變動
77 年 1.72 元 78 年 2.04 元	77 年 股票 2.17 元	78 年 11 月 1 日才成交 1 張，48.8 元。	107 年 現金 0 元	78 年 7.89 億元
107 年 0.10 元	78 年 現金 1.0 元， 股票 2.67 元		108 年 現金 0 元	107 年 40.45 億元

佳格（1227）月 K 線走勢圖

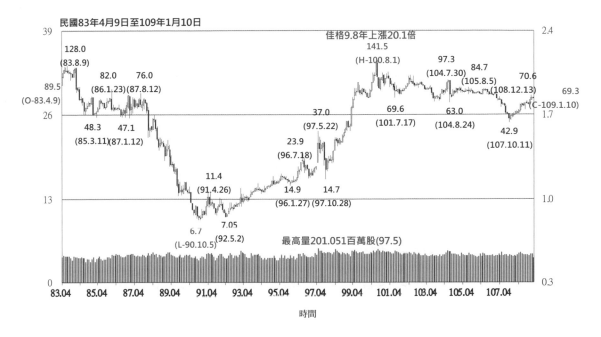

民國83年4月9日至109年1月10日

佳格9.8年上漲20.1倍
141.5
(H-100.8.1)

128.0
(83.8.9)

97.3
(104.7.30)

84.7
(105.8.5)

70.6
(108.12.13)

82.0
(86.1.23)

76.0
(87.8.12)

89.5
(O-83.4.9)

69.3
(C-109.1.10)

37.0
(97.5.22)

69.6
(101.7.17)

63.0
(104.8.24)

48.3
(85.3.11)

47.1
(87.1.12)

23.9
(96.7.18)

42.9
(107.10.11)

11.4
(91.4.26)

14.9
(96.1.27)

14.7
(97.10.28)

6.7
(L-90.10.5)

7.05
(92.5.2)

最高量201.051百萬股(97.5)

時間

EPS	股利	上市櫃異動	近期股利發放	資本額變動
82 年 5.83 元 83 年 5.40 元	82 年 股票 4.0 元		107 年 現金 2.0 元	83 年 6.02 億元
107 年 3.22 元	83 年 股票 4.0 元		108 年 現金 2.5 元	107 年 91.51 億元

聯華實業投控（1229）或聯華實業（1703）月 K 線走勢圖

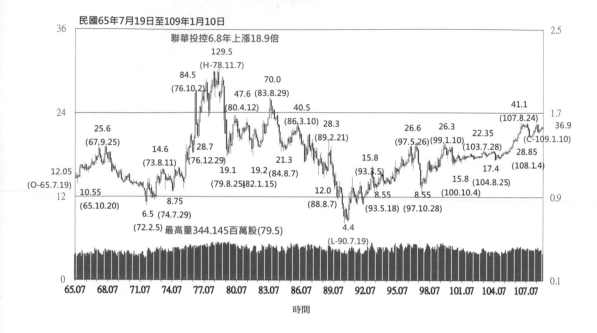

民國65年7月19日至109年1月10日

聯華投控6.8年上漲18.9倍
129.5
(H-78.11.7)
84.5
(76.10.2)
70.0
47.6 (83.8.29)
(80.4.12)
40.5
(86,3.10)
41.1
(107.8.24)
25.6
(67,9.25)
28.3
(89.2.21)
26.6
(97.5.26)
26.3
(99.1.10)
22.35
(103.7.28)
(C-109.1.10)
14.6
(73.8.11)
28.7
(76.12.29)
21.3
(84.8.7)
15.8
(93.3.5)
28.85
(108.1.4)
12.05
(O-65.7.19)
19.1
(79.8.25)
19.2
(82.1.15)
17.4
(104.8.25)
15.8
(100.10.4)
10.55
(65.10.20)
8.75
12.0
(88.8.7)
8.55
(93.5.18)
8.55
(97.10.28)
6.5
(72.2.5)
(74.7.29)
最高量344.145百萬股(79.5)
4.4
(L-90.7.19)

36
2.5
24
1.7
36.9
12
0.9
0
0.1

65.07 68.07 71.07 74.07 77.07 80.07 83.07 86.07 89.07 92.07 95.07 98.07 101.07 104.07 107.07
時間

EPS	股利	上市異動	近期股利發放	資本額變動
64 年 1.49 元 65 年 1.56 元	64 年 股票 0.82 元		107 年 現金 1.8 元， 股票 1.0 元	65 年 5.65 億元
107 年 2.35 元	65 年 現金 1.25 元， 股票 1.25 元	108 年 9 月 26 日由聯華實業， 改名稱為聯華實 業投控	108 年 現金 1.60 元， 股票 0.5 元	107 年 105.21 億元

聯華食（1231）月 K 線走勢圖

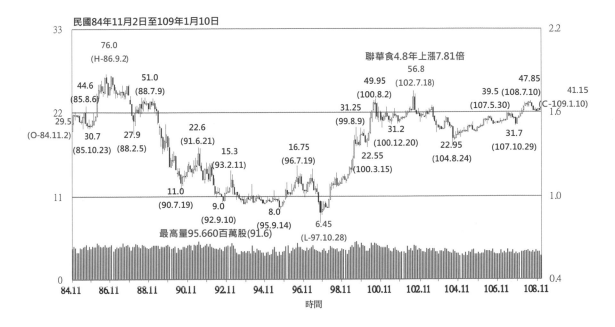

民國84年11月2日至109年1月10日

聯華食4.8年上漲7.81倍

- 76.0 (H-86.9.2)
- 44.6 (85.8.6)
- 51.0 (88.7.9)
- 56.8 (102.7.18)
- 49.95 (100.8.2)
- 47.85
- 39.5 (108.7.10)
- 41.15 (C-109.1.10)
- 31.25 (99.8.9)
- 29.5 (O-84.11.2)
- 30.7 (85.10.23)
- 27.9 (88.2.5)
- 22.6 (91.6.21)
- 31.2 (100.12.20)
- 22.95 (104.8.24)
- 31.7 (107.10.29)
- 15.3 (93.2.11)
- 16.75 (96.7.19)
- 22.55 (100.3.15)
- 11.0 (90.7.19)
- 9.0 (92.9.10)
- 8.0 (95.9.14)
- 6.45 (L-97.10.28)
- 最高量95.660百萬股(91.6)

時間

EPS	股利	上市櫃異動	近期股利發放	資本額變動
83 年 2.34 元 84 年 1.95 元	83 年 現金 0.3 元， 股票 2.0 元		107 年 現金 1.4 元， 股票 0.4 元	84 年 5.13 億元
107 年 3.26 元	84 年 現金 0.3 元， 股票 2.0 元		108 年 現金 1.8 元， 股票 0.5 元	107 年 16.63 億元

大統益（1232）月 K 線走勢圖

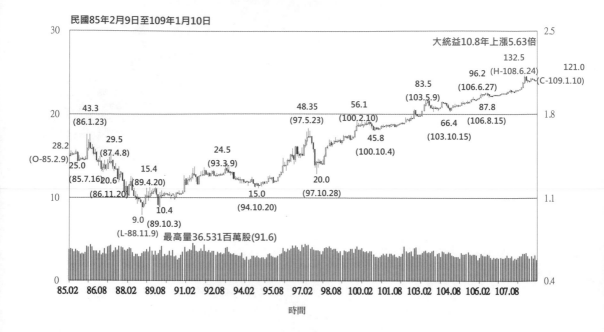

民國85年2月9日至109年1月10日

大統益10.8年上漲5.63倍

最高量36.531百萬股(91.6)

時間

EPS	股利	上市櫃異動	近期股利發放	資本額變動
84 年 2.39 元 85 年 1.28 元	84 年 股票 1.8 元		107 年 現金 5.0 元	85 年 11.24 億元 統一（1216）持股 38.5% 大成（1210）持股 9.64% 泰華油脂持股 19.49%
107 年 5.67 元	85 年 股票 1.3 元		108 年 現金 5.0 元	107 年 16.00 億元

天仁（1233）月 K 線走勢圖

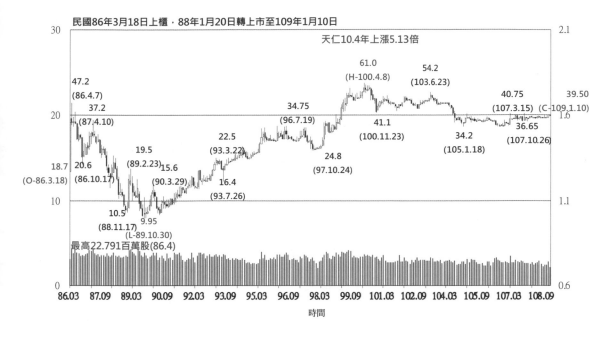

民國86年3月18日上櫃，88年1月20日轉上市至109年1月10日

天仁10.4年上漲5.13倍

時間				

圖中標示：
- 47.2 (86.4.7)
- 37.2 (87.4.10)
- 20.6 (86.10.17)
- 18.7 (O-86.3.18)
- 19.5 (89.2.23)
- 15.6 (90.3.29)
- 10.5 (88.11.17)
- 9.95 (L-89.10.30)
- 16.4 (93.7.26)
- 22.5 (93.3.22)
- 34.75 (96.7.19)
- 24.8 (97.10.24)
- 61.0 (H-100.4.8)
- 41.1 (100.11.23)
- 54.2 (103.6.23)
- 34.2 (105.1.18)
- 40.75 (107.3.15)
- 36.65 (107.10.26)
- (C-109.1.10)
- 最高22.791百萬股(86.4)

時間

EPS	股利	上市櫃異動	近期股利發放	資本額變動
85 年 1.14 元 86 年 1.57 元	85 年 股票 1.40 元	86 年 3 月 18 日 上櫃	107 年 現金 2.25 元	86 年 5.99 億元
107 年 1.93 元	86 年 現金 0.3 元， 股票 1.0 元	88 年 1 月 20 日 轉上市	108 年 現金 1.90 元	107 年 9.06 億元

黑松（1234）月 K 線走勢圖

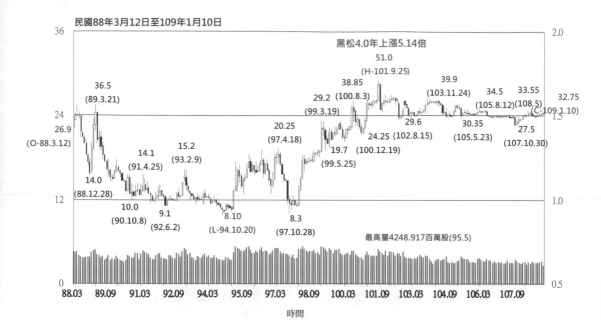

民國88年3月12日至109年1月10日

黑松4.0年上漲5.14倍

51.0
(H-101.9.25)

36.5
(89.3.21)

38.85

39.9
(103.11.24)

34.5
(105.8.12)

33.55
(108.5)

29.2 (100.8.3)
(99.3.19)

26.9
(O-88.3.12)

20.25
(97.4.18)

24.25 (102.8.15)

29.6

30.35
(105.5.23)

(C-109.1.10)

14.1
(91.4.25)

15.2
(93.2.9)

19.7 (100.12.19)
(99.5.25)

27.5
(107.10.30)

14.0
(88.12.28)

10.0
(90.10.8)

9.1
(92.6.2)

8.10

8.3

(L-94.10.20)

(97.10.28)

最高量4248.917百萬股(95.5)

88.03　89.09　91.03　92.09　94.03　95.09　97.03　98.09　100.03　101.09　103.03　104.09　106.03　107.09

時間

EPS	股利	上市櫃異動	近期股利發放	資本額變動
87 年 0.94 元 88 年 0.62 元	87 年 現金 0.60 元， 股票 0.86 元		107 年 現金 1.50 元	88 年 50.00 億元 102 年減資 13.4 億元， 減幅 25%
107 年 1.73 元	88 年 現金 0.5 元， 股票 0.5 元		108 年 現金 1.60 元	107 年 40.19 億元

南僑（1702）月 K 線走勢圖

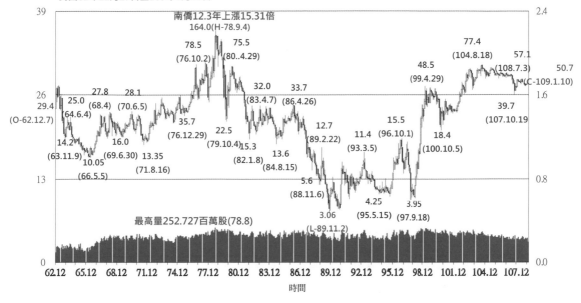

民國62年12月27日至109年1月10日

南僑12.3年上漲15.31倍
164.0(H-78.9.4)

最高量252.727百萬股(78.8)

時間

EPS	股利	上市櫃異動	近期股利發放	資本額變動
61 年 1.39 元 62 年 8.29 元	61 年 現金 0.2 元， 股票 1.0 元		107 年 現金 2.70 元	62 年 0.75 億元
107 年 3.44 元	62 年 現金 3.5 元， 股票 3.0 元		108 年 現金 2.70 元	107 年 29.41 億元

33 觀光飯店股

　　觀光飯店股是 109 年受疫情重挫的產業之一，本文挑選了萬企、華園、國賓、六福、第一店、晶華、美食、鳳凰、好樂迪等 9 家公司分析。

　　這 9 家觀光飯店類股成交量，沒有任何年度分居全年股票成交金額的前五名。

> ➤ 臺股大師分析

觀光飯店股這 9 家公司的長期月 K 線走勢圖如下圖所示。
萬企（2701）月 K 線走勢圖請見 60 頁。
其中以晶華（2707）、好樂迪（9943）為值得投資的個股。
而國賓（2704）、第一華僑大飯店（2706）、美食（2723）、鳳凰（5706）為值得注意的個股。

華園（2702）月 K 線走勢圖

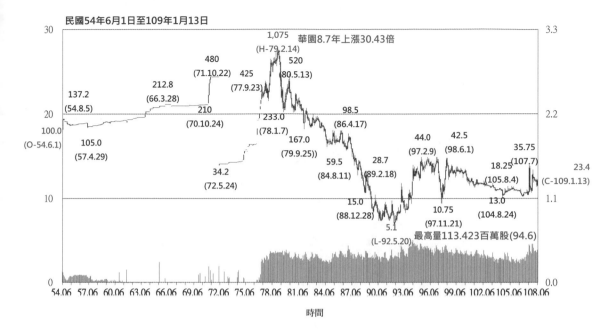

民國54年6月1日至109年1月13日

華園8.7年上漲30.43倍

1,075
(H-79.2.14)

480
(71.10.22)

520
(80.5.13)

425
(77.9.23)

212.8
(66.3.28)

233.0
(78.1.7)

98.5
(86.4.17)

137.2
(54.8.5)

210
(70.10.24)

167.0
(79.9.25)

105.0
(57.4.29)

44.0
(97.2.9)

42.5
(98.6.1)

35.75
(107.7)

59.5
(84.8.11)

28.7
(89.2.18)

18.25
(105.8.4)

23.4
(C-109.1.13)

34.2
(72.5.24)

15.0
(88.12.28)

10.75
(97.11.21)

13.0
(104.8.24)

5.1
(L-92.5.20)

最高量113.423百萬股(94.6)

時間

54.06 57.06 60.06 63.06 66.06 69.06 72.06 75.06 78.06 81.06 84.06 87.06 90.06 93.06 96.06 99.06 102.06 105.06 108.06

EPS	股利	上市表現	近期股利發放	資本額變動
53 年 1.22 元 54 年 1.71 元	53 年 現金 0 元	華園於 77 年 4 月才有較大成交量，屬於極端冷門股。	107 年 現金 0 元	54 年 0.40 億元 （面額 100 元） 華園於 72 年 5 月 24 日面額由 100 元，變更為 10 元。
107 年 2.08 元	54 年 現金 0 元		108 年 現金 0.2 元， 股票 0.8 元	107 年 10.23 億元 （面額 10 元）

國賓（2704）月 K 線走勢圖

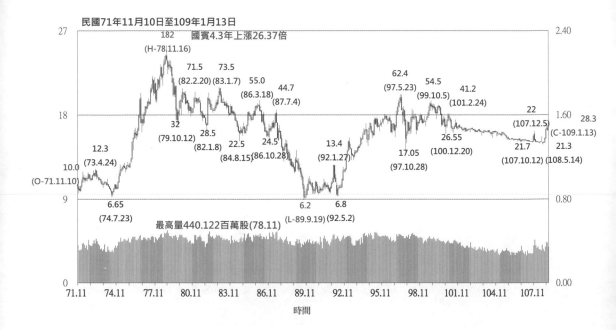

民國71年11月10日至109年1月13日

國賓4.3年上漲26.37倍

- 182 (H-78.11.16)
- 71.5 (82.2.20)
- 73.5 (83.1.7)
- 55.0 (86.3.18)
- 44.7 (87.7.4)
- 62.4 (97.5.23)
- 54.5 (99.10.5)
- 41.2 (101.2.24)
- 22 (107.12.5)
- 28.3 (C-109.1.13)
- 12.3 (73.4.24)
- 32 (79.10.12)
- 28.5 (82.1.8)
- 22.5 (84.8.15)
- 24.5 (86.10.28)
- 13.4 (92.1.27)
- 17.05 (97.10.28)
- 26.55 (100.12.20)
- 21.7 (107.10.12)
- 21.3 (108.5.14)
- 10.0 (O-71.11.10)
- 6.65 (74.7.23)
- 6.2 (L-89.9.19)
- 6.8 (92.5.2)

最高量440.122百萬股(78.11)

時間

EPS	股利	上市櫃異動	近期股利發放	資本額變動
71 年 -2.16 元 71 年 -1.18 元	70 年 現金 0 元		107 年 現金 0.40 元	71 年 5.0 億元
107 年 1.10 元	71 年 現金 0 元		108 年 現金 0.40 元	107 年 36.69 億元

六福（2705）月 K 線走勢圖

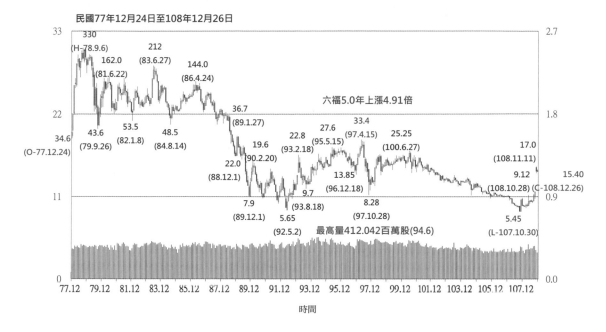

民國77年12月24日至108年12月26日

六福5.0年上漲4.91倍

330
(H-78.9.6)
212
(83.6.27)
162.0
(81.6.22)
144.0
(86.4.24)
43.6
(79.9.26)
53.5
(82.1.8)
48.5
(84.8.14)
36.7
(89.1.27)
34.6
(O-77.12.24)
27.6
(95.5.15)
33.4
(97.4.15)
25.25
(100.6.27)
22.8
(93.2.18)
19.6
(90.2.20)
22.0
(88.12.1)
17.0
(108.11.11)
13.85
(96.12.18)
9.12
(108.10.28)
15.40
(C-108.12.26)
7.9
(89.12.1)
9.7
(93.8.18)
8.28
(97.10.28)
5.65
(92.5.2)
5.45
(L-107.10.30)

最高量412.042百萬股(94.6)

時間

EPS	股利	上市櫃異動	近期股利發放	資本額變動
76 年 -0.92 元 77 年 2.17 元	76 年 現金 0.6 元， 股票 0.6 元		107 年 現金 0 元	77 年 3.31 億元
107 年 -3.87 元	77 年 現金 1.0 元， 股票 1.0 元		108 年 現金 0 元	107 年 33.92 億元 107 年 11 月 11 日減資 15.26 億元，減幅 45%

第一華僑大飯店（2706）月 K 線走勢圖

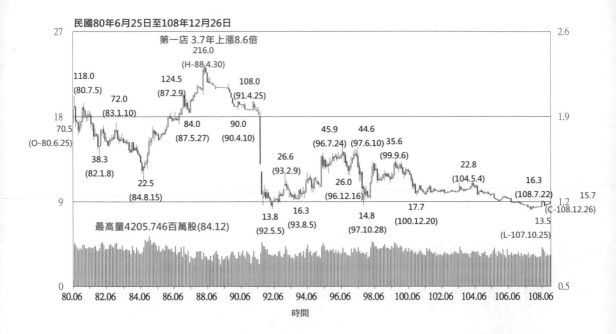

民國80年6月25日至108年12月26日

第一店 3.7年上漲8.6倍
216.0
(H-88.4.30)

118.0
(80.7.5)

72.0
(83.1.10)

124.5
(87.2.9)

108.0
(91.4.25)

70.5
(O-80.6.25)

84.0
(87.5.27)

90.0
(90.4.10)

45.9
(96.7.24)

44.6
(97.6.10)

35.6
(99.9.6)

38.3
(82.1.8)

26.6
(93.2.9)

22.8
(104.5.4)

22.5
(84.8.15)

26.0
(96.12.16)

16.3
(108.7.22)

15.7

最高量4205.746百萬股(84.12)

13.8
(92.5.5)

16.3
(93.8.5)

14.8
(97.10.28)

17.7
(100.12.20)

C-108.12.26)

13.5
(L-107.10.25)

時間

EPS	股利	上市異動	近期股利發放	資本額變動
79 年 2.0 元 80 年 -1.84 元	79 年 股票 2.8 元	91 年 10 月 9 日 美國國會授權總 統布希對伊拉克 動武決議案	107 年 現金 0.28 元， 股票 0.28 元	80 年 5.76 億元
107 年 0.86 元	80 年 現金 1.0 元， 股票 0.5 元		108 年 現金 0.45 元	107 年 50.0 億元

晶華酒店（2707）月 K 線走勢圖

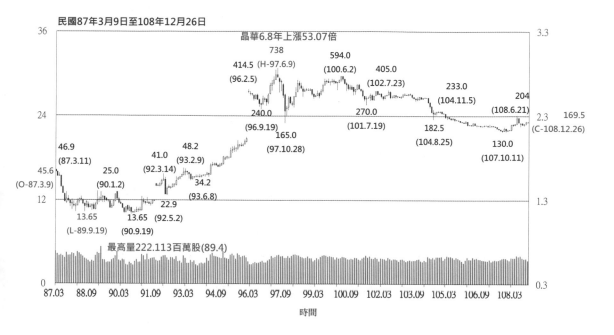

民國87年3月9日至108年12月26日

晶華6.8年上漲53.07倍

738
414.5 (H-97.6.9)
(96.2.5)
594.0
(100.6.2)
405.0
(102.7.23)
233.0
(104.11.5)
204
(108.6.21)
240.0
(96.9.19)
165.0
(97.10.28)
270.0
(101.7.19)
182.5
(104.8.25)
130.0
(107.10.11)
169.5
(C-108.12.26)

46.9
(87.3.11)
25.0
(90.1.2)
41.0
(92.3.14)
48.2
(93.2.9)
34.2
(93.6.8)
45.6
(O-87.3.9)
22.9
(92.5.2)
13.65
(L-89.9.19)
13.65
(90.9.19)

最高量222.113百萬股(89.4)

時間

EPS	股利	上市櫃異動	近期股利發放	資本額變動
86 年 1.22 元 87 年 -0.39 元	86 年 股票 1.5 元		107 年 現金 11.02 元	87 年 43.13 億元 94 年 2 月 2 日減資 16 億元，減幅 72.17%。 90 年 11 月 25 日減資 21.6 億元，減幅 49.92% 晶華不斷退回現金，大幅減 資，以維持高獲利與高股價
107 年 10.80 元	87 年 現金 0 元		108 年 現金 6.12 元	107 年 12.74 億元

美食（2723）月 K 線走勢圖

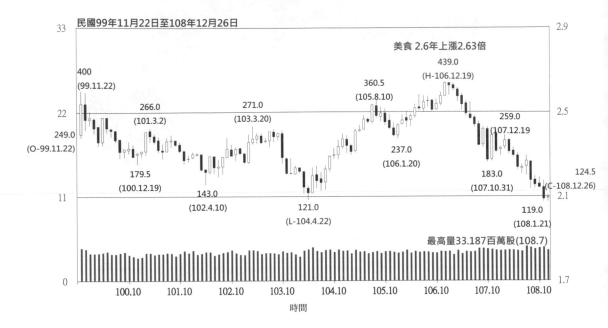

EPS	股利	上市櫃異動	近期股利發放	資本額變動
98 年 10.58 元 99 年 6.46 元	98 年 現金 2.0 元， 股票 11.45 元		107 年 現金 6.0 元， 股票 1.04 元	99 年 12.80 億元
107 年 9.26 元	99 年 現金 3.50 元， 股票 0.50 元		108 年 現金 5.0 元	107 年 18.00 億元

鳳凰（5706）月 K 線走勢圖

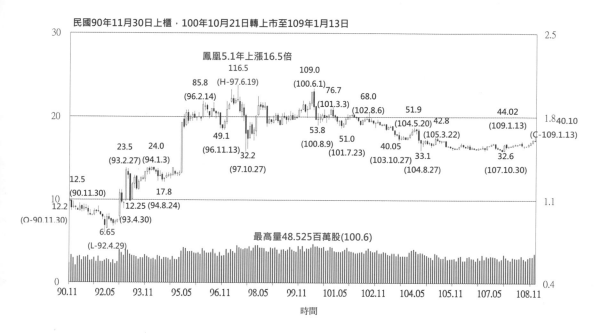

民國90年11月30日上櫃，100年10月21日轉上市至109年1月13日

EPS	股利	上市櫃異動	近期股利發放	資本額變動
89 年 1.85 元 90 年 0.51 元	89 年 現金 0.35 元， 股票 0.35 元	90 年 11 月 30 日 上櫃	107 年 現金 3.0 元	90 年 1.89 億元
107 年 2.60 元	90 年 現金 0.52 元	100 年 10 月 29 日 轉上市	108 年 現金 1.61 元， 股票 0.5 元	107 年 6.11 億元

好樂迪（9943）月 K 線走勢

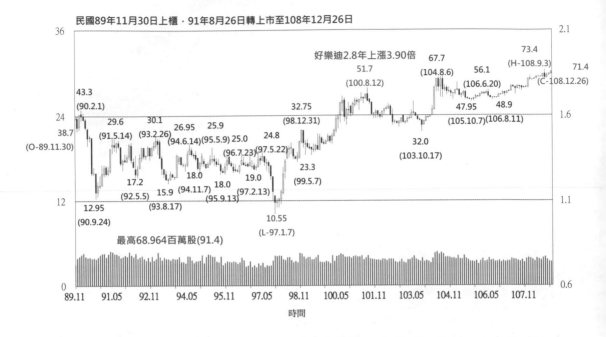

民國89年11月30日上櫃，91年8月26日轉上市至108年12月26日

好樂迪2.8年上漲3.90倍

最高68.964百萬股(91.4)

時間

EPS	股利	上市櫃異動	近期股利發放	資本額變動
88 年 6.47 元 89 年 4.05 元	88 年 股票 6.0 元	89 年 11 月 30 日 上櫃	107 年 現金 4.0 元	89 年 14.56 億元
107 年 6.06 元	89 年 現金 0.5 元， 股票 2.5 元	91 年 8 月 26 日 轉上市	108 年 現金 5.4 元	107 年 14.73 億元

33 百貨股

　　百貨股中，本文挑選了益航、東森國際、欣欣大眾、遠百、三商行投控、高林、特力、統領、麗嬰房、統一超、農林、潤泰全等 12 家公司分析。

　　其中只有農林為第一、三、四次大股市循環周期的主流股，分別在 51、69 與 78 年 3 個年度為前五名。詳情如下：

01. 51 年全年股票成交金額共計新臺幣 44,654.25 萬元。第四為農林，占 47.12%。

02. 69 年全年股票成交金額共計 1,621.12 億元，第五為農林，占 3.26%。

03. 78 年全年股票成交金額共計 254,079.63 億元，第五為農林，占 1.71%。

➤ 臺股大師分析

百貨概念股 12 公司股票的長期月 K 線走勢圖如後圖所示。
其中益航見 59 頁、欣欣大眾見 61 頁、遠百見 122 頁、統一超見 125 頁、農林見 24 頁。
以遠百（2903）、統一超（2912）為值得長期投資的個股。
而益航（2601）、三商行投控（2905）、統領（2910）、麗嬰房（2911）、農林（2913）、潤泰全（2915）為值得注意的個股。

東森國際（或遠東倉儲）（2614）月 K 線走勢圖

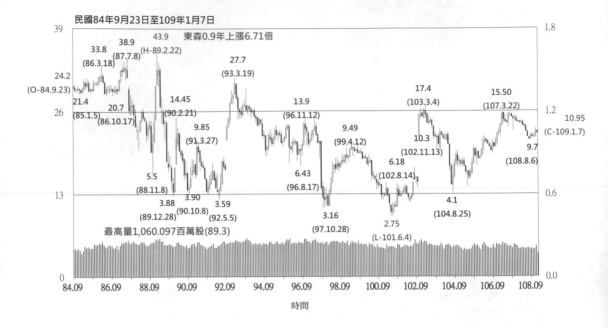

民國84年9月23日至109年1月7日

東森0.9年上漲6.71倍

| | 33.8
(86.3.18) | 38.9
(87.7.8) | 43.9
(H-89.2.22) | | | |

24.2
(O-84.9.23)

27.7
(93.3.19)

21.4
(85.1.5)

20.7
(86.10.17)

14.45
(90.2.21)

17.4
(103.3.4)

15.50
(107.3.22)

10.95
(C-109.1.7)

13.9
(96.11.12)

9.85
(91.3.27)

9.49
(99.4.12)

10.3
(102.11.13)

9.7
(108.8.6)

5.5
(88.11.8)

6.43
(96.8.17)

6.18
(102.8.14)

3.88
(89.12.28)

3.90
(90.10.8)

3.59
(92.5.5)

4.1
(104.8.25)

3.16
(97.10.28)

2.75
(L-101.6.4)

最高量1,060.097百萬股(89.3)

時間

EPS	股利	上市櫃異動	近期股利發放	資本額變動
83 年 2.46 元 84 年 1.18 元	83 年 股票 1.7 元		107 年 現金 0 元	84 年 29.32 億元 102 年 11 月 12 日減資 72.25 億元，減幅 50.94%
107 年 1.92 元	84 年 現金 0.4 元， 股票 1.2 元		108 年 現金 1.0 元	107 年 55.68 億元 107 年 7 月 23 日減資 13.92 億元，減幅 20%

三商行投控（2905）月 K 線走勢圖

民國77年9月19日至109年1月7日

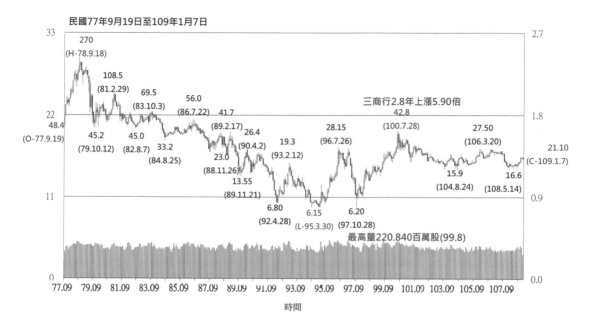

EPS	股利	上市櫃異動	近期股利發放	資本額變動
76 年 4.81 元 77 年 3.80 元	76 年 股票 3.0 元		107 年 現金 0.8 元， 股票 0.8 元	77 年 8.02 億元
107 年 0.40 元	77 年 現金 0.75 元， 股票 2.50 元		108 年 現金 0.5 元	107 年 82.67 億元

高林（2906）月 K 線走勢圖

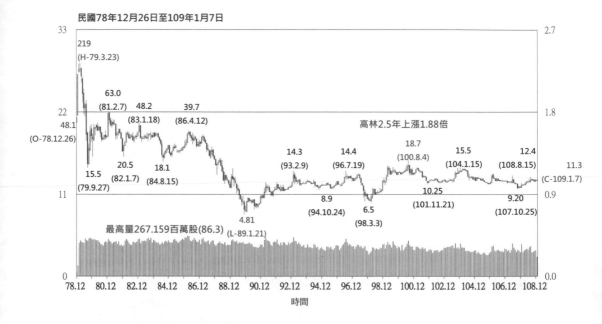

民國78年12月26日至109年1月7日

219
(H-79.3.23)

63.0
(81.2.7)
48.2
(83.1.18)
39.7
(86.4.12)

48.1
(O-78.12.26)

高林2.5年上漲1.88倍

14.3
(93.2.9)
14.4
(96.7.19)
18.7
(100.8.4)
15.5
(104.1.15)
12.4
(108.8.15)

11.3
(C-109.1.7)

15.5
(79.9.27)
20.5
(82.1.7)
18.1
(84.8.15)

8.9
(94.10.24)
6.5
(98.3.3)
10.25
(101.11.21)
9.20
(107.10.25)

4.81
(L-89.1.21)

最高量267.159百萬股(86.3)

時間

EPS	股利	上市櫃異動	近期股利發放	資本額變動
77 年 -3.51 元 78 年 1.67 元	77 年 現金 1.0 元		107 年 現金 0.4 元	78 年 6.11 億元 106 年 7 月 4 日 減資 0.29 億元，減幅 1.37%
107 年 0.17 元	78 年 現金 1.0 元， 股票 1.0 元		108 年 現金 0.4 元	107 年 20.91 億元

特力（2908）月 K 線走勢圖

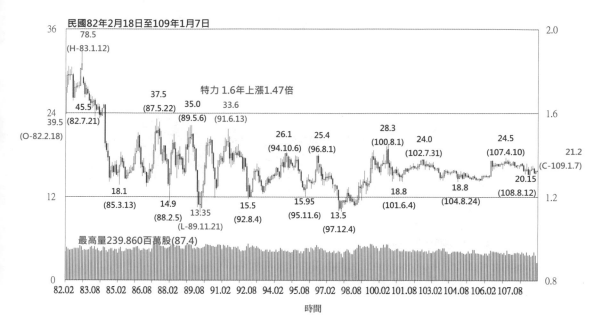

民國82年2月18日至109年1月7日

特力 1.6年上漲1.47倍

最高量239.860百萬股(87.4)

78.5
(H-83.1.12)

45.5
(82.7.21)

37.5
(87.5.22)

35.0
(89.5.6)

33.6
(91.6.13)

26.1
(94.10.6)

25.4
(96.8.1)

28.3
(100.8.1)

24.0
(102.7.31)

24.5
(107.4.10)

20.15
(C-109.1.7)

18.1
(85.3.13)

14.9
(88.2.5)

13.35
(L-89.11.21)

15.5
(92.8.4)

15.95
(95.11.6)

13.5
(97.12.4)

18.8
(101.6.4)

18.8
(104.8.24)

20.15

21.2
(C-109.1.7)

(108.8.12)

時間

EPS	股利	上市櫃異動	近期股利發放	資本額變動
81 年 1.69 元 82 年 2.97 元	81 年 股票 2.50 元		107 年 現金 1.2 元	82 年 7.10 億元
107 年 0.80 元	82 年 現金 0.5 元， 股票 1.5 元		108 年 現金 1.3 元	107 年 50.99 億元

統領（2910）月 K 線走勢圖

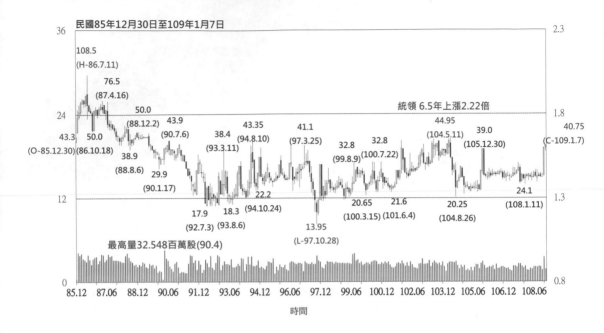

民國85年12月30日至109年1月7日

統領 6.5年上漲2.22倍

108.5
(H-86.7.11)

76.5
(87.4.16)

50.0
(88.12.2)

43.9
(90.7.6)

43.35
(94.8.10)

41.1
(97.3.25)

44.95
(104.5.11)

39.0
(105.12.30)

40.75
(C-109.1.7)

43.3
(O-85.12.30)

50.0
[86.10.18]

38.9
(88.8.6)

29.9
(90.1.17)

38.4
(93.3.11)

32.8
(99.8.9)

32.8
(100.7.22)

17.9
(92.7.3)

18.3
(93.8.6)

22.2
(94.10.24)

20.65
(100.3.15)

21.6
(101.6.4)

20.25
(104.8.26)

24.1
(108.1.11)

13.95
(L-97.10.28)

最高量32.548百萬股(90.4)

時間

EPS	股利	上市櫃異動	近期股利發放	資本額變動
84 年 1.07 元 85 年 1.77 元	84 年 股票 2.5 元	統領屬於冷門股	107 年 現金 0 元	85 年 9.00 億元
107 年 0.43 元	85 年 股票 3.5 元		108 年 現金 0 元	107 年 20.87 億元

麗嬰房（2911）月 K 線走勢圖

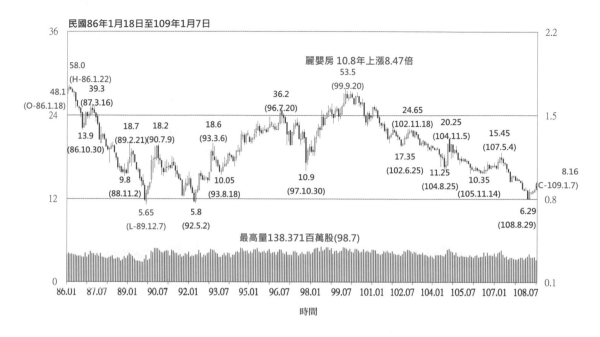

民國86年1月18日至109年1月7日

麗嬰房 10.8年上漲8.47倍

58.0 (H-86.1.22)
48.1 (O-86.1.18)
39.3 (87.3.16)
13.9 (86.10.30)
18.7 (89.2.21)
18.2 (90.7.9)
18.6 (93.3.6)
36.2 (96.7.20)
53.5 (99.9.20)
24.65 (102.11.18)
20.25 (104.11.5)
15.45 (107.5.4)
17.35 (102.6.25)
11.25 (104.8.25)
10.35 (105.11.14)
8.16 (C-109.1.7)
9.8 (88.11.2)
10.05 (93.8.18)
10.9 (97.10.30)
5.65 (L-89.12.7)
5.8 (92.5.2)
6.29 (108.8.29)

最高量138.371百萬股(98.7)

時間

EPS	股利	上市櫃異動	近期股利發放	資本額變動
85 年 1.59 元 86 年 1.14 元	85 年 現金 0.5 元， 股票 0.5 元		107 年 現金 0.52 元	86 年 7.81 億元
107 年 -0.46 元	86 年 股票 2.0 元		108 年 現金 0 元	107 年 19.83 億元

潤泰全（2915）或潤泰紡織（1420）月 K 線走勢圖

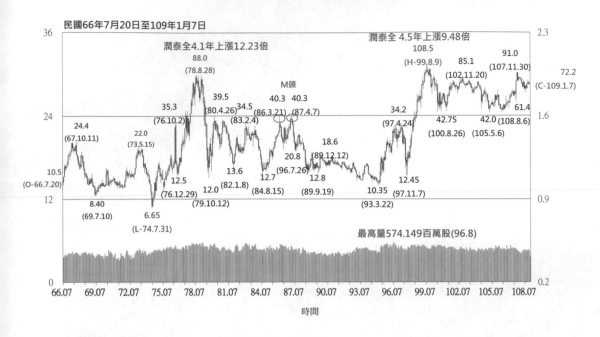

民國66年7月20日至109年1月7日

潤泰全4.1年上漲12.23倍

潤泰全 4.5年上漲9.48倍

88.0
(78.8.28)

108.5
(H-99.8.9)

91.0

85.1
(102.11.20)

107.11.30)

72.2
(C-109.1.7)

35.3
(76.10.2)

39.5
(80.4.26)

34.5
(83.2.4)

M頭

40.3
(86.3.21)

40.3
(87.4.7)

34.2
(97.4.24)

42.75
(100.8.26)

42.0
(105.5.6)

108.8.6)

61.4

24.4
(67.10.11)

22.0
(73.5.15)

18.6
(89.12.12)

12.45

12.5
(76.12.29)

13.6
(82.1.8)

12.7
(84.8.15)

20.8
(96.7.26)

12.8
(89.9.19)

10.35
(93.3.22)

12.45
(97.11.7)

10.5
(O-66.7.20)

12.0
(79.10.12)

8.40
(69.7.10)

6.65
(L-74.7.31)

最高量574.149百萬股(96.8)

時間

EPS	股利	上市櫃異動	近期股利發放	資本額變動
65 年 0.97 元 66 年 1.58 元	65 年 現金 0 元		107 年 現金 4.0 元	65 年 3.60 億元 102 年現金增資 10 億元，每股 70 元。
107 年 18.45 元	66 年 現金0.60 元， 股票 1.0 元		108 年 現金 5.5 元	107 年 56.49 億元 107 年減資 37.66 億元，減幅 40%。

34 塑膠股與油電燃氣股

塑膠股與油電燃氣股中，我們挑選了臺塑、南亞、臺聚、華夏、亞聚、臺達化、臺苯、國喬、聯成、中石化、達新、大洋塑膠、臺化、臺塑化、臺汽電、大臺北瓦斯、全國加油站等 17 家公司分析。

其中有臺塑、南亞與華夏等 3 家公司，為國內股市第一、二、三、四次股市周期循環的主流股

南亞為第一、二、三、四次大股市周期循環的主流股，分別在 60、61、62、63、65、66、67 與 72 年 7 等 8 個年度為第一名。並在 57、59 與 76 年等 3 個年度分別為第四、三與四名。

臺塑為第一、二、三、四次大股市周期循環的主流股，分別在 54、55、60、61、62、64、65、77 與 79 年等 9 個年度為前五名。而華夏是第三次大股市循環周期的主流股，在 74 年為第五名。

01. 54 年全年股票成交金額中，第五為臺塑，成交 8.62 億元，占 7.86%。
02. 55 年全年股票成交金額中，第四為臺塑，成交 2.22 億元，占 4.81%。
03. 57 年全年股票成交金額中，第三為南亞，成交 5.85 億元，占 7.58%。
04. 59 年全年股票成交金額中，第三為南亞，成交 10.17 億元，占 9.31%。
05. 60 年全年股票成交金額中，南亞股票成交 117.16 億元，占全年成交總金額 49.53%，居首位；臺塑次之，成交 18.04 億元，占 7.64%。
06. 61 年全年股票成交金額中，南亞股票成交 198.80 億元，占全年成交總金額 36.68%，居首位；臺塑次之，成交 106.16 億元，占 19.58%。
07. 62 年全年股票成交金額中，南亞股票成交 116.28 億元，占全年成交總金額 13.33%，居首位；臺塑次之，成交 79.52 億元，占 9.11%。
08. 63 年全年股票成交金額中，南亞股票成交 45.23 億元，占全年成交總

金額 10.08%，居首位；第三為臺塑成交 26.62 億元，占 5.93%。

09. 64 年全年股票成交金金額中，臺塑股票成交 238.14 億元，占全年成交總金額 18.07%，居首位；南亞次之，成交 233.96 億元，占 17.75%。

10. 65 年全年股票成交金額中，南亞股票成交 186.84 億元，占全年成交總金額 12.71%，居首位；次之，臺塑成交 138.66 億元，占 9.43%。

11. 66 年全年股票成交金額中，南亞股票成交 166.01 億元，占全年成交總金額 9.59%，居首位；第四為臺塑成交 111.53 億元，占 6.44%。

12. 67 年全年股票成交金額中，南亞股票成交 136.26 億元，占全年成交總金額 3.76%，居首位。

表 34-1　51 年至 108 年塑膠股與油電燃氣股上市公司股票成交量值統計表

（成交金額前 5 名者）

循環周期	成交金額前 5 名者	全年度成交金額（百萬元）	成交金額（1）	占比	成交金額（2）	占比
第一大循環	54 年度	10,960.461	臺糖（優先股）	14.88%	臺電（普通股）	11.62%
第一大循環	55 年度	4,562.927	津津（1204）	40.58%	味新（1203）	13.03%
第一大循環	57 年度	7,669.937	國建（2501）	32.87%	工礦（9901）	24.15%
第二大循環	59 年度	10,865.996	國建（2501）	15.81%	臺紙（1902）	10.20%
第二大循環	60 年度	23,598.238	南亞（1303）	49.53%	臺塑（1301）	7.64%
第二大循環	61 年度	54,050.945	南亞（1303）	36.68%	臺塑（1301）	19.58%
第二大循環	62 年度	87,909.966	南亞（1303）	13.33%	臺塑（1301）	9.11%
第二大循環	63 年度	43,586.454	南亞（1303）	10.02%	太電（1602）	7.00%
第二大循環	64 年度	130,336.597	臺塑（1301）	18.07%	南亞（1303）	18.00%
第二大循環	65 年度	145,941.088	南亞（1303）	12.71%	臺塑（1301）	9.43%
第三大循環	66 年度	172,177.280	南亞（1303）	9.59%	太電（1602）	6.87%
第三大循環	67 年度	361,644.902	南亞（1303）	3.76%	國建（2501）	3.67%
第三大循環	72 年度	363,844.957	南亞（1303）	5.19%	臺塑（1301）	3.35%
第三大循環	73 年度	324,475.192	中紡（1408）	6.42%	南亞（1303）	5.03%
第三大循環	74 年度	195,227.690	華隆（1407）	5.69%	中紡（1408）	5.43%
第四大循環	76 年度	2,668,633	華隆（1407）	5.80%	中紡（1408）	4.96%
第四大循環	77 年度	7,868,024	彰銀（2801）	4.71%	一銀（2802）	3.68%
第四大循環	79 年度	19,031,288	中華開發（2804）	2.53%	國壽（2805）	2.03%

13. 72 年全年股票成交金額中，南亞股票成交 188.98 億元，占全年成交總金額 5.19%，居首位；臺塑次之，成交 121.83 億元，占 3.35%。

14. 73 年全年股票成交金額中，第二為南亞，成交 163.18 億元，占 5.03%。

15. 74 年全年股票成交金額中，第五為華夏，成交 57.27 億元，占 2.93%。

16. 76 年全年股票成交額中，第四為南亞，成交 807.40 億元，占 3.03%。

17. 77 年全年股票成交金額中，第五為臺塑，成交 2,288.06 億元，占 2.91%。

18. 79 年全年股票成交金額中，臺塑成交 2,714.69 億元，占 1.43%，為第五。

成交金額（3）	占比	成交金額（4）	占比	成交金額（5）	占比
津津（1204）	10.64%	中纖（1401）	8.44%	臺塑（1301）	7.86%
臺紙（1902）	10.28%	臺塑（1301）	4.81%	太電（1602）	4.71%
中纖（1401）	8.37%	南亞（1303）	7.58%	津津（1204）	4.11%
南亞（1303）	9.31%	味全（1201）	9.14%	大同優（1502）	8.61%
華電（1603）	7.41%	國建（2501）	6.71%	太電（1602）	6.32%
中纖（1401）	12.39%	太電（1602）	4.82%	國建（2501）	4.56%
中纖（1401）	6.40%	國建（2501）	5.37%	亞泥（1102）	4.89%
臺塑（1301）	5.90%	中纖（1401）	5.70%	聯合耐隆（1404）	4.50%
太電（1602）	7.22%	中纖（1401）	5.70%	聯合耐隆（1404）	5.16%
國華化工（1406）	9.19%	太電（1602）	8.02%	聯合耐隆（1404）	7.43%
聯合耐隆（1404）	6.52%	臺塑（1301）	6.44%	國建（2501）	5.10%
大同（1502）	3.47%	新纖（1409）	2.87%	和信興（1208）	2.85%
亞泥（1102）	2.85%	新玻（1801）	2.76%	中紡（1408）	2.66%
遠紡（1402）	3.95%	華隆（1407）	3.76%	大同（1502）	3.66%
裕隆汽車（2201）	4.83%	大同（1502）	3.28%	華夏（1305）	2.93%
裕隆汽車（2201）	4.39%	南亞（1303）	3.03%	太設（2506）	2.56%
華銀（2803）	3.62%	士電（增）（1503）	3.25%	臺塑（1301）	2.91%
彰銀（2801）	1.93%	國票（2813）	1.77%	臺塑（1301）	1.43%

塑膠股與油電燃氣股等 17 家上市公司的長期月 K 線走勢圖如下圖所示。

其中臺塑（1301）見 50 頁、南亞（1303）見 112 頁、臺化（1326）見 113 頁、臺塑化（6505）見 114 頁。

在塑膠股與油電燃氣股中，臺塑（1301）、南亞（1303）、臺化（1326）、臺塑化（6505）為值得長期投資的個股。

華夏（1305）、臺苯（1310）、國喬（1312）、達新（1315）、臺汽電（8926）、全國加油站（9937）為值得注意的個股。

臺聚（1304）月 K 線走勢圖

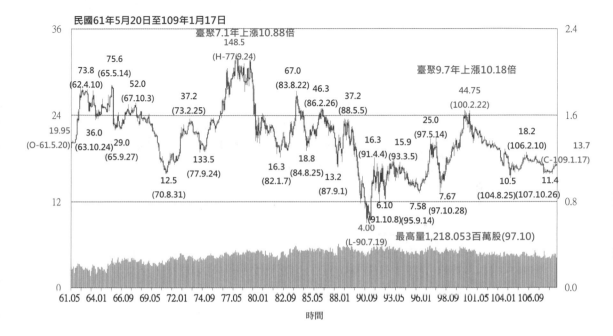

民國61年5月20日至109年1月17日

臺聚7.1年上漲10.88倍
148.5
(H-77.9.24)

臺聚9.7年上漲10.18倍

75.6
(65.5.14)

73.8
(62.4.10)

52.0
(67.10.3)

67.0
(83.8.22)

46.3
(86.2.26)

37.2
(73.2.25)

37.2
(88.5.5)

44.75
(100.2.22)

25.0
(97.5.14)

18.2
(106.2.10)

19.95
(O-61.5.20)

36.0
(63.10.24)

29.0
(65.9.27)

16.3
(91.4.4)

15.9
(93.3.5)

(C-109.1.17)

12.5
(70.8.31)

133.5
(77.9.24)

16.3
(82.1.7)

18.8
(84.8.25)

13.2
(87.9.1)

10.5
(104.8.25)

11.4
(107.10.26)

6.10
(91.10.8)

7.58
(95.9.14)

7.67
(97.10.28)

4.00
(L-90.7.19)

最高量1,218.053百萬股(97.10)

時間

EPS	股利	上市櫃異動	近期股利發放	資本額變動
60 年 5.50 元 61 年 5.07 元	60 年 股票 3.20 元		107 年 現金 0.3 元， 股票 0.2 元	61 年 3.00 億元
107 年 0.45 元	61 年 股票 5.23 元		108 年 股票 0.3 元	107 年 118.88 億元

華夏（1305）月 K 線走勢圖

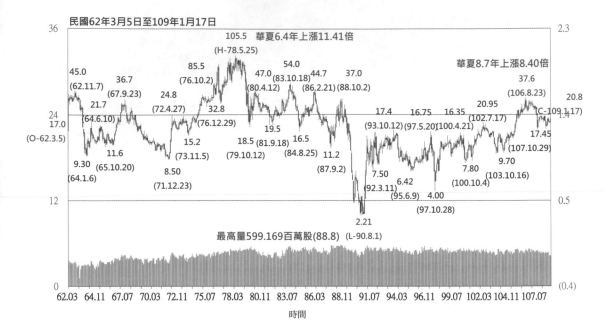

民國62年3月5日至109年1月17日

105.5　華夏6.4年上漲11.41倍
(H-78.5.25)

華夏8.7年上漲8.40倍

45.0
(62.11.7)

85.5
(76.10.2)

54.0

47.0
(83.10.18)

44.7
(86.2.21)

37.0
(88.10.2)

37.6
(106.8.23)

36.7
(67.9.23)

21.7
(64.6.10)

24.8
(72.4.27)

32.8
(76.12.29)

17.4
(93.10.12)

16.75
(97.5.20)

16.35
(100.4.21)

20.95
(102.7.17)

11.6

15.2
(73.11.5)

19.5

18.5
(79.10.12)

16.5
(84.8.25)

11.2

C-109.1.17

17.45
(107.10.29)

9.30
(64.1.6)

8.50
(71.12.23)

(81.9.18)

(87.9.2)

7.50
(92.3.11)

6.42
(95.6.9)

4.00
(97.10.28)

7.80
(100.10.4)

9.70
(103.10.16)

2.21

最高量599.169百萬股(88.8)　(L-90.8.1)

62.03　64.11　67.07　70.03　72.11　75.07　78.03　80.11　83.07　86.03　88.11　91.07　94.03　96.11　99.07　102.03　104.11　107.07

時間

EPS	股利	上市櫃異動	近期股利發放	資本額變動
61 年 2.75 元 62 年 5.33 元	61 年 現金 1.3 元， 股票 1.1 元	74 年全年股票成交金額中排名第 5，占整體總額 2.93%	107 年 現金 1.5 元，股票 0.3 元	62 年 4.27 億元
107 年 2.25 元	62 年 現金 2.0 元， 股票 2.8 元		108 年 現金 1.5 元，股票 0.4 元	107 年 50.68 億元

亞聚（1308）月 K 線走勢圖

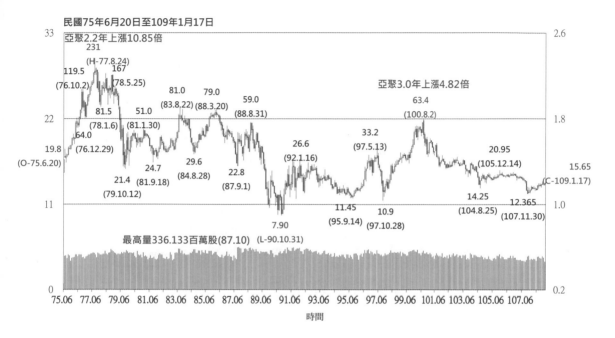

民國75年6月20日至109年1月17日

EPS	股利	上市櫃異動	近期股利發放	資本額變動
74 年 0.84 元 75 年 4.08 元	74 年 現金 0.5 元		107 年 現金 0.2 元， 股票 0.7 元	75 年 8.00 億元 聯聚國際持股 36.08%
*107 年 EPS0.52 元	75 年 現金 2.0 元， 股票 1.0 元		108 年 現金 0.3 元	107 年 55.44 億元

臺達化（1309）月 K 線走勢圖

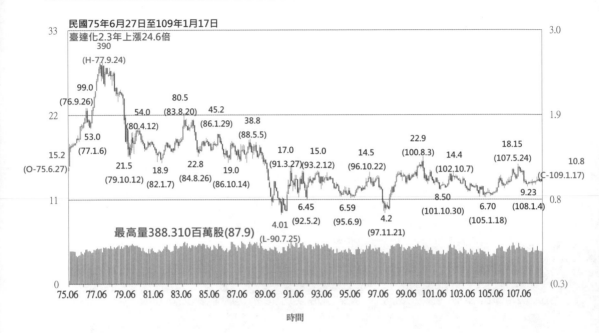

民國75年6月27日至109年1月17日

臺達化2.3年上漲24.6倍

390
(H-77.9.24)

99.0
(76.9.26)

80.5
(83.8.20)

54.0
(80.4.12)

45.2
(86.1.29)

53.0
(77.1.6)

38.8
(88.5.5)

22.9
(100.8.3)

18.15
(107.5.24)

21.5
(79.10.12)

18.9
(82.1.7)

22.8
(84.8.26)

19.0
(86.10.14)

17.0
(91.3.27)

15.0
(93.2.12)

14.5
(96.10.22)

14.4
(102.10.7)

10.8
(C-109.1.17)

15.2
(O-75.6.27)

4.01
(L-90.7.25)

6.45
(92.5.2)

6.59
(95.6.9)

4.2
(97.11.21)

8.50
(101.10.30)

9.23
(108.1.4)

6.70
(105.1.18)

最高量388.310百萬股(87.9)

時間

EPS	股利	上市櫃異動	近期股利發放	資本額變動
74 年 -0.32 元 75 年 -5.48 元	74 年 股票 0 元		107 年 現金 0 元	75 年 6.79 億元 聯聚國際持股 36.79%
107 年 0.63 元	75 年 現金 1.5 元， 股票 1.5 元		108 年 現金 0.2 元， 股票 0.2 元	107 年 32.77 億元

臺苯（1310）月 K 線走勢圖

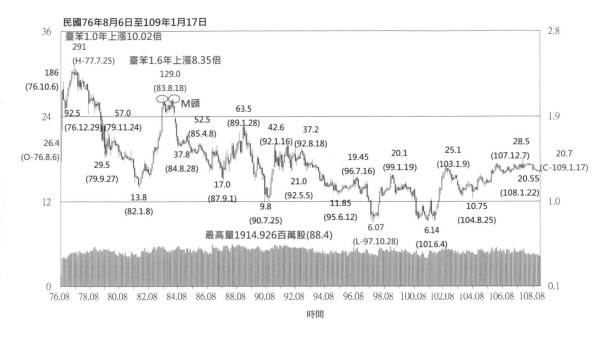

民國76年8月6日至109年1月17日

臺苯1.0年上漲10.02倍
291
(H-77.7.25)
臺苯1.6年上漲8.35倍
129.0
(83.8.18)
M頭
92.5
(76.12.29)
57.0
(79.11.24)
52.5
(85.4.8)
63.5
(89.1.28)
42.6
(92.1.16)
37.2
(92.8.18)
28.5
(107.12.7)
20.7
(C-109.1.17)
29.5
(79.9.27)
37.8
(84.8.28)
19.45
(96.7.16)
20.1
(99.1.19)
25.1
(103.1.9)
20.55
(108.1.22)
17.0
(87.9.1)
21.0
(92.5.5)
13.8
(82.1.8)
9.8
(90.7.25)
11.85
(95.6.12)
10.75
(104.8.25)
6.07
(L-97.10.28)
6.14
(101.6.4)
最高量1914.926百萬股(88.4)

186
(76.10.6)
24
26.4
(O-76.8.6)
12

36
2.8
1.9
1.0
0.1

76.08 78.08 80.08 82.08 84.08 86.08 88.08 90.08 92.08 94.08 96.08 98.08 100.08 102.08 104.08 106.08 108.08

時間

EPS	股利	上市櫃異動	近期股利發放	資本額變動
75 年 2.04 元 76 年 10.73 元	75 年 股票 10.0 元		107 年 現金 1.6 元	76 年 10.00 億元 102 年減資 7.76 億元， 減幅 13.37%
107 年 2.30 元	76 年 現金 3.0 元， 股票 5.0 元		108 年 現金 2.0 元	107 年 52.79 億元

國喬（1312）月 K 線走勢圖

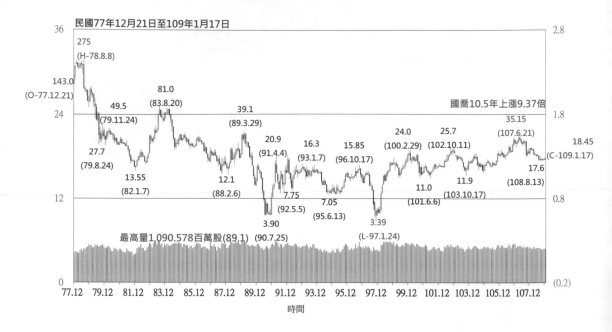

民國77年12月21日至109年1月17日

275
(H-78.8.8)

143.0
(O-77.12.21)

81.0
(83.8.20)

49.5
(79.11.24)

39.1
(89.3.29)

國喬10.5年上漲9.37倍

35.15
(107.6.21)

27.7
(79.8.24)

20.9
(91.4.4)

16.3
(93.1.7)

15.85
(96.10.17)

24.0
(100.2.29)

25.7
(102.10.11)

18.45
(C-109.1.17)

13.55
(82.1.7)

12.1
(88.2.6)

7.75
(92.5.5)

7.05
(95.6.13)

11.0
(101.6.6)

11.9
(103.10.17)

17.6
(108.8.13)

3.90
(90.7.25)

3.39
(L-97.1.24)

最高量1,090.578百萬股(89.1)

時間

EPS	股利	上市櫃異動	近期股利發放	資本額變動
76 年 20.94 元 77 年 20.95 元	76 年 現金 2.0 元， 股票 11.5 元		107 年 現金 1.0 元	77 年 17.22 億元
107 年 3.19 元	77 年 現金 5.0 元， 股票 10.0 元		108 年 現金 0 元	107 年 92.66 億元

聯成（1313）月 K 線走勢圖

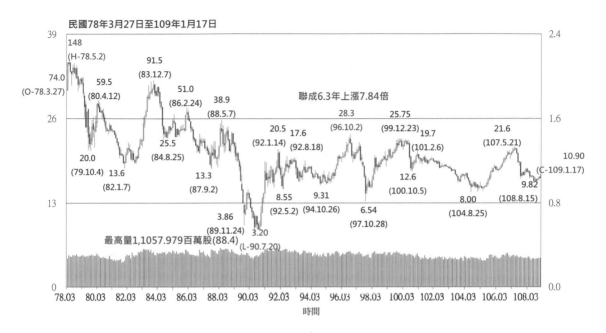

民國78年3月27日至109年1月17日

聯成6.3年上漲7.84倍

148
(H-78.5.2)

91.5
(83.12.7)

74.0
(O-78.3.27)

59.5
(80.4.12)

51.0
(86.2.24)

38.9
(88.5.7)

28.3
(96.10.2)

25.75
(99.12.23)

26

20.5
(92.1.14)

17.6
(92.8.18)

19.7
(101.2.6)

21.6
(107.5.21)

10.90
(C-109.1.17)

25.5
(84.8.25)

20.0
(79.10.4)

13.6
(82.1.7)

13.3
(87.9.2)

12.6
(100.10.5)

9.82
(108.8.15)

8.55
(92.5.2)

9.31
(94.10.26)

8.00
(104.8.25)

13

3.86
(89.11.24)

6.54
(97.10.28)

最高量1,1057.979百萬股(88.4)

3.20
(L-90.7.20)

0

78.03 80.03 82.03 84.03 86.03 88.03 90.03 92.03 94.03 96.03 98.03 100.03 102.03 104.03 106.03 108.03

時間

EPS	股利	上市表現	近期股利發放	資本額變動
77 年 1.84 元 78 年 1.41 元	77 年 現金 1.5 元	78 年 4 月 10 日 首次成交	107 年 現金 1.0 元， 股票 0.8 元	78 年 19.00 億元 聯華實業（1229） 持股 31.89%
107 年 0.58 元	78 年 現金 0.2 元， 股票 0.7 元		108 年 現金 0.2 元， 股票 0.3 元	107 年 129.39 億元

中石化（1314）月 K 線走勢圖

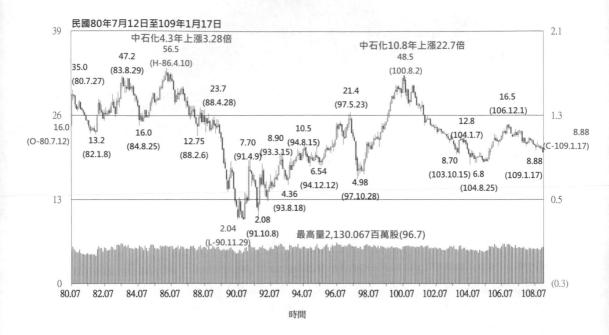

民國80年7月12日至109年1月17日

中石化4.3年上漲3.28倍

中石化10.8年上漲22.7倍

35.0 (80.7.27)
47.2 (83.8.29)
56.5 (H-86.4.10)
23.7 (88.4.28)
21.4 (97.5.23)
48.5 (100.8.2)
16.5 (106.12.1)
16.0 (O-80.7.12)
13.2 (82.1.8)
16.0 (84.8.25)
12.75 (88.2.6)
7.70 (91.4.9)
8.90 (93.3.15)
10.5 (94.8.15)
12.8 (104.1.7)
8.70 (103.10.15)
6.8 (104.8.25)
8.88 (109.1.17)
8.88 (C-109.1.17)
6.54 (94.12.12)
4.98 (97.10.28)
4.36 (93.8.18)
2.08 (91.10.8)
2.04 (L-90.11.29)
最高量2,130.067百萬股(96.7)

時間

EPS	股利	上市櫃異動	近期股利發放	資本額變動
79 年 0.37 元 80 年 0.65 元	79 年 現金 0.3 元， 股票 1.2 元		107 年 現金 0 元	80 年 95.97 億元
107 年 1.59 元	80 年 現金 0.3 元		108 年 現金 0.5 元， 股票 0.5 元	107 年 269.99 億元 109 年 1 月 10 日發行海外 存託憑證（GDR）45 億元， 每股 8.64 元

達新（1315）月 K 線走勢圖

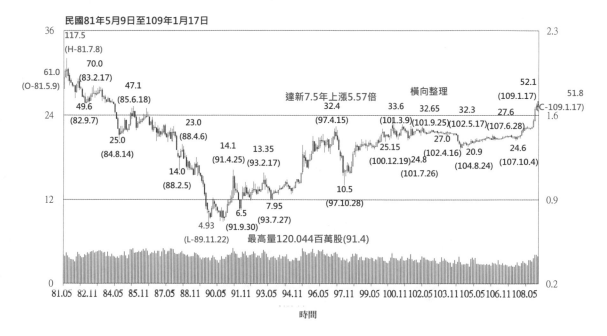

民國81年5月9日至109年1月17日

達新7.5年上漲5.57倍

橫向整理

117.5
(H-81.7.8)

70.0
(83.2.17)

47.1
(85.6.18)

49.6
(82.9.7)

61.0
(O-81.5.9)

25.0
(84.8.14)

23.0
(88.4.6)

14.1
(91.4.25)

13.35
(93.2.17)

14.0
(88.2.5)

32.4
(97.4.15)

33.6
(101.3.9)

32.65
(101.9.25)

32.3
(102.5.17)

52.1
(109.1.17)

27.6
(107.6.28)

25.15
(100.12.19)

27.0
(102.4.16)

20.9
(104.8.24)

24.6
(107.10.4)

51.8
(C-109.1.17)

24.8
(101.7.26)

10.5
(97.10.28)

6.5
(91.9.30)

7.95
(93.7.27)

4.93
(L-89.11.22)

最高量120.044百萬股(91.4)

EPS	股利	上市櫃異動	近期股利發放	資本額變動
80 年 2.27 元 81 年 2.36 元	80 年 股票 2.0 元		107 年 現金 1.1 元	81 年 9.60 億元 103 年減資 2.2 億元， 減幅 10%
107 年 1.16 元	81 年 股票 2.0 元		108 年 現金 1.2 元	107 年 19.80 億元

大洋塑膠（1321）月 K 線走勢圖

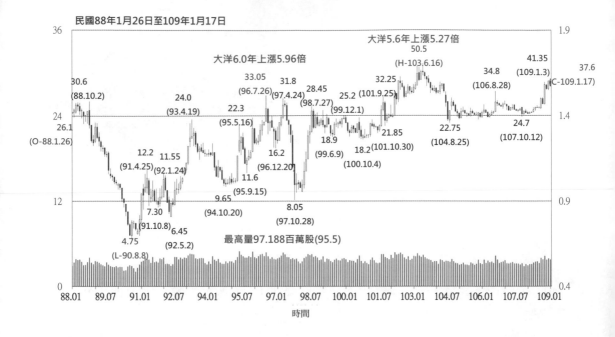

民國88年1月26日至109年1月17日

大洋6.0年上漲5.96倍

大洋5.6年上漲5.27倍

大洋5.6年上漲5.27倍

30.6
(88.10.2)

26.1
(O-88.1.26)

24.0
(93.4.19)

33.05
(96.7.26)

31.8
(97.4.24)

28.45
(98.7.27)

25.2
(99.12.1)

32.25
(101.9.25)

50.5
(H-103.6.16)

41.35
(109.1.3)

34.8
(106.8.28)

37.6
(C-109.1.17)

22.3
(95.5.16)

12.2
(91.4.25)

11.55
(92.1.24)

16.2
(96.12.20)

18.9
(99.6.9)

18.2
(100.10.4)

21.85
(101.10.30)

22.75
(104.8.25)

24.7
(107.10.12)

11.6
(95.9.15)

9.65
(94.10.20)

8.05
(97.10.28)

7.30

4.75
(L-90.8.8)

6.45
(92.5.2)

(91.10.8)

最高量97.188百萬股(95.5)

時間

EPS	股利	上市櫃異動	近期股利發放	資本額變動
87 年 1.07 元 88 年 0.41 元	87 年 現金 0.9 元		107 年 現金 0 元	88 年 19.82 億元
107 年 -0.32 元	88 年 股票 0.5 元		108 年 現金 0 元	107 年 22.72 億元

臺汽電（8926）月 K 線走勢圖

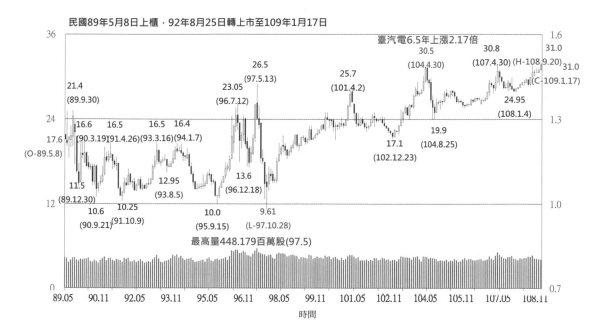

民國89年5月8日上櫃，92年8月25日轉上市至109年1月17日

臺汽電6.5年上漲2.17倍

最高量448.179百萬股(97.5)

時間

EPS	股利	上市櫃異動	近期股利發放	資本額變動
88 年 0.66 元 89 年 2.12 元	88 年 現金 0.2 元， 股票 0.40 元	89 年 5 月 8 日 上櫃	107 年 現金 1.30 元	89 年 13.81 億元 臺電公司持股 27.66%
107 年 1.14 元	89 年 現金 0.30 元， 股票 1.10 元	92 年 8 月 25 日 轉上市	108 年 現金 1.50 元	107 年 58.90 億元

大臺北瓦斯（9908）月 K 線走勢圖

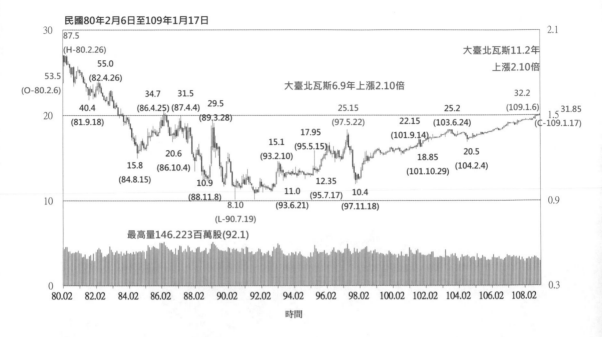

民國80年2月6日至109年1月17日

大臺北瓦斯11.2年
上漲2.10倍

大臺北瓦斯6.9年上漲2.10倍

87.5
(H-80.2.26)

55.0
(82.4.26)

32.2
(109.1.6)

40.4
(81.9.18)

34.7
(86.4.25)

31.5
(87.4.4)

29.5
(89.3.28)

25.15
(97.5.22)

25.2
(103.6.24)

31.85
(C-109.1.17)

15.8
(84.8.15)

20.6
(86.10.4)

15.1
(93.2.10)

17.95
(95.5.15)

22.15
(101.9.14)

10.9
(88.11.8)

11.0
(93.6.21)

12.35
(95.7.17)

18.85
(101.10.29)

20.5
(104.2.4)

8.10
(L-90.7.19)

10.4
(97.11.18)

最高量146.223百萬股(92.1)

時間

EPS	股利	上市櫃異動	近期股利發放	資本額變動
79 年 0.69 元 80 年 1.00 元	79 年 現金 0.3 元， 股票 1.79 元		107 年 現金 1.1 元	80 年 26.07 億元
107 年 1.28 元	80 年 股票 1.22 元		108 年 現金 1.1 元	107 年 51.64 億元

全國加油站（9937）月 K 線走勢圖

民國84年12月27日上櫃，89年9月11日轉上市至109年1月17日

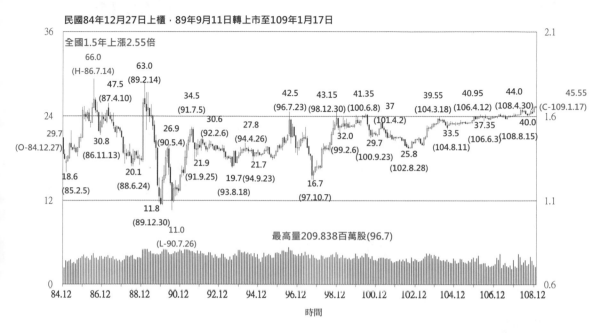

EPS	股利	上市櫃異動	近期股利發放	資本額變動
83 年 0.92 元 84 年 0.94 元	83 年 現金 0.6 元， 股票 1.0 元	84 年 12 月 27 日 上櫃，全國屬於冷門 股，85 年 1 月 18 日 才成交，23.7 元	107 年 現金 2.0 元	84 年 6.37 億元 85 年 5 月 28 日 現金增資 25 億元， 每股 26 元
107 年 2.38 元	84 年 股票 1.0 元	89 年 9 月 11 日 轉上市	108 年 現金 2.0 元	107 年 30.90 億元

紡纖股中，我們挑選了遠東新、嘉裕、新纖、南染、廣豐、新紡、利華羊毛、福懋、中和羊毛、南紡、力鵬、佳和、年興、宏益、宜進、儒鴻、聚陽等 17 家公司分析。

其中遠東新、新纖、南染、廣豐、利華羊毛、中和羊毛等 6 家公司，成交量為國內股市第三、四、五次股市周期循環的主流股。

遠東新為第三、四次大股市周期循環的主流股，分別在 73 與 81 年等 2 個年度為第三名與第五名。

新纖為三、五次大股市周期循環的主流股，分別在 67 與 84 年等 2 個年度為第四名與第五名。

南染、廣豐、利華羊毛、中和羊毛等 4 家，另在第三、四次大股市周期循環的主流股，分別在 71、75 與 81 年分別為前五名。

表 35-1　紡纖股各上市公司股票成交量值統計表 （成交金額前 5 名者）

第幾大循環周期	成交金額前 5 名者	全年度成交金額（百萬元）	成交金額（1）	占比	成交金額（2）	占比
第三大循環	67 年度	361,644.902	南亞（1303）	3.76%	國建（2501）	3.67%
第三大循環	71 年度	133,875.416	國產（2504）	3.27%	鴻通工業（1427）	2.69%
第三大循環	73 年度	324,475.192	中紡（1408）	6.42%	南亞（1303）	5.03%
第四大循環	75 年度	675,656.357	中紡（1408）	6.28%	廣豐（1416）	4.37%
第四大循環	81 年度	5,917,079	泰豐輪胎（2102）	3.90%	厚生（2107）	2.57%
第五大循環	84 年度	10,151,536	聯電（2303）	2.90%	華隆（1407）	2.80%

01. 67 年全年股票成交金額中，第四為新纖公司，占 2.87%。

02. 71 年全年股票成交金額中，第四為南染公司，占 2.36%。

03. 73 年全年股票成交金額中，第三為遠紡公司，占 3.95%。

04. 75 年全年股票成交額中中，第二為廣豐，成交 295.30 億元，占 4.37%。第五為遠紡，成交 203.38 億元，占 3.01%。

05. 81 年全年股票成交額中，第三為中和羊毛，成交 1,363.58 億元，占 2.30%。第五為利華羊毛，成交 830.12 億元，占 1.40%。

06. 84 年全年股票成交金額中，第三為新纖，成交 2,351.71 億元，占 2.32%。

> 臺股大師分析

紡織股等上市公司的長期月 K 線走勢圖如下圖所示。

其中遠東新見 119 頁、嘉裕見 150 頁、新紡見 293 頁。

以遠東新（1402）、福懋（1434）、儒鴻（1476）、聚陽（1477）為值得投資的個股。

而新纖（1409）、南染（1410）、新紡（1419）、南紡（1440）、年興（1451）、宏益（1452）為值得注意的個股。

成交金額（3）	占比	成交金額（4）	占比	成交金額（5）	占比
大同（1502）	3.47%	新纖（1409）	2.87%	和信興（1208）	2.85%
新燕（1431）	2.36%	南染（1410）	2.36%	泰豐輪胎（2102）	2.34%
遠紡（1402）	3.95%	華隆（1407）	3.76%	大同（1502）	3.66%
臺橡（2103）	4.03%	華隆（1407）	3.53%	遠紡（1402）	3.01%
中和羊毛（1439）	2.30%	中華開發（2804）	2.22%	利華羊毛（1423）	1.40%
新纖（1409）	2.32%	宏碁（2306）	2.13%	中鋼（2002）	2.11%

新纖（1409）月 K 線走勢圖

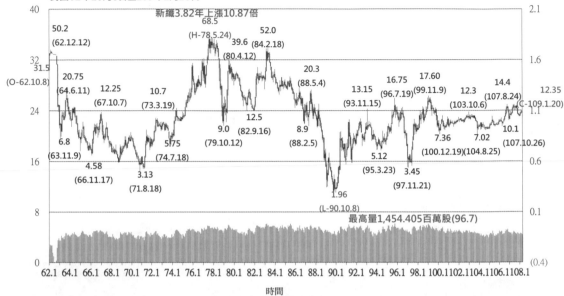

民國62年10月8日至109年1月20日

新纖3.82年上漲10.87倍

50.2
(62.12.12)

68.5
(H-78.5.24)

52.0
(84.2.18)

39.6
(80.4.12)

31.5
(O-62.10.8)

20.75
(64.6.11)

12.25
(67.10.7)

10.7
(73.3.19)

20.3
(88.5.4)

16.75
(96.7.19)

17.60
(99.11.9)

13.15
(93.11.15)

12.3
(103.10.6)

14.4
(107.8.24)

12.35
(C-109.1.20)

9.0
(79.10.12)

12.5
(82.9.16)

8.9
(88.2.5)

6.8
(63.11.9)

5.75
(74.7.18)

5.12
(95.3.23)

7.36
(100.12.19)

7.02
(104.8.25)

10.1
(107.10.26)

4.58
(66.11.17)

3.13
(71.8.18)

3.45
(97.11.21)

1.96
(L-90.10.8)

最高量1,454.405百萬股(96.7)

時間

EPS	股利	上市櫃異動	近期股利發放	資本額變動
61 年 2.00 元 62 年 5.64 元	61 年 現金 1.2 元	78 年新纖成交數量占整體總金額 2.04%，排名第 4 80 年占 2.25%，排名第 3	107 年 現金 0.50 元	62 年 16.0 億元 107 年 161.84 億元
107 年 1.52 元	62 年 現金 1.08 元，股票 4.56 元	83 年占 2.02%，排名第 5 85 年占 1.25%，排名第 5	108 年 現金 0.85 元	

南染（1410）月 K 線走勢圖

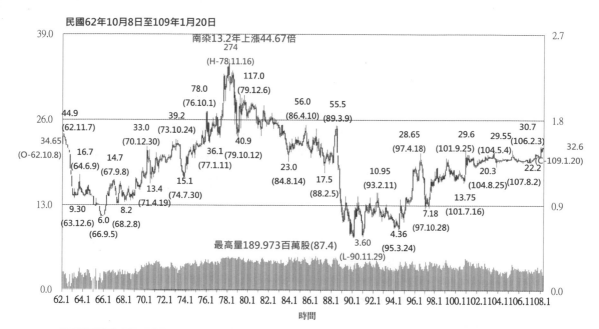

民國62年10月8日至109年1月20日

南染13.2年上漲44.67倍

EPS	股利	上市櫃異動	近期股利發放	資本額變動
61 年 5.13 元 62 年 4.62 元	61 年 現金 0.5 元， 股票 4.0 元		107 年 現金 1.40 元	62 年資本額 0.80 億元 103 年減資 1.8 億元， 減幅 20%。
107 年 1.44 元	62 年 現金 2.0 元， 股票 2.0 元		108 年 現金 1.30 元	107 年資本額 7.20 億元 108 年減資 0.9 億元， 減幅 12.5%

廣豐（1416）月 K 線走勢圖

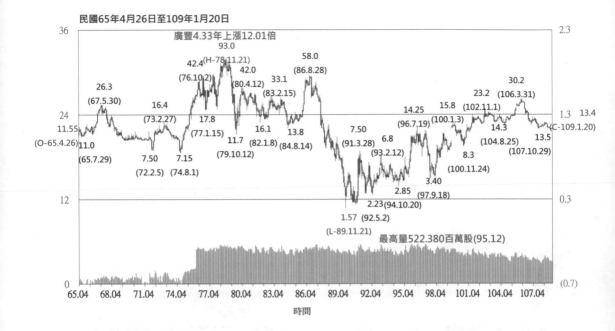

民國65年4月26日至109年1月20日

EPS	股利	上市櫃異動	近期股利發放	資本額變動
64 年 0.29 元 65 年 1.19 元	64 年 現金 0.5 元， 股票 0.5 元		107 年 現金 1.20 元	65 年 3.15 億元 102 年減資 7.70 億元， 減幅 20% 104 年減資 2.93 億元， 減幅 10% 105 年減資 5.81 億元， 減幅 22% 106 年減資 2.06 億元， 減幅 10%
107 年 1.35 元	65 年 現金 0.5 元， 股票 1.5 元	109 年 6 月 1 日 改列其他股	108 年 現金 1.20 元	107 年 18.53 億元

利華羊毛（1423）月 K 線走勢圖

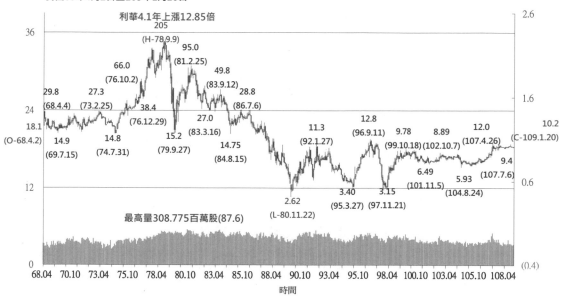

民國68年4月2日至109年1月20日

利華4.1年上漲12.85倍
205
(H-78.9.9)

66.0
(76.10.2)

95.0
(81.2.25)

49.8
(83.9.12)

29.8
(68.4.4)

27.3
(73.2.25)

38.4
(76.12.29)

28.8
(86.7.6)

18.1
(O-68.4.2)

14.9
(69.7.15)

14.8
(74.7.31)

15.2
(79.9.27)

27.0
(83.3.16)

11.3
(92.1.27)

12.8
(96.9.11)

9.78
(99.10.18)

8.89
(102.10.7)

12.0
(107.4.26)

10.2
(C-109.1.20)

14.75
(84.8.15)

2.62
(L-80.11.22)

3.40
(95.3.27)

3.15
(97.11.21)

6.49
(101.11.5)

5.93
(104.8.24)

9.4
(107.7.6)

最高量308.775百萬股(87.6)

時間

EPS	股利	上市櫃異動	近期股利發放	資本額變動
67 年 3.15 元 68 年 3.11 元	67 年 現金 1.45 元， 股票 1.43 元		107 年 現金 0 元	68 年 2.00 億元
107 年 0.74 元	68 年 現金 1.20， 股票 1.20 元		108 年 現金 0 元	107 年 13.84 億元 107 年減資 3.46 億元， 減幅 20%

福懋（1434）月 K 線走勢圖

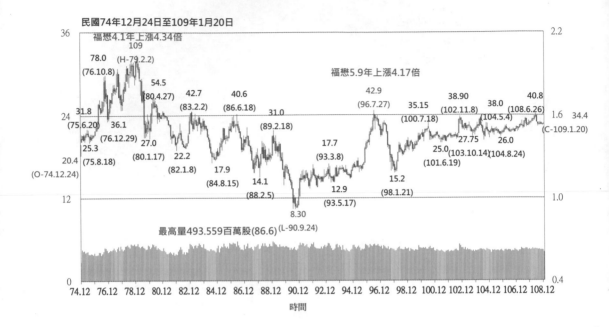

民國74年12月24日至109年1月20日

福懋4.1年上漲4.34倍
109
78.0 (H-79.2.2)
(76.10.8)
54.5
(80.4.27)
42.7
(83.2.2)
40.6
(86.6.18)
31.0
(89.2.18)
福懋5.9年上漲4.17倍
42.9
(96.7.27)
35.15
(100.7.18)
38.90
(102.11.8)
38.0
(104.5.4)
40.8
(108.6.26)
31.8
(75.6.20)
36.1
(76.12.29)
27.0
(80.1.17)
22.2
(82.1.8)
17.7
(93.3.8)
27.75
(103.10.14)
26.0
(104.8.24)
34.4
(C-109.1.20)
25.3
(75.8.18)
17.9
(84.8.15)
14.1
(88.2.5)
12.9
(93.5.17)
15.2
(98.1.21)
25.0
(101.6.19)
8.30
(L-90.9.24)
最高量493.559百萬股(86.6)

EPS	股利	上市櫃異動	近期股利發放	資本額變動
73 年 3.60 元 74 年 2.06 元	73 年 股票 3.20 元		107 年 現金 1.90 元	74 年 33.59 億元 臺化（1426）持 37.40%
107 年 2.81 元	74 年 現金 1.0 元， 股票 1.0 元		108 年 現金 2.10 元	107 年 168.47 億元

中和羊毛（1439）月K線走勢圖

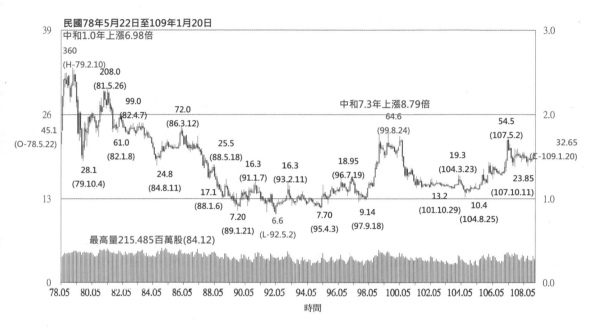

民國78年5月22日至109年1月20日

中和1.0年上漲6.98倍

360
(H-79.2.10)

208.0
(81.5.26)

99.0
(82.4.7)

72.0
(86.3.12)

中和7.3年上漲8.79倍

64.6
(99.8.24)

54.5
(107.5.2)

45.1
(O-78.5.22)

61.0
(82.1.8)

25.5
(88.5.18)

16.3
(91.1.7)

16.3
(93.2.11)

18.95
(96.7.19)

19.3
(104.3.23)

32.65
(C-109.1.20)

28.1
(79.10.4)

24.8
(84.8.11)

13.2
(101.10.29)

23.85
(107.10.11)

17.1
(88.1.6)

7.20
(89.1.21)

6.6
(L-92.5.2)

7.70
(95.4.3)

9.14
(97.9.18)

10.4
(104.8.25)

最高量215.485百萬股(84.12)

時間

EPS	股利	上市櫃異動	近期股利發放	資本額變動
77 年 3.89 元 78 年 -2.06 元	77 年 股票 0.3 元	78 年 5 月 23 日 才成交， 股價 45.1 元	107 年現金 0 元	78 年 4.70 億元 漢陽全球持股 53.41% 79 年現金增資 16.5% 78 年現金增資 9.50%
107 年 -0.75 元	78 年 現金 0 元		108 年現金 0 元	107 年 9.20 億元

南紡（1440）月 K 線走勢圖

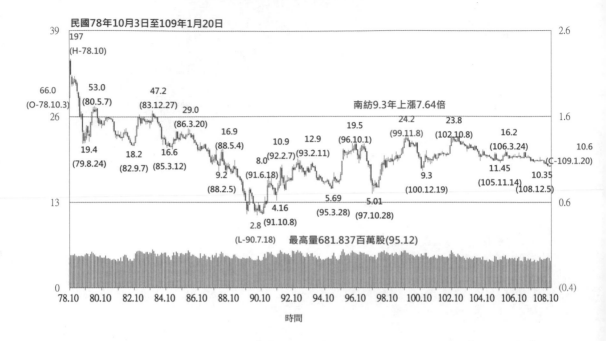

民國78年10月3日至109年1月20日

南紡9.3年上漲7.64倍

197 (H-78.10)
66.0 (O-78.10.3)
53.0 (80.5.7)
47.2 (83.12.27)
29.0 (86.3.20)
24.2 (99.11.8)
23.8 (102.10.8)
19.4 (79.8.24)
18.2 (82.9.7)
16.6 (85.3.12)
16.9 (88.5.4)
10.9 (92.2.7)
12.9 (93.2.11)
19.5 (96.10.1)
16.2 (106.3.24)
10.6 (C-109.1.20)
9.2 (88.2.5)
8.0 (91.6.18)
9.3 (100.12.19)
11.45 (105.11.14)
10.35 (108.12.5)
5.69 (95.3.28)
5.01 (97.10.28)
4.16
2.8 (91.10.8)
(L-90.7.18)
最高量681.837百萬股(95.12)

時間

EPS	股利	上市表現	近期股利發放	資本額變動
77 年 1.99 元 78 年 1.26 元	77 年 股票 2.20 元	78 年 10 月 4 日 才成交， 股價 66.0 元	107 年 現金 0.36 元	78 年 45.00 億元
107 年 0.65 元	78 年 股票 2.20 元		108 年 現金 0.4 元	107 年 165.68 億元

力鵬（1447）月 K 線走勢圖

民國81年1月28日至109年1月20日

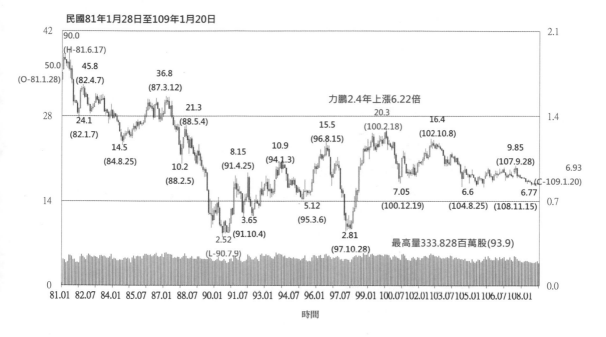

時間

EPS	股利	上市櫃異動	近期股利發放	資本額變動
80 年 2.32 元 81 年 1.32 元	80 年 股票 2.0 元		107 年 現金 0 元	81 年資 10.20 億元 力麗（1444）持股 15.89%
107 年 0.18 元	81 年 股票 2.0 元		108 年 現金 0.2 元	107 年 91.45 億元

佳和（1449）月 K 線走勢圖

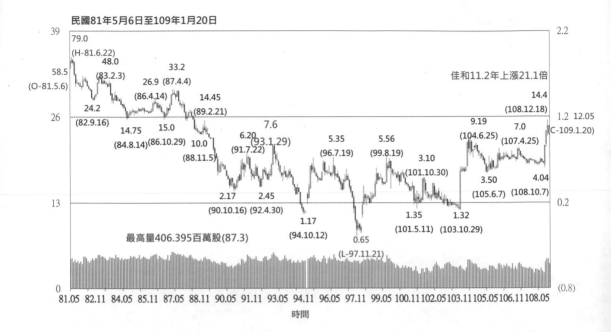

民國81年5月6日至109年1月20日

EPS	股利	上市櫃異動	近期股利發放	資本額變動
80 年 2.29 元 81 年 2.40 元	80 年 股票 2.0 元		107 年 現金 0 元	81 年 18.02 億元 81 年現金增資 13.3% 103 年減資 21.72 億元， 減幅 64.41% 103 年現金增資 6.09 億元， 每股 10 元
107 年 0.85 元	81 年 股票 2.0 元		108 年 現金 0 元	107 年 12.00 億元

年興（1451）月 K 線走勢圖

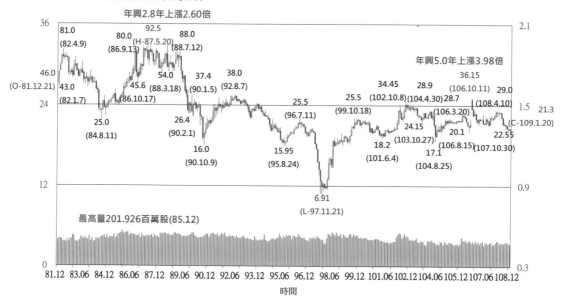

民國81年12月21日至109年1月20日

年興2.8年上漲2.60倍

年興5.0年上漲3.98倍

最高量201.926百萬股(85.12)

EPS	股利	上市櫃異動	近期股利發放	資本額變動
80 年 2.64 元 81 年 3.15 元	80 年 股票 1.65 元		107 年 現金 1.5 元	81 年 4.01 億元 81 年現金增資 26.10% 101 年減資 4.81 億元，減幅 10% 102 年減資 3.31 億元，減幅 7.65% 106 年減資 20.2 億元，減幅 50.5%
107 年 2.03 元	81 年 股票 2.40 元		108 年 現金 2.0 元	107 年 19.80 億元

宏益（1452）月 K 線走勢圖

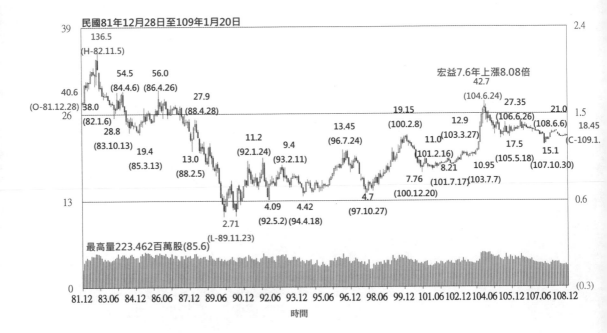

民國81年12月28日至109年1月20日

宏益7.6年上漲8.08倍

EPS	股利	上市櫃異動	近期股利發放	資本額變動
80 年 2.29 元 81 年 1.97 元	80 年 股票 2.0 元		107 年 現金 1.40 元	81 年 4.74 億元 81 年現增 17.30%
107 年 1.47 元	81 年 股票 2.0 元		108 年 現金 1.40 元	107 年 13.26 億元

宜進（1457）月 K 線走勢圖

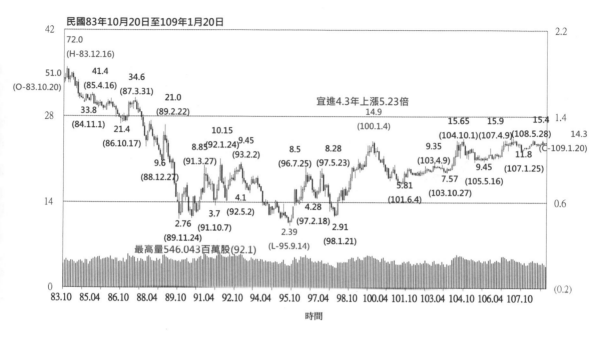

民國83年10月20日至109年1月20日

最高量546.043百萬股(92.1)

宜進4.3年上漲5.23倍

時間

EPS	股利	上市櫃異動	近期股利發放	資本額變動
82 年 3.26 元 83 年 2.19 元	82 年 股票 2.0 元		107 年 現金 0.70 元	83 年 7.20 億元 83 年現金增資 20% 106 年減資 3.35 億元， 減幅 10%
107 年 1.64 元	83 年 股票 2.5 元		108 年 現金 0.50 元	107 年 30.16 億元

儒鴻（1476）月 K 線走勢圖

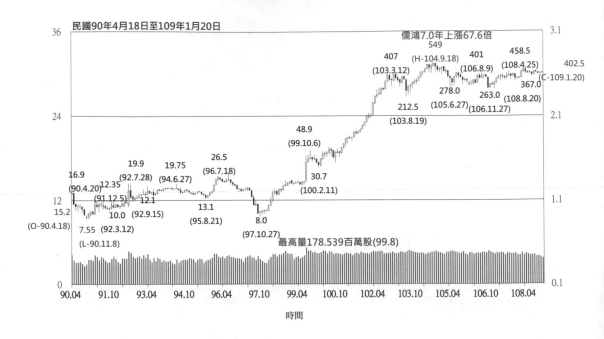

民國90年4月18日至109年1月20日

儒鴻7.0年上漲67.6倍

EPS	股利	上市櫃異動	近期股利發放	資本額變動
89 年 1.40 元 90 年 0.79 元	89 年 現金 0.70 元		107 年 現金 9.5 元	90 年 9.12 億元 101 年現金增資 2 億元， 每股 50 元 105 年現增 0.8 億元， 每股 320 元
107 年 15.96 元	90 年 現金 0.88 元		108 年 現金 11.0 元	107 年 27.44 億元

聚陽（1477）月 K 線走勢圖

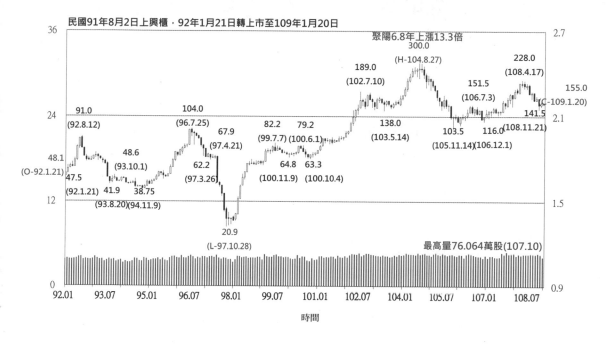

民國91年8月2日上興櫃，92年1月21日轉上市至109年1月20日

聚陽6.8年上漲13.3倍
300.0
(H-104.8.27)

189.0
(102.7.10)

228.0
(108.4.17)

91.0
(92.8.12)

104.0
(96.7.25)

151.5
(106.7.3)

155.0
(C-109.1.20)

82.2
(99.7.7)

79.2
(100.6.1)

138.0
(103.5.14)

67.9
(97.4.21)

141.5
(108.11.21)

48.6
(93.10.1)

103.5
(105.11.14)

116.0
(106.12.1)

48.1
(O-92.1.21)

62.2
(97.3.26)

64.8
(100.11.9)

63.3
(100.10.4)

47.5
(92.1.21)

41.9
(93.8.20)

38.75
(94.11.9)

20.9
(L-97.10.28)

最高量76,064萬股(107.10)

92.01　93.07　95.01　96.07　98.01　99.07　101.01　102.07　104.01　105.07　107.01　108.07

時間

EPS	股利	上市櫃異動	近期股利發放	資本額變動
91 年 4.97 元 92 年 5.49 元	91 年 現金 2.8 元， 股票 2.0 元	91 年 8 月 2 日 上興櫃	107 年 現金 6.0 元	92 年 9.74 億元 103 年現金增資 2 億元， 每股 106 元
107 年 7.20 元	92 年 現金 3.7 元， 股票 1.5 元	92 年 1 月 21 日 轉上市	108 年 現金 7.1 元， 股票 0.5 元	107 年 20.94 億元

36 金融股

金融股不僅是存股族最愛的標的，也曾在臺灣股市風雲一時，在臺灣股市第四次大循環周期中，以金融類股國壽（2805）、中華開發（2804）、彰銀（2801）為主流股。

77 年度股市於年初開出紅盤後，在資金充裕，國際股市齊揚、預期經濟景氣仍佳，投資者對後市看好，及買氣匯集等因素激勵下，股市行情持續上漲，成交值明顯擴大，指數節節上揚，市場呈現空前繁榮景象。

當時金融股的三商銀：彰銀、一銀、華銀分別漲至千元價位，分別於77 年 8 月 24 日達最高價位，彰銀（2801）為 1,050 元，一銀（2802）為1,110 元，華銀（2803）為 1,120 元。一張三商銀（彰銀、一銀與華銀）

表 36-1　51 年至 108 年金融類股成交量值統計表

（成交金額前 5 名者）單位：百萬元

循環周期	成交金額前 5 名者	全年度成交金額（百萬元）	成交金額（1）	占比	成交金額（2）	占比
第四大循環	77 年度	7,868,024	彰銀（2801）	4.71%	一銀（2802）	3.68%
第四大循環	78 年度	25,407,963	中華開發（2804）	2.46%	中紡（1408）	1.88%
第四大循環	79 年度	19,031,288	中華開發（2804）	2.53%	國壽（2805）	2.03%
第四大循環	80 年度	9,682,738	華隆（1407）	4.05%	彰銀（2801）	1.94%
第四大循環	81 年度	5,917,079	泰豐輪胎（2102）	3.90%	厚生（2107）	2.57%
第五大循環	82 年度	9,056,717	國壽（2805）	4.03%	華銀（2803）	2.68%
第五大循環	83 年度	18,812,112	中華開發（2804）	3.93%	國壽（2805）	3.42%
第五大循環	85 年度	12,907,561	國壽（2805）	3.13%	聯電（2303）	1.87%
第五大循環	86 年度	37,241,150	聯電（2303）	4.73%	臺積電（2330）	4.46%
第七大循環	98 年度	29,680,471	鴻海（2317）	3.32%	聯發科（2454）	3.09%

股票皆值千元（平均 1,093.3 元）價位。

國壽（2805）更於民國 78 年 6 月 22 日創下歷史天價 1,975 元，經過二十五年後，才由大立光改寫國泰金控（前身為泰人壽）於 1989 年締造 1,975 元最高價的紀錄。

經過十四年後，於 90 年度，國內股市受到國際股市重挫，及國內經濟成長率負成長，出口呈現兩位數負成長，景氣連續在藍燈徘徊，失業率大增，上市公司大幅調降財測，導致股市連續低迷，成交量大幅萎縮。一路下跌至 7 月 24 日低點 4,008.08 點，才再反彈至 8 月 17 日高點 4,715.20 點。

之後受到美國 911 恐怖分子攻擊世貿大樓，及國內 9 月 17 日納莉颱風重創臺北，股市重挫至 9 月 26 日低點 3,411.68 點，正式結束國內股市第五大循環周期。直到 9 月 21 日出現最低成交量 130.86 億元，才止跌回升。

國內金融股三商銀皆跌至十元價位，分別於 90 年 7 月 19 日及 9 月 19 日探底。

成交金額（3）	占比	成交金額（4）	占比	成交金額（5）	占比
華銀（2803）	3.62%	士電（增）（1503）	3.25%	臺塑（1301）	2.91%
太電（1602）	1.82%	力霸（1105）	1.81%	農林（1202）	1.71%
彰銀（2801）	1.93%	國票（2813）	1.77%	臺塑（1301）	1.43%
國票（2813）	1.85%	國壽（2805）	1.72%	民紡（1422）	1.72%
中和羊毛（1439）	2.30%	中華開發（2804）	2.22%	利華羊毛（1423）	1.40%
一銀（2802）	2.62%	中華開發（2804）	2.53%	彰銀（2801）	1.93%
華銀（2803）	2.47%	彰銀（2801）	2.33%	華國飯店（2703）	2.29%
中華開發（2804）	1.85%	華隆（1407）	1.71%	中鋼（2002）	1.70%
日月光（2311）	2.89%	宏碁（2306）	2.39%	中華開發（2804）	2.16%
臺積電（2330）	3.04%	宏達電（2498）	2.60%	國泰金（2882）	1.97%

彰銀（2801）為 11.2 元（90 年 9 月 19 日），一銀（2802）為 13.5 元（90 年 7 月 19 日），華銀（2803）14.0 元（90 年 7 月 19 日）。三張三商銀（彰銀、一銀與華銀）才達百元（116.1 元）價位，可謂是一頁金融類股滄桑史。

金融股中，本文挑選了彰銀、華南金、富邦金、國泰金、開發金、玉山金、元大金、兆豐金、臺新金、新光金、國票金、永豐金、中信金、第一金、合庫金、臺企銀、統一證、中壽、群益證、群益期分析。

其中，國壽（2805）與國泰金（2882）為臺灣股市第四次及第五次周期循環的主流股。中華開發也是金融股的熱門股，中華開發全年成交金額，在 79 年占 2.46%，排名第一，80 年占 2.53%，排名第一；81 年占 2.22%，排名第四，有三次居股市領導地位。

> 臺股大師分析

金融類股上市公司的長期月 K 線走勢圖如下圖所示。

其中彰銀見 42 頁、華南金見 44 頁、開發金見 45 頁、中信金見 100 頁、第一金見 43 頁、統一證見 128 頁。

金融股中以彰銀（2801）、華南金（2880）、富邦金（2881）、國泰金（2882）、玉山金（2884）、元大金（2885）、兆豐金（2886）、中信金（2891）、第一金（2892）為值得長期投資的個股。

而永豐金（2890）、合庫金（5880）、統一證（2855）、群益證（6005）、群益期（6024）為值得注意的個股。

富邦銀（2842）或富邦金（2881）月 K 線走勢圖

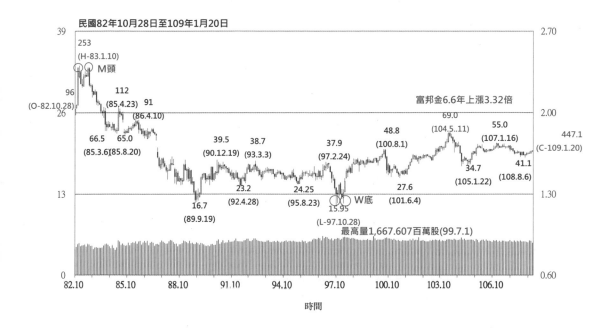

民國82年10月28日至109年1月20日

富邦金6.6年上漲3.32倍

253
(H-83.1.10)　M頭

112
(85.4.23)　91
(86.4.10)

96
(O-82.10.28)

66.5　65.0
(85.3.6)(85.8.20)

39.5
(90.12.19)　38.7
(93.3.3)

48.8
(100.8.1)

37.9
(97.2.24)

69.0
(104.5..11)　55.0
(107.1.16)

447.1
(C-109.1.20)

34.7
(105.1.22)　41.1
(108.8.6)

23.2
(92.4.28)　24.25
(95.8.23)

27.6
(101.6.4)

16.7
(89.9.19)

15.95
(L-97.10.28)

W底
(101.6.4)

最高量1,667.607百萬股(99.7.1)

EPS	股利	上市櫃異動	近期股利發放	資本額變動
81 年 0.14 元 82 年 3.36 元	81 年 現金 0 元	82 年 10 月 28 日 上市	107 年 現金 2.30 元	82 年 100.0 億元
107 年 4.15 元	82 年 股票 0.35 元		108 年 現金 2.00 元	107 年 1,150.03 億元

國壽 （2805）與國泰金 （2882）月 K 線走勢圖

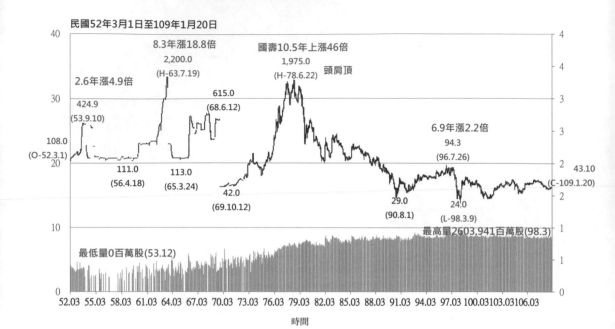

民國52年3月1日至109年1月20日

表格：

EPS	股利	上市表現	近期股利發放	資本額變動
51 年 6.78 元 52 年 23.58 元 （面額 100 元）	52 年 現金 20.0 元 （面額 100 元）	52 年 3 月 1 日 上市 潛伏 16.7 年， 飆漲 10.5 年， 上漲 46 倍， 以頭肩頂形成 頭部，修正 25.5 年	107 年 現金 2.50 元	52 年 20.0 億元 （面額 100 元）
107 年 3.65 元			108 年 現金 1.50 元	107 年 1,409.65 億元

玉山金（2884）或玉山銀（2840）月 K 線走勢圖

民國85年1月18日至109年1月20日

EPS	股利	上市櫃異動	近期股利發放	資本額變動
84 年 0.65 元 85 年 0.76 元	84 年 股票 0.35 元	玉山銀（2840）於 85 年 1 月 18 日上櫃，87 年 8 月 19 日轉上市	107 年 現金 0.61 元， 股票 0.61 元	85 年 106.90 億元 101 年發行海外信託憑證（GDR）20 億元，每股 15.5 元 103 年現金增資 70 億元，每股 15 元 106 年現金增資 70 億元，每股 15 元
107 年 1.58 元	85 年 股票 0.47 元	玉山金（2884）於 91 年 1 月 28 日上市	108 年 現金 0.71 元， 股票 0.71 元	107 年 1,082.89 億元 108 年現金增資 2.06 億元，每股 10 元

元大金（2885）或復華證金（2821）月 K 線走勢圖

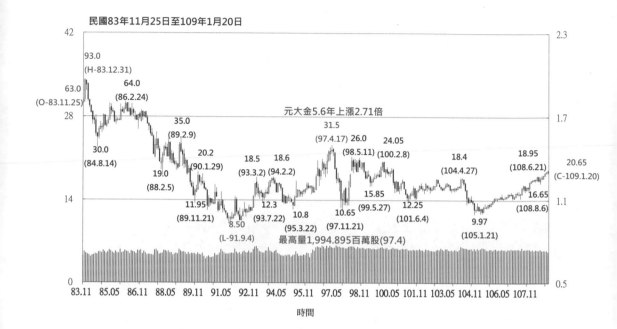

民國83年11月25日至109年1月20日

- 93.0 (H-83.12.31)
- 63.0 (O-83.11.25)
- 64.0 (86.2.24)
- 元大金5.6年上漲2.71倍
- 35.0 (89.2.9)
- 31.5 (97.4.17)
- 26.0 (98.5.11)
- 24.05 (100.2.8)
- 30.0 (84.8.14)
- 20.2 (90.1.29)
- 18.5 (93.3.2)
- 18.6 (94.2.2)
- 18.4 (104.4.27)
- 18.95 (108.6.21)
- 19.0 (88.2.5)
- 15.85 (99.5.27)
- 20.65 (C-109.1.20)
- 11.95 (89.11.21)
- 12.3 (93.7.22)
- 10.8 (95.3.22)
- 10.65 (97.11.21)
- 12.25 (101.6.4)
- 16.65 (108.8.6)
- 8.50 (L-91.9.4)
- 9.97 (105.1.21)
- 最高量1,994.895百萬股(97.4)

時間：83.11 85.05 86.11 88.05 89.11 91.05 92.11 94.05 95.11 97.05 98.11 100.05 101.11 103.05 104.11 106.05 107.11

EPS	股利	上市櫃異動	近期股利發放	資本額變動
82 年 2.26 元 83 年 5.16 元	82 年 現金 0.50 元， 股票 1.58 元	復華證金（2821） 於 83 年 11 月 25 日上市，後改為元大證（6004）於 84 年 8 月 8 日上市	107 年 現金 0.56 元	83 年 53.50 億元 83 年現金增資 9.40 億元，每股 10 元 105 年現金增資 138.57 億元，每股 10 元 106 年減資 20.94 億元
107 年 1.60 元	83 年 現金 0.5 元， 股票 2.0 元	元大金（2885） 於 91 年 2 月 4 日上市	108 年 現金 0.90 元	107 年 1,168.62 億元 108 年減資 1.56 億元

兆豐金（2886 或 2824）與
中國商銀（2806）月 K 線走勢圖

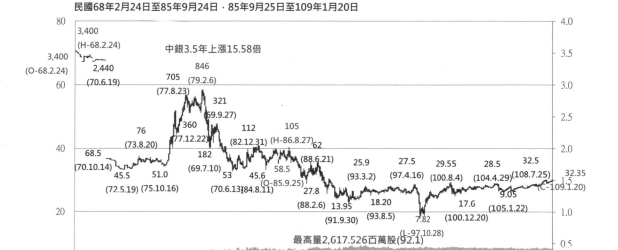

民國68年2月24日至85年9月24日，85年9月25日至109年1月20日

EPS	股利	上市櫃異動	近期股利發放	資本額變動
中國商銀 67 年 75.9 元 68 年 104.1 元 （面額 300 元）	67 年現金 27 元， 股票 51 元 68 年現金 36.9 元， 股票 36 元 （面額 300 元）	中國商銀（2806） 於 68 年 2 月 24 日 上市。91 年 2 月 4 日併入兆豐金	107 年 現金 1.50 元	中國商銀 68 年 18.0 億元 （面額 300 元） 70 年 8 月 26 日，面額 由 300 元變更為 10 元 兆豐金 85 年 130.0 億元 91 年 365.12 億元 （面額 10 元）
兆豐金 84 年 2.35 元 85 年 2.22 元 90 年 6.25 元 107 年 2.07 元	84 年現金 1.3 元 85 年現金 1.40 元，股票 1.76 元 88 年現金 1.0 元， 股票 1.0 元 89 年現金 0.9 元， 股票 1.0 元	交通銀行（2824） 於 85 年 9 月 25 日上市，91 年 2 月 4 日改為兆豐金 （2886）且合併中 國商銀	108 年 現金 1.70 元	107 年 1,359.98 億元

臺新金（2887）或
臺新銀（2844）或臺証證（6010）月 K 線走勢圖

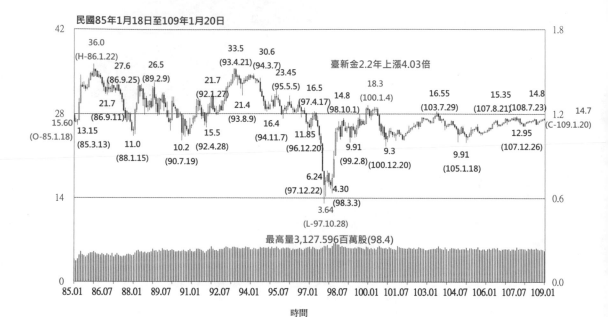

民國85年1月18日至109年1月20日

EPS	股利	上市櫃異動	近期股利發放	資本額變動
84 年 0.10 元 85 年 1.60 元	84 年 現金 0.2 元	臺証證（6010）於 85 年 1 月 18 日上櫃 臺新銀行（2844）於 87 年 10 月 20 日上市	107 年 現金 0.54 元， 股票 0.44 元	82 年 40.00 億元 100 年減資 46.62 億元 103 年現金增資 50 億元，每股 12 元 105 年減資 36.26 億元，現金增資 50 億元 106 年減資 7.25 億元
107 年 1.13 元	85 年 現金 0.2 元， 股票 0.8 元	臺新金（2887）於 91 年 2 月 18 日上市	108 年 現金 0.51 元， 股票 0.21 元	107 年 1,145.41 億元 107 年減資 7.25 億元，現金增資 30 億元 108 年減資 21.75 億元

新光金（2888）或新壽（2818）月 K 線走勢圖

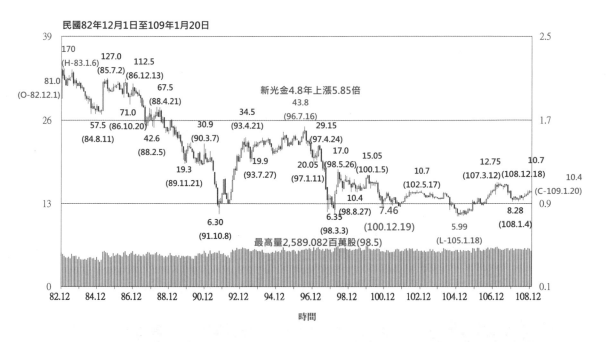

民國82年12月1日至109年1月20日

EPS	股利	上市櫃異動	近期股利發放	資本額變動
81 年 3.30 元 82 年 4.60 元	81 年 現金 1.5 元， 股票 0.5 元	新壽（2818）於 82 年 12 月 1 日 上市	107 年 現金 0.34 元， 股票 0.14 元	82 年 108.59 億元 102 年現金增資 65 億元， 每股 10 元
107 年 0.80 元	82 年 現金 1.0 元， 股票 2.0 元	新光金（2888）於 91 年 2 月 19 日 上市。	108 年 現金 0.20 元	107 年 1,226.04 億元 107 年現金增資 106.35 億元，每股 10 元 108 年現金增資 34 億元， 增幅 2.09%，每股 8.6 元

國票金（2889）或國票公司（2813）月 K 線走勢圖

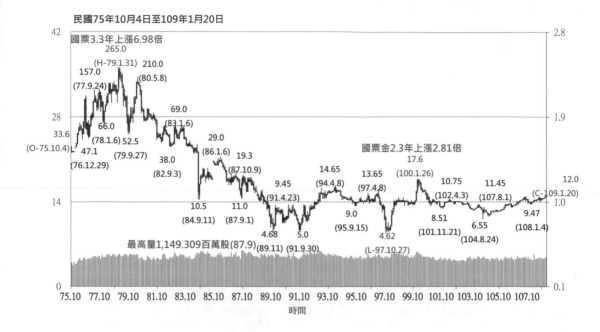

民國75年10月4日至109年1月20日

國票3.3年上漲6.98倍
265.0
(H-79.1.31) 210.0
157.0 (80.5.8)
(77.9.24)
69.0
(83.1.6)
66.0
33.6 (78.1.6) 52.5
(O-75.10.4) 47.1 (79.9.27) 29.0
(76.12.29) 38.0 (86.1.6) 19.3 國票金2.3年上漲2.81倍
(82.9.3) (87.10.9) 14.65 17.6
9.45 (94.4.8) 13.65 (100.1.26) 10.75 11.45
(91.4.23) (97.4.8) (102.4.3) (107.8.1) (C-109.1.20)
10.5 11.0 9.0 8.51 6.55 9.47
(84.9.11) (87.9.1) (95.9.15) (101.11.21) (104.8.24) (108.1.4)
4.68 5.0 4.62
最高量1,149.309百萬股(87.9) (89.11) (91.9.30) (L-97.10.27)

時間

EPS	股利	上市櫃異動	近期股利發放	資本額變動
74 年 2.20 元 75 年 3.15 元	74 年 股票 1.82 元	國票（2813）於 75 年 10 月 4 日上市。 84 年 8 月 4 日國票營業員 偽造商業本票百億元，8 月 5 日調查局約談高興昌主 力，爆發國票金融風暴	107 年 現金 0.65 元， 股票 0.12 元	75 年 11.94 億元
107 年 0.72 元	75 年 現金 0.19 元， 股票 2.40 元	國票金（2889）於 91 年 3 月 21 日上市	108 年現金 0.45，股票 0.10 元	107 年 281.99 億元

永豐金（2890）與臺北企銀（2808）月 K 線走勢圖

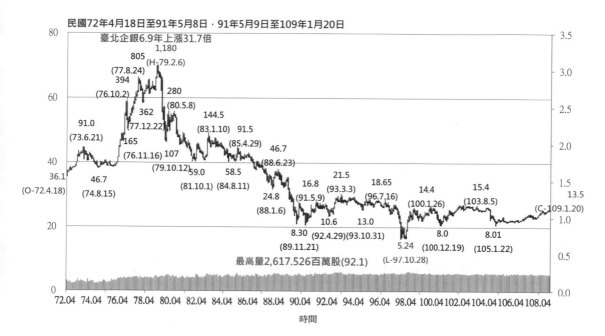

民國72年4月18日至91年5月8日．91年5月9日至109年1月20日

臺北企銀6.9年上漲31.7倍

	EPS	股利	上市櫃異動	近期股利發放	資本額變動
	臺北企銀 71 年 4.06 元 72 年 4.20 元	71 年 現金 2.60 元	臺北企銀（2808） 於 72 年 4 月 18 日 上市。後來改為臺北 商銀於 94 年 12 月 26 日下市	107 年 現金 0.50 元， 股票 0.20 元	臺北企銀 72 年 6.00 億元 103 年現金增資 60 億元， 每股 11 元
	107 年 0.84 元	72 年 現金 1.60 元， 股票 5.0 元	永豐金（2890） 於 91 年 5 月 9 日 上市 永豐餘投控（1907） 持股 4.15%	108 年 現金 0.64 元	永豐金 107 年 1,127.11 億元

合庫金（5880）或合作金庫 （5854）月 K 線走勢圖

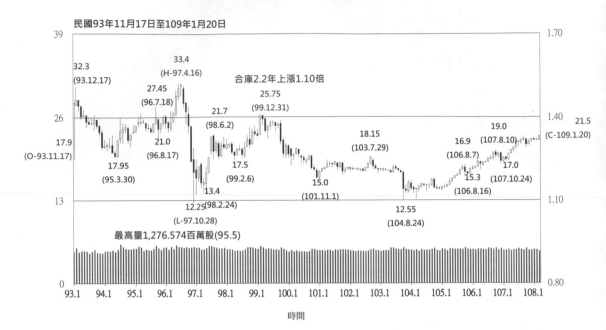

民國93年11月17日至109年1月20日

最高量1,276.574百萬股(95.5)

時間

EPS	股利	上市櫃異動	近期股利發放	資本額變動
92 年 1.12 元 93 年 0.32 元	92 年 現金 0.2 元， 股票 1.5 元	合作金庫（5854） 於 93 年 11 月 17 日上櫃，95 年 2 月 17 日轉上市	107 年 現金 0.75 元， 股票 0.3 元	93 年 253.98 億元 104 年現金增資 150 億元，每股 14.58 元 94 年現金增資 90 億元， 每股 10 元 101 年現金增資 120 億元，每股 14.81 元
107 年 1.24 元	93 年 現金 0.1 元， 股票 1.0 元	合庫金（5880） 於 100 年 12 月 1 日上市 財政部持股 26.06%	108 年 現金 0.75 元， 股票 0.30 元	107 年 1,256.88 億元

臺企銀（2834）月 K 線走勢圖

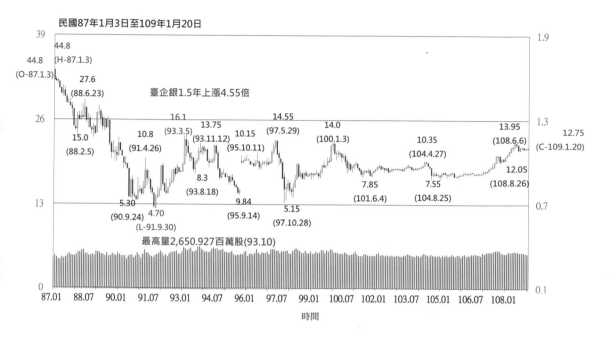

民國87年1月3日至109年1月20日

臺企銀1.5年上漲4.55倍

最高量2,650.927百萬股(93.10)

時間

EPS	股利	上市櫃異動	近期股利發放	資本額變動
86 年 2.15 元 87 年 2.70 元	86 年 股票 1.0 元		107 年 現金 0.27 元， 股票 0.40 元	87 年 243.10 億元 87 年現金增資 16 億元， 每股 26 元 95 年減資 41.21 億元， 減幅 9.62% 臺灣銀行持股 16.21% 財政部持股 2.08%
107 年 1.19 元	87 年 現金 0.90 元		108 年 現金 0.30 元， 股票 0.50 元	107 年 639.39 億元 108 年私募現金增資 41.84 億元，每股 11.95 元

中壽（2823）月 K 線走勢圖

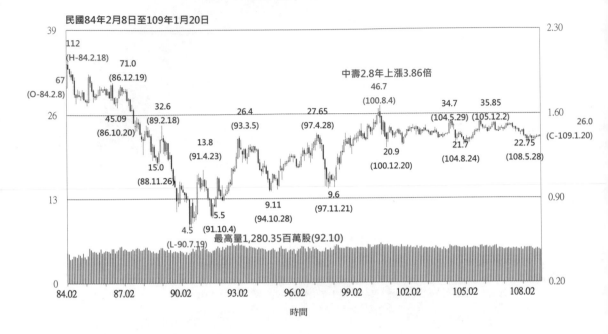

民國84年2月8日至109年1月20日

中壽2.8年上漲3.86倍

EPS	股利	上市櫃異動	近期股利發放	資本額變動
83 年 3.11 元 84 年 3.23 元	83 年 現金 0.5 元， 股票 2.5 元		107 年 現金 0.8 元， 股票 0.6 元	83 年 21.29 億元
107 年 2.54 元	84 年 現金 0.6 元， 股票 1.4 元		108 年 現金 0 元	107 年 401.36 億元 108 年現金增資 45 億元， 增幅 8.97%，每股 20.6 元

群益金鼎證（6005）月 K 線走勢圖

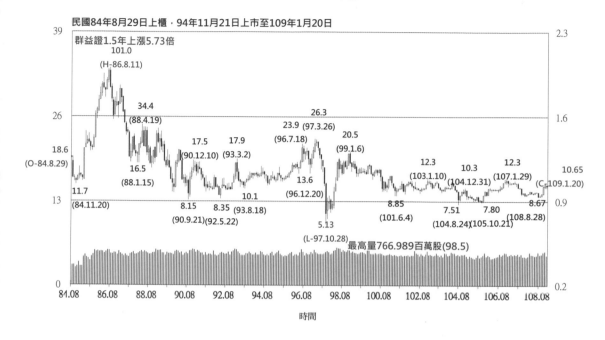

民國84年8月29日上櫃，94年11月21日上市至109年1月20日

群益證1.5年上漲5.73倍
101.0
(H-86.8.11)

34.4
(88.4.19)

26.3

23.9 (97.3.26)
(96.7.18)

17.5
(90.12.10)

17.9
(93.3.2)

20.5
(99.1.6)

16.5
(88.1.15)

13.6
(96.12.20)

12.3
(103.1.10)

10.3
(104.12.31)

12.3
(107.1.29)

(C-109.1.20)

11.7
(84.11.20)

10.1

8.15
(90.9.21)

8.35
(92.5.22)

(93.8.18)

8.85
(101.6.4)

7.51
(104.8.24)

7.80
(105.10.21)

8.67
(108.8.28)

5.13
(L-97.10.28)

最高量766.989百萬股(98.5)

時間

EPS	股利	上市櫃異動	近期股利發放	資本額變動
83 年 0.58 元 84 年 2.01 元	83 年 股票 0.30 元	群益（6005）於 84 年 9 月 29 日 上櫃 94 年 11 月 21 日 上市	107 年 現金 0.20 元， 股票 0.70 元	84 年 50.00 億元 84 年現金增資 14.16%， 每股 16.5 元 85 年現金增資 12%， 每股 38 元
107 年 0.61 元	84 年 股票 1.59 元	100 年 3 月 27 日 合併金鼎改名為 群益金鼎證	108 年 現金 0.40 元	107 年 232.09 億元

群益期（6024）月 K 線走勢圖

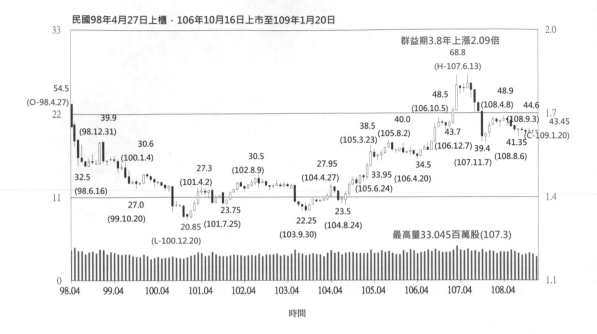

民國98年4月27日上櫃，106年10月16日上市至109年1月20日

群益期3.8年上漲2.09倍
68.8
(H-107.6.13)

54.5
(O-98.4.27)

39.9
(98.12.31)

48.5
(106.10.5)

48.9
(108.4.8)

44.6

30.6
(100.1.4)

40.0

43.45

38.5
(105.3.23)

43.7

(108.9.3)

(C-109.1.20)

32.5
(98.6.16)

27.3
(101.4.2)

30.5
(102.8.9)

27.95
(104.4.27)

33.95
(105.6.24)

105.8.2

34.5

39.4
(107.11.7)

41.35
(108.8.6)

27.0
(99.10.20)

23.75

22.25
(103.9.30)

23.5
(104.8.24)

106.4.20

106.12.7

20.85 (101.7.25)

(L-100.12.20)

最高量33.045百萬股(107.3)

時間

EPS	股利	上市櫃異動	近期股利發放	資本額變動
97 年 3.85 元 98 年 2.50 元	97 年 現金 1.0 元， 股票 1.12 元		107 年 現金 2.87 元， 股票 1.0 元	98 年資本額 7.52 億元 103 年現金增資 1.99 億元， 每股 23.3 元 105 年現金增資 3.8 億元， 每股 31.38 元 群益金鼎證（6005）持股 56.21%
107 年 4.73 元	98 年 現金 0.50 元， 股票 1.25 元		108 年 現金 3.40 元	107 年資本額 17.64 億元

37 休閒類股

　　休閒類股在此簡單分類為 4 個面向，包括：自行車、運動鞋、運動器材、休閒服，本文挑選了以下 12 家公司分析。

- 自行車：美利達、巨大、利奇、正新。
- 運動鞋：寶成、豐泰、百和。
- 運動器材：力山、喬山。
- 休閒服：年興、儒鴻、聚陽。

> **臺股大師分析**

休閒類股 12 家上市公司的長期月 K 線走勢圖如下圖所示。
力山（1515）見 311 頁、年興（1451）見 423 頁、儒鴻（1476）見 426 頁、聚陽（1477）見 427 頁。
這 12 家公司沒有任何一家成交金額占全年前五名。
其中以美利達（9914）、巨大（9921）、正新（2105）、寶成（9904）、豐泰（9910）、儒鴻（1476）、聚陽（1477）為值得長期投資的個股。
百和（9938）、力山（1515）、喬山（1736）與年興（1451）為值得注意的個股。

美利達（9914）月 K 線走勢圖

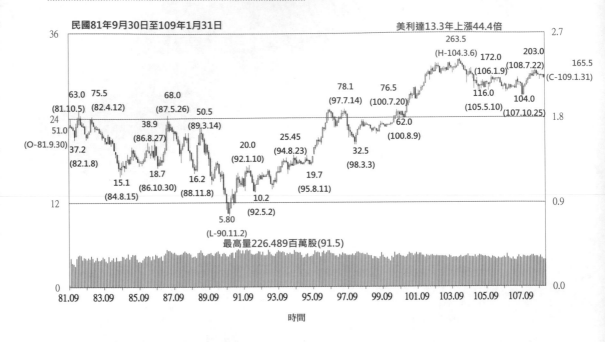

民國81年9月30日至109年1月31日　　　　　　　　　　美利達13.3年上漲44.4倍

263.5
(H-104.3.6)
172.0
(106.1.9)
203.0
(108.7.22)
165.5
(C-109.1.31)
116.0
(105.5.10)
104.0
(107.10.25)
78.1
(97.7.14)
76.5
(100.7.20)
62.0
(100.8.9)
63.0
(81.10.5)
75.5
(82.4.12)
68.0
(87.5.26)
50.5
(89.3.14)
38.9
(86.8.27)
25.45
(94.8.23)
51.0
(O-81.9.30)
37.2
(82.1.8)
20.0
(92.1.10)
32.5
(98.3.3)
15.1
(84.8.15)
18.7
(86.10.30)
16.2
(88.11.8)
19.7
(95.8.11)
10.2
(92.5.2)
5.80
(L-90.11.2)

最高量226.489百萬股(91.5)

時間

	EPS	股利	上市櫃異動	近期股利發放	資本額變動
	80 年 3.16 元 81 年 3.33 元	80 年 股票 1.5 元		107 年 現金 2.0 元	81 年 6.35 億元
	107 年 5.72 元	81 年 股票 2.0 元		108 年 現金 3.5 元	107 年 29.90 億元

巨大（9921）月 K 線走勢圖

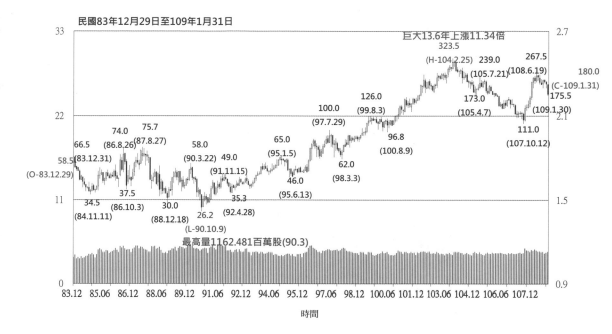

民國83年12月29日至109年1月31日

巨大13.6年上漲11.34倍

323.5
(H-104.2.25)
267.5
(108.6.19)
239.0
(105.7.21)
173.0
(105.4.7)
180.0
(C-109.1.31)
175.5
(109.1.30)
126.0
(99.8.3)
100.0
(97.7.29)
96.8
(100.8.9)
111.0
(107.10.12)
75.7
(87.8.27)
74.0
(86.8.26)
65.0
(95.1.5)
66.5
(83.12.31)
58.0
(90.3.22)
49.0
(91.11.15)
62.0
(98.3.3)
58.5
(O-83.12.29)
46.0
(95.6.13)
37.5
(86.10.3)
35.3
(92.4.28)
34.5
(84.11.11)
30.0
(88.12.18)
26.2
(L-90.10.9)

最高量1162.481百萬股(90.3)

時間

EPS	股利	上市櫃異動	近期股利發放	資本額變動
82 年 3.30 元 83 年 2.50 元	82 年 現金 0.5 元， 股票 2.5 元		107 年 現金 3.5 元	83 年 10.88 元 83 年現金增資 10.6 億元， 每股 36 元
107 年 7.64 元	83 年 現金 1.0 元， 股票 1.0 元		108 年 現金 4.6 元	107 年 37.51 億元

利奇（1517）月 K 線走勢圖

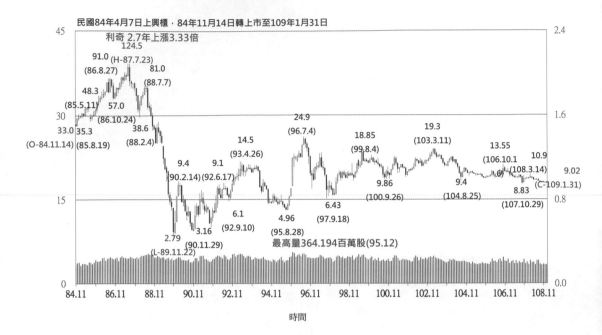

民國84年4月7日上興櫃，84年11月14日轉上市至109年1月31日

利奇 2.7年上漲3.33倍

124.5
91.0 (H-87.7.23)
(86.8.27)
81.0
(88.7.7)
48.3
(85.5.11)　57.0
(86.10.24)
33.0 35.3
(O-84.11.14) (85.8.19)　38.6
(88.2.4)
24.9
(96.7.4)
18.85
(99.8.4)
19.3
(103.3.11)
14.5
(93.4.26)
13.55
(106.10.1)
10.9
(108.3.14)
9.02
(C-109.1.31)
9.4
(90.2.14)　9.1
(92.6.17)
9.86
(100.9.26)
9.4
(104.8.25)
8.83
(107.10.29)
6.1
(92.9.10)
4.96
(95.8.28)
6.43
(97.9.18)
2.79
(90.11.29)
3.16
(L-89.11.22)
最高量364.194百萬股(95.12)

時間

EPS	股利	上市櫃異動	近期股利發放	資本額變動
83 年 3.14 元 84 年 2.26 元	83 年 股票 3.0 元	84 年 4 月 7 日 上興櫃	107 年 現金 0.20 元	84 年 8.00 億元 84 年現金增資 6.9 億元， 每股 48.5 元
107 年 0.41 元	84 年 股票 2.6 元	84 年 11 月 14 日 轉上市	108 年 現金 0.25 元	107 年 22.78 億元

寶成（9904）月 K 線走勢圖

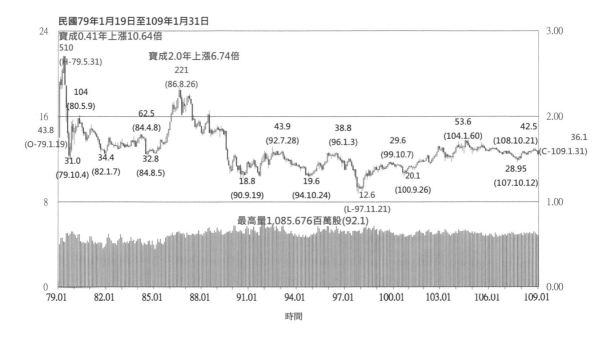

民國79年1月19日至109年1月31日

寶成0.41年上漲10.64倍
510
(H-79.5.31)

寶成2.0年上漲6.74倍

104
(80.5.9)

221
(86.8.26)

62.5
(84.4.8)

43.8
(O-79.1.19)

43.9
(92.7.28)

38.8
(96.1.3)

53.6
(104.1.60)

42.5
(108.10.21)

36.1
(C-109.1.31)

31.0
(79.10.4)

34.4
(82.1.7)

32.8
(84.8.5)

29.6
(99.10.7)

18.8
(90.9.19)

19.6
(94.10.24)

20.1
(100.9.26)

28.95
(107.10.12)

12.6
(L-97.11.21)

最高量1,085.676百萬股(92.1)

時間

EPS	股利	上市櫃異動	近期股利發放	資本額變動
78 年 4.66 元 79 年 3.58 元	78 年 股票 4.5 元		107 年 現金 2.05 元	79 年 11.06 億元
107 年 3.63 元	79 年 現金 1.2 元， 股票 1.29 元		108 年 現金 1.5 元	107 年 294.68 億元

豐泰（9910）月 K 線走勢圖

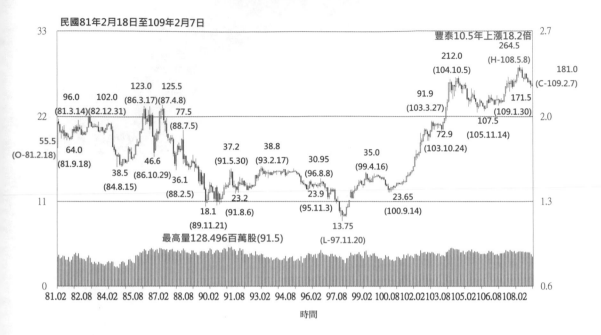

民國81年2月18日至109年2月7日

豐泰10.5年上漲18.2倍

264.5
(H-108.5.8)

212.0
(104.10.5)

181.0
(C-109.2.7)

91.9
(103.3.27)

171.5
(109.1.30)

123.0   125.5
(86.3.17)(87.4.8)

96.0   102.0
(81.3.14)(82.12.31)

77.5
(88.7.5)

107.5
(105.11.14)

72.9
(103.10.24)

55.5
(O-81.2.18)

64.0
(81.9.18)

37.2
(91.5.30)

38.8
(93.2.17)

35.0
(99.4.16)

46.6
(86.10.29)

30.95
(96.8.8)

38.5
(84.8.15)

36.1
(88.2.5)

23.9
(95.11.3)

23.2

23.65
(100.9.14)

18.1   (91.8.6)
(89.11.21)

13.75
(L-97.11.20)

最高量128.496百萬股(91.5)

時間

81.02 82.08 84.02 85.08 87.02 88.08 90.02 91.08 93.02 94.08 96.02 97.08 99.02 100.08 102.02 103.08 105.02 106.08 108.02

EPS	股利	上市櫃異動	近期股利發放	資本額變動
80 年 3.64 元 81 年 3.89 元	80 年 現金 2.70 元		107 年 現金 5.0 元	81 年 5.47 億元 86 年現金增資 7.43 億元，每股 60 元
107 年 7.88 元	81 年 現金 1.50 元， 股票 1.50 元		108 年 現金 6.7 元， 股票 1.0 元	107 年 66.79 億元

百和（9938）月 K 線走勢圖

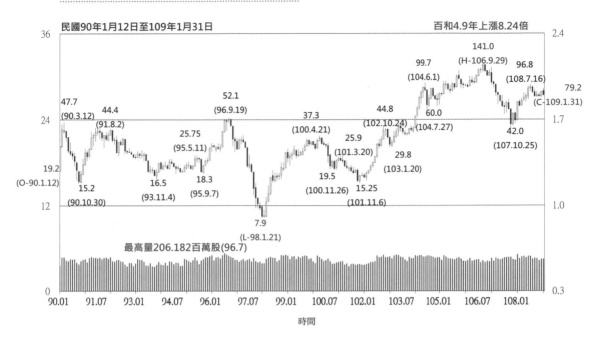

民國90年1月12日至109年1月31日 　　　　　　　　　　　　　　　　　　　　 百和4.9年上漲8.24倍

47.7
(90.3.12)

44.4
(91.8.2)

52.1
(96.9.19)

25.75
(95.5.11)

37.3
(100.4.21)

44.8
(102.10.24)

99.7
(104.6.1)

141.0
(H-106.9.29)

96.8
(108.7.16)

79.2
(C-109.1.31)

60.0
(104.7.27)

25.9
(101.3.20)

29.8
(103.1.20)

42.0
(107.10.25)

19.2
(O-90.1.12)

15.2
(90.10.30)

16.5
(93.11.4)

18.3
(95.9.7)

19.5
(100.11.26)

15.25
(101.11.6)

7.9
(L-98.1.21)

最高量206.182百萬股(96.7)

時間

EPS	股利	上市櫃異動	近期股利發放	資本額變動
89 年 3.02 元 90 年 1.84 元	89 年 現金 0.5 元， 股票 1.5 元		107 年 現金 3.0 元	90 年 9.02 億元
107 年 4.57 元	90 年 現金 0.3 元， 股票 1.7 元		108 年 現金 2.6 元	107 年 29.80 億元

喬山（1736）月 K 線走勢圖

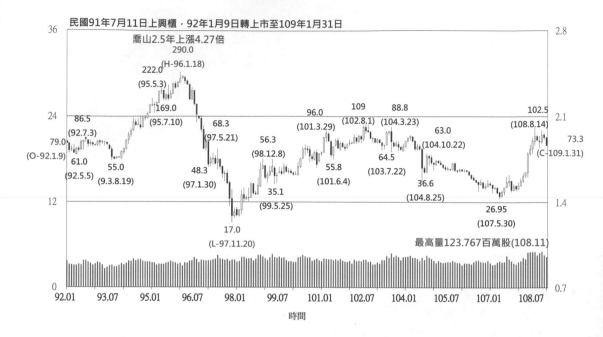

民國91年7月11日上興櫃，92年1月9日轉上市至109年1月31日

喬山2.5年上漲4.27倍
290.0
222.0 (H-96.1.18)
(95.5.3)
169.0
(95.7.10)
86.5
(92.7.3)
68.3
(97.5.21)
96.0
(101.3.29)
109
(102.8.1)
88.8
(104.3.23)
102.5
(108.8.14)
79.0
(O-92.1.9)
56.3
(98.12.8)
63.0
(104.10.22)
73.3
(C-109.1.31)
61.0
(92.5.5)
55.0
(9.3.8.19)
48.3
(97.1.30)
55.8
(101.6.4)
64.5
(103.7.22)
36.6
(104.8.25)
35.1
(99.5.25)
17.0
(L-97.11.20)
26.95
(107.5.30)
最高量123.767百萬股(108.11)

時間

92.01　93.07　95.01　96.07　98.01　99.07　101.01　102.07　104.01　105.07　107.01　108.07

EPS	股利	上市櫃異動	近期股利發放	資本額變動
90 年 6.12 元 91 年 6.54 元	90 年 股票 3.59 元	91 年 7 月 11 日 上興櫃	107 年 現金 0.3 元	91 年 7.00 億元
107 年 1.28 元	91 年 現金 1.0 元， 股票 2.0 元	92 年 1 月 9 日 轉上市	108 年 現金 0.65 元	107 年 30.40 億元

38 其他電子類股

　　其他電子類股中，本文挑選了精誠資訊、神達投控、玉晶光、可成、矽統、中環、聯強、美律、義隆電、神基、信邦、崇越、宸鴻（TPK-KY）等 13 家公司分析。

　　其中玉晶光、可成、矽統、宸鴻（TPK-KY）分別為國內股市第五、七大股市循環周期的主流股。這 13 家上市公司股票成交量有 9 個年度分居全年股票成交金額的前五名，

01. 90 年全年股票成交金額中，第五為矽統，成交 4,494.79 億元，占 2.45%。

02. 100 年全年股票成交金額中，第五為可成，成交 6,763.10 億元，占 2.58%。

03. 101 年全年股票成交金額中，第五為可成，成交 6,899.81 億元，占 3.41%。

04. 102 年全年股票成交金額中，第五為宸鴻（F-TPK），成交 5,707.06 億元，占 3.01%。

05. 103 年全年股票成交金額中，第五為宸鴻（F-TPK），成交 5,336.62 億元，占 2.44%。

06. 104 年全年股票成交金額中，第五為可成，成交 4,890.27 億元，占 2.42%。

07. 105 年全年股票成交金額中，第五為可成，成交 4,031.90 億元，占 2.40%。

08. 106 年全年股票成交金額中，第三為玉晶光，成交 7,373.61 億元，占 3.08%。

09. 108 年全年股票成交金額中，第二為玉晶光，成交 10,228.09 億元，占 3.86%。

表 38-1　51 年至 108 年其他電子類股 13 家公司股票成交量值統計表
（成交金額前 5 名者）

循環周期	成交金額前 5 名者	全年度成交金額（百萬元）	成交金額（1）	占比	成交金額（2）	占比
第五大循環	90 年度	18,354,936	威盛（2388）	5.01%	臺積電（2330）	3.73%
第七大循環	100 年度	26,197,408	宏達電（2498）	5.85%	臺積電（2330）	3.50%
第七大循環	101 年度	20,238,166	宏達電（2498）	5.96%	鴻海（2317）	4.76%
第七大循環	102 年度	18,940,933	臺積電（2330）	4.69%	宏達電（2498）	3.85%
第七大循環	103 年度	21,898,537	臺積電（2330）	5.04%	鴻海（2317）	3.48%
第七大循環	104 年度	20,191,486	臺積電（2330）	6.76%	鴻海（2317）	3.81%
第七大循環	105 年度	16,771,139	臺積電（2330）	7.80%	鴻海（2317）	4.02%
第七大循環	106 年度	23,972,239	臺積電（2330）	5.83%	鴻海（2317）	4.28%
第七大循環	108 年度	26,464,628	臺積電（2330）	7.88%	玉晶光（3406）	3.86%

其他電子類股 12 家上市公司的長期月 K 線走勢圖如後圖所示。

其中精誠資訊（6214）、可成（2474）、美律（2439）、崇越（5434）是值得長期投資的個股。

神達投控（3706）、聯強（2347）、義隆電（2458）、神基（3005）、信邦（3023）等，為值得注意的個股。

成交金額（3）	占比	成交金額（4）	占比	成交金額（5）	占比
聯電（2303）	3.55%	旺宏（2337）	2.52%	矽統（2363）	2.45%
聯發科（2454）	3.01%	鴻海（2317）	2.98%	可成（2474）	2.58%
臺積電（2330）	4.17%	聯發科（2454）	3.70%	可成（2474）	3.41%
鴻海（2317）	3.68%	聯發科（2454）	3.30%	F-TPK（3673）	3.01%
聯發科（2454）	3.45%	華亞科（3474）	3.22%	F-TPK（3673）	2.44%
聯發科（2454）	3.67%	大立光（3008）	3.26%	可成（2474）	2.42%
大立光（3008）	3.47%	宏達電（2498）	2.50%	可成（2474）	2.40%
玉晶光（3406）	3.08%	大立光（3008）	2.45%	業成（F-GIS）（6456）	2.39%
鴻海（2317）	2.78%	大立光（3008）	2.73%	國巨（2327）	2.64%

精誠（6214）與精業（2343）月 K 線走勢圖

精業民國84年1月5日上興櫃，84年9月23日上市，95年12月31日下市。

精誠於92年1月6日上櫃。99年12月30日上市，至109年2月27日

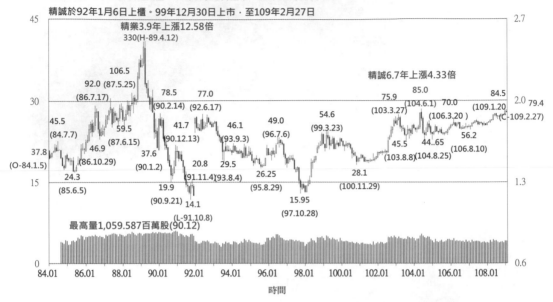

EPS	股利	上市櫃異動	近期股利發放	資本額變動
83 年 1.50 元 84 年 2.07 元	83 年 現金 0.5 元， 股票 1.2 元	精業 84 年 1 月 5 日 上興櫃， 84 年 9 月 23 日轉上市	107 年 現金 5.0 元	84 年 7.64 億元 85 年現金增資 27.1 億元，每股 35 元
107 年 3.90 元	84 年 股票 1.5 元	精誠 92 年 1 月 6 日上 櫃，每股 60 元 精誠於 96 年 1 月 1 日 合併精業，並於 99 年 12 月 30 日上市	108 年 現金 5.0 元	107 年 26.94 億元

神達投控（3706）與神達電腦（2315）月 K 線走勢圖

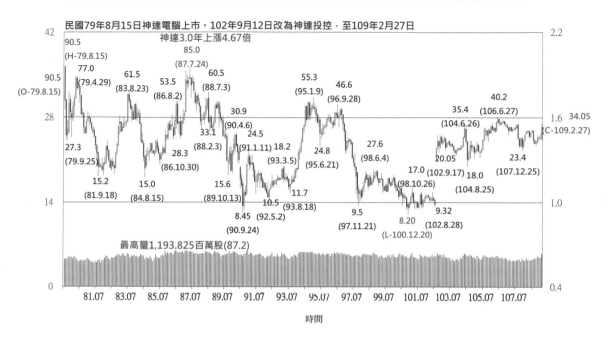

民國79年8月15日神達電腦上市。102年9月12日改為神達投控，至109年2月27日

神達3.0年上漲4.67倍

最高量1,193.825百萬股(87.2)

時間

81.07　83.07　85.07　87.07　89.07　91.07　93.07　95.07　97.07　99.07　101.07　103.07　105.07　107.07

EPS	股利	上市櫃異動	近期股利發放	資本額變動
78 年 2.47 元 79 年 1.78 元	78 年 股票 2.0 元	神達電腦於 102 年 9 月 12 日改為 神達投控	107 年 現金 1.3 元， 股票 1.5 元	79 年 13.48 億元
107 年 3.52 元	79 年 股票 1.0 元	神通電腦（8122）， 已下興櫃） 持股 7.81%. 聯成化學 （1313）持股 8.27%	108 年 現金 1.5 元， 股票 1.5 元	107 年 93.68 億元

玉晶光（3406）月 K 線走勢圖

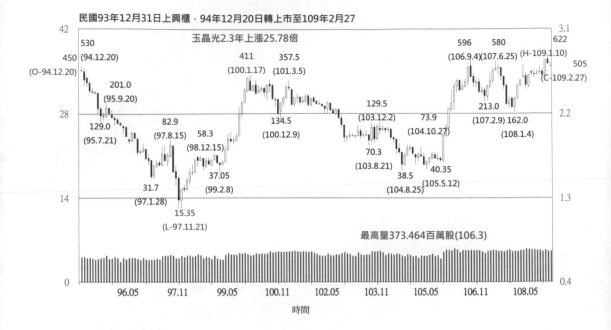

民國93年12月31日上興櫃，94年12月20日轉上市至109年2月27

玉晶光2.3年上漲25.78倍

530 (94.12.20)
450 (O-94.12.20)
201.0 (95.9.20)
129.0 (95.7.21)
82.9 (97.8.15)
58.3 (98.12.15)
37.05 (99.2.8)
31.7 (97.1.28)
15.35 (L-97.11.21)
411 (100.1.17)
357.5 (101.3.5)
134.5 (100.12.9)
129.5 (103.12.2)
70.3 (103.8.21)
38.5 (104.8.25)
40.35 (105.5.12)
73.9 (104.10.27)
596 (106.9.4)
580 (107.6.25)
(H-109.1.10)
505 (C-109.2.27)
213.0 (107.2.9)
162.0 (108.1.4)

最高量373.464百萬股(106.3)

時間

EPS	股利	上市櫃異動	近期股利發放	資本額變動
92 年 6.36 元 93 年 23.65 元 94 年 14.31 元	92 年 股票 4.0 元 93 年 現金 5.0 元， 股票 5.0 元	93 年 12 月 31 日 上興櫃	107 年 現金 3.50 元	93 年 4.05 億元 102 年現金增資 1 億元， 增幅 11.19%， 每股 170 元
107 年 9.34 元	94 年 現金 7.0 元， 股票 1.0 元	94 年 12 月 20 日 轉上市 106 年玉晶光成交 金額占整體總金額 3.08%，排名第 3 108 年占 3.86%， 排名第 2	108 年 現金 3.50 元	107 年 10.02 億元 108 年現金增資 1 億元， 增幅 7.93%， 每股 170 元

可成（2474）月 K 線走勢圖

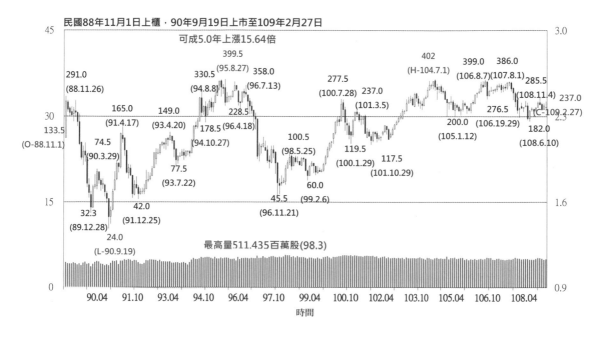

民國88年11月1日上櫃，90年9月19日上市至109年2月27日

可成5.0年上漲15.64倍

EPS	股利	上市櫃異動	近期股利發放	資本額變動
87 年 8.18 元 88 年 4.46 元	87 年 股票 7.0 元	88 年 11 月 1 日 上櫃 90 年 9 月 19 日 轉上市	107 年 現金 12.0 元	88 年 4.81 億元 88 年現金增資 1.0 億元， 增幅 39.68%
107 年 36.31 元	88 年 股票 4.0 元	101 年可成成交金 額占整體總金額 3.01%，排名第 5 102 年占 2.44%， 排名第 5 104 年占 2.42%， 排名第 5 105 年占 2.40%， 排名第 5	108 年 現金 12.0 元	107 年 77.04 億元 108 年現金增資 5 億元， 增幅 6.54%

矽統（2363）月 K 線走勢圖

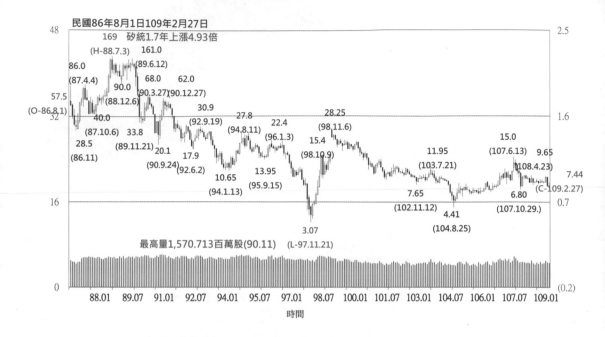

民國86年8月1日109年2月27日

169　矽統1.7年上漲4.93倍

EPS	股利	上市櫃異動	近期股利發放	資本額變動
85 年 2.50 元 86 年 0.78 元	85 年 股票 2.0 元	90 年，矽統成交數量占整體總量 1.68%，排名第 7 90 年，矽統成交金額占整體總金額 2.45%，排名第 5	107 年 現金 0 元	86 年 31.53 億元 87 年現金增資 24.25 億元，增幅 66.2%，每股 70 元 90 年發行海外憑證 25 億元，增幅 40.72%，每股 19.2 元 105 年減資 5.35 億元，減幅 8.72%
107 年 0.31 元	86 年 股票 1.6 元	聯電（2303）持股 19.02%	108 年 現金 0 元	107 年 56.01 億元。

中環（2323）月 K 線走勢圖

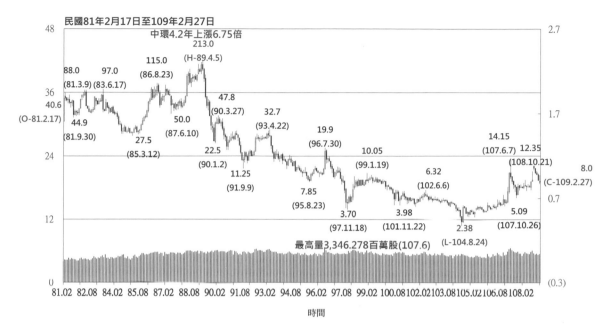

民國81年2月17日至109年2月27日

中環4.2年上漲6.75倍
213.0
(H-89.4.5)

88.0   97.0   115.0
(81.3.9) (83.6.17) (86.8.23)

47.8
(90.3.27)

32.7
(93.4.22)

19.9
(96.7.30)

14.15
(107.6.7) 12.35
(108.10.21)

40.6
(O-81.2.17)

44.9
(81.9.30)

50.0
(87.6.10)

10.05
(99.1.19)

8.0
(C-109.2.27)

27.5
(85.3.12)

22.5
(90.1.2)

11.25
(91.9.9)

7.85
(95.8.23)

6.32
(102.6.6)

5.09

3.70
(97.11.18)

3.98
(101.11.22)

2.38
(107.10.26)

最高量3,346.278百萬股(107.6)

(L-104.8.24)

81.02 82.08 84.02 85.08 87.02 88.08 90.02 91.08 93.02 94.08 96.02 97.08 99.02 100.08 102.02 103.08 105.02 106.08 108.02

時間

EPS	股利	上市櫃異動	近期股利發放	資本額變動
80 年 1.63 元 81 年 2.44 元	80 年 股票 1.2 元	107 年，中環成交數量占整體總量 1.98%，排名第 5 107 年，中環成交金額占整體總金額 0.33%，排名第 69	107 年 現金 0 元	81 年 6.30 億元 81 年現金增資 14.7 億元，增幅 133%，每股 35 元 86 年現金增資 9.4 億元，增幅 35.25%，每股 10 元 104 年減資 51.48 億元，減幅 40%
107 年 0.24 元	81 年 股票 4.0 元		108 年 現金 0 元	107 年 177.41 億元 108 年減資 61.52 億元，減幅 32.86%

義隆電（2458）月 K 線走勢圖

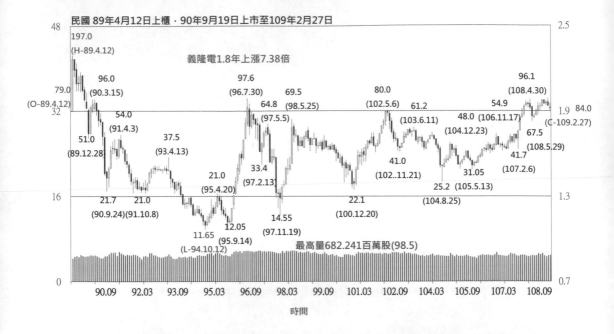

民國 89年4月12日上櫃，90年9月19日上市至109年2月27日

義隆電1.8年上漲7.38倍

197.0
(H-89.4.12)

96.0
(90.3.15)

97.6
(96.7.30)

69.5
(98.5.25)

80.0
(102.5.6)

96.1
(108.4.30)

79.0
(O-89.4.12)

54.0
(91.4.3)

64.8
(97.5.5)

61.2
(103.6.11)

54.9
(106.11.17)

84.0
(C-109.2.27)

51.0
(89.12.28

37.5
(93.4.13)

33.4
(97.2.13)

48.0
(104.12.23)

67.5
(108.5.29)

21.0
(95.4.20)

41.0
(102..11.21)

31.05
(107.2.6)

41.7
(107.2.6)

25.2
(105.5.13)

21.7
(90.9.24)

21.0
(91.10.8)

14.55
(97.11.19)

22.1
(100.12.20)

(104.8.25)

11.65
(L-94.10.12)

12.05
(95.9.14)

最高量682.241百萬股(98.5)

時間

EPS	股利	上市櫃異動	近期股利發放	資本額變動
88 年 4.39 元 89 年 4.67 元	88 年 現金 0.5 元， 股票 3.0 元	89 年 4 月 12 日 上櫃	107 年 現金 2.58 元	89 年 22.08 億元
107 年 5.13 元	89 年 現金 0.5 元， 股票 3.0 元	90 年 9 月 19 日 轉上市	108 年 現金 5.0 元	107 年 30.39 億元 107 年減資 13.02 億元， 減幅 30%

神基（3005）月 K 線走勢圖

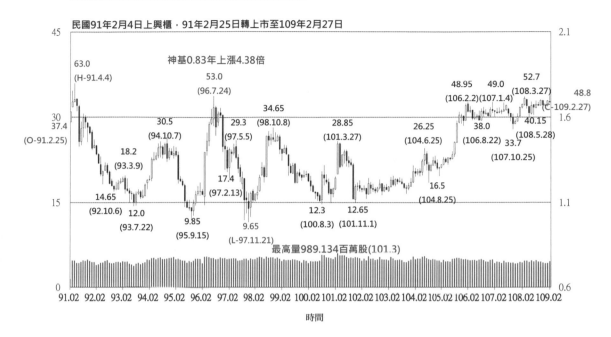

民國91年2月4日上興櫃，91年2月25日轉上市至109年2月27日

神基0.83年上漲4.38倍

最高量989.134百萬股(101.3)

時間

EPS	股利	上市櫃異動	近期股利發放	資本額變動
90 年 3.01 元 91 年 3.21 元	90 年 現金1.0 元， 股票 1.0 元	91 年 2 月 4 日 上興櫃	107 年 現金 2.5 元	91 年資本額 21.90 億元 神達電腦（2315）持股 32.66% 聯華實業（1229）持股 1.24%
107 年 3.82 元	91 年 現金1.0 元， 股票 1.0 元	91 年 2 月 25 日 轉上市	108 年 現金 3.0 元	107 年 57.92 億元 107 年現金增資 1.07 億元， 增幅 1.87%

美律（2439）月 K 線走勢圖

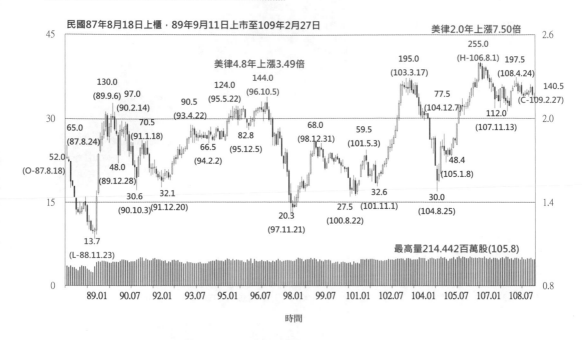

民國87年8月18日上櫃，89年9月11日上市至109年2月27日

美律2.0年上漲7.50倍

美律4.8年上漲3.49倍

255.0
(H-106.8.1)

195.0
(103.3.17)

197.5
(108.4.24)

140.5
(C-109.2.27)

130.0
(89.9.6)

97.0
(90.2.14)

124.0
(95.5.22)

144.0
(96.10.5)

77.5
(104.12.7)

112.0
(107.11.13)

90.5
(93.4.22)

70.5
(91.1.18)

65.0
(87.8.24)

68.0
(98.12.31)

82.8
(95.12.5)

59.5
(101.5.3)

48.4
(105.1.8)

66.5
(94.2.2)

52.0
(O-87.8.18)

48.0
(89.12.28)

30.6
(90.10.3)

32.1
(91.12.20)

32.6

30.0
(104.8.25)

27.5
(100.8.22)

20.3
(97.11.21)

13.7
(L-88.11.23)

最高量214.442百萬股(105.8)

時間

EPS	股利	上市櫃異動	近期股利發放	資本額變動
86 年 2.50 元 87 年 0.91 元	86 年 股票 2.50 元	87 年 8 月 18 日 上櫃	107 年 現金 15.82 元	87 年 5.69 億元
107 年 10.34 元	87 年 股票 1.0 元	89 年 9 月 11 日 轉上市	108 年 現金 8.50 元	107 年 19.97 億元 107 年現金增資 0.51 億元， 增幅 2.55%， 每股 112 元

聯強（2347）月 K 線走勢圖

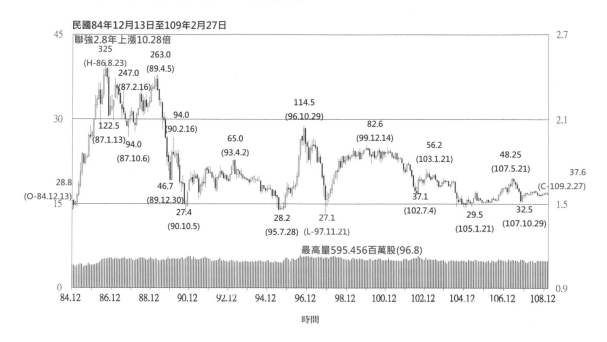

民國84年12月13日至109年2月27日

聯強2.8年上漲10.28倍
325
(H-86.8.23)
247.0
(87.2.16)
263.0
(89.4.5)
94.0
(90.2.16)
114.5
(96.10.29)
122.5
(87.1.13)
94.0
(87.10.6)
82.6
(99.12.14)
65.0
(93.4.2)
56.2
(103.1.21)
48.25
(107.5.21)
46.7
(89.12.30)
37.1
(102.7.4)
(C-109.2.27)
37.6
28.8
(O-84.12.13)
27.4
(90.10.5)
28.2
(95.7.28)
27.1
(L-97.11.21)
29.5
(105.1.21)
32.5
(107.10.29)

最高量595.456百萬股(96.8)

時間

EPS	股利	上市櫃異動	近期股利發放	資本額變動
83 年 1.64 元 84 年 2.29 元	83 年 股票 1.5 元	神通電腦（8122，已下興櫃）持股 14.44%	107 年 現金 2.2 元	84 年 5.81 億元 85 年發行海外憑證（GDR）1.1 元，每股 155 元 86 年現金增資 11.78 億元，增幅 78.53%，每股 85 元 87 年發行海外憑證（GDR）2 元，每股 150 元
107 年 3.96 元	84 年 現金0.5 元， 股票 1.5 元		108 年 現金 2.0 元	107 年 166.79 億元

信邦（3023）月 K 線走勢圖

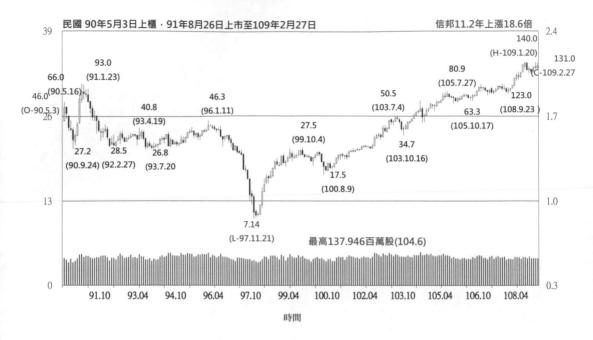

民國 90年5月3日上櫃，91年8月26日上市至109年2月27日　　　　信邦11.2年上漲18.6倍

最高137.946百萬股(104.6)

EPS	股利	上市櫃異動	近期股利發放	資本額變動
89 年 3.84 元 90 年 2.58 元	89 年 現金 0.5 元， 股票 2.0 元	90 年 5 月 3 日 上櫃	107 年 現金 4.0 元	90 年 6.15 億元
107 年 6.24 元	90 年 現金 1.5 元， 股票 1.0 元	91 年 8 月 26 日 轉上市	108 年 現金 4.48 元	107 年 22.67 億元

崇越（5434）月 K 線走勢圖

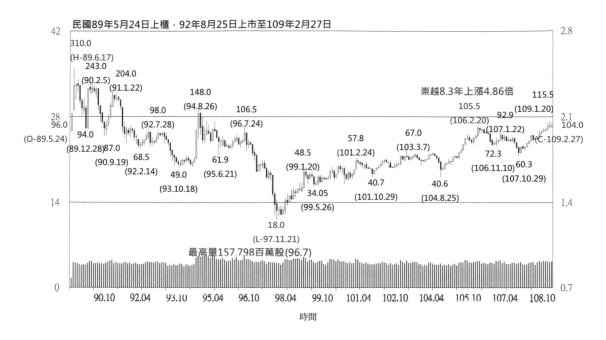

民國89年5月24日上櫃，92年8月25日上市至109年2月27日

EPS	股利	上市櫃異動	近期股利發放	資本額變動
88 年 4.20 元 89 年 9.93 元	88 年 現金 1.0 元， 股票 2.0 元	89 年 5 月 24 日 上櫃	107 年 現金 4.2 元	89 年 3.01 億元。 89 年現金增資 0.256 億元，增幅 18.68%，每股 110 元
107 年 7.73 元	90 年 現金 2.0 元， 股票 4.0 元	92 年 8 月 25 日 轉上市	108 年 現金 5.3 元	107 年 18.17 億元

宸鴻（TPK-KY）（3673）月 K 線走勢圖

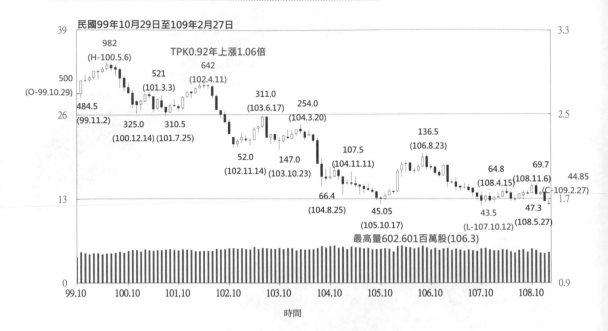

民國99年10月29日至109年2月27日

TPK0.92年上漲1.06倍

| 982 (H-100.5.6) |
| 484.5 (99.11.2) |
| 500 (O-99.10.29) |
| 521 (101.3.3) |
| 642 (102.4.11) |
| 325.0 (100.12.14) |
| 310.5 (101.7.25) |
| 311.0 (103.6.17) |
| 254.0 (104.3.20) |
| 52.0 (102.11.14) |
| 147.0 (103.10.23) |
| 107.5 (104.11.11) |
| 136.5 (106.8.23) |
| 66.4 (104.8.25) |
| 45.05 (105.10.17) |
| 64.8 (108.4.15) |
| 69.7 (108.11.6) |
| 43.5 (L-107.10.12) |
| 47.3 (108.5.27) |
| 44.85 (C-109.2.27) |

最高量602.601百萬股(106.3)

99.10 100.10 101.10 102.10 103.10 104.10 105.10 106.10 107.10 108.10

時間

EPS	股利	上市表示	近期股利發放	資本額變動
98 年 23.40 元 98 年 21.16 元	98 年 股票 2.0 元 99 年 股票 0.5 元	102 年 TPK 成交金額占整體總金額 2.44%，排名第 5	107 年 現金 3.0 元	99 年資本額 22.41 億元 101 年，發行海外憑證（GDR）1.76 億元，每股 393.53 元 102 年現金增資 2.28 億元，增幅 11.14%，每股 33 元 104 年發行海外憑證（GDR）2.0 億元，每股 209.02 元 106 年發行海外憑證（GDR）6.15 億元，每股 118.7 元
107 年 0.55 元		103 年 TPK 成交金額占整體總金額 2.42%，排名第 5	108 年 現金 0 元	107 年資本額 40.67 億元 108 年現金增資 1.5 億元，增幅 6.2%，每股 72 元

投資贏家 40

杜金龍半世紀選股聖經

作　　　者　杜金龍
副總編輯　鍾宜君
行銷經理　胡弘一
行銷主任　彭澤葳
封面設計　FE 設計
內文排版　林曉涵
校　　　對　呂佳真

發 行 人　謝金河
社　　　長　梁永煌
副總經理　吳幸芳
出 版 者　今周刊出版社股份有限公司
地　　　址　10454 台北市南京東路一段 96 號 8 樓
電　　　話　886-2-2581-6196
傳　　　真　886-2-2531-6438
讀者專線　886-2-2581-6196 轉 1
劃撥帳號　19865054
戶　　　名　今周刊出版社股份有限公司
網　　　址　http://www.businesstoday.com.tw

總 經 銷　大和書報股份有限公司
電　　　話　886-2-8990-2588
製版印刷　緯峰印刷股份有限公司
初版一刷　2020 年 6 月

杜金龍半世紀選股聖經 / 杜金龍 作 . -- 初版 . -- 臺北市
: 今周刊, 2020.06
　472 面 ; 17×23 公分 . -- (投資贏家 40)
　ISBN 978-957-9054-64-5(平裝)

1. 證券市場 2. 股票投資

563.633　　　　　　　　　　　　　　109008131

國家圖書館出版品預行編目 (CIP) 資料